著

造共和段祺瑞

民初影響政局的天平

皖系領導人
民國初年唯一總統總理都擔任過的軍閥
蔣介石的老師

民國時期政治家　北洋三杰之一　皖系軍閥首領

　　以段祺瑞為主線，從袁世凱「小站練兵」、「北海三杰」著筆，中經袁世凱被「開缺養痾」、1911年武昌首義，再歷「迫清退位」、「孫中山讓位」、「二次革命」、「袁氏稱帝」、「張勳政變」，由「後袁世凱時代」的軍閥記戰到1926年段祺瑞臨時總執政倒台止，幾乎涵蓋了整個北洋軍閥政府統治時期的歷史進程、歷史人物和事件。

崧燁文化

目錄

題引 歷史的天空風雲諸多變幻人生的舞臺角色次第輪換

本書的主角是段祺瑞，但他並非是一個孤零零的人。

寫段祺瑞不能不寫孫中山，不能不寫袁世凱，不能不寫馮國璋、黎元洪、徐世昌、張作霖、曹錕、吳佩孚，不能不寫中華民國，不能不寫北洋軍閥政府。這些都是歷史人物和事件，寫歷史人物和事件不能繞過歷史。因此，作為本書序幕的題引當然應當從歷史開局——

歷史是已經過去了的時空；歷史是已經過去了的人物和事件。

歷史可有兩種：一是客觀的歷史，一是主觀的歷史。

客觀的歷史一經過去，它不可能變更，它也不會變更，儘管它在當時是生動活潑的，是豐富多彩的，是威武雄壯的，是淒愴悲涼的。但是，它一旦成為了歷史，它就不能動了，它靜靜地躺在那裡，一任後人評說。它是一條大河，儘管它是那樣的波濤洶湧，遇到了什麼阻擋，會激起萬丈浪花，驚心動魄，氣勢磅礴，但它一旦成為了歷史，它的波濤，它的浪花則成為永久的定格。

它不動了，它靜靜地躺在那裡，這是歷史，這是客觀的歷史。

主觀的歷史不同於客觀的歷史，為什麼不同？簡單地說，它是寫的歷史，它是反映者，客觀歷史則是被反映者。它是在它過去若干年之後，人們用文字把它記錄下來的歷史。寫的歷史得靠人，人去書寫歷史當然得有史料，史料的來源當然離不開當時的人們對於它的記錄。這樣說來，當時的人們所作的記錄是接近客觀的歷史的，但也未必。且從其「接近」這一點說，它也不可能是對於歷史的「照搬」，我們只能說那是「接近」，它並不是客觀的歷史本身。後人對於前人的記錄可能因時因地因人的不同而有所取捨。

從這個意義上說，寫的歷史越是接近客觀的歷史，它則越接近真實，它越接近真實，它則有可能成為「信史」。

歷史已經過去了。作為後來人，我們要想了解歷史，我們只能借助於史料，我們只能讀前人留下來的史書。

《三國演義》開篇即說：「話說天下大勢，分久必合，合久必分。」照此說，人類歷史就是在分分合合、合合分分中前進的。

大凡歷史，就是這樣。

傳說中，盤古開天辟地，天地初分，天極高，地極厚。伏羲、女媧相婚而有人，繼而摶土造人，並煉五彩石以補天，治洪水，殺猛獸，人間甫定。到了黃帝、炎帝二帝時，人口開始多了，由漁獵而農耕，人們開始了群居生活，形成了不同的部落。黃帝是中原各族的共同祖先，姬姓，號軒轅、有熊氏，乃中原各部落的首領。炎帝乃西方薑姓部落的首領，為了爭奪地盤，向其東邊的中原各部落發起了進攻。為保衛家園，黃帝在中原各部落的共同擁戴下，與炎帝在阪泉（今河北涿鹿東南）開起了仗來。可以想像，既然是打仗，絕不可能是一派溫和氣象。那場面，極可能是「橫掃千軍如卷席」，極可能是「倒海翻江卷巨瀾，奔騰急，萬馬戰猶酣」。誠如是，或血流成河，殺聲震天，或火燒碧野，煙霧彌漫……至於說真實的戰爭場面究竟如何，它已經過去了，我們不得而知。史傳最終是黃帝打敗了炎帝，黃帝所有的中原各部落和炎帝所據的西方部落得以統一。後來，蚩尤擾亂，黃帝又大戰蚩尤。蚩尤敗，他所統領的西部九黎族也被黃帝收編了（我們今天所說的「黎民百姓」一詞的原始出處大概就是從這裡來的），天下才得以有更大範圍的統一。

人禍甫定，天災又來。大禹治水，決諸東流。黎民百姓感恩戴德於大禹，便把天下交由他統治。有人說，在禹之前是「揖讓制」，在本書作者看來也未必如此，要說揖讓，可能是從堯、舜到禹這段短暫的歷史是這樣的。大禹之後，把天下交給了他的兒子啟，天下所謂揖讓的短暫史從此就算結束了。禹的兒子啟把天下變成他自己的了，這就是中國歷史上第一個私有制王朝──夏。

夏統一了天下。

《三字經》說：「夏有禹，商有湯，周文武，稱三王，夏傳子，家天下，四百載，遷夏社。」其意是說：夏王朝的開國君主是大禹；商朝的開國之君是湯；周王朝的開國之君是文王和武王。夏商周「三代」的開國之君都是德才兼備的「有道明君」，所以後世的人們稱之為「三王」。到了夏末，夏王朝已經在中國歷史上延續了四百年上下，出現了一個昏庸的暴君——桀，為了除暴安民，即有「商湯革命」。商此時是一個小國，作為小國的國君，湯則順應了民心，率兵伐桀。

「湯伐夏，國號商，六百載，至紂亡」。歷史往往是相似的，商朝歷經六百多年，到其最末一位統治者紂時，夏桀的歷史又得以重演，商（殷）紂無道。「周武王，始誅紂，八百載，最長久」。周武王起兵伐商紂，大戰於牧野（今河南淇縣西南），時為紀元前 1046 年。夏治四百年，「讓」位於商，商治六百年，被周取而代之。周儘管國祚最久，有八百年之長，但那也不是永遠的周天子。事實上，到了東周時，周平王將國都從鎬邑東遷洛邑，時為紀元前 770 年。「周轍東，王綱墜，逞干戈，尚遊說」，諸侯國之間，兵戎相見，天下大亂。這段歷史，也算是周朝，但它已經不統一了，已經是天下大亂了。「始春秋，終戰國，五霸強，七雄出」，春秋五霸，戰國七雄。五霸：或曰齊、晉、楚、吳、越，或曰齊、宋、晉、秦、楚；七雄：齊、楚、燕、韓、趙、魏、秦。

「嬴秦氏，始兼並，傳二世，楚漢爭」，嬴秦氏始得天下，那是一個歷史的必然，天下大亂已經幾百年了，有分必有合，到了天下該統一的時候了。可惜，嬴秦氏的統一，只是曇花一現。秦嬴政野心勃勃，企圖讓天下成為一個永遠的一姓之家，他本人可稱為「始皇」，以下可以是二皇、三皇，以至於萬世。但歷史的發展並不是以秦始皇的主觀意志為轉移的，到了二世胡亥，陳勝吳廣大澤鄉起義，振臂一呼而天下倡。一時，楚漢爭雄，霸王烏江自刎，堪稱壯舉。此一刎也，別姬而去，把個天下拱手「讓」予了漢高祖劉邦，成全了一個天下一統的歷史大局。

「高祖興，漢業建，至孝平，王莽篡」，從漢高祖芒楊山斬蛇起義，到王莽篡漢，儘管也有二百來年的歷史，但天下又不太平了。前漢與後漢之間，

夾著一個王莽新朝。好在是「光武興，為東漢」，劉姓後裔劉秀利用了綠林、赤眉起義，初戰昆陽於前，二戰宜陽於後，其先是義軍之首領，後為滅義軍之主力。昆陽大戰，以少勝多，給王莽軍以重創；宜陽之戰，劉秀改變了角色，由義軍的首領轉而成了鎮壓義軍的主角，把一個西漢末年的天下分裂局面復歸為一統。「光武興，為東漢，四百載，終於獻」，這裡所說的四百載，並不是東漢統一天下之後的執政時間，它把西漢的那段歷史也計算進來了。

到了漢獻帝時，「魏蜀吳，爭漢鼎，號三國，迄兩晉」，漢的統一此時又「讓」位於三國，天下三分，勢成鼎立，真可謂「亂哄哄，你方唱罷我登場」。但這一分裂的歷史並不算太長，幾十年光景，又為司馬氏所統一。東晉時，「宋齊繼，梁陳承，為南朝，都金陵；北元魏，分東西，宇文周，與高齊。迨至隋，一土宇，不再傳，失統緒」。司馬氏的統一只是大亂中的短暫的所謂統一，天下的全面大亂由此一發而不可收拾，我們甚至可以把這個幾百年的大亂的時間從三國開始算起，一直到南北朝結束，隋王朝儘管是「一土宇」了，但它同晉的短暫的統一可謂異曲同工。

「唐高祖，起義師，除隋亂，創國基」，中國歷史上自漢以來的第二個統一的大王朝出現了。但是，儘管大唐王朝開創了中國歷史的鼎盛局面，但它也並不是長久地統一下去的，也只是「二十傳，三百載」。皇位傳了二十代，歷時三百年，最終分裂。

「梁唐晉，及漢周，稱五代，皆有由」，歷史上所說的「五代十國」把統一的大唐留作一個永久性的記憶。

「炎宋興，受周禪，十八傳，南北混，遼與金，皆稱帝，元滅金，絕宋世」，宋太祖趙匡胤陳橋兵變，由後周的一員將領而黃袍加身，他口稱自己是接受了周的「禪讓」，「很不情願」地坐上了皇帝的寶座。此時大宋的統一天下遠不可與大唐的統一天下同日而語，北有遼金，西有西戎（西夏），大宋江山可以說並不安定。果不其然，到了徽、欽二帝時，北方遼、金羽翼已豐，由對於大宋的朝貢而一轉為進攻。金滅遼後，把徽、欽二帝一虜而去。高宗趙構無奈將王朝南移，偏安於江南一隅，誰知他這一去，像司馬氏將晉王朝南移一樣，一去不復。

「遼與金，皆稱帝」，但其帝祚並不長久，「元滅金，絕宋世」，作為游牧部落的蒙古族靠其騎射之兩大特長而入主中原。「輿圖廣，超前代，九十年，國祚廢」，此時之元朝，其疆域之廣，版圖之大，大大地超過了前代，但是，由於種種原因，其國也不過九十年。

　　「太祖興，國大明，號洪武，都金陵，迨成祖，遷燕京，權閹肆，寇如林，李闖出，神器終」，歷史就是這樣的富於戲劇性，一個放牛娃出身且又當過和尚的朱元璋最終做了皇帝，號稱「洪武」，把國都定於金陵（今天的南京）；到了成祖時，又把國都遷至燕京（今天的北京），前後歷十六傳，可算是統一了天下。但是，到了崇禎時，實際的政權由宦官掌握，所謂「權閹肆」者也。這種國勢，大有歷史上東漢末年的重光。結果是李自成起義，殺入燕京，把個崇禎帝逼死於煤山之上。可憐有明一朝，由原初太祖的勵精圖治而變為此時的不堪一擊。更能引發我們深思的是，農民義軍的領袖李自成打入了明都，為什麼就是不能守呢？

　　「清世祖，膺景命，靖四方，克大定，由康雍，歷乾嘉，民安富，治績夸」，滿族北興，迅速南下，繼蒙古族後，又一個漢族之外的民族入主中原，創造了一個所謂的「康乾盛世」。可惜的是，歷史進入了 19 世紀上半葉，情況發生了變化，「道咸間，變亂起，始英法，擾都鄙，同光後，宣統弱，傳九帝，滿清歿」。從一個方面看，大清王朝的覆滅是由於西方列強的入侵，但從另一方面看，為什麼西方列強能夠入侵中華大帝國呢？它們先前不是老帶著「朝聖」的心理來到中國的嗎？我們說，西方列強的入侵在於它們的強大，但問題又來了，大清為什麼就不能強大起來呢？這是一個問題。當時的中國人，凡是希望強大起來的有良知的中國人，無不希望強盛起來，但是，如何強盛呢？這又是一個問題。就是在對於這些問題尋找答案的時候，中國幾千年來的分分合合的社會出現了歷史以來的大變局：「革命興，廢帝制，立憲法，建民國。」

　　這裡所說的「革命興，廢帝制，立憲法，建民國」，指的是孫中山先生所領導的舊民主主義革命運動的興起，把自秦始皇以來的中國封建帝制來一個大革命，推翻了封建帝制，建立了中華民國。但是，我們要在這裡特加說

明的是，推翻封建帝制，不可能僅僅是孫中山先生所領導的資產階級性質的舊民主主義革命一方的力量所為，這裡邊的功勞還有本書的重要人物——袁世凱和段祺瑞。

歷史是過去了的時空。過去的時空當由兩個部分組成：歷史事件和歷史人物。講歷史事件離不開歷史人物；講歷史人物離不開歷史事件。講歷史事件就是講歷史人物，講歷史人物也就是講歷史事件。歷史事件沒有好壞之別，沒有對錯之分；同樣，我們也可以說，歷史人物也不能簡單地用好壞和對錯進行評價。我們這樣說，並不是說歷史人物所做的事情沒有好壞和對錯。好與壞，對與錯，是與非，都有它們之所以產生的歷史背景。

歷史人物去「書寫」歷史，他不能超越歷史，他只能依客觀歷史的存在去因時造勢而影響歷史，他不可能人為地去改變歷史。所謂「時勢造英雄，英雄造時勢」，正是從這個意義上說的。

從表面上看，歷史好像是英雄人物所創造的，但是從更深的層次去分析，英雄人物的創造歷史必須是在歷史「時勢」的前提下去影響歷史，所謂「理有固然，勢所必至」，正是從這個意義上說的。能夠影響和創造歷史的人物是歷史人物，而能夠影響和創造歷史的歷史人物又所謂的英雄人物。英雄人物對於歷史的影響可有兩個方面：要麼推動歷史前進，要麼阻礙歷史進步。我們不能把推動歷史前進的英雄人物統統看作是絕對的好、絕對的對、絕對的是，相反，我們也不能把阻礙歷史進步的人物說成是絕對的壞、絕對的錯、絕對的非。進步與後退，前進與阻礙是相對的。

這些說法，到底是對還是錯？歷史上的事件、歷史上的人物，他們到底是對還是錯，又有誰能告訴我？

《莊子》中講到這樣一則故事：學生向老師問到了一個問題，學生問，先生，你知道不知道事物都有一個大家公認的是非？先生答，我哪裡能知道這些呢？學生又問，你能知道哪些是你所不知道的嗎？先生答，我哪裡能知道！學生再問，既然你不知道，那麼事物都是無知的吧？先生答，我哪裡知道，雖然如此，我還是試著談一談吧，不然的話，你老是在這裡發問，也挺麻煩的。人如果睡在一個潮濕的地方就會感到腰疼，時間長了，可能還會落

下半身不遂的病。照這樣說，那個潮濕的地方肯定是不好的了，但是你且不可先下這樣的結論。比如說，那泥鰍就不可能是這樣吧，它睡在那個潮濕的地方其實是十分舒坦的，你如果給他弄一個乾燥的地方，那準會讓它乾涸而死。人爬到樹上，一般說來都是小心翼翼、戰戰兢兢的，可是那猿猴就不同了。這樣看來，你說這個人、鰍、猿他們三者到底誰說的是正確的呢？這個問題是頗不好尋得一個統一的答案的。我們再說「美」這件事情，毛嬙和麗姬，人們都覺得她們是美人，你看那姿色多麼好看啊！可是，如果是水中的魚兒見到她們的美色，就會嚇得潛入深水中去；鳥兒看到她們的美色就立馬飛跑了；麋鹿看到她們的美色，嚇得拚命地跑。這樣說來，人、魚、鳥、鹿他們四者又有誰真正地知道什麼是美嗎？

我們可以依據以上所說的情況得出一個答案：世間的是是非非大概是說不清楚的。你們所要說的是非，大概都是有一個固定的參照系統。一旦什麼東西有了一個所謂的參照系統，事情就複雜得多了。這就是說，事物都是彼此相對立而存在的，從其是相對立而存在的方面說，要麼是「這一個」，要麼是「那一個」。我們單看其中的哪一方，都不可能看出其中的特點來的。如果以其中的一方作為參照點，我們可以看出那一方在某些方面的不足，或者說就是它的缺點；反過來說，我們如果以它的對立面作為參照點去看另一方，那麼，另一方也有許多毛病。就是說，我們觀察事物，我們看問題，都是從一個固定的觀點或者一個固定的模式出發的。這實際上都有許多弊病，事實上是不能那樣觀察問題的。

從「此」出發以看「彼」，可以看到「彼」有許多毛病；從「彼」出發以看「此」，可以看到「此」有許多毛病。換句話說，從「此」以看「彼」，可以得到對於「彼」的許多否定；從「彼」以看「此」，也可以得到對於「此」的許多否定。此和彼，它們本身就是一個是非。這樣的是非爭端將是無窮地存在下去，你到何時才能從中找到一個確切的答案呢？

我們如果根據《莊子》中的意思，就是要「一萬物」、「齊是非」。如果看問題僅僅拘限於一個模式，「此」方看「彼」方，彼方在許多地方都是「不順眼」；「彼」方看「此」方，此方也有許多地方不合人家的意。那麼，

這個世界將永遠地陷入是是非非的無休止的爭端之中，那個大同的世界何時才能實現呢？這是一個問題。

那麼，我們到底怎樣去看待歷史呢？

歷史是一個大舞臺，舞臺之上是什麼？是人物和事件。事件是一個過程，有它所發生的背景，有其所發生的原因；當然，也有它所消滅的背景，也有它所消滅的原因。事件所發生，離不開人物在其中的諸多活動，如果沒有歷史人物活動於其中，這些事件壓根就不可能發生；事件所消滅，當然也離不開它所消滅的歷史人物在其中的諸多活動，如果沒有其所消滅的人物的諸多活動，那麼，這個事件將不可能被消滅。它既然發生了，就得說到在其中活動的人物，而這些人物一般說來並不單單是蕓蕓眾生，而更是帝王將相，是才子佳人，總之一句話，是可以而且能夠影響歷史進程的所謂英雄人物。我們這樣說，並不是看不起普通百姓，而是說作為普通百姓的蕓蕓眾生，他們是名不見經傳的，他們是那些所謂英雄人物手中的一個個可以走動的棋子。打開歷史書籍，我們所看到的是帝王將相的名譜，是帝王將相的一部部傳記。

古往今來，一部中國史，一部世界史，我們說不清楚有多少人物，有多少英雄人物。「江山如此多嬌，引無數英雄競折腰。惜秦皇漢武，略輸文采；唐宗宋祖，稍遜風騷。一代天驕，成吉思汗，只識彎弓射大雕」，一代偉人對於中國歷史上眾多英雄人物僅僅點出了這麼幾位，而且對於他們並不是全方位的肯定，可以說他們是各有長短，各有優劣。這就是人，這就是人物，這就是英雄人物。

從「理有固然」、「勢所必至」的觀點以看歷史、以看英雄人物，我們根本沒有辦法用對或錯給以評定，那麼，用什麼標尺去予以測量呢？時宜！就是說他的行為是不是符合「時宜」。比如說，秦始皇在他所生活的歷史時代，把天下統一了，天下由「分」到「合」，他建立了中國歷史上第一個偉大的封建帝國。他的行為是符合歷史發展要求的。從其符合歷史發展要求說，這是符合時宜的。他符合了時宜，我們並不去管他所採取的是什麼手段、什麼辦法，他把天下統一了。中國進入了近代，那個封建帝制已經不合時宜了，它由原來的「是」而變為後來的「非」了。孫中山先生領導的中國革命其主

要目標就是廢除帝制，建立共和，這是符合歷史發展的要求的，是合時宜的。儘管沒有完全成功，他仍然是一個偉大的英雄人物。袁世凱利用了這一革命成果，自己當了中華民國總統，從這個意義上說，袁世凱是成功的；他成功之後，還想成為「洪憲皇帝」，結果是不成功的，是失敗的。他之所以不可能成功，他之所以必然失敗，就在於他的行為是逆歷史潮流而動的，是不合時宜的。

那麼，本書的主角段祺瑞在北洋軍閥政府期間的所作所為，後人是如何評價的呢？

三造共和段祺瑞：清末民初影響政局的天平

題引 歷史的天空風雲諸多變幻人生的舞臺角色次第輪換

第一章 話中華民國袁世凱乃首當其衝 說北洋政府段祺瑞實核心人物

《詩》曰：周雖舊邦，其命維新。

歷史進入近代，中國遇到了三千年來所未有的大變局，西方人用它們的「堅船利炮」撞開了中國的大門，中華民族向何處去？

此時，一批仁人志士用不同的方式開出了振興中華的所謂良方：

龔自珍和魏源力主改革弊政，「師夷長技以制夷」；洪秀全向西方人學來了宗教，用這一套東西發動了「太平天國」革命運動；康有為組織強學會，發動「公車上書」，請求拒和、遷都、練兵和變法，提出了一套改良主義的救國綱領；以曾國藩、李鴻章、左宗棠、張之洞為代表的洋務派強調「中體西用」，興辦洋務企業和組建軍隊；梁啟超和康有為一樣，主張變法和君主立憲；嚴復致力於西書的翻譯，可謂學術救國；孫中山採用了革命的手段，是這個時期的精英人物的傑出代表，他以「驅除韃虜，恢復華夏」為宗旨，建立「興中會」，成立「同盟會」。

同盟會成立後，孫中山把主要的時間和精力投入到策劃反清武裝起義的實踐中。他和黃興派遣一部分同盟會會員祕密從海外回國籌備起義，先後不下十多次，均告失敗。起義的連續失敗，絲毫沒有動搖孫中山繼續革命的堅強意志和決心，越是失敗，反清的決心越堅定。他和他的戰友們把同盟會的名稱改為「中華革命黨」，並將「驅除韃虜，恢復中華，創立民國，平均地權」的十六字綱領改為「廢滅韃虜清朝，創立中華民國，實行民生主義」，這實際上是對「民族」、「民權」、「民生」三民主義的重新解釋。革命黨領導人物各有分工，孫中山主要在海外聯絡華僑，籌募巨款以支援革命，黃興等人受孫中山的委托，於 1911 年 4 月 27 日在廣州舉行起義，與敵浴血奮戰一晝夜，終因敵眾我寡而再次失敗，收得 72 具烈士遺骸葬於黃花崗，史稱「黃花崗之役」。

鬥爭、失敗，再鬥爭、再失敗，最終還是勝利了。1911年10月10日，震驚中外的武昌起義爆發了。革命軍於三天之內占領了武漢三鎮，一個月以後，南方12個省脫離了清廷而宣告獨立。十月（舊歷）底，光復省份增加到17個。這場遍及全國的革命風暴因發生於舊歷辛亥年，史稱「辛亥革命」。

辛亥革命一聲炮響，嚇得清政府喪魂落魄，急急忙忙派陸軍大臣廕昌帶領段祺瑞、馮國璋的兩鎮（鎮是軍隊編制單位，一鎮相當於一個師）北洋軍開赴南方前線作戰。可是，廕昌儘管是清廷的陸軍大臣，但他根本無法指揮得了段祺瑞和馮國璋的兩鎮人馬。這並不在於廕昌指揮無方，而真正的原因在於段祺瑞、馮國璋二將並不是他一個廕昌就可以隨便指揮得了的。

為什麼？這還得引出一個重要人物──袁世凱。

說袁世凱，不能不說「編練新軍」；說編練新軍，不能不說「小站練兵」；說小站練兵，不能不說「北洋三傑」（王士珍、段祺瑞、馮國璋）；說北洋三傑，不能不說「戊戌變法」；說戊戌變法，不能不說「帝後黨爭」；說帝後黨爭，不能不說「光緒被囚」；說光緒被囚，不能不說「袁氏罷官」；說袁氏罷官，不能不說宣統繼位；說宣統繼位，不能不說兵權移交；說兵權移交，不能不說袁世凱被重新起用；說袁氏被重新起用，不能不說段祺瑞逼清退位⋯⋯

說來話長，這段話可以上接清廷末期的腐敗，下連孫中山在南京就任中華民國臨時大總統。說來說去，袁世凱是一個首當其衝的重要人物，而段祺瑞則是北洋政府的核心人物。袁世凱與段祺瑞，如影隨形，形影不離；段祺瑞與袁世凱，如車之兩輪，缺一不可。袁世凱、段祺瑞以及整個北洋軍閥政府，在那一段特殊的歷史時期裡，演繹了一段特殊的政治鬧劇。

清王朝到了19世紀中期，既沒有了其「入主中原」的風掃殘雲的銳勢，又沒有了康熙勵精圖治的雄心壯志，昔日的輝煌已成為歷史，一去不復返了。「雕欄玉砌應猶在，只是朱顏改」，內而文恬武嬉，黨爭糾葛，財庫枯竭，民生凋敝；外而列強紛至沓來，中法戰爭、中日甲午戰爭相繼發生。為了苦撐殘局，苟延殘喘，昏庸、無能、腐敗的清政府對外簽訂了一個又一個不平等條約，割地賠款，喪權辱國。人民在超重的經濟和政治的重壓之下，還要承受著天災的侵襲。

軍隊是國家的堅強後盾，而此時的滿清軍隊（八旗軍）已經嚴重地喪失了其原初的生機，沒落、蛻化而不堪一擊。曾國藩的「湘軍」和李鴻章的「淮軍」應運而起，但總體說來，他們所創建的武裝，並沒有從根本上擺脫舊軍隊的窠臼，以至於在中日甲午海戰中全軍覆沒。在嚴酷的事實面前，組建一支新軍其勢已迫在眉睫，刻不容緩。

為組建新軍，清廷成立了督辦軍務處，以恭親王奕訢為首，慶親王奕劻為會辦，李鴻藻、翁同龢、榮祿等會同辦理。

編練新軍是以北方的「定武軍」和南方的「自強軍」初作實驗。

初創定武軍，胡燏棻是第一個「吃螃蟹」者。此人夙以談洋務而著稱，是李鴻章賞識的淮系官僚，歷任廣西按察使、總理各國事務大臣。他在任廣西按察使時，就上奏抨擊「募兵」制度的腐敗。光緒二十年底（1894年年底），胡燏棻即受命於清廷得以在天津馬廠編練新軍三個營，起名為「定武軍」。應該說，這三個營，對於一個大清帝國來說是微乎其微的，但是，我們可以說，這三個營就是中國舊式軍隊向近代化突進的先聲，所謂「星星之火，可以燎原」。它規模雖小，但軍種比較齊全，步兵、騎兵、炮兵，凡可稱為有者而一應俱全。胡燏棻初露鋒芒，旋即得到清廷的一片喝彩和高度讚揚。人們似乎看到了甲午戰後中國走向勝利的曙光，在很短的時間內，胡燏棻得到督辦軍務處的批准，由三個營擴充為十個營。

由於擴充了兵源，原來在馬廠因營房不夠用而移兵於天津東南70里地的「小站」，由此引出了我們要說的一個重要人物——袁世凱。袁世凱本不在天津小站，為什麼這支新軍交由他接管呢？為了弄清楚這個問題，我們要說一說袁世凱了。

袁世凱，字慰庭（又作慰廷、慰亭），別號容庵，河南省陳州府項城縣人（現河南省項城市人，因稱袁世凱為袁項城），咸豐九年八月二十日（1859年9月16日）生於一個官僚地主家庭。他的叔祖袁甲三官拜漕運總督，生父袁保中是項城地方名紳，胞叔袁保慶官至道員，從叔袁保恆歷任戶部、吏部、刑部侍郎，從叔袁保齡為候補道臺。袁世凱排行老四，因其胞叔袁保慶

無子而將袁世凱過繼給他為嗣子。同治五年（1866），袁項城隨嗣父袁保慶至濟南任所，開始了他的讀書生涯。

要說，這位袁項城真是一個非常聰明的少年，他悟性很高，且好強爭勝，但性情放蕩不羈，頗有「魏晉名士」之遺風。因其悟性高而讀書不用功，又因其性情放蕩而野性十足。他時常逃學，對於古書則多不屑顧之，反而對於騎射拳術很有興趣，常以騎馬舞劍為樂。家人勸其好好讀書以考取功名，他對此則嗤之以鼻，對於八股帖試之類更是反對（說到這個地方，滿清末年的廢科舉，袁世凱非常讚賞並力主之，可能與此有關）。他儘管反對八股文，但在他上學讀書時因大勢所至而不能不寫一些此類文章以應付先生。有一次，先生以「普天之下，莫非王土，率土之濱，莫非王臣」為題，命他撰文，他在文章中這樣寫道：「東西兩洋，歐亞兩洲，只手擎之不為重。吾將舉天下之士，席卷囊括於座下，而不毛者，猶將深入。堯舜假仁，湯武假義，此心薄之而不為；吾將強天下之人，拜手稽首於闕下，有不從者，殺之無赦！」由此，少年項城勃勃之雄心、偉偉之大志可窺諸一斑。可以想像，這樣的文章氣勢讓一個飽讀史書的先生驚駭得是如何情狀！如果袁項城的先生是一個謹小慎微的謙謙君子，他可能會為弟子文章的「目空一切」而嚇得驚夢四起！項城不僅為文，而且也寫詩，他作詩，並不在意平仄對仗，卻可以從中窺測到一股英雄霸氣。在他 14 歲時，登南京雨花臺懷古，大概有感於先人們軍旅之戎馬倥傯，頓生詩興：「我今獨上雨花臺，萬古英雄付劫灰。謂是孫策破劉處，相傳梅鍋屯兵來。大江滾滾向東去，寸心郁郁何時開？只等毛羽一豐滿，飛下九天拯鴻哀。」他後來喜愛兵書，更有豪言壯言出：「過去我好奮匹夫之勇，現在學了萬人之敵，才知道好勇鬥狠，實在沒什麼用處。三軍不可奪帥，我手上如果能掌握十萬精兵，便可橫行天下。」

袁項城從八歲起隨養父到濟南讀書，大約在他十五歲時，養父袁保慶病逝於任上，十五歲的英俊少年袁世凱，只好從外地返鄉。這樣一個有志少年，又有如此的家庭背景，終有用武之地的，但也必須有機遇。對於袁世凱來說，他有這個方面的優勢。

同治十三年（1874），袁項城的胞叔袁保恆把他帶到了北京，繼續他的學業，還是想讓他考取一個功名。但由於對讀書的興趣不大，在光緒二年（1876）秋回鄉應試中落第不及。胞叔令他隨身在河南辦理一些公務，有目的地歷練他做官的本領。在之後的光緒五年（1879）秋，他再次參加鄉試，仍名落孫山。看來，讀書中舉之路並不適應袁世凱。這樣他早年愛軍事的特長派上了用場。此時，他做了一個重大的個人未來的前途去向之抉擇：投筆從戎！

　　光緒七年（1881），袁世凱來到了山東登州投奔他的養父的一個至交——淮軍統領吳長慶，獲取一個幫辦文案之職，由此而步入仕途。接下來，22歲的袁世凱隨吳部參與朝鮮的「平亂」。事情的起因是：1882年，也即是袁世凱到軍營的第二年，與清廷有著「宗藩」關係的朝鮮發生了「宮廷政變」，國王李熙和閔妃集團被一向受閔妃排斥的重握朝政的大院君李罡應（李熙之父）所圍攻，李熙向中國求援。署直隸總督張樹聲命令吳長慶率淮軍六營前往朝鮮平亂，幕府名流張謇等人推薦袁世凱任執行前敵營務處事。平亂後，吳長慶對袁世凱的表現十分讚賞，為他上報請獎。經回直隸總督兼北洋大臣李鴻章奏準，袁世凱以同知補用，並賞戴花翎。光緒十一年（1885）10月因李鴻章舉薦，袁世凱擔任駐朝總理交涉通商事宜專員，辦理中朝交涉事務。到了1894年，日本在朝鮮加緊挑釁，日朝之戰，一觸即發。袁世凱見這種形勢對自己非常不利，在很短的時間內，接二連三向國內發電報請求速調回國。

　　正好在這個時候，清總理衙門希望聽取關於朝鮮形勢的報告，便奏準將袁世凱召回。他在朝鮮先後經歷13年之久。由於他在朝鮮一直從事軍務活動，回國後以溫處道職務留京，充督辦軍務處差委。

　　應當說，袁世凱的軍事才能是有的，而且自小對於軍事相當在心，相當愛好，我們在前文中所說的袁世凱作文賦詩，可知他對於統治大權的用心。可以說，上蒼給了他在軍事方面施展才華的機會，使他在朝鮮一待就是十幾年，他的獨立處事的能力得以鍛煉、提高和成熟。而此時的中國，內憂外患，真的是非常需要像袁世凱這樣的人才，而袁世凱此時也真的有「天將降大任

於斯人也」之抱負。他回國的當年，正值中日海戰，內外臣僚紛紛向清廷上奏章，陳述自己對於練兵良策的高見，迫切要求清廷整頓武備，編練新軍。袁世凱絕不能放過這樣一個天賜良機，他及時向盛宣懷等有實力的官僚建議：「公如籌有款，宜速延名教習，募學徒千人，教兵官認真研究西法，另改軍制，為將來計。此軍情絕非老軍務所能得手，槍炮全不知用，何能哉？倘為然，弟願任監督，必有以報。」這就是說，袁世凱此時開始向盛宣懷自薦了，他要出任培育新式軍隊的監督。與此同時，他還利用等候差使的間隙，搶在清廷議決之前，「招致幕友，僦居嵩雲草堂，日夕譯撰兵書十二卷，以效法西洋為主」。並上書督辦軍務處，陳述練兵辦法等。在這些上書中，應當說他的「練兵要則十三條」，對於編練新軍提出了一套較為完整的設想，凡軍律、餉制、器械、募兵、教育等均有涉及，可以說是一套較為完整的軍事著作。

當時淮系官僚胡燏棻上奏編練新軍的許多構想和袁世凱的設想不謀而合，或者是互相發明，對於新軍的訓練，他們兩人的設想都是發揮作用的。在這種情勢下，才有胡燏棻的馬廠練兵。本來是胡燏棻在主持新軍操練，這個差事怎麼在一年以後落到了袁世凱的肩上呢？我們所說的袁世凱小站練兵要比胡氏的馬廠練兵出名得多，這是為什麼呢？這裡有兩個方面的原因，簡單說來，一是朝廷內部的原因，一是袁世凱本人的原因。

先說袁世凱本人的原因。袁世凱把他所編寫的練新軍的有關內容，遍向當朝的要人顯貴們廣為散發，這樣一來，他當然在朝廷中博得一個知兵的好名聲，致使朝中的能臣如劉坤一、張之洞等封疆大吏向朝廷上奏，說袁世凱「年力正強」、「志氣英銳」、「膽識優長」、「任事果敢」，是一個少有的「知兵文臣」，要求朝廷委派袁世凱編練新軍。這中間，並不排除袁世凱本人在朝中走通一些上層人物的關係，如慶親王奕劻、兵部尚書榮祿和軍機大臣李鴻藻。這些都是當時在朝廷中炙手可熱的人物：奕劻是執掌政權的滿族親貴；榮祿是西太后的寵臣，又是軍務處的實權派；李鴻藻雖然與李鴻章不合，但他也在物色知兵者。應當說，袁世凱的升遷與李鴻章的提拔不無關係，但在袁世凱看來，他同李鴻藻拉好關係，並不影響他與李鴻章的關係。這樣，袁世凱就給李鴻藻致函，反覆陳述自己的練兵之道，終於說服了李鴻藻。李鴻藻認為，袁世凱所說非常有道理，其整頓舊軍和編練新軍的計劃和設想有很

多可取之處，於是，就把袁世凱奏調至軍務處，備為顧問。這就為袁世凱執掌編練新軍提供了一個非常有用的臺階。如果說僅有一個臺階就可以直接接管胡氏的定武軍了，那是不現實的。這就要說到朝廷內部的原因了。

關於朝廷內部的原因，嚴格地說，與袁世凱本人的原因是不可分開的。因為袁世凱對於編練新軍這一事情是非常在心的。正是因為在心，他當然要尋找時機為自己能夠成為新軍的掌門人而創造條件。有的時候，有那樣的機會，你如果自己不去積極爭取的話，說不定還會被別人搶之而去。袁世凱是非常清楚這個道理的，要不，他不可能在此之前上書提出「速建新軍」的主張，也不會煞費苦心地編著《練兵要則十三條》等軍事書籍。有了這些條件還不行，還必須在朝廷中有人為他說話才行。這就需要運用一些手段去拉關係了。拉關係還得找準對象，袁世凱在這個方面看來運作起來是得心應手的。他所拉的這些人物可都是至關重要的人物：一個是榮祿，一個是李蓮英。榮祿是實權派，他不僅是慈禧太后的寵臣，而且深得恭親王奕訢的信任；李蓮英是慈禧太后所寵幸的大太監。正在這個時候，朝廷對於胡燏棻另有重用，調遣他督辦津蘆鐵路。在督辦軍務處親王奕訢、奕劻，軍機大臣李鴻藻、翁同龢、榮祿、長麟等聯名奏請下，由光緒帝批准，袁世凱終於成為「小站練兵」的掌門人。

胡燏棻於1894年年底在天津馬廠首建「定武軍」，後移防小站。一年後，即1895年12月，袁世凱就在舉朝上下一派信任的氣氛中，胸有成竹地到小站去接管定武軍了。接管後，他不用原來「定武軍」一名，改為「新建陸軍」。由於湘、淮舊將缺乏訓練與昏饋無知而導致在中日甲午戰爭中中方軍隊的慘敗，這一血的教訓令清朝的統治者認識到用新的方法選拔和培養將才的重要性，而欲造就一批具有一定現代軍事知識的將才，首要途徑就是必須設立各類武備學堂。袁世凱就是按照這一思路實施他的培養將才的策略的，在編練新軍的同時，為培植自己的嫡系骨幹力量而興辦了不同類型的軍事學堂。截至1906年年前，袁世凱先後設立了北洋陸軍武備學堂、北洋行營將弁學堂、陸軍師範學堂、參謀學堂、測繪學堂、軍醫學堂、馬醫學堂、軍械學堂、經理學堂、北洋軍官學堂、北洋陸軍講武堂、憲兵學堂、電信信號學隊、北洋陸軍速成學堂等。

在編練新軍和辦軍事學堂的過程中，「北洋三傑」——王士珍、段祺瑞、馮國璋分別立下了汗馬功勞。以北洋武備學堂為例，它始建於 1903 年，隸屬袁世凱任新軍督辦的下屬教練處，馮國璋以教練處總辦兼任該學堂總辦，至 1906 年，馮國璋調任京職，段祺瑞出任學堂督辦。在馮國璋、段祺瑞二人的主持下，為北洋軍培養了大批軍事骨幹人才。馮國璋、段祺瑞二人也因此獲得三代正一品封典的賞賜和以副都統記名的殊榮。參謀學堂、武備學堂、測繪學堂均隸屬於參謀處，由參謀處總辦段祺瑞兼任三學堂總辦。可見，段祺瑞在北洋新軍中的卓越貢獻和特殊的地位。

1895—1899 年，是袁世凱培育「北洋軍閥」的胚胎時期，此時所訓軍隊不過七千多人。經不斷擴充，到 1905 年，發展為北洋陸軍六鎮（鎮相當於現在的師）。六鎮中的五鎮統率人物都是袁世凱的親信。段祺瑞為第三鎮統制（師長），王士珍為第四鎮統制，馮國璋任職於京（史稱龍、虎、豹「北洋三傑」）。

在這一段時間裡，中國出現了一個大的歷史事件：戊戌變法。簡單地說，1898 年（戊戌年），康有為、梁啟超、譚嗣同等新派人物所領導的資產階級改良主義的變法運動興起了。在清朝內部兩大派系中，以光緒皇帝為代表的一系支持維新變法；以慈禧太后為首的一系堅決反對變法。反對變法的一派可稱為「保守派」，也可稱為「頑固派」，該派在慈禧太后的支持下，準備在即將舉行的天津閱兵儀式上，發動政變，廢掉光緒皇帝。維新派事先得知了這個消息，急得沒有任何辦法。此時，維新派的領導人之一譚嗣同因同袁世凱有過交往，他認為袁項城這個人還是可以交朋友的（譚嗣同是一個讀書人，他不知官場上的勾心鬥角，上當了），他又知道袁項城手握兵權，他的行為是可以改寫歷史的。於是乎，譚先生就把保護光緒皇帝這一「注」全押在袁世凱身上了。他比較天真地去找袁世凱商量這個軍國大事了。譚嗣同給袁世凱說的那一番話並不是一個單純的書生所能說的話，他還是用傳統的報答皇恩和升官發財這一套很實用的東西以說服袁項城。他給袁世凱說：「報答皇上的國恩，把皇上救出災難，這就是你立了大功，樹了大業；但是，如果想升官發財的話，你可以去告發，這一切全在你。是報答皇恩，還是馬上去升官發財，這個主意還是由你自己拿。」（譚嗣同把報答皇恩和升官發財

對立起來了，大概沒有能打動袁先生的心，我們可以設想一下，你如果報答了皇恩，也可以照樣升官發財，去告發也同樣可以升官發財，只是告發這一事比報答皇恩的升官發財更為穩妥而已。袁世凱既然能達到升官發財的目的，何不選擇一個相對安全的路子走呢？）讀書人出身的譚嗣同是鬥不過袁世凱的。袁世凱當著譚嗣同的面，信誓旦旦，一本正經地賭咒發誓：「你把我袁世凱當成什麼人了，你看我像是那種背信棄義的不要良心的人嗎！我一家祖宗三代受國恩深重，我是見錢眼開，見官不要臉的那種人嗎？只要有益於皇上和國家，就是拼上我的老命，我也心甘情願。」袁項城的這一番話，可真的是把一個正人君子的譚嗣同先生給「忽悠」了，譚先生聽了袁世凱的話，心裡一塊石頭算是落到了地上。譚嗣同又給袁世凱說，我們要保光緒皇帝，要不在天津閱兵的儀式上，你就利用你的勢力把慈禧太后的親信榮祿給宰掉算了。你聽袁項城怎麼說：「你說的不就是殺一個榮祿嘛！這事兒很容易，我殺一個榮祿就像是殺掉一條狗，這根本沒有難處！」譚嗣同一聽，就更放心了，好像是他已經看到維新一派的成功了。誰知道袁世凱說得如此慷慨激昂，第二天他跑到天津，就把這個話告訴了榮祿。我們並不能知道這一夜袁世凱是怎樣度過的，但我們可以猜想，袁世凱肯定沒有睡好覺，輾轉反側，權衡輕重，他在思考光緒帝和慈禧太后這兩方哪一個勢力大，哪一個對於自己的仕途更有用、更有利之類的大問題，思考的結果，思維的天平傾向於後黨一派。榮祿從袁世凱那裡得到這個消息，馬不停蹄地向慈禧太后作了匯報。我們不要看慈禧對待洋人並不是那樣的果斷和慷慨，但在整治光緒這個問題上可真的像袁世凱所說的「殺一個榮祿像殺一條狗那樣容易」，立馬把一個當朝皇帝給囚禁起來了。接下來，維新派可就遭了殃，譚嗣同、林旭、楊銳、劉光第、楊深秀、康廣仁六人慘遭殺害。戊戌變法（百日維新）失敗了。

戊戌變法失敗後，康有為和梁啟超如何流亡海外的，我們按下不表。且說袁世凱可是為後黨一派立下了汗馬功勞，應當說，從 1898 年到 1908 年的十年間，是袁世凱事業有成、飛黃騰達的十年。光緒被囚後不久，榮祿奏請設「武衛軍」，以袁世凱的「新建陸軍」為「武衛右軍」。次年 6 月（1899），袁項城就晉升為工部右侍郎，兼管錢法堂事務。這年年底，爆發了反帝愛國運動——義和團起義。清廷命袁世凱署理山東巡撫並鎮壓義和團。

第一章 話中華民國袁世凱乃首當其衝說北洋政府段祺瑞實核心人物

　　時間又過去了不到兩年，慈禧太后要推行所謂「新政」。為配合「新政」，袁世凱提出治國十策：慎號令、教官吏、崇實學、增實科、開民智、重游歷、定使例、辨名實、裕度支、修武備，目的在於求富、求強。說實在話，此時的袁世凱實際上是清廷裡一個富於決策和前瞻性的人物。他的這些表現，令慈禧太后和榮祿看到了希望，時間不長，袁世凱又得以晉升：直隸總督兼北洋大臣，位居各省督撫之上。緊接著，清廷以「共保東南疆土」、「卓著勳勞」，加袁世凱太子少保銜。

　　此時袁世凱的實權到底有多大呢？史載，他任直隸總督後，同時身兼清廷八大臣：參預政務大臣、會辦練兵大臣、辦理京旗練兵事宜大臣、督辦電政大臣、督辦關內外鐵路大臣、津鎮鐵路大臣、京漢鐵路大臣、會議商約大臣。此時的老袁已經由原來的上書提議一躍成為清廷的重要決策人物。

　　但是，有人不會把戊戌變法時光緒被囚的重大事件遺忘掉的，袁世凱後來被罷官的導火線就是從這裡引起的：1908 年 11 月 14 日，光緒帝在瀛臺涵元殿含恨而死，年僅三歲的光緒帝的異母弟醇親王載灃之子溥儀繼承皇位，年號宣統。老慈禧太后被尊為太皇太后，但她萬萬沒有想到的是，她在中國政壇上統治長達 47 年的時間——在光緒死後的第二天下午因她的死去而終於落幕了。我們不說光緒帝死的歷史懸案，我們也不說光緒死是否與慈禧有直接關聯，我們要說的是，就在此中間相差一天的時間裡，老慈禧決策小皇帝繼位一事，對於重權在握的袁世凱可是帶來了極大的不利啊！

　　這個「不利」，當然還得接續著光緒被囚說起。儘管光緒被囚不是袁世凱自己所為，但他無論如何也是逃脫不了干係的。可以設想，如果不是袁世凱跑到榮祿那裡把譚嗣同與他所說的話給榮祿「抖落」一番，能會有慈禧決定囚禁光緒的事情發生嗎？誰知事隔十年，是小皇帝溥儀繼位，而溥儀的「老爸」正是光緒的弟弟載灃。一是他對於自己兒子繼承皇位本身就是戰戰兢兢的，說老實話，清廷到了這個地步還有好日子嗎？人們不是傳說著這樣的話嗎，說在小皇帝登基時，這個小皇帝沒有見過這種場面，驚嚇得哇哇直哭，他「老爸」在一旁勸哄說：「不哭了！不哭了！快完了，快完了！」二是他怕他的兒子重蹈光緒的覆轍。不想，慈禧很快就隨光緒帝而去，作為攝政王，

小皇帝的父親載灃對於袁世凱害其兄弟的舊仇可是要清算的,這也真的應了一句古話:「君子報仇,十年不晚!」這個仇到了此時正好已滿十年,該報了。

怎麼個報法呢?袁世凱對於載灃來說,是殺兄之仇。在載灃看來,必須把袁世凱殺掉而後快,血的仇恨還是用血的代價來償還。但是,話又說回來了,袁世凱此時並不是一般人物,他可是清廷的頂梁柱子,此時的清廷還真的離不了袁大人呢!載灃不可能「犯傻」到如此程度,家仇和國恨二者相比,還是國大於家的。但兄弟之情讓載灃沒有理由不殺老袁。在這種情況下,載灃就去徵求奕劻和張之洞的意見。張之洞還是老謀深算的,他認為,時局危急,袁項城在軍隊中很有影響,他的軍權很大,此時清廷的軍權從某種意義上說就在袁世凱的掌控之中,段祺瑞、馮國璋所率領的軍隊對於袁世凱說是一個強人的後盾。你如果要殺老袁,如果引起軍變,後果不堪設想。但又不能對於殺兄之仇不報,可以用一個折衷的辦法,這樣,張之洞說:「王道坦坦,王道平平,願攝政王熟思之,開缺回籍可也。」張之洞的意思是很明顯的,不主張殺袁,而是以一個寬大平穩的辦法把袁世凱的權力拿下就行了。同時,奕劻的看法也是這樣,他也以軍情不穩為慮,力保袁世凱。

其實,袁世凱在小皇帝登基後,立馬就意識到這一點,他時時刻刻小心謹慎,每入紫禁城,都是溜著牆邊走,一邊走一邊時不時地回頭張望,看有沒有人在後面暗算他。真乃是「怕處有鬼,癢處有虱」,「是福不是禍,是禍躲不過」,這一天還是到來了,一個多月後,朝廷發布了罷黜袁世凱的上諭,且看:「袁世凱現患足疾,步履維艱,難勝職任,著即開缺,回籍養疴。」哎呀,誰讓你袁大人在朝中走路老是溜著牆邊呢!你走你的路,讓別人去說吧,或者乾脆硬將起來,你去走他人的路,讓他人無路可走!你不要一步三回首嘛,讓人家說你患有「足疾」!真乃是:欲加之罪,何患無辭!

不管怎麼說,袁世凱還是回彰德府(今河南省安陽)「養疴」去了。你看,袁先生為了證明自己安心在家「隱居」,唯恐別人不知道他在家隱居,於是乎,就拍攝了一些照片,懸於堂上。但看照片:袁翁頭戴斗笠,身披蓑衣,乘一葉小舟,手持釣竿,「徜徉」於河溪之上,大有李太白先生的「閒來垂釣坐溪上,忽復乘舟夢日邊」的重光。

　　袁世凱雖身處「江湖之遠」，但並未忘記「居廟堂之高」，看似閒雲野鶴，實乃養精蓄銳。他把原來在位時的電臺架設在家中，北京政壇上的風吹草動，他立馬就知道了。段祺瑞等雖軍務在身，但並沒有忘記時常到彰德走動。

　　冬天既然來了，春天還能遠嗎？東山再起的時機終於來了。十月十日，武昌的一聲炮響，打得腐朽的清王朝措手不及，清廷的湖廣總督一幫子大小官員嚇得打穿了總督衙門的大牆，倉皇而逃，雄踞長江中游的武漢三鎮，旋即落入革命軍的手中。此時的陸軍大臣廕昌帶領馮國璋、段祺瑞的兩支北洋軍到南方去了。

　　我們已經說過，馮國璋、段祺瑞二軍並不是一個廕昌輕易可以指揮得了的。此時，當政者當然想到了袁世凱。

　　但是，一位垂釣「老翁」，並不是輕易地就出山的。原來上諭令其「養痾」，並沒有給袁翁指定一個「養痾」的期限，此時，袁世凱的「病」尚未好轉，怎麼可以出山呢？你攝政王載灃欲讓袁翁出山可以，但總得給他一個可以接受的官銜嘛。為了剿撫事宜，官銜還是給了，此時的「老載」再也不提袁世凱害他兄弟一事了，反而任命他為湖廣總督。袁世凱知道清廷用這個總督之職想讓他為清廷賣命，也的確是有點太便宜清廷了。袁世凱並不說這個官小，而是說自己的「腳病」還沒有好，不便就職。一方面，清廷不想放給袁世凱更高的官，另一方面革命形勢發展很快，放官與革命，形成一對矛盾。此時，清廷和袁世凱好比是一架天平的兩端，一端的分量輕，另一端就把平衡桿壓下去，袁世凱是重的一方。無奈之下，載灃只好再做讓步，授袁世凱為欽差大臣，節制調遣所有赴援水陸各軍。由於革命形勢發展迅速，迫使奕劻內閣總辭職。載灃授袁世凱為內閣總理大臣，袁世凱稱，非國會公舉，不敢奉詔。這樣，資政院舉袁世凱為內閣總理大臣。之後不久，袁世凱在責任內閣的名義下逼迫載灃辭去攝政王，此時可以說清廷的實權全操在袁世凱的手中了。

　　此時，矛盾的雙方與其說是清廷與革命軍，不如說是袁世凱與孫中山。袁世凱審時度勢，下決心讓清廷交出政權，同時要把孫中山在南京當選的中華民國臨時大總統的位置弄到手。一方面，他對於革命軍既打又拉，要挾清

政府交出政權，另一方面，主動提出與孫中山議和。孫中山認為，只要把清帝趕下臺，實現共和政體，自己可以把中華民國臨時大總統的職位讓給袁世凱。孫中山做出了這樣的承諾，袁世凱心中的底數有了，在以馮國璋、段祺瑞等高級將領為堅強後盾的強大攻勢下，隆裕太后萬般無奈，最終做出皇帝退位、頒布共和的決定。

孫中山履行諾言，於 1912 年 2 月 13 日辭去中華民國臨時大總統一職，15 日，臨時參議院議決建都南京，一致選舉袁世凱為臨時大總統。這中間，由於袁世凱不願意到南方任職，又生出許多事端，一直到 3 月 10 日，孫中山再次做出讓步，袁世凱在北京宣誓就職，南北統一。

我們在這裡講這一段歷史，無非是說，以孫中山先生為首的革命黨人取得了革命的勝利，把在中國歷史上延續了兩千多年的封建帝制推翻了，但是，這場革命是不徹底的，中華民國大總統的位置最終讓袁世凱坐上了。從此開啟了中國近代一段不尋常的歷史，史稱「北洋政府」時期（或曰「北洋軍閥統治」時期）。在這段十幾年的歷史中，它好比一個大戲臺，在這個大戲臺上，有眾多人物登場，大總統、總理、總長、議長、洪憲皇帝、執政，等等，眼花繚亂，目不暇接。

本書之主角——段祺瑞不失這一歷史時期的核心人物。段祺瑞之所以是這一歷史時期的核心人物，無非是他在袁世凱發跡於小站練兵時是「北洋三傑」之一，戲稱「北洋之虎」。「逼清帝退位」他發揮了不可替代的作用，他七任陸軍總長，「三造共和」和六任國務總理（含代理、國務卿），一任臨時執政……

第二章 古老華夏隱霾四布少年芝泉命運多舛

以清道光二十年到二十二年（1840—1842）的鴉片戰爭為代表，中國歷史進入了近代。

一部近代史，就是一部中國人民的苦難史，就是一部中華民族的災難史！古老華夏，隱霾四布，但是，隱霾去處，又有陽光。隱霾與陽光並存，中華民族沒有滅亡。鴉片戰爭，中華民族與列強爭鬥，我們還是生存下來了，只是我們的生存是艱難的，我們的生存是困苦的。《南京條約》是中國近代史上第一個不平等條約，同時，也是把中國變成半殖民地半封建社會的第一個條約。隨著社會性質的改變，國內形勢也發生了前所未有的改變。除了國內社會的矛盾即統治者和人民大眾的矛盾外，又加了一層矛盾即外國列強與中華民族的矛盾。太平天國農民戰爭的興起，就是在這種歷史背景下形成的。傳統的看法認為，太平天國革命運動是一場偉大的反帝反封的農民革命運動。它既然要反封，當然要遭到清朝統治者的鎮壓，它既然是反帝的，也當然得不到西方列強的同情和支持。歷史的事實是，由於清朝的八旗、綠營腐敗無能而最終在太平軍的強大攻勢下不堪一擊，敗下陣來，但最終沒有能戰勝曾國藩的湘軍和李鴻章的淮軍，在湘、淮兩軍聯合外國侵略軍的共同攻擊下，太平軍失敗了。

在太平天國革命運動的感召下，捻軍活躍在安徽、河南、山東、江蘇一帶，與此同時，全國各族人民的反清鬥爭此起彼伏。國內戰爭風起雲湧，外國侵略勢力趁火打劫。正當太平天國革命運動達到高潮的時候，英、法在俄、美的支持下，對岌岌可危的大清帝國發動了新一輪的侵略戰爭。它們企圖利用中國國內戰爭的機會，脅迫清廷再作讓步，以攫取更多的侵略權益。繼《南京條約》後，是又一個不平等條約即《天津條約》的簽訂；繼《天津條約》後，又有《北京條約》的出籠，更有《璦琿條約》緊步後塵。清廷在內外交困之中，首尾難顧，朝不保夕。

咸豐皇帝於十一年七月（1861 年 8 月）在熱河病死，年幼的載淳繼承大統，是謂同治帝。載淳的生母是慈禧太后。這個慈禧太后，權欲極旺，我敢說，中華民族所遇到的三千年巨變的歷史大轉折就是從這個地方開始的……

太平天國革命運動在中外勢力的聯合打擊下於同治三年二月（1864 年 3 月）隨著杭州失守而走向末路，1864 年 6 月 3 日，洪秀全病逝於天京，李秀成突圍被俘，太平天國最終徹底失敗。太平天國的失敗，絕不意味著清廷的徹底勝利，中國人民的苦難並未結束，民族危機更加嚴重，帝國主義對華侵略沒有絲毫的減弱。中華民族的上空，仍然是隱霾四布，麗日難現。

本書的主角段祺瑞就是在他的祖國面臨內外交困的境況下來到這個世界上的。

據吳廷燮考文：「同治四年乙丑，二月初九日（1865 年 3 月 6 日）午時，公（段祺瑞）誕生於安徽合肥，公諱祺瑞，原名啟瑞，字芝泉，晚號正道老人。唐太尉段忠烈王秀實三十八世孫也。二十三世祖諱璋，號芝山樵者，天性至孝，居父喪，廬墓三年，寢苫枕塊無殆容，有芝草生於墓前，事跡詳縣志，並《廬墓記》。九世祖諱本泰，清初由英山遷居壽州南鄉保義集坊。曾祖諱友傑，贈榮祿大夫、振威將軍。妣楊氏，贈一品夫人。道光中，遷居六安，再遷合肥。祖諱佩，字韞山，咸豐初，值洪楊之亂，與鄉人劉壯肅公銘傳、張靖達公樹聲、周剛愍公盛波、周武壯公盛傳等聯創團練；及淮軍興，又與劉壯肅公等隸李文忠公鴻章部下，以功累保提督銜記名總兵，勵勇巴圖魯，授榮祿大夫、振威將軍。妣趙氏、曾氏，封一品夫人。父諱從文，贈榮祿大夫、振威將軍。母范氏，贈一品夫人。」

由此考證可知，段祺瑞係名副其實的將門之後，「唐太尉段忠烈王秀實三十八世孫也」。太尉一職在中國封建時代是最高的軍事長官，自秦始，太尉、丞相、御史大夫並稱為「三公」。據李勇、周波著《北洋虎將段祺瑞》說，段家本是陝西千陽人，從段祺瑞二十三世祖段璋開始南下安徽英山；又據周俊旗著《百年家族段祺瑞》說，段家的祖籍是江西饒州（即今江西波陽），於明末清初遷入安徽；據吳廷燮《段祺瑞年譜》看，段祺瑞九世祖段本泰，於清初由安徽英山遷居壽州（今安徽壽縣）。段璋「天性至孝」，而「至孝」

正是儒家思想之要旨。前人以及後來的著書人並沒有說到段祺瑞之二十三世祖段璋在事功方面的功績，但在本書作者看來，僅「至孝」二字也就夠了，中國文化以「孝」治天下者有之，而「孝」可以與「忠」互相發明。有的地方說到段祺瑞的老家是安徽六安的，這只是從其曾祖父這一代說起，那麼，後人為什麼稱段祺瑞為「段合肥」？我們根據吳廷燮所編《段祺瑞年譜》「道光中，遷居六安，再遷合肥」的記載，稱段祺瑞為「段合肥」是準確的。

1865 年 3 月 6 日，安徽六安縣太平集迤北三裡之段氏老宅，一個小生命來到了這個紛亂的人世間，他就是段祺瑞。說人世間紛亂，是說太平天國革命和全國上下各族人民的反清鬥爭如火如荼，動亂所至，硝煙彌漫，官兵民軍，血染疆場……段祺瑞在這個時候誕生，預示著他的一生將與戰爭和軍旅結緣，與槍炮和戰場為伴。本書作者這樣說，並不是我們已經知道段祺瑞成為了北洋軍閥政府的核心人物才這樣說的，而是說，在那樣的年代裡，生於將門之後的段祺瑞從軍的機率定然是要高於其他平民百姓的。依《段祺瑞年譜》可知，段祺瑞的曾祖段友傑被清廷「贈榮祿大夫，振威將軍」；爺爺段佩「咸豐初，值洪楊之亂，與鄉人劉壯肅公銘傳、張靖達公樹聲、周剛愍公盛波、周武壯公盛傳等聯創團練，及淮軍興，又與劉壯肅公等隸李文忠公鴻章部下，以功累保提督銜記名總兵，勵勇巴圖魯，授榮祿大夫、振威將軍」。段祺瑞的祖爺和爺爺輩為清廷立下了赫赫戰功，如此說來，將門之後必有虎子，當是名副其實之言（段祺瑞被稱為「北洋虎將」，正是此語之應驗）。只是，段祺瑞的父親並不是一名軍人（有的書中將段父也列入軍人之列，不夠準確），他在家以務農為業，但這絕不影響段祺瑞成為一名軍人。大概是作為爺爺的段佩更加疼愛自己長孫的緣故，他要把段祺瑞帶在自己的身邊，讓他接受中國讀書人所必須接受的教育。這樣，段祺瑞從八歲起，就離開了自己的父母，來到了爺爺的軍營。[1]

此時，段祺瑞的爺爺段韞山公是銘軍的一名「營統領」（按照清廷軍隊的編制，營統領相當於現代軍隊的一名營長），應當說所管轄的隊伍人數不少，到底有多少人馬？「淮軍的編制以營為基礎，營上編制不固定，自數營至數十營按統領能力統屬營數。營以 500 人為定額，設營官一人，營下設前後左右四哨，各設哨官一人，每哨下分 8 隊，各設什長一人。」照此說來，

段祺瑞的爺爺這個營官所統轄的軍人有 500 人，也算是一個比較威武的軍官了。我們可以想像，在這支 550 人的軍隊裡，部隊首長的孫子此時的地位將是怎樣的呢？我敢說，八歲的段祺瑞應當是士兵們的「座上賓」，他們營長的長孫子此時所受到的禮遇應當是不錯的。我們又根據段祺瑞的聰明程度推斷，從他八歲開始隨軍讀書到十四歲，段祺瑞在宿遷讀書的八年間，肯定是大有收獲的。他不僅讀完了《三字經》、《百家姓》，同時也讀了四書和五經。也就是說，正值讀書年齡的段祺瑞，並沒有因天下動亂而荒廢學業，相反，他在隨軍讀書時，已經把作為他那個年齡段應當讀的中國典籍基本上讀了一遍。從這個角度看，段祺瑞對於中國傳統文化應當是通熟的。

我們沒有發現什麼資料說段祺瑞讀書不用功，這一點，與袁世凱不同，袁世凱不喜歡讀書是有一定的史料可以為佐證的。段祺瑞身在軍營而飽讀經書，可以說他對於文、武都有自己的一套理解，跟只讀經書而不懂武的書呆子式的讀書人迥然有別。

八年宿遷的軍營加讀書生活，對於段祺瑞的人生可以說是至關重要的。這一段時間，一是奠定了他中國傳統文化的功底，為後來的做人提供了文化底蘊方面的動力和營養，二是對於他未來從軍打下了一個良好的基礎。這八年，隨著其祖父韞山公的病逝而永遠地過去了；這八年，隨著其祖父韞山公的病逝，軍旅加讀書的日子將成為少年祺瑞不可多得的美好回憶。回憶是美好的，但回憶更是苦澀的。祖父那剛毅的軍人性格對於少年芝泉性格的塑造產生了至關重要而又潛移默化的影響，祖父的嫉惡如仇的品行對於少年芝泉向著成年方向邁進搭設了堅實的橋梁。八年時光，他從一個少年成長為一個可以自立的青年。

回憶是美好的，但回憶又是苦澀的。人去茶涼，少年段祺瑞將面臨著人生的一個抉擇，他應該是長大了。他不長大又怎麼行呢？爺爺怎麼能跟隨他一輩子呢！別說是爺爺，就是他的父母也不可能，父母也不可能跟隨少年芝泉一輩子！這不，當少年段祺瑞扶柩歸鄉，安葬罷爺爺的靈骨，他甚至還沒有從失去爺爺的噩夢中醒來，新的災難又向這位剛剛步入成人的段祺瑞襲來：父親又離他而去！

　　1882 年農曆八月二十日，他的父親段從文在家鄉遇盜被害，時年 39 歲。這一年，段祺瑞剛好 18 歲。段祺瑞父親遇害，是在他的爺爺韞山公辭世的第三年。我們根據吳廷燮《段祺瑞年譜》，在段祺瑞六歲時，他的父親段從文公「買田百畝於合肥大陶崗，因卜居之」，可知，段祺瑞的父親段從文公並不是一位一般的農家人，他可以是地方上的一名鄉紳，雖不能說是「鐘鳴鼎食」之家，但那差不多像新中國建立後劃分階級成分的所謂「地主」，他家可能有比較多的財富，如果是一個赤貧戶，那是根本說不上遇盜被害的。

　　三年前，十六歲的少年段祺瑞失去了祖父。他懷著對祖父的眷戀，告別了祖父所在的軍營，中斷了他的軍營讀書生涯，隨父母在合肥大陶崗的家鄉務農。我們並不清楚段祺瑞是不是按照中國舊時的喪禮在家為祖父守孝，按禮制論，守孝者應當是段祺瑞的父輩，而不是作為孫輩的段祺瑞，但由於幼年的段祺瑞隨爺爺從軍讀書，他對於爺爺的親情感，一般說來，是絕對超過了一般的少年。大概正是這個原因，他不但中斷了他的讀書生涯，而且也遠離了他所喜愛的軍營生活。但是，少年段祺瑞絕非等閒之輩，他不可能像他的父親那樣滿足於做一個鄉間財主，做一名「鄉紳」——如果那樣，也沒有後來的段祺瑞，沒有了影響中國一段歷史的這個英雄人物！如果那樣，中國北洋軍閥時的那段歷史必須重寫！但歷史是不能有「如果」的，歷史的「如果」是文人墨客的一相情願。如果歷史有「如果」的話，對於段祺瑞而言，這也絕對不符合他的性格特徵。因為，歷史既然造就了段祺瑞這個人物，這個人物必然有他應該有的用場！從邏輯上說，段祺瑞後來成為一名軍人，正是他少年時跟隨他的爺爺從軍加讀書的必然的邏輯結論。正是從這個意義上說，段祺瑞跟隨他父親在鄉間種田充其量不過是一段短暫的人生經歷！他肯定是要從軍的，不然的話，他在跟隨爺爺讀書的時候所說的「我也要當兵」的話將失去了注腳！

　　總之，段祺瑞在鄉間務農一段日子後，他決定要當兵了。我們可以說，就是他在鄉間「務農」的那段歲月中，根據段家的經濟狀況看，段祺瑞也不可能真的要當一名農夫，因為種田並不是段祺瑞的人生理想，更不是他的特長之處。我們還可以說，像段祺瑞從軍加讀書的那段時日的人生歷練，種田並不是他的愛好，他絕對不會把他的人生目標鎖定在當一名鄉紳上。這就是

說，他在失去了爺爺關愛之後，儘管在其人生道路上有過一段短暫的徘徊，一旦他的精神狀況恢復後，他會作出他應該作出的人生抉擇。

事實正是這樣，他在鄉間度過了一年多的農村生活後，作出了和他同時代的青年所不可能作出的一個影響他後來命運的重大抉擇：從軍！據吳廷燮《段祺瑞年譜》載：「清光緒七年辛巳，公年十七歲。公堂叔從德任山東威海軍營官，公往投補營哨書。」扶柩歸里，過了一段農夫生活後，段祺瑞又從軍了。不過，這次從軍是名副其實的從軍，因為第一次「從軍」只是隨爺爺身邊讀書而已，他不是一名軍人。這次，他是一名真正的軍人了。

可看這段文字：

一天，段祺瑞想起了有一個叫段從德的族叔在山東的軍營中當管帶，便產生了千里投軍的念頭。當他把自己的打算告訴家族中長輩的時候，他們都直搖頭。

「伢哩，你還小，沒有人領你，又沒有錢，世道又不太平，你可怎麼去呀！一個人說。

「我一個人，靠步行！段祺瑞斬釘截鐵地說。

面對這個倔強、有毅力的孩子，大人們互相望了一下，無可奈何地點了點頭。

第二天，段祺瑞只身一人，走出家門，踏上征程。這一年，他才十七歲。

段祺瑞一路上吃了不少辛苦，受了不少艱難。錢花光了，他就邊乞討邊走路。終於有一天，他打聽到了段從德所在的軍營。段祺瑞走到營門前，向衛兵通報自己的來意，衛兵開始不願去通報，但一看來人，僅有十六七歲，衣服破舊，滿身灰塵，又操著合肥話，便有些相信了，就進去通報。

當段從德聽說是家鄉來的人時，便讓士兵把段祺瑞帶了進來。段從德先是愣了一下，但隨即認出眼前的後生是合肥來的族侄。段祺瑞此時是歡喜異常，趕緊上前施禮，說道：

「叔父大人在上，小侄給你瞌頭了。」

段從德忙扶起段祺瑞，頗為驚訝地問：

「伢哩，你是跟誰來的？怎麼來的？」

「就我一個人，步行來的。

段祺瑞把來到這裡的原委說了一遍。段從德細細地打量著這個滿臉稚氣的孩子好久，突然大聲說道：「夠種！我收下了。」

於是，段祺瑞真正開始了他的軍事生涯。

這是一段演繹性的文字。本書作者在看到這個地方的時候，認為這段話有一點失實之處，它的不實不在於文字的演繹性，而是作者把段祺瑞的從軍時間放在了他的父親遇害之後。因為在本書的這段引文前，還有一段話，說：「段家的好光景很快過去了，段祺瑞的祖父、父親相繼去世後，家境江河日下，一年不如一年。段祺瑞念私塾的費用都不能及時繳上，私塾的老師也有點看不起他，所欠的學費越來越多，無奈只好輟學。所欠的學費被私塾老師扣下了一方舊硯臺和一張舊書桌抵押。書讀不成了，段祺瑞只好待在家中。可家裡的生活更加困難。」在這種情況下，他想到了去找族叔段從德。

根據吳廷燮《段祺瑞年譜》：「清光緒七年辛巳，公年十七歲。公堂叔從德公任山東威海軍營官，公往投補營哨書。」「清光緒八年壬午，公年十八歲。

八月二十日，公父從文公時年三十九歲，在鄉遇盜被害，公請假奔喪，不許。函請本縣緝盜，旋盜被獲服誅。」就是說，在段祺瑞父親尚在的時候，他決計離家從軍，可見他的人生志向。我之所以把這一點疏漏訂正過來，旨在說明，在亂世之中，段祺瑞立志從軍，這裡不僅是為了生計，更有改造現實中國的決心和意志。

那麼，段祺瑞的父親到底是怎麼遇害的？我們在前邊的文字中說，大概是因為段家比一般的農家殷實而遇到盜賊。我的那個說法實在是一個猜測，因為吳廷燮所編《段祺瑞年譜》僅說到段祺瑞父親「在鄉遇盜被害」，所以，我們便可以猜測是段家比較殷實。但另據胡曉所編《段祺瑞年譜》：「1882年10月1日（八月二十），段從文去威海看望兒子，返回合肥時，在離家

不遠的西七裡塘，遭惡人打劫遇害，年僅 40 歲。」這樣看來，我們應當依這個說法為準。也就是說，在段祺瑞虛歲十八歲之前，他失去了兩位親人，先是爺爺，後是父親，前後相差三年。

對於爺爺而言，段祺瑞是家中的長孫，對於父親而言，段祺瑞是家中的長子。此時的段祺瑞，還有一個妹妹和兩個弟弟，作為長兄，他自知肩上的責任。

父親遇害，家中還有兩個弟弟和一個妹妹，作為長兄的段祺瑞，應當是怎樣的悲痛！父親是在看望了在軍營中當兵的兒子後在返鄉的途中遇害的。可以想像，父親遇害，作為長子的段祺瑞又不能回家料理父親的後事，這個事實是怎樣地煎熬著 18 歲的段祺瑞的心靈。本來，段祺瑞可以不去當兵，跟隨父親在家務農，但這不是段祺瑞的性格，他是一定要當兵的。他不聽父親的勸阻，他決計要去當兵，這不僅僅是段祺瑞的性格使之然，更是少年段祺瑞的理想使之然。祖父雖然離他而去，按道理，他應當在家鄉和父母在一起，但是，他隨爺爺從軍八年的軍營生活，使少年段祺瑞對於軍人的生活有著一種不可割捨的情結。他告別了父母，千里跋涉，到山東威海衛去投奔堂叔，堂叔對於自己的堂侄是關愛的，這是一種情，這是一種親情！

此時的段祺瑞從堂叔那裡找回了他已經失掉了的軍人夢。儘管此時他不再上學讀書了，他成為了一名真正的軍人。所說的「補營哨書」，大概就是我們現在所說的軍營中的一名雜役，一名勤務兵。我們不能知道段祺瑞在堂叔的軍營中到底幹得怎麼樣。不過依段祺瑞的性格可以推斷，他絕不會只滿足於當一個小小的勤務兵的，他定有其大志，否則他又將怎樣對得起在唐代就是將門世家的老祖宗呢？可以設想，段祺瑞在他的雜役勤務兵的位置上，肯定幹得相當出色，他一定是能吃苦的，不然的話，他怎能千里迢迢步行來到了堂叔的駐防地山東威海衛呢？大概是父親對於這個尚未成年的長子放心不下，離家到軍營中去探望兒子。我們當然也不能知道他們父子見面後是怎樣的對話，不過，從情理上說，父親一定要詢問兒子在軍營中生活得怎麼樣，段祺瑞一定會把自己的心裡話告訴給父親，父親也肯定會鼓勵兒子要好好幹，對得起堂叔的提攜，對得起自己的將門之家，應當把將門之家的遺風發揚光

大，等等，總之，就是這樣一些話。這些話，從一般父子見面論，無非也只是一些平常得再也不能平常的話了，但我們寧肯相信，就是這樣的一些平常話，對於少年段祺瑞來說，那又將是一種如何的激勵！可以說，儘管軍營的生活是枯燥乏味的，對於一名幹雜役的勤務兵來說，這種枯燥的生活尤其枯燥。但是，段祺瑞肯定會告訴父親，讓他老人家放心，兒子肯定不會辜負先輩的殷切期望。我們也可以想像，在段祺瑞和他的父親道別時，那種離別親人的場面又是怎樣的感人，他可能會揮淚如雨，他可能會一別三顧。但是，不論是怎樣的難捨難分，段祺瑞斷然沒有想到，父子倆的這次在軍營中的相見，父子倆的這次異鄉分別竟是他們的終生訣別！

嗚呼！人生苦短，世事難料。

得知噩耗，少年段祺瑞是多麼想見父親的最後一面，回家同母親團聚，和弟妹們相聚，他可以安慰母親，讓她堅強地生活下去，照料好兩弟一妹。但是，非常遺憾，他沒有被軍營長官批准回家為父親奔喪。在《年譜》中，只記載了「公請假奔喪，不許」寥寥幾字。在這寥寥幾字的背後，段祺瑞將承擔著怎樣的精神痛苦。他想到了母親，他肯定想到了在家頂著「塌天」般的苦痛的含辛煎苦的母親。此時的母親將是怎樣的痛不欲生！三年前，爺爺離他而去，他應當從那個時候起，就已經感到自己小小年紀肩上所承擔的生活重負。有的書中在與到這一點時說，少年段棋瑞似乎在一夜之間長大了。我們認為，段祺瑞在一夜之間長大的語意內涵無非是他思想情感的昇華，對於世事炎涼的自我體認！此時的段祺瑞應當是虛歲十八，但他仍然是一個少年，這位少年，在經歷了爺爺去世後的精神打擊下，並沒有由此消沉，相反，他真的是長大了，他應當知道自己所承擔的家庭重任。父親在此時又離他而去，儘管是一個少年，但他肩負起一個成年人的重擔，以一個成年人的責任和思維處理父親的事宜。他儘管沒有被批准回家奔喪，他還是非常理智和非常清醒的，他可以給家鄉的縣長寫信，請求當地知縣「緝盜」，好在是家鄉的父母官還是負責任的，在很短的時間內破了案。《年譜》載，那個殺害段父的兇犯旋即「被獲服誅」，這也算是對於少年段祺瑞一個精神上的安撫。但是，嚴酷的事實擺在這位少年的面前，父親不在了，家中只有母親，只有母親忍受著失夫的巨大悲痛，承撫著三個年幼的弟妹……

母親能夠用她那屝弱之肩擔負起這個家嗎？筆者手頭上缺乏這個方面的資料，我們不能知道段祺瑞給他的母親到底寫過書信沒有，本書作者寧肯相信他是給母親寫過書信的，他定會在信中百般安慰母親。

　　事實上，段母並不能承受這樣的重大打擊，依《段祺瑞年譜》：「清光緒九年癸未，公年十九歲。四月初四日，公母范太夫人卒於原籍，公請假奔喪，旋即回營。」仍然是寥寥數字，即把段祺瑞在不到四年的時間裡連失去三位親人的事實一筆帶過。這樣的年譜記載實在是過於簡略了。我們透過這簡略的記載，可知段祺瑞沉重的心理壓力。不是嗎？在短短的幾年間，爺爺撒手人寰，父親遇害，母親不堪重負又離他們而去。這個家真的是「天塌地陷」了。問題是此時的段祺瑞身在軍營中，家中還有三個弟妹，他如何辦？根據年譜記，在段祺瑞母親去世時，他只有十九歲（虛歲），他的妹妹啟賢此時十二歲，二弟啟輔十歲，三弟啟勛九歲。我們同樣沒有一手資料見到段祺瑞是怎樣把他的三個弟弟妹妹安頓在家中生活的，但事實是，段祺瑞在回家奔母喪後，「旋即回營」。又據《年譜》記，段父生前在家置辦有相當的田產，他可以用父親留下的這筆家業作為撫養三個幼年弟妹的資本。

　　不管怎麼說，段祺瑞並沒有在家守著父親的家產，他毅然離開了三個年幼的弟妹，他又回到了軍營之中。我想，根據段祺瑞跟隨爺爺在軍營中的八年從軍加讀書的生活看，此時的段祺瑞定能清楚中國傳統文化中的「家」、「國」的意義。什麼是家？什麼是國？在中國數千年的封建社會中，天下國家是一回事。也就是說，家就是國，國也當然就是家；沒有家就沒有國，沒有國也就沒有家。在中國長期的宗主制國家中，「家國同構」，這個道理，對於有著長達八年的讀書生涯的段祺瑞而言，是不難懂得的。要想有家，必須有國；有國才能有家。從這個意義上分析段祺瑞決心當兵，本書作者認為，這是符合段祺瑞的人生邏輯的。我們寧肯相信，受過中國儒家文化薰陶的段祺瑞，在他幼年讀書時，他肯定從私塾先生那裡聽到了先生所講的孟子所說的「天將降大任於斯人也」的說教：

　　孟子曰：「舜發於畎畝之中，傅說舉於版築之間，膠鬲舉於魚鹽之中，管夷吾舉於市，孫叔敖舉於海，百里奚舉於市。故天將降大任於斯人也，必

先苦其心志，勞其筋骨，餓其體膚，空乏其身，行拂亂其所為，所以動心忍性，曾益其所不能。人恆過，然後能改。困於心，衡於慮，而後作。徵於色，發於聲，而後喻。入則無法家拂士，出則無敵國外患者，國恆亡。然後知生於憂患，而死於安樂也。」（《孟子.告子下》）

可以設想，少年段祺瑞跟隨爺爺在軍營讀書時，他開始讀這一段文章時，一開始可能不懂，或者說他可能是從字面上讀懂了，但他並沒有自己人生的真切體驗。他也可能是一開始就讀不懂它，經過私塾先生的解說，他可能從字面上懂它了，但對於少年段祺瑞而言，當時是無論如何也弄不懂它的真正意義。進而言之，在段祺瑞經歷了失去一家三位親人後，當他處理罷母親的喪事之後，當他面對三個幼小弟妹的家庭現實時，當他還要到軍營中去服役時，當他將要告別三個弟妹而踏上征程時，他可能會對早年先生所教的這段孟子語錄有一個徹頭徹尾的人生體驗：是啊，舜是古代一個得天下的人，但他並不是一開始就有天下的；傅說原來是一個奴隸，在商時為武丁所舉用；膠鬲原本是一個小商販；管夷吾從獄中釋放後才被舉拔出來的；孫叔敖是從海邊被發現的一個人才；百里奚原來也只不過是一個陪送的奴隸。這些人後來都成大器了。如此說來，上蒼要想把重大的任務放到你的肩上，並不是一開始就讓你享受到得天下的好處，正好相反，是先給你苦頭吃。只有這樣，才可以磨煉你的意志，激勵你的心志，堅韌你的性情，增加你的能力……只有這樣，才可以讓人知道，憂患的環境方可讓你生存下去，而安樂的環境則足以令人死亡的道理了。

段祺瑞肯定從孟夫子那裡得到了人生的啟示。國在這個時候是「國將不國」家在這個時候是「家將不家」。為了有家，為了有國，少年段祺瑞開始向著青年段祺瑞的人生過渡，他在辦完了母親的喪葬事宜後，安頓了三個弟妹的生活，拜別鄉裡，他又回到了他堂叔所在的軍營，從家鄉合肥再次千里迢道來到了山東威海衛。

他走得那樣堅定，義無反顧……

[11]據《段祺瑞年譜》載：清同治十一年，公八歲，公祖韞山公任銘軍三營統領，駐防宿遷，公至祖任所讀書。

第三章 武備學堂讀書名列前茅德國留學深造游刃有餘

依《段祺瑞年譜》所載：段祺瑞虛歲十七歲時，即清光緒七年，到山東威海隨堂叔從軍；到清光緒十年，段祺瑞虛歲二十歲，「是年同邑李文忠公鴻章創辦武備學堂於天津，公報考，取列前茅，遂辭哨書，入堂肄業，學習炮科」。[1]

天津武備學堂的創建代表著中國近代軍事教育事業的開端，換言之，天津武備學堂是中國歷史上第一所近代化的軍事院校。它的創辦人是段祺瑞的「同邑」——滿清大臣李鴻章。人們也曾習慣稱李鴻章為「李合肥」，段祺瑞為「段合肥」，就是說李鴻章和段祺瑞都是合肥人，故而史書稱其「同邑」。歷史上，合肥這個地方是個「大政治天才庫」，這個地方的兒女們「顯示出了濃厚的地方主義色彩和政治上的非凡本領」。[2] 我們不是唯地域論者，更不是風水先生，應當說，在中國的版圖上，出大政治家的並不僅限於安徽合肥，但是，毋庸諱言，安徽的確是一個出人才的地方。要說某地有著濃厚的地方主義色彩也未必正確，但中華民族乃千秋禮儀之邦，人們對於同邑、同鄉都是認同的，俗話說，「老鄉見老鄉，兩眼淚汪汪」，說的就是同鄉人有著相同的情感。正是從這個意義上說，我見到有的寫段祺瑞的書中說，後來段祺瑞能夠在政治仕途上大展宏圖，多虧了他的老鄉李鴻章的幫忙。我們的看法是，此話是對的，但也是不完全對的。我們之所以說這個話有「不完全對」的一面，無非是說，一個人僅有他人的提攜那只是問題的一個方面，而重要的則在於自己的本事和能量。一個人要想成就一番大業，古人已經說過，必居三個條件：天時、地利、人和。段祺瑞應該說此時能夠成為天津武備學堂的一名高材生，這三個方面的條件都是發揮作用的。

先說天時。關於天時，我們也可以換一種說法：時勢造英雄。它是歷史時代的產物。中國社會進入近代，那是一個幾千年所未遇到的大變局。中國歷史上自有文字記載以來，有過無數次的戰爭，但在進入近代以前，人們作戰所用的武器並沒有槍炮之類的東西，一般都是「人海大戰」。我們可以設

想，元朝能夠問鼎中原，在於北方的這個游牧民族擅長「胡服騎射」，這是蒙古族顯然優於漢族的地方；滿族能夠入主中原，也在於它們的游牧優勢。大清帝國自有其不同尋常的軍隊——八旗軍。努爾哈赤建金（1616 年），靠的就是他的八旗軍隊，皇太極敢於對明王朝用兵，靠的也是他的八旗軍（關於八旗軍制，下文另有解說）。軍隊是國家的柱石，清入主中原後，沒有了戰爭，它的八旗軍長期處於「休息」的狀態，慢慢地，這支軍隊就失去了它昔日的威風。反正大清已經入主中原了，他們認為得了天下，可以「槍刀入庫，馬放南山」了。入主中原後，中華民族得以空前的大統一，就連洋人們也對大清帝國不敢小覷。這樣一來，「夜郎自大」的劣根性逐漸滋生，西方資本主義的日顯強大，終有一天，我們的國門會被洋人們的洋槍洋炮撞開。在這個時候，甚至在此之前，一些有識之士認為中國要富強，必須向西方人學習，學習他們的軍事、學習他們的教育、學習他們的經濟、學習他們的科技、學習他們的政治，等等。總之，一句話，中國要富強，必須向西方人學習。「洋務運動」的興起絕非偶然。辦洋務，辦企業，造槍炮，順應了歷史潮流。興建於漢陽的中國歷史上第一個兵工廠，就是這一歷史背景下的產物。

此時，李鴻章在天津創辦了武備學堂，把中國軍隊建設推向了近代化，從某種意義上說，中國軍事的近代化，中國軍事教育的近代化，也就是中國軍事、中國軍事教育事業的現代化。可以說，李鴻章是中國軍事走向現代化的第一個推動者。

天津武備學堂當然是一所學習軍事現代化的新式學校。它的規制大體模仿西洋陸軍學堂，同時聘用德國人為教官。教學的內容有天文、輿地、格致、測繪、算學、化學，有炮臺、營壘，有演習馬隊、步隊、炮軍行軍布陣諸法。從這些學科看，這裡邊不僅有西洋軍事方面的內容，也有中國教育的原有內容，像「致知」學，這仍然是中國舊式教育中的內容。不過，這是我們能夠理解和接受的。那個時候，向西方學習，在思想界還存在著爭論。有「全盤西化」一派，這一派學者認為，中國要強大起來，必須把中國的一切舊式內容來一個徹頭徹尾的改造不可。有這種主張，當然也有反對派出來維護中國固有的教育體制，那就是「中國文化本位主義」者的主張。這種主張顯然是不合時宜的，這樣，就自然又產生了一個折衷派的主張，該派的主張叫做「中

學為體，西學為用」，意思是以我們自己的文化為基本（體），參照西洋人的東西，把它們的東西拿來為我所用（用）。應當說，這一派的主張還是有道理的，中國畢竟是一個以儒家文化為主體的古老之國，學習西方，就是學習它們對我們有用的先進科技，但作為中華民族最根本的東西絕對不能丟。

總之，段祺瑞是幸運的，他能夠進入這種學校讀書，這為他今後的軍政生涯奠定了一個得天獨厚的「天時」條件。

再說地利。地利也可以說是「地之時者也」。天時是「時」，地利是「空」，二者結合，無非是講「時空」，即時間與空間的有機統一。根據當時李合肥的設計，天津武備學堂的生源由「淮軍」各營選派。我們知道，淮軍就是李鴻章所組織的以安徽籍軍人為主要力量的一支軍隊。大清帝國的軍隊是以八旗為主的，但隨著時間的推移，八旗子弟所組成的大清軍隊此時已經蛻變了，它已經失去了大清入主中原時的那種銳氣，變得不堪一擊了。為了說明這個問題，我們有必要在此處追溯一下清朝軍隊的歷史。

八旗軍是清朝入關前的軍隊。「八旗制始建於滿洲的戶口編制之上。後來發展成為包括軍、政、財、經等各方面的根本制度，是一種特殊的國家政權組織形式。清朝開國者努爾哈赤從明萬曆十一年（1583）起兵以後，隨著征服各部落戰爭的順利進行，隊伍日益擴大；但當時尚無一定的軍事編制。至明萬曆二十九年（1601）始將部眾每三百人編一牛錄，並設牛錄額真統其眾。牛錄正式成為滿洲兵民組織的基本單位。五牛錄組成一甲喇，五甲喇組成一固山，當時以黃白紅藍四色旗為標識成立四固山，即四旗。明萬曆四十三年（1615），努爾哈赤統一了除葉赫部外的女真各部族，漢、蒙各族也多有降附，人口增多，原有四旗已難於統攝，於是在黃白藍三色旗外邊鑲紅邊，紅旗外邊鑲白邊，增編了四個鑲旗，與原有的四個整旗，合稱為八旗。」[3] 應當說，八旗軍在開始時是不可小覷的，滿清就是憑著這支強悍的軍隊戰勝了大明的軍隊並取而代之，但是，遺憾的是，到了清康熙年間，在削「三藩」[4] 的戰爭中，八旗軍基本上已經喪失了它們的作戰能力。

事實上，在清入關後，清統治者除了它們原有的八旗軍外，又創建了「綠營軍」。「綠營，是清朝按照明代軍制改編和新招募的漢人部隊。入關後始

建各省營制。它用綠旗,故稱綠營兵或綠旗兵。它分布於北京和各省,按標、協、營、汛編組,有馬、步、水師等兵種。它在平三藩中取代八旗兵的衝鋒陷陣地位;但為時不久,綠營兵也腐敗了。從雍正八年(1730)以後,清王朝只好隨事去招募『鄉軍』和『防軍』,綠營兵已形同虛設,腐敗情狀,日甚一日。到鴉片戰爭時,已經是『兵不見將,將不見兵,紛擾喧呶,全無紀律』了。而至太平天國革命發生前,則『將帥唯耽安逸,養尊處優,以營卒為廝役,不事操防,以空名冒錢糧,專事肥己』,平時根本沒有訓練,腐敗到了極點。太平天國是敗於湘軍、淮軍而不是綠營。」[5]

　　這就說到了「湘軍」和「淮軍」了。19 世紀 50 年代,清廷曾任命湖南等十省在籍大官僚四十餘人為督辦團練大臣在其原籍招募「鄉勇」以辦團練。這時,清大臣曾國藩正值母喪在湖南家鄉奔喪,被咸豐帝任命為幫同湖南巡撫辦理本省團練事務大臣,所創建的軍隊稱為「湘軍」。後來的事實證明,曾國藩所辦湖南團練是成功的,這支軍隊在鎮壓太平天國軍的戰爭中是頂用的。咸豐十一年(1861),曾國藩命令他的得意門生李鴻章到安徽原籍去舉辦團練,另募一支軍隊,這就是「淮軍」。段祺瑞的爺爺段佩(韞山公)就是在淮軍中的一支銘軍(淮軍悍將劉銘傳)三營任統領的。本書在前文中說到少年段祺瑞跟隨爺爺從軍讀書,就是從這個地方說起的。史料證明,李合肥所辦的淮軍也是成就卓著的。

　　天津武備學堂既然是李鴻章創辦的,他當然要從他的嫡系部隊——淮軍中選拔人才。此時的青年段祺瑞已經在其堂叔的軍營裡幹了幾年「哨書」了,他的這個機會來了。這個機會對於段祺瑞而言,是一個不可多得的「地利」要素!

　　後說人和。簡單地說,人和就是人的要素,就是「關鍵在人」的意思。人和,也就是人與人之間的關係。有的人,可能在事關個人命運的關鍵時刻,他占了天時和地利兩大方面的勢力,但是,就是人的關係問題沒有處理好,照樣失去了時機。在段祺瑞報考天津武備學堂一事中,前面所說的兩大勢力他已經具備了,「人和」的問題他當然也是具備的。這可以從兩點說,一是

有段祺瑞的堂叔在上，他是段祺瑞所在軍營的一名營級管帶，具備了人事協調方面的優勢，二是段祺瑞本人的天資聰穎和軍人之氣質。

天時、地利、人和三者俱備，青年段祺瑞能夠在報考天津武備學堂中脫穎而出。據史料，李鴻章決定辦天津武備學堂，開初所招學員只有 100 名，我們可知，就是當時的淮軍，其兵士的數量也遠在數萬人之上 [6]，為什麼段祺瑞能在此區區百人之中脫穎而出呢？他不僅在此百名學員中占居其一，而且在考試成績中也是名列前茅的。這只能說明我們在此的評價，段祺瑞具備從軍的資質條件，同時，他必定能成就大事。

請看這一段文字：

進入學堂後，段祺瑞一改在私塾時的鬆散習慣，發奮進取，非常用功，加之他生性好強，成績非常突出。他入學堂前已當過三年兵，對軍事訓練、槍炮操作很在行，考試總是得「優」，開始初露鋒芒。

命運之神似乎對段祺瑞有特殊的偏愛。一天，北洋大臣李鴻章親自到武備學堂視事，為此，學堂專門進行了一次馬、步、炮、工程各科綜合演練。

天有不測風雲，上午，馬、步兵科演練時，天氣還很好，可到下午，炮兵科演練尚未開始，天空已出現烏雲，很快下起了小雨。海面上的風也逐漸增級，海浪翻滾。當天，炮兵演練的內容是打海面活動靶。本來，這項練習難度就很大，濁浪中的浮靶像跳舞一樣在海面上漂來擺去，搖擺不定，而且，海風似乎越來越烈。如果在平時，演練就會被取消，可今天李大人親自駕到，教習們心裡毫無把握，學員們更是面面相覷。

猶豫了很久，教練處的陳管帶只好怯怯地挪到李鴻章面前跪見，十分婉轉地表示了為難之處，希望李大人能開恩，同意延期舉行。此時，已在山頂臨時搭起的觀望臺上就座的李鴻章興致正濃，手中拿著望遠鏡正遙望著海面隨風飄舞的一個浮靶，聽到陳管帶的請求，心中很是不快，連看都沒看陳管帶一眼，只是不耐煩地說：「區區小雨嘛，何足掛齒！」

陳管帶頗為為難，還想說什麼，李鴻章擺擺手說：「開始吧！」

陳管帶萬般無奈地退了下來，李大人，演練只好進行。

第一炮沒打中，李鴻章很覺掃興，接下去的幾炮更是糟糕。李鴻章的忍耐似乎達到了極限，扔掉了手中的望遠鏡，準備起身了。所有在場的官員們都惶惶然。此時，唯有陳管帶似乎平靜些，他知道下面輪到高材生段祺瑞出場了。

果然，段祺瑞身手不凡。他指揮的第一炮就打中了浮靶。官兵們立即就歡呼了起來：

「打中了！打中了！」

聽到喊聲，李鴻章又重新坐了下來，身邊的人忙遞上望遠鏡。

接下去，又是每發必中。李鴻章的臉上掛起了一絲難得的笑意。問道：「是誰指揮的？」

「是段祺瑞。」學堂的官員趕快回答。

演練結束後，李鴻章點名要段祺瑞過來參見。段祺瑞走過來，跪拜說：「學生段祺瑞參見李大人。」

「起來吧！」李鴻章輕輕地擺了擺手，又問：「你是哪裡人？」

「學生合肥人。」

李鴻章微微挑了挑眼皮，仔細打量了一下段祺瑞，說了句：「你是合肥人？」

「是的。」

「嗯。」李鴻章不動聲色地點點頭，似乎在想些什麼。段祺瑞茫然摸不著頭腦，只好靜靜地聽下面的問話。

李鴻章又詢問一下段祺瑞的家世和出身，當得知段祺瑞的祖父和家族中許多人都是淮軍兵將，祖父還是剿殺捻軍的有功之臣，更加高興起來。接著，又考問了一些有關軍事問題，段祺瑞也都對答如流。於是，傲慢的李大人終於開了尊口，將段祺瑞讚揚了一番，說他是「熟知軍事，俾易造就，是一個可用之才」，並讓手下人將段祺瑞的名字記下。[7]

由此可知，天時對於段祺瑞的恩賜。不管怎麼說，透過這一次演練，李合肥記住了一個人，他記住了他這個老鄉「段合肥」。都是「合肥」人，「相見何必曾相識」呢？李合肥斷然沒有想到，自己家鄉的這位後生具有這般軍事才能！

這一「記」，為後來段祺瑞出國深造埋下了伏筆。

據《段祺瑞年譜》所記：「清光緒十一年乙酉，公年二十一歲。肄業天津武備學。」「清光緒十三年丁亥……是年公以最優等畢業武備學堂，奉派赴旅順監修炮臺。」據此可知，段祺瑞在天津武備學堂學習的時間前後為四年。我們並不知道此時的李合肥是不是對於段合肥有著一種不可割捨的同鄉情結。但是，從公理上說，天津武備學堂是李鴻章一手創辦的，他當然對於學堂的工作常繫於心，從這個意義上說，武備學堂的學員們畢業，舉行畢業典禮，李大人是要到場的。這不，他果然來了。1887 年夏（程舒偉、侯建明所著《段祺瑞全傳》，把這個時間寫為 1889 年夏，如依《段祺瑞年譜》記，應當是 1887 年），李鴻章親赴天津主持了武備學堂第一屆學員的畢業考試，段祺瑞以「最優等」的成績畢業。李鴻章在給朝廷的奏章中這樣寫道：「臣親臨考驗各項操法，一律嫻熟，試以炮臺工程做法及測繪，無不洞悉要領，因擇其屢考優等生，飭令回營轉相傳授。學生之著者有：段祺瑞、馮國璋、王士珍、段芝貴、陸建章、王占元、雷振春、張懷芝、曹錕、李純、蔡成勛。」[8]

段祺瑞在天津武備學堂學習的第三年，「與吳氏在合肥完婚」。[9] 在吳廷燮所編《段祺瑞年譜》中，對於段祺瑞與吳氏「完婚」是這樣記載的：「十月二十二日，夫人吳氏來歸。夫人江蘇宿遷人，舉人名懋偉之女。」《百年家族段祺瑞》中說：「此時的段祺瑞，雖功名未就，卻也算一成家立業之人。就在他入學堂的第二年，遠在宿遷的未婚妻吳氏來到天津與段祺瑞完婚。這位段夫人的父親吳懋偉乃是宿遷舉人，與段祺瑞的祖父段佩過從甚密。他眼睜著段祺瑞長大，特別喜歡段祺瑞的聰穎和堅韌的個性，於是就與段佩商量，把自己的小女許配給段祺瑞。這椿婚事並未因段佩的亡故而取消。」[10] 吳廷燮《段祺瑞年譜》中記：「清光緒十三年丁亥，公年二十三歲，十二月十八

日，公長子宏業，字駿梁生。是年公以最優等畢業武備學堂，奉派赴旅順監修炮。」

關於段祺瑞從武備學堂畢業後被派去旅順監修炮臺一事，周俊旗在其書中是這樣說的：「畢業之後的段祺瑞，雖在軍校中風雲一時，曾在實地演練時受到李鴻章的讚揚，稱他『熟知軍事，俾易造就，是一個可用之才』便是，在新式軍隊沒有建立之前，這位被中國第一所西式陸軍學校培養出來的第一批軍事俊才，在舊軍隊中並不受重用。那些在實戰中取得功名的湘淮將領，沒理由看得起這些初出茅廬的軍校出身的年輕軍官。一當他跨出北洋陸軍學堂的校門，段祺瑞便被派往旅順去監修炮臺。」在這裡，對於那些湘淮宿將們是否看得起初出茅廬的北洋陸軍學校的畢業生一事擱而不論，應當說，段祺瑞剛從陸軍學堂畢業就被派去旅順監理所修炮臺，在本書看來，他還是學有所用的。關於段祺瑞被派去監理所修炮臺一事，有關書中所記並不是很詳，「旅順口位於遼東半島尖端，久有『東方直布羅陀』之稱，李鴻章一直很重視這個策略基地，令淮軍重兵駐守，並修築炮臺，設置魚雷營和水雷營。負責監修炮臺應算是段祺瑞一生事業的起步。」[11] 依此說，段祺瑞初出茅廬，就被派去監修炮臺，應當說是被李鴻章所重用的，至於說那些湘淮軍中的老兵老將對於這位初出茅廬的小將是否看得起，我們認為，這對於段祺瑞自己而言是無關宏旨的，只要李鴻章心中有數即可以了。此時的青年段祺瑞，並不因那些老兵老將是否看得起他而有所介意。總之，段祺瑞正是有了這一段工作經歷，為他後來（實際上是在不長的時間之內）出洋留學德國創造了一個先決條件。

應當說，李鴻章是中國近代洋務運動的中心人物。在他指揮清軍鎮壓太平天國革命的過程中，他已經充分認識到中國求強、求富的唯一出路在於學習西方的先進技術，當然包括西方的軍事在內。史學界的一致看法是，洋務運動的領軍人物是曾國藩、李鴻章、左宗棠、張之洞。本書的看法是，曾國藩是洋務運動的主要倡導者，左宗棠是洋務運動的代表人物之一，張之洞是洋務運動的實踐者，而李鴻章則是洋務運動的中心人物。之所以這樣說，因為李鴻章是「當時一個握有軍政實權的封疆大吏，也是為清廷所倚重的一個『中興名臣』」。[12] 李鴻章是繼曾國藩之後的清廷重要人物，他已經充分認

識到中國在內憂外患的雙重煎熬下，當務之急就是要從軍事上強大起來，而軍事的強大捨去向西方人學習則沒有出路，而要向西方人學習軍事，只有向英、德學習。怎麼學習？首先是要遴選向西方學習的人才，派他們出洋留學。

請看這一段文字：

1888 年冬，雄心不減當年的李鴻章又奏請朝廷選派五名武備學堂學生去德國深造。在當時中國人的心目中，把海軍裝備治理到頂尖的，當屬大英帝國，而德意志則以陸軍著稱於世。中國近代練兵尚處萌芽階段，欲效法德國整治陸軍，就當由朝廷出資派送學生赴德專修。但從清政府這面講，又對派遣留學生心存憂慮，一方面覺著應該派人出洋學習，以改變大清帝國軍事制度和軍事技術均十分落後的狀況；一方面卻又擔心這些留過洋的學生接受些不三不四的新思想，學點不合大清禮儀的洋做法，回來後恐危及大清統治，有礙大清風氣。所以，清政府採取一個折衷辦法：同意選派，但要採取限制措施。對留學生，特別是那些學成回國後要供職軍界、掌握兵權的軍事專業留學生，進行嚴格的篩選和盡可能的限制數量。為此，清政府規定：凡報考外國軍事學校的學生，必須由各省督撫保送，並由軍機處統一審批，一切非公費生一律不得報考外國軍事學校。為防止海外華僑鑽空子，清政府又將該規定送交有關國家，以求得他們的配合，這等於由清政府一手壟斷了中國軍事留學生。不過說起來由他們控制的軍事方面留學生實在也少得可憐。陸軍方面，1876 年第一批留學生才派出七人，回國後又都無所事事，不被重用。時隔十二年，才又擬派出五人，尚不知這五人回國後又當作何派場。

第二批赴德留學的武備學生名單，在歷經一道道嚴格的遴選之後，最終呈到李鴻章手中。據說，這位合肥籍的國之重臣，看到名單上竟有三名是山東籍，而安徽籍的只占兩人時，心中十分不悅，遂大筆一揮，勾掉一個山東籍學生，又把當年視察武備學堂時發現的人才——合肥小老鄉段祺瑞的名字寫到名單之首。是舉賢不避同鄉，還是果真發現了一位難得的軍事人才？抑或是其他什麼原因？不管怎麼說，段祺瑞這個在舊式軍營中長大的統領的孫子，終於可以以第一名的資格，去接受西方軍事教育，呼吸海外空氣。沒人

知道段祺瑞當時的心情，但是，凡與段家熟稔的人，都知道這樣的事是段家前所未有的，或許段家的發達，又要有一個新氣象了。[13]

本書在引用這一段文字的時候，應該說是比較慎重的。我們不知道作者的這段文字出自何處，更不敢妄自猜測這是作者對於故事情節的虛構。不過，我們寧肯相信這一情節是符合李合肥傾向於段合肥的心理的。因為在天津武備學堂學習時，李鴻章早已知道他這個小同鄉段祺瑞了，而且也已經知道段祺瑞是一個出類拔萃的軍事人才。如果這樣的話，李鴻章把段祺瑞的名字排在五個留學生中的第一位是有道理的，與其說是李大人對於小老鄉的偏愛，毋寧說是他愛惜人才。中國古代就有「內舉不避親，外舉不避仇」的記載，特別是在中國所處內憂外患的那種特定的歷史時代，軍事人才的重要是可想而知的。李合肥此時這樣做是可以理解的，只是可惜的是，李合肥的大筆所勾掉的那位山東籍學生可就有點「冤枉」了。

本書倒是十分欣賞這一段話：

1889 年年初（依《段祺瑞年譜》記：「清光緒十五年，公年二十五歲，春，公至德國柏林，入其軍校見習，繼入克虜伯炮廠實習炮工。」——引者），二十四歲血氣方剛的段祺瑞，辭別妻兒，登上將要遠渡重洋的輪船。這一路上他並不寂寞，同行的吳鼎元（後任第五鎮統制）、商德全（後任清河陸軍中學校長、天津鎮守使）、孔慶塘（後任雲南普洱鎮總兵）、滕毓藻等，都是他在武備學堂的校友，另有滿人廕昌作為督學也一路前往。大家年輕氣盛，又共處軍界，自視為新式陸軍的先鋒，船艙裡、甲板上，你一言我一語探討新式陸軍的未來，描畫各自的錦繡前程。漫長的海上生活，在觀景與談天中，很快地結束了。是年春天，段祺瑞進入柏林軍事學校專修陸軍軍事理論課程。

當時的柏林，中國留學生寥若晨星。身為大清帝國子民，遊子們不管向西方學什麼，也要把自己腦後的那條長辮子妥妥帖帖地保護好，那可是當時中國人的代表哩！當地人把大清國留學生視為稀罕物，笑他們身為男人，卻個個背後拖條「豬尾巴」。有敏感的留學生，便把辮子盤起來，塞在帽子裡，以逃避滿街的訕笑。

初到柏林的段祺瑞，一發現留學生這種「改良」舉措，就覺得非常憋氣，甚至認為這種行為太可恥了。不就是一根辮子嗎？有什麼了不得，剪去算了，看那些洋人們還笑什麼！男子漢大丈夫說幹就幹！他在宿舍裡翻出一把剪刀，對鏡欲剪之時，偏被串門來的廕昌撞見。只見廕昌撲將上來，奪下剪刀，一面揩著被嚇出的冷汗，一面又氣又急地質問：

「你瘋了！幹嗎剪自個兒的辮子？」

段祺瑞振振有詞：

「我寧可被人視為狂人，也不願受這份屈辱。你就別管我了！我剪我的頭髮，與你何干？」

廕昌聽罷他這通表白，哭笑不得，連忙勸道：

「而今你是以官費出國留學的，不告訴朝廷，你就擅自剪辮，萬一朝廷震怒，斷絕了你的學費，別說是求學無成，恐怕你要有國難回了呢！這其中之利害，誰輕誰重，你自個掂量著吧！」

段祺瑞聽了廕昌這一番勸導，方如大夢初醒。這個自小離開父母、家庭，在軍營中長大的青年，四書五經、綱常禮教的常識不是沒有，只是還沒有積淀以國為家、以禮侍之的那些只可意會、不可言傳的豐富的實踐經驗，官場沉浮的花花腸子還太少。所以，儘管廕昌苦口婆心地勸，他仍舊狂心未泯，忍不住又道：

「我還是不甘心被人譏笑！」

廕昌無奈，想出一招：

「既這樣，你何不先拍一封電報回去，請示過朝廷再做決斷？」

段祺瑞還真聽話，立即發了封電報給軍機處，請轉奏朝廷准許他剪掉那象徵著大清子民的辮子。

結果可想而知。段祺瑞復又拖著他的辮子，一邊學習著德國先進的軍事理論和軍事技術，一邊豐富著為人處世的人生經驗，一眨眼工夫，就結束了他在柏林短短一年的軍校深造生活。

在別人學畢歸國時，段祺瑞又被留在德國，到克虜伯炮廠實習，據說這是李鴻章特批。為栽培這位合肥小同鄉，李鴻章還先後兩次寫信給段祺瑞，勉勵他「精學深造」。

段祺瑞進入克虜伯炮廠，正逢克虜伯企業蓬勃發展時期。「鐵血宰相」俾斯麥實施的優惠政策和德國 1870 年的對外戰爭，給這個已在歐洲名聲顯赫的軍火製造商世家帶來滾滾紅利。號稱「火炮大王」的阿爾弗雷德·克虜伯，把他的武器軍火向四十六個國家傾銷，而且他的戰艦、火炮、彈藥等各式武器，都屬當時世界一流。段祺瑞在這個世界第一流兵工廠實習半年多，進一步熟悉了先進火炮的製造和使用技術，也加深了他對德國軍事工業及軍事現狀的了解。

1890 年冬，二十五歲的段祺瑞帶著潛心學到的先進軍事知識和技術，更帶著決意革新中國軍事制度的熱情與信念，回到了正處在多事之秋的祖國。[14]

註釋

[1] 文斐：《我所知道的「北洋三傑」》中收錄有段祺瑞的三女兒段式巽的回憶：「1882 年，父親 18 歲時，有鄰居沈姓老人要到北京探親，父親得到家裡同意，和沈老同行，隨身只帶一元銀洋，基本上是步行到北京的。旋即考取了武備學堂……」這段回憶有誤，段祺瑞到天津報考，是從他所在的威海軍營中去的。

[2] 李勇周波：《北洋虎將段祺瑞》，百花文藝出版社 2007 年 6 月第 1 版，第 2 頁。

[3] 來新夏：《北洋軍閥史》（上冊），南開大學出版社 2000 年 12 月第 1 版，第 8 頁。

[4] 清初，分封吳三桂為平西王，守雲南；尚可喜為平南王，守廣東；耿精忠為靖南王，守福建，稱為「三藩」，後來他們逐漸成為地方割據勢力，威脅朝廷，康熙下令削之。

[5] 來新夏：《北洋軍閥史》（上冊），南開大學出版社 2000 年 1 月第 1 版，第 85 頁

[6] 咸豐十年（1860），太平軍進軍蘇、杭，威脅上海。李鴻章奉命回安徽招募淮勇，皖籍地主武裝張樹聲、周盛波、潘鼎新、劉銘傳等人紛紛響應，不久，一支擁有 6500 餘人的淮軍正式編成。同治三年（1864），清軍攻陷天京，李鴻章派淮軍追殺太平軍餘部，此時，他的淮軍由原來的 6000 餘人逐步擴充到六七萬人。可見白壽彝總主編：《中國通史》第 11 卷（20），第 11 章。

[7] 程舒偉侯建明：《段祺瑞全傳》，黑龍江人民出版社 2003 年 10 月第 1 版，第 7-9 頁

[8] 轉引自程舒偉、侯建明著《段祺瑞全傳》，黑龍江人民出版社 2003 年 10 月第 1 版，第 10 頁

[9] 胡曉：《段祺瑞年譜》，安徽大學出版社 2007 年 1 月第 1 版，第 40 頁。

[10] 周俊旗：《百年家族段祺瑞》，河北教育出版社 2006 年 1 月第 1 版，第 11 頁。

[11] 李勇、周波著：《北洋虎將段祺瑞》，百花文藝出版社 2007 年 6 月第 1 版，第 6 頁

[12] 白壽彝：《中國通史》第 1 卷（20），上海人民出版社，第 1351 頁。

[13] 周俊旗：《百年家族段祺瑞》，河北教育出版社 2006 年 1 月第 1 版，第 11~12 頁。

[14] 周俊旗：《百年家族段祺瑞》，河北教育出版社 2006 年 1 月第 1 版，第 13~15 頁。

第四章 小站練兵開近代軍事先河北洋三傑乃袁氏軍營中堅

　　《段祺瑞年譜》載：「清光緒十六年庚寅，公年二十六歲。秋，自德國歸來，奉命為北洋軍械局委員。」又記：「清光緒十七年，奉派赴威海辦理隨營武備學堂，任教習。」段祺瑞自光緒十七年（1891）至光緒二十一年（1895）這五年間，一直在山東威海隨營武備學堂任軍事教官。

　　用今天比較時髦的話說，段祺瑞從德國留學歸來，那可真是名副其實的「海歸」派軍事人才，應當說他一定會得到重用的。要說那個北洋軍械局委員和隨營教習這兩個職務也不能說不是被重用的職務，但從當時的實際情況考察，中國當時並沒有像樣的近代軍事工業和軍事教育，讓海外留學歸來的段祺瑞所學的西方近代軍事知識和技術有切合實際的真正用途是不太可能的，從這個意義上說，清政府對於段祺瑞的重用只不過是紙上談兵。因此，有書中寫道：「像他那些首次留德的前輩一樣，段祺瑞回國後，也被掛了起來。最初，看他精通槍炮技術，主管部門就把他安排到北洋軍械局，當了一名無關痛癢的委員一年後，他又被調回威海衛某隨營武備學堂任教習。所謂教習也屬閒職，無兵權財權，連發言的機會都很少，更別說推行自己的改革方案了。在德國已經習慣了沒有和朋友們縱論世界軍事現狀，橫議中國軍人種種弱點以及未來軍隊改革方案的段祺瑞，在離他宏偉抱負相去甚遠的閒職上，一待就是五年，這也是沒法子的事。因為像他這等從軍事學堂畢業包括留學回來的新式軍人，處境大多如此。也不怪那些花巨款培養他們並送他們出國的人，因為誰讓當時中國軍界處在『只有新教育而無新編制之軍隊』的歷史階段呢？這好比在沒了肥性的陳土裡插種嫁接來的新芽兒，還能指望它怎麼樣？」[1]

　　歷史的進步是有一定的機緣的。就中國軍事方面的新式教育說是這樣，新的軍事編制和體制也是這樣。清廷開始時的「八旗軍」、入主中原後的「綠營軍」、「湘軍」、「淮軍」等，都是舊式軍隊，東方的日本和西方列強們在軍事方面已經先於我們進入近代了，大清帝國的軍隊在同它們的對陣中有

了血的教訓。我們根本不用說八旗軍和綠營軍，就是比它們有所進步的湘、淮兩軍也不是人家的對手。

新式軍隊的組建則成當務之急。段祺瑞的軍事才能雖沒有得到充分的發揮，但那只是暫時的，隨著中國近代新式軍隊的編練，段祺瑞這顆軍事明珠將綻放出奪目的光芒。

段祺瑞這顆耀眼的軍事明珠的第一縷光芒是從天津小站發出的。

請讀下面的文字：

2008 年 9 月 28 日，天津小站練兵園舉行了盛大的開園儀式，這個園區主要建築項目包括講武堂、新軍督練處、袁世凱行轅、行營買賣街等，占地約 400 畝，被視為天津十二個文化旅遊闆塊之一。當地打出的宣傳口號很有誘惑力：「近代中國看天津，近代天津看小站。」

100 多年前，小站的確曾經名頭響亮。此地具有重要的策略位置：背靠華北大平原，面對大沽海口，在此駐扎一軍，可以東援大沽要塞，西挾河北腹地，南指山東半島，北控海河航道。因地理位置優越，清朝末年，這裡數度成為屯田和練兵的重地，而其中最有名的一次，當數始於 1195 年的編練「新建陸軍」，這次練兵不僅拉開了中國軍隊近代化的序幕，培養了一大批近代軍事人才，也深刻影響中國歷史二十多年。[2]

天津小站之所以成為歷史的一個座標，在於它對於中國近代軍事的意義。從這個意義上說，天津小站是中國近代軍事發展的起點，中國要實現現代化，不能沒有它對於近代化的一種追憶，這種追憶是不可或缺的。這是天津小站的歷史意義的一個方面。天津小站歷史意義的第二個方面，就是這個地方儘管不大，但在那一段歷史中，就在這個不大的地方，因為袁世凱練兵的緣由，產生了一批左右中國歷史的重要人物。正如姚偉在他的文章中說，「新建陸軍」最初的建制不足 7300 人，但後來卻奇蹟般地出了 5 位總統（其中一位名號雖為「臨時執政」，卻手握總統的權力）、17 任總理、28 位督軍，可以說，十九世紀的最後幾年，「小站」開出了一趟「升官快速列車」。

吳廷燮《段祺瑞年譜》載：「清光緒二十二年丙申，公年三十二歲，奉派為新建陸軍炮隊統帶，駐天津小站。」關於段祺瑞奉命到小站工作的這段歷史，有書就此有一段精彩的描寫：

正當袁世凱緊鑼密鼓地籌辦新軍時，段祺瑞在家裡的多次催促下，準備返回合肥老家與原配夫人吳氏完婚。[3] 對於已到而立之年的段祺瑞來說，結婚本應是件值得高興的事，但想到自己多年所學竟無施展之處，而立之年也無業可立，心情還是很低落。途經上海時，段從報上看到袁世凱前往小站督練新軍的消息，沮喪的心情為之一動，想到自己若有機會參加該有多好。

回到合肥老家的第二天，段祺瑞收到了天津小站練兵處打來的電報，未及拆閱，他已猜中八九。等到看到內容，果然是通知他已被調往小站，參與練兵，並限期報到。段祺瑞高興不已，這是實現他多年建立新軍的夙願的好時機，但很快他的心情又懊喪起來，他千里迢迢趕回結婚，如果現在就走，怎麼對得起家族朋友和吳家老幼，如果不走，將耽誤軍期，違反軍令。

在發給段祺瑞第一封電報後，袁世凱得知段此行回家之事，善於耍小手腕拉攏人的袁世凱立即派人以自己的名義給段再發電報。大意是：婚姻乃人生之大事，上以事宗廟，下以繼後世，乃人倫之大要，需妥善辦理；來小站之事，可在婚事之後，不必急返。袁還贈送銀票，表示對新婚的恭賀。

正在為難的段祺瑞收到這封電報後，對袁十分感激，沒想到赫赫有名的袁大人會如此通情達理、禮賢下士。

收到袁世凱的電報，段的心情踏實多了。辦完婚事後，段祺瑞不敢在家多逗留，告別了家人及親朋好友，便立即北上，他恨不得馬上飛到小站，見到那位善解人意的袁大人。到了小站，早已有一群人在那裡迎接他。段祺瑞沒有想到，在歡迎隊伍中竟會有袁世凱。當有人把段引見給袁世凱的時候，段有意誠惶誠恐，急忙跑過去，行大禮道：「祺瑞不才，敢勞大人親迎。」

矮胖的袁世凱拉住段的手，親切地說：「芝泉，不必多禮！為什麼回來這麼急呀！

「軍務要急，祺瑞不敢多耽誤時日。」

段祺瑞見歡迎隊伍中有許多自己在武備學堂的老同學，與他們一一見禮。當晚，袁專門在營中設宴，為段接風洗塵。席間，袁世凱、段祺瑞交談甚為融洽，真有相見恨晚之情。

幾天後，又有一件事使段大為感動。段在天津的一家酒樓舉行婚宴，招待小站諸位將領，等段準備結帳時，老闆說花銷已被袁大人告知記在自己的帳下。[4]

這段文字，儘管有不少演繹成分，但亦可知袁世凱愛將的急切心情，更可以想到袁世凱禮賢下士的偉岸舉動。作為統帥，對於自己的部下的關心是使一支軍隊具有較強的凝聚力的真情所在。

袁世凱待段祺瑞，讓我們看到袁世凱、段祺瑞之間的一種情。對於袁世凱而言，他遇到了一位好的軍事將帥，對於段祺瑞而言，他遇到了一個好的領導。如果說，小站練兵是袁世凱軍政仕途的奠基地，那麼，小站練兵則是段祺瑞軍政仕途的轉折點。

寫到這裡，我們應該把袁世凱少年時代的宏大抱負和遠大志向來一個簡單回首。本書在第一章中說道，當袁世凱讀書時，他的老師曾以「普天之下，莫非王土，率土之濱，莫非王臣」為題，要他作文，袁世凱這樣寫道：「東西兩洋，歐亞兩洲，只手擎之不為重。吾將舉天下之士，席卷囊括於座下，而不毛者，猶將深入。堯舜假仁，湯武假義，此心薄之而不為；吾將強天下之人，拜手稽首於闕下，有不從者，殺之無赦！」這應當算是他所生活的那個時代所寫的所謂「八股文」體，從嚴格的格律上說，它並不符合八股文所特別要求的「起、承、轉、合」的寫作套路，但凡舉大事者不重小節，袁世凱是一個成就大事的人物，這從他少年的文章中可窺其一斑。「吾將強天下之人，拜手稽首於闕下，有不從者，殺之無赦」，這樣的句子，令人一看即感到有「帝王」之氣概。但話又說回來，你想成為這樣的人物，你又不是出身於帝王之家，你當然沒有可以繼承的現成王位，你又怎麼可以成為帝王呢？要想成為帝王，你就得靠造反起家，而造反者必有自己的軍隊，這就叫做「槍桿子裡面出政權」。我們不知道袁世凱的老師看到他的這篇文章是不是嚇得魂不附體，夜間睡覺也被嚇驚幾回的，但如果把袁世凱的這篇文章看作是少

兒的狂妄之語,那就是大錯而特錯了,這裡邊有一個袁世凱一以貫之的思想。我們還可以把他在 14 歲時登南京雨花臺所寫的《懷古》詩同此文一並觀之:「我今獨上雨花臺,萬古英雄付劫灰。謂是孫策破劉處,相傳梅鍋屯兵來。大江滾滾向東去,寸心郁郁何時開?只等毛羽一豐滿,飛下九天拯鴻哀。」從其少年文章的霸氣中可以看到他人生的志向。袁世凱後來隨軍開赴朝鮮,又從朝鮮回國,其實一直到他接替胡燏棻小站練兵之前,應該說他並沒有看到自己的遠大志向能夠得以實現的現實基礎,因為他沒有一個可以組織自己班底的機會。小站練兵應當算作是袁世凱為日後控制政權的王牌基礎。

對於段祺瑞來說,小站練兵是他的軍政生涯的一個重要轉折點更是恰如其分的。我們不說他隨堂叔在軍營中當那個「哨書」,他在 23 歲之前在天津武備學堂學習四年,那是他軍政生涯的必修課,青少年時的學習必修課,從某種程度上說,對於一個人一生事業的成就具有相當重要的意義。有的人在大學讀書成績很好,但並不能決定他將來就是一個真正的學問家或者政治家,關鍵看你有沒有這樣的機遇。「天」如果不降大任於你,你就是有旋乾轉坤之志,充其量也只不過是「空懷大志」而已!段祺瑞從德國留學歸來,在山東威海當一名隨營武備學堂的教習,應當算是他對於軍事知識和軍事技術的一番理論性的熟悉和演練,關鍵是他在那裡沒有遇到像袁世凱這樣的人物。從這個意義上說,那幾年的軍事教員生涯是他後來成就大業的知識儲備。他到天津小站,跟隨袁世凱練兵,有書中說是他真正的「如魚得水」,這個說法並沒有誇張之意,那是事實。

請讀如下的文字:

誰又能說,段祺瑞不是在小站這個中轉站,搭上中國新式陸軍的列車,搭上袁世凱及北洋軍閥的列車,開始了他新的人生征程的呢?

數十年後,當晚年的段祺瑞回顧他的一生,反省他自青年從武、中年得志而晚年勢衰的曲折經歷時,他或許會讓思緒在「小站」這個地方多停留一會兒,同時露出一絲微笑——昔日艱辛的創業,此時已化作一份輕鬆的美好回憶。一旦這思緒走過小站,那份輕鬆和美好便不復存在,而代之以宦海的險惡、軍閥的血腥……

小站，不僅深藏在段祺瑞的記憶中，也深藏在包括袁世凱在內的眾多北洋軍人的記憶中。這裡，不僅僅是他們個人輝煌歷程的開端，也是整個北洋集團以及中國近現代史上的「北洋時代」的開端。自袁世凱小站練兵書寫下北洋軍閥歷史上的第一筆後，中國歷史便逐漸步入一個軍閥割據、軍閥爭權的混亂時代，直到國民革命軍北伐成功，東北易幟，才最終結束了以袁世凱為代表的北洋軍閥集團的政治時代。[5]

那是一段不平常的歷史，那是一個不平常的時代，那是一個英雄輩出的年月。在那樣的時代裡，中國歷史在這個地方打起了一個很大的回旋。當然，歷史的回旋自有其客觀的情勢，但是，我們毋寧說，攪動這一歷史旋渦的人物並不是很多，他們是袁世凱，他們是「北洋三傑」，他們基本上是從天津小站出來的那批人物。

我們真的有必要說一說「北洋三傑」了。

「北洋三傑」是指王士珍、段祺瑞、馮國璋三個人物。有的書中稱他們三人分別是「龍、虎、豹」，有的地方稱他們依次為「龍、虎、狗」。嚴格地說，這種稱謂並不是在天津小站練兵時就有的，但在小站練兵時，他們三人的確在其中擔任了重要職務，發揮了重要作用。

在天津小站練兵的初期，新建陸軍的編制和軍官名單中，「北洋三傑」儘管在其中也擔任了重要職務，但除去他們三人之外，其他人也在其中擔任了重要職務。為了說明這一點，我們不妨把這支新建陸軍的情況作一說明：這支新建軍隊的總頭目是袁世凱，下設21個直屬單位，它們是：執法營務處、稽查營務處、督操營務處、參謀營務處、行營中軍、提調、文案、教習處、糧餉處、軍械處、轉運局、軍醫局。這12個直屬單位都是服務性的。除此12個單位外，軍事單位有9個：炮兵第三營、炮兵學堂、步隊左翼、步兵學堂、步隊右翼、騎兵營、騎兵學堂、工兵營、德文學堂。[6]

我們所說的「北洋三傑」在其中的任職是，段祺瑞為炮兵第三營統帶（相當於營長）；督操營務處分為兩塊：講武堂（王士珍），學兵營（馮國璋）。同時，王士珍還兼管工兵營（轄修械、測繪、橋梁、地壘各隊）。

袁世凱接手小站練兵後，新建陸軍發展很快。儘管如此，袁世凱編練新軍的過程並不是一帆風順的，就在袁世凱接手這支軍隊後的前幾個月，監察御史胡景桂參奏袁世凱「崇尚虛文，營私蝕餉，性情謬妄，擾害一方」[7] 等等過錯（本書認為，這並不是袁世凱的過錯，而是滿人怕漢人的一種心理，他們實在是怕兵權旁落），特派兵部尚書榮祿馳津查辦。榮祿到天津後，看到了袁世凱所編練的新軍氣勢非同一般，在心中就對這支軍隊產生了一種好感，他已經認識到將來很有可能得靠這支軍隊以鞏固自己在清廷中的地位，而要達到這一目的，必須得把袁世凱拉到自己這一邊來。因此，他從天津回來後，把別人所告袁世凱的一些「不實之辭」統統予以抹平，不僅如此，還說了袁世凱許多好話。這樣一來，清廷在聽了榮祿的一番匯報後，當天就形成了一篇上諭。在上諭中，對袁世凱慰勉有加，其辭說：

新建陸軍督練洋操，為中國自強關鍵，必須辦有成效，方可逐漸推廣。袁世凱此次被參各款，雖經榮祿查明，尚無實據。唯此事關係重大，斷不準徒飾外觀，有名無實，為外人所竊笑。袁世凱勇往耐勞，於洋操情形亦尚熟悉，但恐任重志滿，漸啟矜張之習。總當存有則改之，無則勉之之心，以副委任。至委員太多，則用費太濫，尤宜嚴加審擇，勿涉虛糜。[8]

本來是別人告了袁世凱的刁狀，結果經榮祿這樣一查，刁狀變成了嘉獎，為求一官場平衡，清廷的上諭書中也給了告狀人一定的面子，所以在上諭的後邊附了一句，要袁世凱注意費用的支出，不可過濫，以免造成不必要的浪費。

說到這個地方，我們想起了在後來的戊戌變法中，「六君子」之一的譚嗣同找袁世凱幫忙想殺掉榮祿而企圖使袁世凱站在光緒帝一邊的事情。現在看來，譚嗣同的想法過於天真，他們可能不知道袁世凱和榮祿之間的這層關係。寫到此處，我不免有些感慨，文人們辦事情有些單純，他們的頭腦不像政客們那樣有那麼多「彎彎繞」。至此使我又想到一件大事，就是在袁世凱與孫中山進行「南北議和」時，孫先生特派文人蔡元培一行三人到北京與袁世凱交涉到南京就任臨時大總統一職之事。人家袁項城分明不願意到南京，結果是蔡先生一個勁兒地勸說，有人已經看到這個不行，但蔡元培先生還認

為，袁世凱不去，我們用我們的「誠」去打動他，看他去不去。袁世凱略施小計，指使部下在蔡先生下榻的旅館附近搞了一個小小的「軍事動作」，令蔡元培一行嚇了一跳，認為袁世凱真的不能到南京就職，我們用東北人的話說，袁世凱的那個「小小的軍事動作」，真的把一個大文人蔡元培給「忽悠」了！聯繫譚嗣同的「說袁」，可知蔡先生的想法和譚嗣同的想法是一樣的單純。由此可知，真正的文人是不能「玩」政治的。

由於榮祿給袁世凱打了一個「圓場」，客觀上給袁世凱創造了一個政治上繼續攀升的有利條件。果不其然，光緒二十三年（1897）六月底，袁世凱被補授直隸按察使，仍負責練兵事宜。榮祿是慈禧太后信任的實權人物，袁世凱當然知道自己的升遷與榮祿的關係，他和榮祿可以說是相互為用。袁世凱後來在官場上的一路飆升，榮祿功不可沒，此乃後話。

袁世凱取代胡燏棻接管小站，不論從哪個角度說都是合適的。袁世凱是真心想為大清帝國練出一支近代化（也可以說是現代化）的軍隊的。否則，他將怎樣實現自己少年時所說的「東西兩洋，歐亞兩洲，只手擎之不為重」的理想呢？他初到小站，「北洋三傑」並沒有立馬即到，也就是說，袁世凱的軍事班底這個時候還缺乏軍事方面的人才。他的參謀長徐世昌雖然出身翰林，很有才華，但徐世昌畢竟不懂新軍套路，在此之前也沒有帶過兵，當然也沒有絲毫的戰功；擔任文案的唐紹儀雖然曾經留學美國，但他並沒有系統地學習過近代軍事，並不是一個訓練新軍的合適人選。據史書記載，為了尋找這方面的人才，袁世凱找廕昌為他物色軍事人才。廕昌是旗籍道員，時任天津武備學堂總辦，那裡可是出軍事人才的地方。在廕昌的舉薦下，天津武備學堂的畢業生馮國璋、段祺瑞、王士珍、梁華殿四人到了小站。袁世凱對他們四人非常器重，分別委以軍事方面的要職。關於「北洋三傑」的馮國璋、段祺瑞、王士珍所任職務，我們在前文中已經作了說明，後來所任職務將在以下有關章節中詳解，此處從略。要說的是那個梁華殿，有的書中說，梁這個人可能是上天沒有給予他立功受封的機會，他沒有功名之命，在他剛到小站不久，在帶兵進行夜間操練時不慎落水淹死了。我們可以設想，他如果不是落水而亡，說不定可能會有「北洋四傑」的出現呢！

關於「北洋三傑」的稱呼，並不是袁世凱在小站練兵時就有的，光緒二十五年（1899）袁世凱就職山東巡撫駐軍濟南時，他請德國總督觀操，德國總督讚揚主持操練的王士珍、段祺瑞和馮國璋為「北洋三傑」。我們需要在這裡說明的是，德國人並沒有說此三人分別是龍、虎、豹（或者說是龍、虎、狗），給他們三人分別冠以龍、虎、狗者，在本書看來，應當是袁氏新軍中逐漸形成的又為人們所普遍接受的一種戲稱，有書中這樣寫道：

袁世凱當年招兵買馬，年輕將領得王士珍、段祺瑞、馮國璋三人。在北洋諸將中，尤以他們三個資格最老，地位也較高，他們緊緊跟隨在袁世凱左右。有一次袁世凱請德國軍官觀操，操練畢，那德國軍官用馬鞭一指他們三個，對袁世凱夸獎道：「他們不愧為傑出的將才！於是，這三人便被捧為「北洋三傑」。隨著他們受寵日深，地位日尊，人們評頭品足地議論也便多了起來，「三傑」的形象被描述得極富個性化特徵：王士珍被尊稱為「王龍」，這是因為在中國傳統文化中，龍被列為鱗介之首，說它能翻雲覆雨，見首不見尾，而王士珍又恰是「三傑」中的第一名，在政治舞臺上，也是個時隱時現的人物。段祺瑞被稱為「段虎」，大概因其性情耿介，剛愎自用，暴躁如虎。馮國璋平日就狗頭狗腦，又像狗吃屎一樣愛錢如命，於是也便有了一個不那麼好聽但比較貼切的雅號——「馮狗」。袁世凱自從有了這龍、虎、狗三員大將的輔佐，其地位與實力如日中天。[9]

所稱傑出人物為「狗」者，在歷史上也有先例，最明顯的就數漢高祖劉邦對於「漢之三傑」（張良、蕭何、韓信）的評價。這三個人物只有韓信是一位真正的率兵大將軍，張良只是一位謀士，蕭何是總管，是劉邦的一個大管家，率百萬之軍衝鋒陷陣者只有韓信。劉邦在評價他們的時候，說到蕭何可稱為「功人」，善兵者如韓信可稱為「功狗」。論軍事，劉邦的確比不上項羽，但最終是項羽失敗而劉邦勝利了。劉邦稱帝後，設宴招待有功之臣，在宴會中，劉邦給眾將領提出了一個問題：我為什麼能夠得天下，而項羽為什麼失天下？有人回答說：「陛下慢而侮人，項羽仁而愛人。然陛下使人攻城略地，所降下者因以予之，與天下同利也。項羽妒賢嫉能，有功者害之，賢者疑之，戰勝而不予人功，得地而不予人利，此所以失天下也。」高祖曰：「公知其一，未知其二。夫運籌策帷帳之中，決勝於千里之外，吾不如子房。

鎮國家，撫百姓，給饋餉，不絕糧道，吾不如蕭何。連百萬之軍，戰必勝，攻必取，吾不如韓信。此三者，皆人傑也，吾能用之，此吾所以取天下也。項羽有一范增而不能用，此其所以為我擒也。」[10]

我們在這裡把「漢之三傑」與「北洋三傑」可作一比，如果用劉邦對於韓信的評價來套馮國璋，我們從馮國璋率兵攻陷漢陽、繼攻武昌的作戰陣勢看，馮國璋大有當年韓信的歷史重光。如此說來，稱馮國璋為「功狗」也是恰如其分的。

註釋

[1] 周俊旗：《百年家族段祺瑞》，河北教育出版社 2006 年 1 月第 1 版，第 16-17 頁。

[2] 姚偉：《「小站」搭上「升官快速列車」》，見 2008 年 10 月 29 日《大河報》

[3] 據《段祺瑞年譜》，段與原配夫人吳氏在十年前已經完婚，此處所寫有誤。

[4] 程舒偉、侯建明著：《段祺瑞全傳》，黑龍江人民出版社 2003 年 10 月第 1 版，第 18-19 頁

[5] 周俊旗：《百年家族段祺瑞》，河北教育出版社 2006 年 1 月第 1 版，第 21 頁。

[6] 來新夏：《北洋軍閥史》（上冊），南開大學出版社 2000 年 1 月第 1 版，第 111 頁。

[7]《大清德宗景皇帝實錄》卷三八九，轉引《北洋軍閥史》第 12 頁。

[8] 來新夏：《北洋軍閥史》（上冊），南開大學出版社 2000 年 12 月第 1 版，第 126 頁。

[9] 周俊旗：《百年家族段祺瑞》，河北教育出版社 2006 年 1 月第 1 版，第 35 頁。

[10] 司馬遷：《史記．高祖本紀》。

第五章 首任北洋新軍炮兵司令兼職隨營武備學堂總辦

　　袁世凱從胡燏棻手中接管天津小站的「定武軍」後，將原來只有 4750 兵員的定武軍進行擴編。擴編後人員增加了一倍，定名為「新建陸軍」，正式奠定了北洋軍閥的基礎。到了 1998 年，又增新兵 2000 人，袁世凱向西方人學習軍事，並聘請洋教員對學員進行軍訓，選調由軍事學堂出身具有先進軍事知識的人充任軍官。經過比較嚴格的訓練和演習，與舊軍面貌完全不同，這支命名為「新建陸軍」的軍隊應當說就是中國近代新式陸軍的開端。

　　袁世凱、段祺瑞、馮國璋等在推進中國軍隊進入近、現代化的過程中應當時有功的。

　　隨著歷史進程的推移，始於小站的「新建陸軍」也是在不斷發展和壯大的。這種發展與壯大始終與國內的鬥爭形勢緊密相關，同時也與外國勢力入侵中國緊密相關。中日甲午戰爭以中國的慘敗而結束，中國面臨著進一步被瓜分的現實危機，「戊戌變法」就是在這樣的歷史背景下興起的。隨著變法的失敗，「帝黨」和「後黨」的鬥爭變得日益複雜化，而鬥爭的結果是以「後黨」勝利而告終。「後黨」的勝利絕不意味著中國政局的穩定，相反，中國將面臨著一場更大的災難。在「帝黨」和「後黨」的鬥爭中，清廷的實權逐漸被榮祿等人所攫取。榮祿操持實權後，當然看中了在小站練兵中成績卓著的袁世凱，而袁世凱也必須有榮祿這樣在朝中的實權人物作為自己的靠山，這就必然地造成了這樣一種政治局面：榮祿和袁世凱的聯盟。

　　這樣說來，袁世凱在小站練兵之始所遭到的「彈劾」，榮祿必須得給他「擺平」。榮祿對袁世凱的庇護，使得袁世凱對榮祿感恩戴德；而榮祿也得到了他在政治上所需要的軍事後盾。榮祿、袁世凱二人各有所得，各有其官可升：光緒二十四年（1898）五月，慈禧太后授榮祿為文淵閣大學士，並同時授其以實權——直隸總督兼北洋大臣，同時兼管在京畿駐軍的董福祥的甘軍、聶士成的武毅軍和袁世凱的新建陸軍（史稱「北洋三軍」）。袁世凱除

了負責小站練兵外，由於榮祿對他有所「美言」和「圓場」，被補授為直隸按察使。

由於榮、袁合流，操軍事大權，透過武力把「帝黨」一派打壓下去，「戊戌變法」的主角康有為和梁啟超流亡海外，譚嗣同等「六君子」慘遭殺害。慈禧太后對榮祿和袁世凱是非常滿意的。

「戊戌變法」以後，榮祿奉命晉京，商討政事，袁世凱也有其好處：乃命袁世凱暫行護理直隸總督及北洋大臣事務。榮祿隨即被任命為軍機大臣，在上諭中著明：「所有北洋各軍，仍歸榮祿節制。」之後，又頒一道上諭，其辭曰：「現當時事艱難，以練兵為第一要務，是以特簡榮祿為欽差大臣，所有提督宋慶所部毅軍，候補侍郎袁世凱所部新建陸軍以及北洋各軍，悉歸榮祿節制，以一事權。該大臣務當統率有方，認真督練，隨時稽復，毋稍疏懈，俾各軍悉成勁旅，用副朝廷整飭戎行至意。」[1]這樣，清廷的軍政大權此時已經集於榮祿一身，袁世凱及時地抓住了這個難得的升官機遇，他向清廷建議，認為駐直隸的毅軍、甘軍、武毅軍、新建陸軍互不統屬，不能聯絡一氣，建議編此四軍為「武衛軍」，由榮祿統領。

這就說到了「武衛軍」的組建了。

在袁世凱的提議下，清廷指派榮祿著手組建武衛軍。武衛軍分武衛前軍、武衛後軍、武衛左軍、武衛右軍、武衛中軍，共五軍。前軍是直隸提督聶士成的武毅軍，駐扎在天津附近的蘆臺，兼顧大沽、北塘，扼守北洋門戶，兵員大約 13000 人。後軍為董福祥所統率的甘軍，多數為回民，人數約 10000 人，駐扎在薊州，並擔當通州一帶的防務。左軍為四川提督宋慶所統率的毅軍，兵員人數約萬人，駐扎山海關內外，以防東路。袁世凱的新建陸軍被編入武衛右軍，原來是七千多人，後又增編 3000 人，實際也超過了萬人，駐防天津小站，扼西南要道。武衛中軍是新招募的旗人約萬人，組成後駐扎在北京南郊的南苑，由榮祿自己兼領。這五支軍隊就數袁世凱所統率的武衛右軍最強，最有戰鬥力。這一點實際上是不說自明的，因為它是一支近代化的新軍，其他的四路軍隊都不可與之相敵。

本章所說的段祺瑞是首任中國軍隊進入近代化、現代化的「炮兵司令」，即從袁世凱小站練兵所組建的炮兵營說起。段祺瑞開始任炮兵第三營統帶，嚴格意義上說，一個炮兵營長稱不上「炮兵司令」，我們之所以稱段祺瑞是第一任中國炮兵司令是從這支軍隊的後來發展過程說的。我們在這裡所說的「後來」——應當是從小站練兵開始到袁世凱移軍山東後的這一時間段。

　　袁世凱什麼時候移軍山東呢？這就說到了山東爆發的義和團運動。從中國近代史中可知，義和團運動是一場農民起義運動，這一運動的性質應當定位在「反帝愛國」的基本點上。當時的山東巡撫毓賢對義和團起義鎮壓不力，引起了帝國主義勢力對山東巡撫的不滿，帝國主義勢力強壓清廷要求把毓賢撤防，並且點名要袁世凱到山東取代毓賢的山東巡撫一職，因為它們已經看到了袁世凱編練新軍的成績，同時，帝國主義列強也想就此把袁世凱拉攏過來，好為其效力。這樣，袁世凱就於光緒二十五年（1899）春，把重編後的五軍之一即由榮祿節制的、由袁世凱直接統領的武衛右軍開赴到山東德州一帶，以鎮壓義和團革命運動。我們所說的段祺瑞的炮兵司令實際上也是從這個時候開始的。與此同時，本章所說的「兼職隨營武備學堂總辦」，換而言之，可稱為「軍事聯合大學校長」的職務也應當從這個時候說起。當然，在此之前的小站練兵時，我們也可姑且稱段祺瑞實際上就是這個職務。

　　請看這一段文字：

　　段祺瑞擔任了新建陸軍的炮隊統帶。這支炮隊擁有速射炮、重炮等共約六十門，戰馬四百七十四匹，官兵總計一千五百二十三人，是中國歷史上第一支正規化的炮兵部隊。從這個意義上說，段祺瑞也算是中國第一任炮兵司令。又因當時無論步兵、炮兵還是工兵，都在新軍營中附設隨營軍事學堂，段祺瑞的炮營隨營學堂中，也招收了八十名身強力壯、粗通文字的炮兵官弁為學員，由他親自擔任該學堂的監督兼代理總教習。所以，他既要帶兵又兼管訓練，可謂大權在握，重任在肩。這使他有生以來第一次成為一支部隊的核心人物，也是他一生擔任重要職務的開始。[2]

　　按照這一說法，在段祺瑞一進入小站時，在袁世凱組建炮兵營後，段祺瑞實際上已經成為一位名副其實的炮兵司令了。這個時候，他不僅是炮兵司

令，同時也已經成為炮兵大學的兼職校長了。這只是小站練兵的開始階段。三年後，隨著袁世凱所統率的軍隊不斷擴編，地位的不斷升高，官職的不斷提升，段祺瑞實際上也緊跟其後，一步一步地升職加官。

袁世凱到山東後，被清廷實授為「工部右侍郎，兼管錢法堂事務」；光緒二十五年（1899）十一月初四日，清廷任命袁世凱署理山東巡撫，時間不長（光緒二十六年二月十四日）袁世凱被實授山東巡撫。授予實職的袁世凱，手中控制了山東地方的實際大權，大權在握後，他就要求軍隊擴編。光緒二十六年（1900）三月初七日，袁世凱上《籌餉練兵酌擬辦法折》，提出要再擴編一支軍隊。經榮祿奉旨審議，得到了「著照所請」的批復，並將這支新軍定名為「武衛右軍先鋒隊」，開始改編。

本書寫作到此，該說一說《辛丑條約》的問題了。儘管《辛丑條約》與袁世凱沒有太大關係，也與段祺瑞沒有什麼關係，但它與李鴻章有關係，因為與李鴻章有關係，這就與袁世凱的升官聯繫上了。而要說《辛丑條約》，就得說一說八國聯軍攻占北京的歷史事件。

光緒二十六年三月（1900年4月），英、美、德、法四國公使先後照會清廷，限令清廷在兩個月內剿滅義和團，否則將直接出兵干涉。5月28日，駐北京的各國公使舉行會議，決定以「保護使館」為名，聯合出兵北京。5月30日到6月8日，各國侵略軍近千人由天津陸續開抵北京，進駐東交民巷。為了阻止侵略軍繼續進犯北京，義和團開始拆毀京津鐵路，切斷京津電報線，並與前來鎮壓的清軍發生激戰。此時，在大沽口外已集結了俄、英、日、美、法等國的24艘軍艦，在天津租界裡已有侵略軍2000餘人。6月6日前後，駐華公使們議定的聯合侵華政策相繼得到了本國政府的批准。一場大規模的侵華戰爭不可避免地爆發了。英、俄、日、美、德、法、意、奧八國組成的侵略軍由天津向北京進犯中，義和團手持大刀長矛等原始武器，協同清軍與八國聯軍展開了血戰。這場戰鬥，給了入侵敵軍以沉重打擊，致使其狼狽逃回了天津租界。隨著侵略軍的不斷增兵，侵略與反侵略的戰爭局勢也日趨嚴峻。本來，義和團和清軍配合作戰，極有可能把聯軍的囂張氣焰打壓下去，榮祿所節制的武衛軍除袁世凱所統率的武衛右軍外，在北方戰場上對敵作戰

顯出了作用，但傷亡慘重。非常可恨的是，清廷中此時的主和派、投降派占了上風，他們一方面表示同侵略者講和，一方面向著義和團舉起了大屠殺的屠刀！就在這樣的情況之下，義和團還與侵略軍進行著不斷的戰鬥！但清廷卻任命李鴻章為議和代表，向侵略者乞和，而慈禧太后則帶著光緒皇帝倉皇出逃……喪權辱國的《辛丑條約》就是在這樣的背景下簽訂的。

《辛丑條約》簽訂後兩個月，光緒二十七年九月二十七日（1901 年 11 月 7 日），袁世凱因李鴻章之死而被選拔來署任直隸總督兼北洋大臣。這個職位具有掌管華北地區的軍權和外交事務的權力。八國聯軍擊潰了武衛軍的五分之四兵力，只有袁世凱所統率的、由山東帶回且經過擴編的那部分武衛軍，才有能力在京畿一帶維持秩序。

袁世凱的軍隊增多了，袁世凱的地位提高了，袁世凱的官職提升了，段祺瑞也當然跟著升官，這是毫無疑問的事情。1901 年 11 月，經袁世凱保奏，段祺瑞升為補用知府，並加三品銜，同時兼充武衛右軍各學堂總辦、炮兵統帶。

據吳廷燮《段祺瑞年譜》：「清光緒二十六年庚子（1900），公年三十六歲。四月二十日，夫人吳氏卒於濟南，年三十三歲。」「清光緒二十七年辛丑，公年三十七歲。四月十四日，續娶涇陽張氏，故江西巡撫、都察院左副都御史、謚文毅，名帶字小浦之孫女。」對於這一記載的權威解釋，是段祺瑞的三女兒段式巽的一段家事回憶，現摘錄於後：

我生母張氏，是袁世凱夫婦一手帶大的。有人說是袁世凱的乾女兒，但事實上母親是袁世凱的表侄女。聽我母親講，袁世凱的親姑母（即我母親的祖母）嫁給張姓，生一子，二十多歲就中了翰林，在新疆做官。後來新疆騷亂時被人毒死，留下老母、寡妻及年僅兩歲的女兒在新疆。袁世凱聞表弟兇訊，就派人把姑母、表弟媳和表侄女接到身邊撫養，當時兩歲的表侄女就是我母親。母親長成後，正值父親發妻病故，就由袁世凱作主，把母親許配給我父親為續弦。當時我外祖母對這件婚姻不滿，認為我父親是武人，女兒又去當續弦，但袁世凱說，段祺瑞是我看中的，要我外祖母放心，這樣就成就了我父母的婚姻。[3]

據此，有關書中說段祺瑞的第二任夫人張氏是袁世凱的乾女兒不妥，今依段祺瑞三女兒的口述照改。我們也由此可知段祺瑞和袁世凱之間的關係，這並不是一般的上下級關係，而是由姻親作為其間聯繫紐帶的裙帶關係。

有書中說到的袁世凱為編練新軍而自己編寫了一些軍事教科書，我們在前文中也說到這一點。現在要補充說明的是，段祺瑞在新軍中既然是炮兵司令兼各隨營學堂的總辦，他又是留德歸來的軍事專家，就這一方面論，段祺瑞的軍事造詣並不比袁世凱差，甚至在某些方面還勝他一籌，比如說在編寫軍事教材方面，名義上是袁世凱主持的，而實際上是段祺瑞編寫的。

我們可看這段文字：

段祺瑞以武備學堂首屆高材生資歷赴柏林軍校深造一年半，在袁世凱網羅的這批青年軍官中，應當說，段祺瑞的軍事學造詣是最高的。加之他胸有大志，英銳逼人，很快便成為袁世凱編著軍事著作的主要智囊。清末，編練新軍的許多重要文獻，像《編練章制》、《戰法操典》、《訓練操法詳晰圖書》等，大部分出自段祺瑞之手。這些軍事書籍或成為編練新軍的主要教材，或成為為袁世凱請功買好的敲門磚，當然，段祺瑞也因此深得袁世凱的賞識。

據說，段祺瑞在小站練兵時，曾延請通儒，翻譯德國兵書，行將付印之時，先拿到袁世凱處，請袁大人過目。胖墩墩的袁世凱用他那胡蘿蔔粗的手指一頁頁地翻閱，愛不釋手，欲奪為己有，又不好意思直說，便繞了個圈子，有板有眼地提示：

「中西情形不同，何能以德國兵法，直行於中國？非大加變化不可也。」

段祺瑞會意，立刻接荏道：「此事非老師莫屬。」只見袁世凱躊躇一會兒，遲疑地說：

「我苦於不能讀西洋書。足下的譯本，倒可以成為我的參考，但我又怎能奪人之美呢？」

段祺瑞一臉正色道：「只要對國家有利，就是公事，以國家利益為重，我又怎能計較個人的虛名呢？」

袁世凱聽得這話，毫不猶豫地收下了段祺瑞的書稿，並「采其精華，重為編纂，未幾成書，風行於世。」[4]

這就比較有意思了，從著作權的角度論，袁世凱是侵犯了段祺瑞的著作權。但袁世凱的侵犯段祺瑞著作權，是經過段祺瑞同意的，也不能算是侵權。

通觀有關袁世凱、段祺瑞的傳記性書籍，可以從中依稀地看到一個線索，就是人對於人的舉薦是呈前後相繼性的。袁世凱由榮祿和李鴻章所發現，如果沒有榮祿的舉薦，袁世凱不可能升遷得那麼快。1901 年 11 月，李鴻章臨終前曾說：「環顧宇內，人才無出袁世凱右者。」他竭力舉薦袁世凱接替自己的職務。在李鴻章死後，清廷果然任命袁世凱接替李鴻章的職務，任直隸總督兼北洋大臣（關於這一問題，皇族內部頗多微詞，認為任用漢人袁世凱對皇權有礙，更有人忌恨出於老袁的行為而致光緒被囚，但老慈禧一錘定音，說是李鴻章的舉薦），而袁世凱在自己的官職升遷之後，也不失時機地舉薦段祺瑞，也因此使段的職務不斷地得以升遷。而段祺瑞也認識到網羅人才的重要，這個重要，我們認為，並不僅限於段祺瑞本人的需要，從另一個角度來看，段祺瑞也是在為國家尋覓人才。段祺瑞發現徐樹錚就是其中一個顯例。

徐樹錚是江蘇蕭縣（今屬安徽）人，他的確是一個人才。有的書中這樣說他：徐樹錚三歲識字，七歲能做詩，十三歲考中秀才，十七歲補廩生。此人很有抱負，認為在當時國勢頹廢，列強猖獗的時代，唯有袁世凱所訓練的北洋新軍可以強兵禦侮。於是，新婚不久，他就棄筆從戎，北上投軍，來報效國家，博取功名。不料，接待他的朱鐘琪不識人才，目中無人，壓根兒就沒把這位年輕氣盛的青年放在眼裡，心高氣傲的徐樹錚一氣之下，揚長而去。他這一去「不打緊」，遇到了一個千載難逢的機遇。他遇到了誰呢？

且看如下這段文字：

剛剛被提升為補用知府，並加三品街的段祺瑞正有春風得意的感覺。11月的某一天，段與幾位朋友在濟南的一家客店喝酒，酒足飯飽，段告別客人，正準備離去，忽見店堂中間一張八仙桌旁圍著一群人，段祺瑞也湊過去看熱鬧，只見一位二十多歲的青年人正在聚精會神地寫條幅，在紙上龍飛鳳舞地寫著唐代詩人李賀的一首詩：「男人何不帶吳鉤，收取關山五十州，請君暫

上凌煙閣，若個書生萬戶侯？」但見筆力遒勁，字裡行間蘊含著一股灑脫、倔強的。

段祺瑞脫口贊道；好！

那年輕人也不抬頭，落款「徐州又錚」。寫完，才昂首向段拱了拱手說：「見笑，見笑。」

段祺瑞仔細將青年人打量了一番，但見此人身材不高但氣宇軒昂，眼睛不大但有神，雖然衣著單薄，但在奇冷的寒風中卻毫無卷縮之意。心想：此人或許是位落魄文人，但從氣質、書法上看，此人並非等閒之輩，或許可以收為自己的可用之才。便也笑道：「敢問尊姓大名。」

「在下姓徐，名樹錚，字又錚。」

「適才見先生題款徐州人氏，緣何到此？」

徐樹錚把自己的家世、經歷及來到濟南的原因向段作了簡單的介紹……

「原來如此。」聽罷徐樹錚的自敘，段祺瑞沉吟片刻，又問道：「徐先生年少有為，倘若不介意，可否願意暫俯就我的文案？」

「還不曾請教閣下的大名。」

「在下段祺瑞，字芝泉。」

「失敬，失敬！徐樹錚趕忙起身再拜，說：「承蒙統帶大人錯愛，樹錚願效犬馬之勞！

其實，徐樹錚來北方投軍時，早已把袁世凱手下的幾位大將的底細摸清楚了，今天這出戲是他精心安排的。[5]

應當說，徐樹錚是一個聰明的讀書人，他想在段祺瑞的麾下發展，也真的算是選準了對象。我們且不說段祺瑞像劉玄德那樣求賢若渴，但至少段祺瑞是一可交之人。如果是放到現在，某些有權有勢的人哪能瞧得起你一個落魄的文人呢？

段祺瑞也算是遇到了一個可以成就他事業的「帝王之師」。在段祺瑞的軍政生涯中，他之所以能成就一番大業，除了其自身的優勢外，可以說徐樹錚也出了大力。他同靳雲鵬、傅良佐、曲同豐並稱段祺瑞手下的「四大金剛」，而徐又是其中的最紅人物，人稱其謂段祺瑞的「小扇子軍師」，也可稱其是段祺瑞的智囊和靈魂，很像劉邦的張子房。此乃後話，且按下不表。

我們還是依著《段祺瑞年譜》的順序往下說：「清光緒二十八年，公年三十八歲，四月公剿平廣宗、威縣土匪。六月初五日，以武衛右軍總辦隨營學堂勞績，保準免補知府，以道員仍留原省補用，並加二品銜。」本書在前文中剛剛說過，段祺瑞在他三十七歲時，被任命為知府補用，並加三品銜（在《年譜》中，沒有見到說加「三品銜」的字樣），時間僅過了一年，就被「保準免補知府，以道員仍留原省補用，並加二品銜」。也就是說，段祺瑞又晉銜一級、晉官一級，由三品晉升為二品，由補用知府晉升為補用道員。應當說，這種晉升相當快。當然，段祺瑞之所以升得如此之快是有其功的，這個功就是他「剿平廣宗、威縣土匪」。

關於這件事情，在《年譜》中有一「附閣抄」，其辭曰：

四月二十五日，直隸總督袁世凱奏剿捕威縣土匪情形折。略曰：據清河道袁大化、大順廣道龐鴻書、營務處道員倪嗣衝、統帶知府段祺瑞先後稟稱：本月初九日，大化、鴻書據趙莊洋教士萬其偈面述，聞劫殺教士羅澤普之趙洛鳳父子，現匿威縣魚隄村內，請為拿辦。商囑祺瑞派隊前往查緝。當於初十酌撥數百人由祺瑞親帶馳往，令隊駐村外，派員紳入村開導，勒令交出匪犯，決無株累。村人謂趙洛鳳等實未在村，願為訪拿。忽有馬弁自村東之李村來報該處聚有匪眾，結隊剽掠，適南宮縣教諭鄭傑等奉差經過，已被劫擄入村，請撤兵暫退，冀可釋放。當以教諭被擄，恐其加害，遂即撤兵，該匪等旋將鄭傑放出，截留銀兩各件。唯匪眾肆劫，久恐滋蔓，因會商定議十二日仍由祺瑞帶隊前往李村，先令土人入曉利害，但將首犯交出，即可免予深究。乃該匪等，閉門抗拒，置若罔聞。自村北張莊出匪數百，列陣抬槍抄擊。官軍當即分隊抵擊，斃匪數百，餘眾逃散。因該匪多繫烏合，又環近村落，恐波及良民，遂亦收隊。方冀受創知懼，不料該黨不悛，四出糾脅，兩三日

間，集眾約五六千人，稱為景廷賓復仇。正擬進兵查辦，適有章華村良民來軍訴稱，該匪強逼，該村懼被擾害，懇往援救。當有嗣衝、祺瑞、大化、鴻書率兵前進，距李村二裡許，匪徒預伏三面，官軍分兵抵禦，斃匪三百餘名，匪眾不支，乃四面逃逸。各營亦即斂隊，商派印委員紳分路勸諭，以期悔悟解散。乃於十七日早間，忽接寺莊教堂函報該處又聚匪四五千人，謀攻該堂。祺瑞立即督隊往援，遇匪於途，距教堂約三裡，匪徒列隊迎敵，異常兇悍，槍炮甚多，但不能取準命中。酣戰兩時之久，僅傷官軍四人，各營奮力衝擊，以馬隊抄襲其後，斃匪四百餘名。連斃騎馬匪首數名，匪始奔潰。奪獲前膛大炮三尊，抬炮八十一具，火炮、旗幟、刀矛二百三十餘件。是役該匪意在攻掠教堂，故悉集精銳，多攜槍炮，冀可一逞其志。不圖中途遇兵，兇鋒頓挫，且連日戰北，強壯者大半珍戮，附從者相率膽落，計窮勢蹙，多已悔懼思散，遂即乘此機會，多遣員紳，分赴各村。剴切開導。先使鄉愚不至再受煽惑，誤入迷途，然後設法購緝首要，自可依次清理。[6]

這段記述，從字面上看，是段祺瑞等親自率兵把鄉間的農民造反的事件平息下去了，但這裡面有一個深層次的原因，就是說農民為什麼聚眾造反？我們還要從根本上找它的原因。這個時間發生在 1902 年農曆四月間，在此之前的 1901 年 9 月 7 日，由清政府的全權代表奕劻、李鴻章與 11 個帝國主義國家代表在北京簽訂了一個條約：《辛丑條約》，該條約一共十二款，其中規定向帝國主義賠款銀四億五千萬兩，分 39 年還清。我們且不說其他的條款，僅賠款一項，在當時的中國來說，那可是一個天文數字！僅此一項，就足以能引起中國人民的反抗！

這筆巨額賠款，說是由各省分攤，在所有省份中，就數直隸省所分擔的數額最大，每年要上繳八十五點八萬兩白銀。而直隸南部的一些州縣，原本就非常貧窮，就是沒有這些分攤，老百姓的日子本來就很不好過，現在又分攤了這麼大一個賠款數額，不說窮苦老百姓不好過，就連當地的一些地主也怨聲載道，最終導致了由景廷賓領導的、以廣宗為中心的直隸南部數縣農民抗捐抗「洋差」的鬥爭。這個農民起義的領導者景廷賓，他原是當地的一個地主，曾中過武舉，他為人行俠仗義，應當說是當地老百姓的主心骨，老百姓有什麼難事，都要找他商量。在這件事情上，景廷賓是不能坐視不管的，

這樣，鄉裡都推舉他為頭頭，鄉民們在他的領導下舉起了抗清滅洋的大旗，毀教堂、殺洋教士，抵抗官軍的鎮壓。鎮壓景廷賓所領導的農民起義，是老慈禧下的令，讓袁世凱去幹，而袁世凱則指派段祺瑞親自率兵前往鎮壓。清軍在段祺瑞的指揮下，把這場起義給鎮壓下去了。

這一年，段祺瑞虛歲 38 歲，由於他剿平農民起義有功，袁世凱向清廷保舉，在前一年的三品銜上再升一品，成為二品道員，同時由朝廷准許賞戴花翎，加奮勇巴圖魯。所謂花翎即孔雀花翎，是用孔雀羽毛製成的冠上裝飾品，分為一眼、二眼、三眼三個級別，尤以三眼花翎為最高，這是清廷為有功的貴族、大臣們設置的一種特殊榮譽。所謂加奮勇巴圖魯，是滿語「勇士」（巴圖魯），不過是一個稱號。

總之，在清廷日益腐敗的情況下，在各帝國主義人肆入侵和瓜分中國版圖的情況下，袁世凱憑著自己的機智和精明，在李鴻章之後，坐上了直隸總督兼北洋大臣的位置，他並沒有忘記「北洋三傑」給予他的支持，不僅是段祺瑞在很短的時間內由三品升到二品，馮國璋和王士珍也都得到了相應的官位。

註釋

[1] 來新夏：《北洋軍閥史》（上冊），南開大學出版社 2000 年 1 月第 1 版，第 13 頁
[2] 周俊旗：《百年家族段祺瑞》，河北教育出版社 2006 年 1 月第 1 版，第 26 頁。
[3] 文斐：《我所知道的北洋三傑》，中國文史出版社 2004 年 1 月第 1 版，第 22 頁。
[4] 周俊旗：《百年家族段祺瑞》，河北教育出版社 2006 年 1 月第 1 版，第 26-27 頁。
[5] 程舒偉、侯建明：《段祺瑞全傳》，黑龍江人民出版社 2003 年 10 月第 1 版，第 24-25 頁
[6] 吳廷燮：《段祺瑞年譜》，中華書局 2007 年 6 月北京第 1 版，第 12 頁。

第六章 從武衛右軍到北洋六鎮由參謀總辦至北軍總統

　　前一章說到袁世凱任直隸總督兼北洋大臣，段祺瑞因軍功隨袁氏升遷而升遷，準免補用知府，由三品銜升至二品銜，以道員留原省補用。段祺瑞的升遷與袁世凱有直接原因。

　　請看袁世凱的奏摺：

　　直隸總督袁世凱奏曰：臣部武衛右軍，自募練之始，即規仿西制，創設德文暨炮隊、步隊、馬隊四項隨營武備學堂，於所部挑選學生入堂，並擬定條規，每屆兩年期滿，匯獎一次。光緒二十四年四月第一次期滿，經大學士督臣榮祿請在堂各員生，擇尤照異常勞績給獎。奉旨：「著照所請。欽此。」二十六年四月，臣在東撫任內，適屆第二屆期滿，維時軍務倥傯，未遑核獎。扣至本年四月，又屆第三期滿。據該堂總辦知府段祺瑞等援案開單詳請奏咨給獎。伏計該堂各員生自二十四年奏獎之後，迄今又歷四年，臣督飭該總辦率同監督、教習各員，認真訓迪，不憚辛勤，各學生南北隨營，循序程功，寒暑不輟，經迭次考試，類多勇猛精進，實覺月異而歲不同，其畢業諸生，材藝有成者，或拔任營員，或經湖北、山西、陝西各省紛紛咨調，派充教習、營弁。其志期遠到者選五十餘名派赴日本游學，以資深造。近時直隸募練新軍，所派將校官弁，亦多取材於此，而隨時續送諸生，銳意向學者，尚復實蓄有徒。風氣之開，成材之眾，有不難拭目俟之者。現值兩屆期滿，自應據情奏請獎敘。謹繕清單，恭呈御覽。[1]

　　袁世凱的這份奏請，從表面上看，是請求給隨營武備學堂的畢業生中的優秀者以嘉獎，實際上是為段祺瑞等部下請功之奏摺。事實上，段祺瑞自辦隨營學堂以來，的確是有功的，而且真的是有大功的。不然的話，在較短的時間之內，段祺瑞也不可能由三品升至二品道員（留省補用）。段祺瑞由三品升至二品道員後，袁世凱再度為其請功。

　　請看袁世凱的奏請摺：

袁世凱片奏：略曰：再留直補用道段祺瑞，此次派令統帶武衛右軍前往廣宗剿辦逆匪。該道建議黈夜深入，直搗巢穴，不得旁攻村落，多殺裹脅愚民，卒能將件只村一鼓而平，餘匪瓦解，謀定後動，識略堪嘉。又，威縣匪徒蠢動，聲為景逆復仇。段祺瑞與倪嗣衝移軍往御，連日三捷。迨匪徒潰散，戒士卒不許追擊，尤不許一卒一騎入村搜捕，保全甚多，匪畏民懷。合無仰懇天恩，將二品銜直隸補用道段祺瑞，賞戴花翎，並加勇號。[2]

這就是說，段祺瑞的升遷步步都是緊跟袁世凱之後的。從這個意義上說，如果沒有袁世凱的升官在前，就沒有段祺瑞的升官在後。如果沒有袁世凱在小站練兵的那個基礎，段祺瑞縱然是一個軍事上的天才，也不可能被重用，除非他是皇親國戚。

中國歷史發展到袁世凱、段祺瑞所生活的那個時代，中華民族面臨著一場災難。在這種災難面前，袁世凱和段祺瑞能夠抓住這個歷史所賦予他們的機遇，迎難而上，而不是畏畏縮縮，自保性命於亂世，這是袁世凱和段祺瑞等之所以成為那個時代的英雄人物之所在。

從光緒二十七年（1901）到三十三年（1907），袁世凱任直隸總督的六年間，一方面他對面臨庚子以後的破敗局面，處理善後，並對內政、經濟、外交等大事創行了一些新的政策，譬如說他創建巡警、整頓吏治、倡導實業、興辦教育等，另一方面，他也改進和擴充了北洋新軍。這樣，袁世凱也因此獲得了政治和軍事上的最大權力，成為當時清廷炙手可熱的大臣和慈禧太后的寵臣。

在這裡，我們只說他在軍事上的建樹，因為這一點是同段祺瑞的升官及其軍事天才的發揮有著直接關係。

應當說，在西方列強入侵中國之後，一批有識之士已經認識到了近代化的軍隊對於振興中華的意義，洋務運動也即因此而起，袁世凱和段祺瑞就是在這種情況下而接手新軍的編練的。新軍的編練是啟動了，但是，從整體上說，那並不是整個清廷的全方位的新軍編練，只是袁世凱先行一步，比其他的新軍編練更有成效一些。

　　在那段時間裡，榮祿深得慈禧太后的寵幸。「戊戌變法」以後，榮祿被任命為軍機大臣，並且所有北洋各軍，統歸榮祿節制。在袁世凱的倡議下，把宋慶所統率的毅軍、董福祥所統率的甘軍、聶士成所統率的武毅軍、袁世凱所統率的新建陸軍等四軍合編為「武衛軍」，又新招募八旗旗丁編為一軍。這樣就有了榮祿所統率的五軍：武衛前軍、武衛後軍、武衛左軍、武衛右軍、武衛中軍。武衛右軍就是袁世凱在小站所編練的「新建陸軍」。後來，由於山東義和團起，「武衛右軍」由袁世凱統率去山東了。一方面，袁世凱在山東鎮壓義和團運動，一方面榮祿的其餘四軍在北方同帝國主義侵略軍作戰。事實證明，榮祿所統率的武衛四軍在北方戰場上遭到了帝國主義軍隊的重創，其戰鬥力大減，幾近全軍覆沒，而袁世凱所統率的「武衛右軍」因在山東方面而未同「八國聯軍」直接交手，所以袁軍的實力並沒有受到什麼傷害。李鴻章死，袁世凱接替了李鴻章的官位，當上了直隸總督兼北洋大臣，他也因此把他所統率的武衛右軍又原封不動地從山東拉回了直隸，當然，段祺瑞等一批北洋驍將也隨之而往。

　　光緒二十七年十月十一日（1901年11月21日），袁世凱離開山東巡撫任馳赴新任，十七日（27日）在保定就職。緊接著，清政府又對袁世凱賞加太子少保銜、賞穿黃馬褂和紫禁城內騎馬、賞福壽字等以示恩寵。這個時候，應當說是袁世凱正春風得意之時。到了直隸總督任上，他立即把李鴻章留下的人馬班底盡收其「彀中」，這是他壯大北洋軍閥政治集團的一支重要力量。

　　此時，編練近代化和現代化的軍隊的呼聲不絕於耳，如果說袁世凱在天津小站練兵時是新建陸軍的起步，那麼此時，他以武衛右軍作基礎而編練北洋常備軍則是一個質的飛躍。在全國上下同呼編練新軍的聲勢下，袁世凱從光緒二十八年（1902）到三十年（1904）間在保定進行了「北洋常備軍」的建設，則是適應了國內政治形勢的需要。

　　在這支軍隊的建設中，「北洋三傑」可是都出了大力的。前文已經說過，袁世凱在小站練兵時，有不少軍事教材都是出自段祺瑞之手，可想而知，在編練北洋常備軍中所需軍事教材能少得了段祺瑞的參與嗎？

當年袁世凱創建北洋常備軍的歷史又呈現在我的面前：在小站練兵園區的東部，把袁世凱當年招募新兵的過程給以形象化演繹：在一個鄉村的普通院落裡，有募兵人在一株大樹下放好了一張辦公桌，有鄉裡的代表拿了鄉村的戶籍冊，對於符合條件的青年進行一一核對，並登記造冊，讓符合條件的青年人到這裡首先進行「目測」，再依有關條件進行「體檢」，這是招募新兵的一個典型縮寫。

　　袁世凱以直隸總督兼北洋大臣的名義，起草了軍制改革建議書。他認為，營制餉章已經不適合部隊的西式軍事訓練，若想改變各省不一樣的軍制、軍器，組織建立統一的軍隊，必須建立新的軍隊組織。為此，袁世凱制定了《北洋練兵營制餉章》二十一條。這個建軍規劃實施後，即在光緒二十八年五月十六日（1902 年 6 月 21 日）袁世凱立即著手組建「軍政司」。軍政司是袁世凱在保定建立的北洋軍政大本營，從這個軍事組織機構中，我們可以十分清楚地看到「北洋三傑」在這一重要軍事機構中的位置。軍政司督辦：袁世凱。下設三大處：兵備處總辦：王士珍（起先為劉永慶，後去其職，由王士珍繼任）；參謀處總辦：段祺瑞；教練處總辦：馮國璋。到了光緒三十年（1904）九月，直隸軍政司改為督練處，仍分為兵備、參謀、教練三處，但原三處總辦王士珍、段祺瑞、馮國璋均已卸任，分別由言敦源、段芝貴、何宗蓮分任總辦。「北洋三傑」另有所任，此時的段祺瑞已經是北洋陸軍第四鎮統制。馮國璋在練兵處成立後，升任為軍學司正使。王士珍任第六鎮統制。

　　至此，北洋軍閥集團的核心形成。北洋集團的核心主要是指該集團的核心人物，而不是指北洋軍閥的軍事編制，也就是說，北洋六鎮的形成是後來的事情。光緒二十九年十月十六日（1903 年 12 月 4 日），清政府鑒於當時國際形勢上日俄兩國在中國領土的對峙危機以及軍隊的領導不統一，裝備不劃一，平時不能集中訓練，戰時也不能有效統一指揮等原因，決定在北京設立練兵處，以改變上述狀況。

　　北京練兵處的設立，本是袁世凱提出的建議。他既要集中兵權於己之一身，又要避過清政府對他兵權過重的疑忌，故極力推舉被他收買了的奕劻作總理大臣，而自己則退居會辦大臣的角色，但卻安排親信於實權部門。這是

一種欲取先與的策略。果然清政府接受了他的意見，於光緒二十九年十一月初九（1903 年 12 月 27 日）下諭正式任命練兵處的主要人員，任練兵處總提調的徐世昌是袁的得力幕僚。

徐世昌乃何許人也？可讀如下文字：

130 年前，兩位青年在陳州府（今河南省淮陽縣）不期而遇。沒有人能想到，這次相遇讓他們終身如影隨形，更沒有人想到，這兩個當時默默無聞的年輕人，後來都成為叱咤風雲的人物，影響中國歷史進程十年之久。他們的身分和性格迥然不同：一位是官宦世家闊公子，桀驁不馴，素以馳馬試劍為樂；一位是家道中落窮書生，老成持重，向以打工養家糊口。有趣的是，這樣兩個人竟然一見傾心，彼此視為莫逆之交，不久他們索性義結金蘭，成為盟兄弟。闊公子叫袁世凱，陳州府項城（今河南周口項城）人，當年 20 歲；窮書生叫徐世昌，衛輝府汲縣（今河南新鄉衛輝）人，當年 24 歲。

他們的相遇充滿偶然。似乎冥冥中自有定數，兩個原本四處游走的人，在 1879 年 3 月，生命的軌跡相互靠攏。其時，袁見徐「青衣敝屨」，邊幅不修，卻神采飛揚，談吐間，顯露著勃勃雄心與滿腹經綸，不由贊道：「菊人（徐世昌的號）真妙才也！」而徐世昌見袁世凱雖然不愛讀書，卻才氣縱橫，慨然有「四方之志」，也是青眼相看，欣賞有加。在那個時代，兩個年輕人惺惺相惜，有一種約定終身友誼的方式，那就是「義結金蘭」。袁世凱、徐世昌也照此辦理，燒香磕頭，結盟成了兄弟。[3]

1855 年 10 月，徐世昌出生於衛輝府汲縣，6 歲喪父，他的母親劉氏帶著他和他四歲的弟弟艱難度日。其實，徐家祖上是做官的，他的高祖徐城曾任道光年間河南南陽縣令，母親劉氏係清代桐城派古文家劉大年之後裔，知書達理，素有教養。徐世昌在寡母的教育下，艱難求學。他天資聰穎，17 歲時已經學業有成，為了生活，他邊自學邊外出打工，掙錢讓弟弟讀書。在打工中，他時時不忘自己到北京參加科舉考試，但單靠打工的微薄收入是根本沒有辦法攢夠去北京的路費，就在這個時候，上天給了這個窮苦讀書人一個機會。1879 年 3 月的某一天，出身官僚之家的袁世凱和他相遇了。我們可以毫不掩飾地說，徐世昌、袁世凱的相遇，真有點像當年孔子和老子的相遇（老

子也是河南周口人——史有所巧），如果孔子和老子真的相遇的話，徐世昌、袁世凱相遇堪與之媲美。徐世昌、袁世凱的相遇，更有點似李白和杜甫的相遇，我們如果採用聞一多先生的說法，孔子、老子相遇和李白、杜甫相遇，似是太陽和月亮的相遇，那可是一道奇觀！[4]

本書這樣寫，是不是有點玄虛，有點誇張？不是嘛，徐世昌也算是中國歷史上一個重量級人物，在晚清，他先後出任東北總督、軍機大臣、太傅衛太保；民國時，他做過兩任國務卿（內閣總理），又做了五年總統。正是他同袁項城的相遇，袁世凱從此資助他求學取得功名（據說是袁世凱慨然給徐世昌紋銀百兩），徐世昌用這筆錢帶上弟弟一起進京趕考，兄弟倆同科考取舉人。四年後，徐世昌又中會試並獲殿試二甲進士，後進入翰林院。袁世凱從朝鮮回來後，在徐世昌的多方疏通下，得以接近榮祿、李鴻藻等權臣。不論從哪種角度說徐世昌、袁世凱結義，都不能否定他們之間的深厚關係。所以，在袁世凱小站練兵時，他就把徐世昌請了去（也有人說，是徐世昌自己不願在朝中做官，自願前往小站的，如果是這樣的話，我們不能不佩服徐世昌的老謀深算，很有點像姜子牙的渭水垂釣）。這次袁世凱任練兵處會辦大臣，當然首先想到的就是徐世昌。

在徐世昌任練兵處總提調的前提下，下設「軍政司」、「軍令司」、「軍學司」三司。軍政司正使由劉永慶和王英楷先後出任。軍令司正使由段祺瑞擔任，副任乃馮國璋（此時的馮國璋仍兼督理保定各學堂）。軍學司正使先後由王士珍和馮國璋擔任。這樣，袁世凱把全國的兵權都集中到練兵處，而練兵處的實權又操縱在他本人和他的親信們的手中。

交代罷徐世昌，該說一說北洋六鎮的成軍事宜了。

清政府有一個在全國編練新軍三十六鎮的計劃，但這個計劃一直到清朝被推翻還沒有真正實現，史載至武昌起義前夕（1910年），只編練了11個鎮。可是，袁世凱利用這個編練計劃卻成功地編練了自己所統轄的北洋陸軍六鎮。北洋六鎮原稱「北洋常備軍」。

據史料說：（1）光緒二十八年（1902）正月，袁世凱奏準從直隸善後賑捐項下撥款100萬兩作募練新軍費用，派王士珍、王英楷等赴直隸正定、

大名、廣平、趙州選募 6000 人在保定訓練，於次年七月編齊，稱「北洋常備軍左鎮」。光緒三十年（1904）七月改稱北洋常備軍第一鎮，這就是後來的北洋陸軍第二鎮。（2）光緒二十九年（1903）初，袁世凱將保陽練軍馬隊裁編為一標四營。次年二月又將元字淮軍、北洋親軍馬步各營改編為一協，並在直隸各地和山東、河南、安徽招募新兵編者按成步兵一協和工、輜重各營隊。三月間把這些部隊編成北洋常備右鎮，七月改稱北洋常備軍第二鎮。這就是後來的北洋陸軍第四鎮。（3）光緒三十年（1904）四月，袁世凱派人從河南、安徽、山東等省招募新兵編成北洋常備軍第三鎮，駐軍保定。這就是後來的北洋陸軍第三鎮。（4）光緒三十一年（1905）二月，經練兵處奏準將駐京的武衛右軍、自強軍及第三鎮各標第二營，於三月間合編為常備軍第四鎮。這就是後來的北洋陸軍第六鎮。（5）光緒三十一年（1905）五月，袁世凱以山東武衛右軍先鋒隊 12 營，又從第四鎮抽撥步、炮 6 營，並從山東各地抬募新兵，合編為北洋常備軍第五鎮，仍駐濟南和濰縣。這就是後來的北洋陸軍第五鎮。（6）光緒二十九年（1903）六月，袁世凱奉命編練京旗常備軍 3000 人，次年成協，光緒三十一年成鎮。這就是後來的北洋陸軍第一鎮。[5] 至此，北洋六鎮編成。北洋六鎮的建立，代表著作為軍事集團的北洋軍閥開始形成。

北洋陸軍六鎮，應該說是袁世凱在北方控制清廷中央政權的堅強後盾。此時，袁世凱的軍政地位已經超過了以前包括曾國藩、李鴻章在內的任何一個漢族大臣的權力。軍隊是國家的柱石，這六鎮軍中，段祺瑞先後在其中的三個鎮中任統制，坐第一把交椅。《段祺瑞年譜》記載：1904 年，段祺瑞四十歲，五月，任陸軍第三鎮統制；1905 年，段祺瑞四十一歲，正月，調任第四鎮統制；八月，轉任第六鎮統制；1906 年，段祺瑞四十二歲，正月又調回第三鎮任統制。根據袁世凱對於段祺瑞統制官的反覆調動，一方面可見段祺瑞在北洋六鎮中的軍事地位，另一方面也可見袁世凱對於段祺瑞的信任程度（有的書中說，袁世凱怕段祺瑞在一個鎮中的私營勢力過於膨脹而有反覆調動，可備一說）。《年譜》同時又記：「二月二十三日，授（段祺瑞）福建汀州鎮總兵，仍留原任。」

光緒三十一年（1905）九月，清政府擬在直隸（河北省）河間縣舉行一次會操，清廷指派袁世凱和鐵良為這次會操的閱兵大臣。根據史料所載，這次閱兵實際上是一場軍事演習，並不僅僅是一場軍事陣法的表演，因為它帶有一定的實戰意義。既為實戰，就得有敵我雙方的軍事對壘，像在戰場上一樣，它同戰場的區別在於，一個是拼個你死我活，一個是陣法的技藝演練。既然是「敵我雙方」的對陣，雙方都得有一個總司令。這場軍事學習的北軍總指揮（總統）是段祺瑞；南軍的總統是王英楷。

　　為了述說的方便，且引這段文字：

　　此次秋操規模甚大，參與官兵四萬多人，戰馬五千匹，各種車輛一千五百輛，戰線長約二十餘華里。演習部隊分南、北兩軍。北軍由第三鎮全部人馬與京旗陸軍暫編第一混成協、新編南苑第一鎮（來新夏等著《北洋軍閥史》中為「駐南苑第六鎮內抽編的第十一混成協」——引者）暫編第十一混成協合編而成，大約相當於常備軍戰時以兩鎮為一軍的編制，由段祺瑞暫任總統官（即總司令）。南軍由第四鎮全部與暫編第二鎮第四混成協、新編山東第九混成協合編而成，由王英楷任總司令。[6] 按規定，南、北兩路人馬應於 10 月 22 日分別到達指定地點。南軍假定以江蘇北部和山東為後方基地，主力集中於交河兩岸，按計劃逐漸北攻。以段祺瑞為首的北軍，以南直隸北部與山西作為假定的後備兵力駐防地，主力集結高陽，前鋒馬隊衝到邊渡口為止，任務是阻擋南軍的進攻。最後，南北兩軍將在河間境內決戰。

　　段祺瑞走馬上任後，即率暫編第十一混成協五千餘人自南苑出發，向高陽進軍。為讓部隊及早進入操練及實戰狀態，他又把自己的部下分成南軍和北軍，邊行軍邊演習，大隊人馬搶先到達指定地點。駐扎未定，段祺瑞就派人去調查對方虛實，籌劃作戰方案。10 月 25 日，南軍發動進攻，北軍以良好的實戰狀態實行反擊，段祺瑞下令以守為攻，利用強大的炮火威力迫使南軍步步後退，演習狀態發生了戲劇性變化，轉為南守北攻。南軍火力也很強，雙方互不相讓，隆隆炮聲持續一個晝夜，使演習達到白熱化程度。閱兵大臣袁世凱和鐵良當機立斷下令停止。26 日，按原計劃舉行閱兵典禮，新式陸軍第一次軍事演習就這樣告一段落。[7]

關於這次會操情形，據袁世凱等事後奏報稱：「此次會操非第以齊步伐、演技擊、肆威容、壯觀瞻而已，蓋欲以飭戒備、嫻戰術，增長將士之識力，發揚軍人之精神，熟悉於進退攻守之方，神明於操縱變化之用……此一役也，仿列邦之成規，創中國所未來，雖未極燦然大備之隆軌，要使在武之將士，人人知擔其責任，平日所授習，一一實見諸施行，作戰之計劃種種悉求其賅備，而師行所過，秋毫無擾，風聲所播暴戢良安，亦足以化閭閻之猜忌，導國民以尚武。且各該鎮協成軍之先後不齊，訓練之久暫亦異，一旦調集會演，已駸駸乎有整齊劃一之觀。將來推之各省，行之通國，但使教育普及，又何難萬眾一致，積健為雄，以暢皇威，而張國力。」[8] 根據在這次秋操後的袁世凱所奏可知，清廷對於新編陸軍的會操的意義。這一意義從根本上說，是同袁世凱原初在天津小站練兵的目的意義前後一致的。[9]

應當說，這次會操除了以上所說的意義外，還有兩個方面的影響力，其一是袁世凱本人的地位和作用，可以說，如果沒有袁世凱，沒有袁世凱所編練的新軍，就不會有會操這一檔事情的出現，由此可見，在清王朝快走到盡頭的當口，袁世凱是力挽狂瀾者，甚至可以說是力挽狂瀾第一人！其二就是國際方面的影響力了，在這次會操中，清廷還特邀一些外國觀操者尤其是軍事觀察家、新聞記者，透過他們把會操的盛況擴散開來，應當說是有其一定的正面意義。

光緒三十二年（1906）九月，清政府在河南彰德再次舉行會操，史稱「彰德會操」。應當說，這次會操，清政府在此之前即作了精心策劃、精心安排和認真組織。早在七月二十四日（9 月 12 日）派定，仍由第一次會操的閱兵大臣鐵良和袁世凱再任這次閱兵大臣，且中外觀操人員的隊伍相當龐大，計有 487 人之多，其中包括英、美、俄、法、德、意、奧和比等國軍官 26 人，各國記者 42 人。[10]

其南北兩軍的編練是這樣的：

北軍一軍，由段祺瑞充總統官。從駐山東第五鎮內抽撥步兵 1 協，馬隊 1 標，工程隊 1 營，從駐南苑第六鎮內抽撥步隊 1 協，在駐直隸第四鎮內抽撥炮隊 1 標，合編為混成第五鎮；又在京旗第一鎮內抽撥步兵 1 協，馬、炮

隊各 2 營，工程隊 1 營，編為混成第 1 協。合計 1 個混成鎮，1 個混成協。南軍一軍，由張彪暫充總統官。調駐湖北的第八鎮和駐河南的第二十九混成協合編。計 1 個鎮，1 個混成協。

兩軍官佐弁兵夫役 33900 餘名。九月初九（10 月 26 日），開始在河南湯隱的十里鋪，彰德的二十里鎮、南馬關屯、鐘官屯一帶，實戰演習三天，初八舉行閱兵式，並舉行宴會。袁世凱對這次會操的評價是：「此次復舉數省已編之軍隊，萃集一處而運用之，使皆服從於中央統一號令之下，尤為創從前所未有，係四方之瞻聽」，「以視去年河間一役，規模閎遠，殆為過之」。[11]

袁世凱的新軍六鎮建立以來的第二次秋操在規模上比第一次更大，段祺瑞仍然任北軍總統官，同時，「北洋三傑」在這次秋操中全部上陣（王士珍出任總參議兼中央審判長，馮國璋為南軍審判長），那將是一個比第一次秋操更為壯觀的大演習，龍、虎、狗（豹）各顯神通：其勢如出水蛟龍，上而騰雲駕霧，下則潛水游龍，可呼風喚雨，能推波助瀾，攪他個天翻地覆，雲遮霧障，也未可知也！

在周俊旗所著《百年家族段祺瑞》一書中，對於這次會操有這樣一段話：「照理，在河間秋操中一展虎威的段祺瑞，在規模更大，影響更大的彰德秋操中更應再展雄姿，讓虎名威揚。但是，當朝廷准許良弼為北軍審判長後，在整整一個星期（實際演習為三天——引者）的會操中，北軍都採取了低姿態，威而不猛，勇而不毅。這是什麼原因呢？」根據周俊旗的分析，大概是這樣的：主要是不同派系之間的矛盾所致。段祺瑞所統率的北軍屬於「北洋武備派」，因為這支軍隊主要是小站練兵時的武備學堂畢業的學生在其中充任骨幹力量。而出任北軍審判長的良弼是滿族青年將領，他是一個留日歸來的「日本士官學校畢業的軍校生」（代表著「士官派」，受到「武備派」的排擠）。但是，在當時，清政府重用之，第一，他是滿人，第二，他是留日士官生。所以，良弼從日本留學歸來，立即受到時任兵部大臣鐵良的重用，同時也得到朝中反袁勢力的支持和擁護。這樣，「北洋派」就把「士官派」視為自己的對立面。反過來，「士官派」也不把「武備派」（北洋派）放在

眼裡，矛盾由此而生。在這次秋操中，段祺瑞是北軍總統，可是，良弼是北軍的審判長，他們兩人互為掣肘，可能是段祺瑞在軍事演習中保持一種「威而不猛，勇而不毅」的原因吧。不過，在本書看來，周俊旗先生所言，僅為一種推測，估計還有更深層次的原因。儘管如此，周俊旗在他的書說：「段祺瑞這只『北洋之虎』，因在河間、彰德兩次秋操中扮演了重要角色且有較出色的表現而威望大增，在軍隊中樹立了新的形象。」總體說來，兩次秋操，是使袁世凱和北洋一系成為當時中國軍隊的一個新的代表，這一點已經成為歷史的定論。

關於清末的兩次會操，天津小站的練兵園有一個模擬性的操練表演，很生動，也很形象。它不僅是一個靜態的畫面，它更是動態的，我非常感嘆製作者的豐富想像，外加現代高科技手段，應當說並不比親臨戰場的實際效果差。且看，鐵良和袁世凱兩位代表清政府的閱兵大臣，正襟危坐，滿面春風，其威嚴不可一世；兩軍對陣，炮聲轟鳴，戰馬奔騰，殺聲震天，不絕於耳。單看此景，不禁令人浮想聯翩……如此之軍威，我們不敢相信，幾年後的清廷怎麼就「壽終正寢」了呢？

註釋

[1] 引自吳廷燮：《段祺瑞年譜》第 13-14 頁。

[2] 引自吳廷燮：《段祺瑞年譜》第 14 頁。

[3] 姚偉：《徐袁結義，定一生軌跡》，見《大河報》2008 年 10 月 28 日版。

[4] 事有巧合，本書作者第一次修改本書稿至這個地方的這一天是 2009 年 7 月 22 日。這一天，太陽和月亮真的相遇了。

[5] 來新夏：《北洋軍閥史》（上冊），南開大學出版社 2000 年 12 月第 1 版，第 148-149 頁

[6] 程舒偉、侯建明著《段祺瑞全傳》說：「此次秋操先進行野戰攻守演習，演習分成南北兩軍，分別由段芝貴和段祺瑞任演習總統。」見該書第 28 頁。這是指在大會操前的北軍內部的預演。

[7] 周俊旗：《百年家族段祺瑞》，河北教育出版社 2006 年 1 月第 1 版，第 36 頁。

[8] 《練兵大臣袁世凱為陳校閱陸軍會操情形事奏摺》，中國第一歷史檔案館藏軍機處檔，見來新夏主編：《中國近代史資料叢刊.北洋軍閥》（一），上海人民出版社 1988 年版，第 564-559 頁。

[9] 本書作者 2008 年冬在天津小站參觀練兵園時，在其留言簿中題辭 R：小站練兵，富國強兵。
若用袁世凱《奏報》的話：亦即「以暢皇威，而張國力」。但在內憂外患的清末，何談「皇威」、
「國力」。

[10] 來新夏：《北洋軍閥史》（上冊），南開大學出版社 200 年 12 月第 1 版，第 10 頁

[11] 來新夏：《北洋軍閥史》（上冊），南開大學出版社 200 年 12 月第 1 版，第 181 頁

第七章 運交華蓋歸籍養疴韜光養晦好自為之

在第一次會操和第二次會操之間的光緒三十二年（1906）二月，段祺瑞仍任第三鎮統制，駐軍保定。此時，袁世凱就在籌劃第二次會操了，就在這個關鍵時刻，清廷授段祺瑞福建汀州鎮總兵，仍留原任未就。按說，已經有新的職務在身，應當卸卻舊任而到新職，但怎麼既得新位而未去舊職？當然還是袁世凱的作用。我們見到了袁世凱請求段祺瑞留任舊職的上奏。在此奏摺中，袁世凱奏稱：「唯查段祺瑞現署陸軍第三鎮統制官並督理武備各學堂，並創辦軍官學堂，在在均關緊要。」「且該總兵等，韜鈐素裕，智勇深沉，上年辦理秋操，成效昭著，本年練兵處擬於秋季調集直隸暨鄂豫等省新軍，會合大操，尤賴該總兵等身在行間，指揮調度，始可收駕輕就熟之功，一時實難驟易生手，合無吁懇天恩，俯準該總兵等暫緩赴任，仍留北洋陸軍，俾資整理而重戒備，如蒙俞允，即由臣分別咨行遵照。」[1]

據此可知，段祺瑞在第一次秋操後仍被留任第三鎮統制是袁世凱請求的結果。我們手中沒有直接證明清廷在此時就想著手分散袁世凱北洋軍事集團的史料，但從第二次秋操段祺瑞在操練中的「威而不猛，勇而不毅」的作戰方略可窺其一斑。我們寧肯相信，在袁世凱為段祺瑞請求留任第三鎮統制時，袁世凱、段祺瑞肯定就第二次會操的計劃作過統籌謀劃，袁世凱定會向段祺瑞密授機宜，憑著袁世凱的老練、段祺瑞的機智，應當推測到段祺瑞在第二次會操中把握好進軍和出擊的「度」的。袁世凱、段祺瑞聯手，誠可謂「八音合和」，其妙無窮，既可顯示北洋之雄威，又可表現出北洋之沉穩，外可韜光，內必養晦，盡可綿裡藏針，不可鋒芒逼人。從表面上看，段祺瑞為總統官和良弼為審判長的北軍大可戰勝南軍，但因段祺瑞、良弼的相互掣肘而打得較為平和，但從一個更深的層次上分析，這裡邊有一個滿漢關係的平衡度，恐怕正是問題癥結之所在！

請看這一段文字：

彰德會操，一改以往的慣例：南北軍同時參加演練，閱兵大臣和審判長也都派了滿漢各兩個人。閱兵大臣是袁世凱和鐵良；審判長為馮國璋和良弼。這樣做的目的，很明顯，就是為了打破袁世凱和北洋軍一統天下的局面。這也是一個信號，表露了朝廷對漢人、對袁世凱、對北洋軍的提防和不信任。

　　那次參加會操的部隊，北軍是近畿陸軍精銳第三鎮段祺瑞部，南軍為張之洞編練的非北洋系統的第八鎮張彪部。出發前，段祺瑞和袁世凱私下裡有過一次對話。

　　段祺瑞說：「朝廷對咱北洋軍是越發不信任啦。」

　　袁世凱說：「此話怎講？」

　　「這還不是明擺著的，」段祺瑞說，「瞧瞧，閱兵大臣一下子派了兩人，審判長中還有一個良弼。」（第一次會操閱兵大臣也是兩人，和第二次會操時的一樣，一為鐵良，一為袁世凱，所不同的是，第二次會操的南北兩軍各有一名審判長，且滿漢搭配。以士官派為代表的良弼和以袁世凱、段祺瑞為代表的北洋派或又稱武備派是有矛盾的——引者）……

　　袁世凱聽了段祺瑞的話，若有所思地點點頭。其實，他豈能看不出這一點？但他仍然想聽聽別人對這事怎麼看。

　　「芝泉啊，」他說，「你真的這樣看嗎？也許朝廷並非這個意圖……」

　　「哼！」段祺瑞卻冷笑了一聲。又說：「寧肯信其有，不可信其無！」

　　袁世凱聽了這話，便默然許久。沉默了一會兒，他囑咐段祺瑞說：「芝泉啊，事已至此，我們就要格外小心。你的脾氣我是知道的，但這一回不同往常。對鐵良和良弼，你要特別遵從，我的意思你明白嗎？」

　　段祺瑞當然明白。於是，在整個一星期的會操中（實際會操只有三天——引者），北洋軍都採取了低姿態。[2]

　　就在第二次會操後不久，清廷果然對於事關重大的軍事機構作了調整。據吳廷燮《段祺瑞年譜》：「清光緒三十三年（1907）丁未，公年四十三歲，調公辦陸軍各學堂。」

且看這一段文字：

袁世凱自建立六鎮，並兩次會操後，權勢日重，但是他並不以此為滿足，又乘設巡警部之機，推薦死黨徐世昌、趙秉鈞任尚書、侍郎，並和首席軍機大臣奕劻內外勾結，總攬一切，「覬操朝政」。恰在這時，軍機大臣瞿鴻禨迎合一部分滿族親貴的猜忌心理和朝野輿論，建議朝廷將北洋新軍的統率權收歸中央。光緒三十二年九月二十日（1906 年 11 月 6 日），清政府宣布中央官制的改革，其中合兵部、練兵處與太僕寺為一，而設立了陸軍部，負責全國練兵事宜，使「所有各省新軍，均歸該部統轄」，其職權所及包括「各省應練之兵，應籌之餉，如何擴張，如何儲備，以及裁汰學堂，興立學堂等事宜」。陸軍部的構成是由奕劻管理部務，鐵良任尚書，壽勛、蔭昌分任左右侍郎，王英楷署右侍郎。其下設承政、參議二廳，軍衡、軍乘、軍計、軍實、軍制、軍需、軍學、軍醫、軍法、軍牧十司。這是清朝政府從中樞機構上對舊軍制的一次改革，也是對袁世凱權勢的一次打擊。

陸軍部為了更有效地集中權力，注意到北洋陸軍速成學堂的重要性，它規定：以後各省的學生必須從這些學生中選派，不得「另自選送，以昭畫一」。此外該學堂還設有留學生預備班，留學生必須在此學習後，經考試合格，才能派遣出國。這就使陸軍速成學堂有可能在向全國輸送大批軍事人才的同時，又培養了一批才學俱優的留學人員，蔣介石、楊傑、張群、王柏齡等都是在該學堂上完預備班後留學日本的。顯然，陸軍速成學堂在培養軍事人才的數量和質量等方面，較之於它的前身北洋速成武備學堂，都有很大提高，不過以學堂督辦身分總司實際事務的仍是袁世凱的心腹段祺瑞。[3]

對於袁世凱和段祺瑞來說，一方面，袁氏軍事集團的實力受到了限制，但另一方面，段祺瑞對於軍事教育的壟斷為日後北洋軍閥的骨幹力量的培養發揮了不可低估的作用。

由於設立了陸軍部，北洋軍事集團的勢力受到了一次大的打擊，我們認為，之所以這樣，當與兩次秋操袁世凱軍事實力的暴露對於清廷的震懾不無關係。

此時，袁世凱也採取了相應的對策，盡量低調從事，以退為進。不僅在二次秋操後這樣做，他甚至在自己開始任山東巡撫時，就奏請旗籍道員廕昌「佐贊軍務」；在署理直隸總督時，他也挑選了三千八旗子弟增加到新軍訓練；保奏旗籍道員鐵良為京旗練兵翼長，參與訓練新建陸軍；在京畿成立督練新軍處，他推舉奕劻為督練大臣而自己只任會辦，甘願給人家打下手。儘管如此，他的軍事權力還是太大了，大得讓清廷滿族權貴們對他不放心。這樣，他乾脆來一個讓權，在光緒三十二年十月初三日（1906年11月18日），他宣稱自己所擔負的職務過多，上奏請「開去各項兼差以專責成而符新制」，於是就辭去了八大臣的兼差（即本書第一章所列舉的那些）。清廷本來對袁世凱的辭去這些職務早已是求之不得的，所以當袁世凱提出時，清廷立馬作出積極回應：「著照所請，開去各項兼差。」[4] 同時，他還請求將他一手締造的北洋新建陸軍六鎮中的四鎮（即第一、第三、第五、第六鎮）移交給新設立的陸軍部，只保留了第二、第四兩鎮的指揮權。

其實，關於移交四鎮兵力一事，袁世凱並不是立馬慷慨地做出決定的，且看這一段文字：

彰德秋操後不久，有一天，阮忠樞突然到天津來見袁世凱了。他帶來的並不是什麼好消息。他告訴袁世凱，朝廷準備把兵部、練兵處和太僕寺合而為一，設立陸軍部，全國所有的新軍都將被收回，歸該部統轄，當然也包括北洋六鎮在內。

「此消息可靠嗎？」袁世凱將信將疑。

阮忠樞說：「正在議論中，不過聽說太后贊成這個主張，諭旨也許很快就會下來。」

聽他這麼一說，袁世凱便坐立不安了。顯然，這又是對付他袁世凱的。練兵處沒有發揮作用，現在又要設陸軍部了。收回全國陸軍，自然是一句漂亮話，真正要收回的還不是他手中的這支北洋新軍嗎？袁世凱想，看起來朝廷是鐵了心要收回這支軍隊了。

　　阮忠樞見袁世凱不說話，便又開口道：「項城啊，新軍已經練成，你功不可沒；但功大震主，卻是要提防的。目前，你權勢過大，樹敵又太多，在這種局面下，再把住兵權，我看是弊大於利啊。不如就此放手，以防日後生出事端。

　　當時很少有人這樣直率地向袁世凱建議，要他放棄兵權，也很少有人這樣直截了當地說出他的心病，這對袁世凱不能說不是一個震動。

　　阮忠樞和袁世凱交情很深。他是在袁世凱科舉失意、捐官無望的落魄時期，與袁在旅途中相識的。當時袁世凱準備去山東投奔吳長慶，阮忠樞給了他一些接濟，此後兩人便為莫逆之交。這種關係使袁世凱毫不懷疑阮忠樞所言是真心在為老朋友著想，而且阮忠樞與李蓮英的關係也使他相信這個消息來源是可靠的。

　　阮忠樞走後，袁世凱先後找過幾個親信商量。有的附和阮忠樞的意見，認為不如趁早交出兵權；而有的則持異議。袁世凱也患得患失，一時拿不定主意。後來他決定聽聽段祺瑞的意見。使袁世凱大感意外的是，段祺瑞幾乎是不假思索地便贊成交出兵權。他對袁世凱說：「祺瑞認為，不僅要交，而且要主動交。」看來他對此事早已是深思熟慮。在北洋的高級將領中，段祺瑞向以強硬著稱，對朝中的權臣貴冑他也從不主動巴結。這次何以一下子「軟」了下來了呢？

　　「芝泉，你不是在講反話吧？」

　　「不，」段祺瑞說，「宮保大人，在目前的情勢下，祺瑞以為這是僅有的一途。眼下不比從前了，慶王爺被人堵了嘴巴，在朝中也不便多為大人說話；而鐵良、良弼又相逼甚緊，不達目的，豈肯干休？與其被動，不如主動，把兵權交出去，暫避風頭，再作計較。不知宮保大人以為然否？」

　　段祺瑞看得很清楚，在這場爭奪兵權的鬥爭中，如果不讓步，其結果不僅對袁世凱，而且對北洋軍整體來說，都是十分危險的。

　　袁世凱長久地沉默著。段祺瑞所說的一切，他比段祺瑞更清楚。但要下決心，卻又難免割捨不下。北洋六鎮是他一手編練，苦心經營起來的，這是

他所倚重的力量。他之所以能有今天的地位，靠的也正是這支威風全國的武裝。一旦失去了北洋六鎮，那將意味著什麼？答案是不言而喻的。

段祺瑞看出了他的心思。他說，宮保大人的擔心是大可不必的，北洋六鎮交給陸軍部不過是個形式而已。他分析說，六鎮軍官自上而中而下，皆出自北洋系統。即使鐵良和良弼等有心改組，但值此局勢動蕩之際，諒必朝廷也要有所顧忌。「只要我們這些人在職一天，陸軍部就翻不了什麼大浪。」他說，「交出去又有何妨？」

袁世凱聽了這話便高興地笑起來。他邁著兩條短腿走到段祺瑞的座前，連聲說：「說得對，說得對，我也是如此想的。芝泉啊，今後就要靠你們了。」[5]

本書認為，袁世凱的以退為進的策略只是問題的一個方面，可以設想，自幼就有坐鎮天下之雄心的袁項城，他不可能像他的老鄉李耳所說的那樣，過他的「無為」生活。他雖然把六鎮新軍中的四鎮都移交了，但自己仍然還有兩鎮大軍，相比較，這兩鎮陸軍中，他的嫡系勢力是很強的。光緒三十三年（1907）三月，袁世凱早年的莫逆之交徐世昌授任東三省總督，奏準調第三鎮和兩個混成協隨他赴東三省。這樣說來，袁世凱的勢力從表面上看是有所削弱，但實際上並無大礙，我們說實際上並無大礙主要有兩點可說：其一是徐世昌把第三鎮帶至東北，實際上為第三鎮提供了一個控制新地盤的契機，同時，也把東北軍（奉系）與之增加了磨合，應當說增進了兩軍的親和力，這未嘗不是一件好事；其二是由於軍制的改革，段祺瑞最大程度地掌控了軍事教育權，為後來的「得天下」準備了軍事人才。但是，不管怎麼說，此時的袁項城真的是應該小心謹慎了，他的這棵樹實在是太大了，太粗壯了，樹大招風，所謂「木秀於林，風必摧之」。大清之「風」儘管是「強弩之末」，但它仍是「君」，你袁世凱畢竟是「臣」。在這種情況下，袁世凱應當韜光養晦了。

二次會操之後，儘管袁世凱在許多方面把自己的鋒芒多所收斂，處處保持做人處事的低調，儘管如此，清廷還是對裁減袁世凱的勢力動起了真格。

一年後的 1907 年，清政府又開除袁世凱直隸總督一職，內調為軍機大臣兼外務大臣。有學者認為，這是由於清朝貴族見袁世凱仍然握有兩鎮兵權，

不能對他十分放心，雖然軍機大臣比總督的地位高，漢人做到軍機大臣已是登峰造極，但這實際仍是清廷官場中一種「明升暗降」的做法。削去袁的實權，給他一個空位子而已。[6] 但也有人認為，上述見解不過只是「循乎常規的推測而已」。因為這時的軍機大臣並不是有人說的那樣是戴在那些失寵而又一時不便革職的大臣們頭上的花帽子。袁世凱內調後，繼任直隸總督楊士驤仍是他的心腹，北洋各級軍官均為袁氏武備派舊人，非袁世凱不能調遣。因此，「袁世凱內調以後，其勢力不但絲毫未損，卻正好可以利用自己主持全局的地位發展力量，推行政見」。[7] 但是，不管怎麼說，袁世凱這次主動交出兵權，多少發揮了自保的作用，對他本人及他的軍事實力觸及不大。[8]

本書比較同意第二種觀點。不管怎麼說，袁世凱對於晚清的歷史貢獻是巨大的，在內憂外患的那個時代，清廷縱然是知道漢人中間就數袁世凱的勢力最大，但在那種情勢下，還必須重用袁世凱。這種情況對於清廷而言，它明明知道袁世凱的潛在威脅，還必須重用，還應該重用他。中國自古有言：

用人不疑。就袁世凱本人而言，此時的清廷當然對於袁世凱「有疑」，疑而猶用，從大局論，對於清廷是利大於弊的。至於說把袁世凱從直隸總督一職調任軍機大臣兼外務大臣，這個職務是虛名也好，實權也罷，並不比直隸總督差，猶如我們現在的官員，你原是一個縣長，因為你的政績不錯，口碑也好，何不把你升上一級，做某部的副部長呢？你說這是對於這個縣長的重用還是「明升暗降」呢？顯然我們不能說是對於這個縣長的降職嘛。當然有人會說，從實際上看，那個縣長要比那個副部長權力大得多，但那是就「實用」的意義上說，我們對此擱而不論。就袁世凱說，我們的看法是他在中央做官，且做的還不是某一重要部門的副職，而是重要部門的一把手，軍機大臣和外務大臣這兩個中央部門的正職總體上並不比那個直隸總督差，更何況接替他直隸總督一職的楊士驤還是自己的心腹呢！

不過，話又說了回來，對於袁世凱多年經營的北洋六鎮新軍來說，袁世凱丟掉了其中的四鎮，從內心講，那的確是一個打擊。而更為重要的則在於後來的清廷上層的變化，使袁世凱措手不及。這個使袁世凱措手不及的大事件就是慈禧太后和光緒帝的先後死去。這兩個人物對於袁世凱的關係真的是

太大了，大得令袁世凱不由得「膽戰心驚」。據說，當袁世凱得知這兩個人物先後死去的消息時，從來沒有像那天一樣嚇得魂不附體，他匆匆忙忙逃到天津，躲在親戚鹽商何頤臣的家裡，整天籠罩在大禍臨頭的恐懼之中。

　　袁世凱為什麼被嚇得如此之狠呢？個中緣由，我們在本書第一章中有過說明，為了敘述的方便起見，我們還得接續著那段文字述說開來。

　　在中國歷史進入近代以後，西方世界已經走到了大清帝國的前頭，人家強大起來了，中國相對於西方而言，真的是落後了。「落後就要挨打」挨了西方人的打，中國的大門被它們給打開了。主權受到了前所未有的威脅。一批有識之士開始呼籲「變法」了，變法對於古老的中國來說，不失為一個振興的辦法。但是，以慈禧太后為首的頑固派是不主張變法的，而以光緒帝為首的新派勢力則是主張變法的。到底是變法還是不變法？此時有一個關鍵人物可以把這件事情「擺平」，這個人物就是袁世凱。當變法的主要人物之一的譚嗣同找到袁世凱請求他幫忙的時候，袁世凱做出了一個影響中國歷史進程的大抉擇，他站在了頑固派慈禧這一邊，導致了當朝皇帝被囚禁。也就是在這件大是大非的抉擇中，袁世凱落下了千古罵名。可以設想，一個當朝的在位皇帝，因為袁世凱的因素，使他遭到了被囚禁的命運。這樣一囚禁，還不是一天兩天，也不是一月倆月，而是十年！儘管在皇帝被囚後，袁世凱在老慈禧的庇護下官職可以一升再升，地位可以一顯再顯，最終達到了那個時代漢人在滿族政權中的頂峰，說實在話，袁世凱的內心還時時對於光緒被囚而不能不內疚。光緒之死，對於袁大人還好說一些，怎麼這個老慈禧也偏偏在光緒死後的第二天也「駕鶴西去」、一命嗚呼了呢！其實，按照人生的自然規律，慈禧應當死在光緒之前（這是從人的壽數上說，如果從中國的政治上說，這個老慈禧早就該到她應該去的地方了。如果她在若干年前就「一命嗚呼」的話，光緒的「變法」說不準得以推行，中國的強盛或許可以有一線生機，那個「八國聯軍」可能不至於把中國禍害到如此慘重的程度），如果從這個方面論，袁世凱自從光緒被囚後應當是一直揣揣不安的。不想光緒先死，我們沒有什麼確切的證據證明在光緒死後袁世凱的心情如何，上蒼給當時清廷開了一個天大的玩笑，或許袁世凱得知光緒帝死後的心緒還沒有調整到正常的情況下，立馬又傳來了老慈禧死去的消息，這一下子真的把一個叱

咤風雲的人物——袁項城給打得暈頭轉向。我們不能不感嘆，老慈禧的「工作效率」真的是夠「高」的了，她和光緒帝的死前後也只不過差那麼一天。就這一天時間，對於袁項城來說實在是太重要了。在老慈禧的主持下，讓小皇帝溥儀坐上了皇帝的寶座。要知道，小皇帝的伯父可是光緒啊！這個年僅三歲的小皇帝坐在皇帝的位置上，他的父親載灃就是攝政王，載灃能把他袁世凱害其兄光緒的事情忘掉嗎？不可能！

這不，袁世凱的災難終於來了！在載灃還沒有對他下手時，他已經嚇得魂不附體了，跑到天津一個親戚家中躲將起來。但這並不是好的辦法，你能躲過初一，但你終不能躲過十五的，是福不是禍，是禍你躲不過！1909 年 1 月 2 日，也就是在慈禧死後的第 57 天，一道關於處分袁世凱的上諭正式下達，諭稱：「軍機大臣、外務尚書袁世凱，夙承先朝屢加擢用，朕御極後，復予懋賞。正其才可用，俾效驅馳，不意袁世凱現患足疾，步履維艱，難勝職任，袁世凱著即開缺回籍養疴，以示體恤之意。」（《宣統政紀》卷一，第十二頁）如果要照載灃的意思，恐怕袁世凱不可能是因「足疾」而被開缺的問題，那有可能是被殺頭的！你想嘛，你袁大人把人家的親兄弟給害得那麼苦，有你的好果子吃嗎？但為什麼沒有被殺頭，而僅僅是「開缺回籍」，關於這一點，本書第一章有過解說。

為使詳解，且看這段文字：

能夠保住性命，對袁世凱來說已是不幸中的萬幸。至於載灃為何不殺袁世凱，眾說紛紜，有的認為是張之洞力保的結果，有的歸於隆裕太后的軟弱，實際上，讓袁世凱保住腦袋的，還是他自己——自 1895 年小站練兵以來培養私家軍事實力，使任何一位略有政治頭腦的人都不能不重視他的存在。難怪當隆裕太后拿著載灃擬就的將袁世凱革職交法部治罪的諭旨去徵求軍機大臣的意見時，奕劻要跳出來反對：殺袁世凱不難，不過北洋軍造起反來誰負責？奕劻護著袁世凱，這句話說到了點子上，即使連載灃，也不得不默認。當時，北洋六鎮除第三鎮及第六鎮的三個混成旅（協）開進東北，第五鎮駐守濰坊外，其餘都駐扎在京津、直隸一帶，而且由何宗蓮統轄的第一鎮就駐在北京郊外，其中有一個團（標）還直接擔任禁廷宿衛。張之洞一句「主幼時危，

未可遽戮大臣而動搖國本，可否考慮將其驅逐出京」的話，確定了那道上諭的基調。[9]

袁世凱此時算是交上了「華蓋運」了。真乃是「運交華蓋欲何求，未敢翻身已碰頭」（魯迅語）。不過我們從古籍中看到，這個「華蓋」並不單單是一個倒霉運，它說不定還是一個更大的官運呢！諸位如若不信，請看崔豹《古今注‧輿服》：「華蓋，黃帝所作也，與蚩尤戰於涿鹿之野，常有五色雲氣，金枝玉葉，止於帝上，有花葩之象，故因而作華蓋也。」這樣說來，「華蓋」並不是壞事，它是帝王車子上的裝飾。再見《宋史‧天文志》：「華蓋七星，杠九星如蓋有柄下垂，以覆大帝之座也，在紫微宮臨勾陳之上。」這也是說的華蓋乃帝王之像。但是民間所說還有另一個版本，以為人有華蓋星犯命，是運氣不好。就連大文豪魯迅先生也說自己交了「華蓋運」是倒了霉了。不管怎麼說，這裡邊有一點意思，我們還用《道德經》中的話作釋：「禍兮，福之所倚；福兮，禍之所伏。孰知其極？」

應當說，在這個時候，袁世凱交上了倒霉運，那只是一時的情況。但那畢竟是倒霉運。原先那種叱咤風雲的風光勁，此時已經一去不復返了！五代南唐國君李後主（李煜）詞曰：「雕欄玉砌應猶在，只是朱顏改。」（《虞美人》）看來，此時的袁大人也像李後主一樣，對於昔日的京都繁華要作一個告了。

1909 年 1 月 6 日，北京的天氣是寒冷的。寒冷的北京火車站，袁世凱一行從這裡登車南下，他要告別他經營多年的北洋新軍和在京的同僚們，他要回家鄉了。我們在這裡要說的是，袁項城所要回的家鄉只是從省份上說，而不是從省轄的縣份上說，有的寫書人把袁項城的歸鄉寫成了回到了項城。比如：「看官！你想袁宮保世凱，是清朝攝政王載灃的對頭，宣統嗣位，載灃攝政，別事都未曾辦理，先把那慈禧太后寵任的袁宮保，黜逐回籍，雖乃兄光緒帝，一生世不能出頭，多半為老袁所害，此時大權在手，應該為乃兄雪恨，但也未免躁急一點。袁宮保的性情，差不多是魏武帝，寧肯自己認錯，閉門思過？只因載灃得勢，巨卵不能敵石，沒奈何退居項城，托詞養疴，日與嬌妻美妾，詩酒調情，釣游樂性，大有理亂不知，黜步不聞的情狀。」[10]

袁項城所乘的火車到了保定，段祺瑞等率幕僚守候在站臺，等待拜謁袁世凱，這讓失勢的袁世凱十分感動。據說，他曾拉著段祺瑞的手，用濃重的河南口音連聲說：「這次全虧你！這次全虧你！」我們不妨要問一聲，袁世凱下野與段祺瑞又有何種關係？我們可將鏡頭向前回放，即可知道袁世凱所說的「這次全虧你」的話的源頭了：

1908 年 11 月的一天，段祺瑞正在保定東關外的北洋陸軍各學堂督辦公署辦公，貼身侍衛送來一封密函，這是袁世凱的一個家人送來的。段祺瑞拆開一看，果然是袁世凱的親筆信，信的內容很簡略，讓他盡快來京相見，並叮囑他此行切不可張揚，以隱蔽為好。段祺瑞預感到事情不太妙。近來，他已風言風語聽到一些有關聖體不愈的消息，並聽說太后過生日時，皇上是被人攙扶著去的，京城上下正四處討名醫。

為了安全起見，段祺瑞僅帶幾名隨從，化裝成商人模樣，祕密潛入京城。京城中的氣氛很反常：肅殺的寒風正猛烈地搖拽著殘枝敗葉，街道行人比平日少了許多，往日熱鬧的店鋪大多緊閉著門，騎兵隊正在加緊巡邏……等到了紫禁城附近，但見王公大臣們進進出出，個個滿臉哭喪，禁衛軍比平日增添了許多，也都顯出慌亂的神情。難道真的出大事了？段祺瑞滿腹狐疑地來到袁府門前。

袁家的府第位於紫禁城東邊的錫拉胡同，一年多來，段祺瑞曾數次到過這裡，每次來時，袁府總是車水馬龍，達官要人常聚於此，好不熱鬧！可眼前的袁府與往日迥然不同，冷清得令人發畏。段祺瑞確信：一定發生了大變故。段祺瑞的隨從上前叫門，過了好一會兒，才見大門啟開了一條縫，從縫中探出了一個人的腦袋，段祺瑞認得此人是袁家的管事申明善，申見是段祺瑞，急忙把段祺瑞一行人讓進門，段祺瑞急切地問：「申管事，到底出什麼事了？」

「唔，這個……」申管事顯得慌慌張張，支吾了半天，「到客廳再說吧。

客廳中不見袁世凱的身影，段祺瑞的心又是一沉。袁世凱的大公子袁克定急匆匆來到客廳，也顧不得寒暄，便驚慌地說：「段督辦，不好啦，皇上和太后都駕崩了！」

「哦——！」段祺瑞從袁克定的敘述中得知，皇上是在兩天前駕崩的，當天夜裡，沉睡中的袁世凱即被召到宮中商議立嗣之事。第二天，西太后也死了。根據西太后的遺旨，立的是醇親王載灃之子溥儀，載灃本人為監國攝政。此時，袁世凱尚在宮中。

段祺瑞知道，此時是對袁世凱及北洋軍的生死攸關的考驗。清廷一直對袁世凱操縱北洋軍放心不下，組建練兵處、成立陸軍部、調袁入京，都是旨在收回袁手中的兵權。以載灃、鐵良為首的滿族排漢派，更是想徹底打倒袁世凱，完全收回兵權，只是由於西太后出於多方考慮，從中調節，他們才沒有機會得手。可如今，西太后死了，一朝天子一朝臣，袁世凱恐怕在劫難逃了。更何況，載灃和袁世凱歷來不睦。當年戊戌變法時，正是袁世凱告的密，才使得載灃的親哥哥光緒被西太后囚於瀛臺，好不淒慘。前年，在討論立憲問題的會議上，袁世凱與載灃鬧翻了，據說載灃還準備向袁開槍……現在，袁世凱落到載灃手裡，萬一袁被載灃殺了，唇亡齒寒，載灃又會怎樣對待自己呢？想到這裡，段祺瑞不禁打了一個冷戰，對袁克定說：「薈臺（袁克定的號），袁大人入宮時留下什麼話沒有？」袁克定搖搖頭。

段祺瑞知道，袁府已成是非之地，不可久留，於是站起身來，對袁克定說：「我要告辭了。如果袁大人要找我，就說我在租界裡。如果過兩日再沒有消息，我就回保定了。」

離開袁府後，段祺瑞為了避免麻煩，在一家較偏僻的法國飯店安頓下來。他將手下人紛紛派出去打探消息，並派人去找此時正在京城準備在即將成立的軍諮處任職的馮國璋。過了段祺瑞時間，探聽消息的人紛紛回來，有的說皇上是被太后毒死的；也有的說是袁世凱策劃的，害怕皇上死在太后之後，對他不利。段祺瑞敏銳地覺察出：這可能是袁世凱的政敵製造的陰謀，為誅殺袁而造輿論。

馮國璋果然來了。寒暄過後，兩人開始談論正題，段祺瑞先開口：「四哥（馮國璋在家中兄弟排行第四），情況你都知道了，你的意思是……」

「芝泉，你先說說。」

「依我看，當下局勢，我們北洋軍必須精誠團結，搞出動作來，好讓朝廷知道我們北洋軍的舉足輕重，才不敢對袁大人輕舉妄動。」

「好！我也這麼看。」

但具體該怎麼搞，兩人足足商量了兩個多小時。雖說北洋軍的大多數高中級軍官都是袁世凱一手扶植起來的，士兵們也被長期灌輸「袁宮保是我們衣食父母」之類思想，但為了袁世凱一個人去發動士兵反叛朝廷，畢竟是大逆不道，段祺瑞、馮國璋也毫無把握能成，而且，如果失敗，非但不能救出袁世凱，反而害了他的性命。二人思來想去，最後決定虛張聲勢地搞一次冬季操練，由段祺瑞回到保定後辦理。具體內容是：由各部隊向外界放出風，說北洋軍要搞一次大規模的冬季軍事演習，各部隊表面上也行動起來，給人以確有其事的印象。但實際，不過是製造假象，不真正舉行演習。陸軍部獲悉後，必然會驚怪，因為不經陸軍部批准便擅自舉行操練無疑等同於犯上作亂，勢必會驚動朝廷，從而形成對朝廷的一種壓力，使他們感到北洋軍的重要。

如果朝廷追究下來，他們也想好了對策：就說並無此事，是有人製造謠言。甚至可以反咬一口，說是陸軍部有意陷害。由於北洋軍和陸軍部的積怨日深，外界很難不信。這樣一來，既使陸軍部難洗清白，又向朝廷施加了壓力。

然而，萬一真相敗露，朝廷怪罪下來，後果是可想而知的。但目前想不出更好的辦法。段祺瑞、馮國璋下定決心，與其束手就擒，不如破釜沉舟，或許會絕處逢生。

議畢，兩個都很緊張，馮馮國璋又叮囑道：「芝泉，一著不慎，滿盤皆輸。咱北洋全靠你啦！

「四哥，我會小心從事。」當夜，段祺瑞就匆匆回到保定。

第二天，段祺瑞就「病」了，據說病得很重。很快，段祺瑞的住室忙亂起來，段祺瑞的親信幕僚、北洋軍的高中級軍官紛紛前來探視，在北洋六鎮

中，除曹錕所轄的第三鎮被派到東北外，其他各鎮幾乎均有不少人來。探病者來也匆匆，去也匆匆，個個神情緊張。

這齣戲，是段祺瑞導演出來的。他利用親信、北洋將領探病之機，把他與馮國璋商議的計劃很含蓄、很謹慎地傳遞給每一位探視者，這些人自然心有靈犀。陸軍部很快接到報告，北洋軍和陸軍學堂即將舉行大規模的冬操，朝廷為之一震。

就這時，發生了一件令段祺瑞意想不到而又興奮不已的事。幾個月前剛調到保定的北洋六鎮第十一協的幾個士兵由於聚賭發生爭執，引起火拚。該協的協統名李純，號秀山，與段祺瑞一樣，是天津武備學堂的首屆畢業生，此人後來先後接任江西、江蘇督軍，當時是段祺瑞的部下。事件發生後，李純沒敢直接匯報給段祺瑞，怕驚動他的「病情」，只是打電話給學堂督辦公署，表示自己盡快妥善處理。

段祺瑞聞訊後，開始時僅僅淡淡地罵了句，沒大放在心上。旋即，他那雙不大的鷹眼閃現出一股奇異的光，他想利用這個機會大做文章。他一骨碌從病床上爬起來，「病」情都跑到了九霄雲外。令手下立刻給李純接通電話，電話接通了，段祺瑞一把搶過話筒，喊道：是秀山嗎？我是段祺瑞，你那邊發生兵變了！

「兵變？』李純一下子給矕住了，「段大人，不是兵變，是幾個士兵因賭博而……」「是兵變！段祺瑞打斷了對方的話，提高了聲音，「你聽著，你那裡發生了兵變，你懂嗎？」

「哦！這個……」

段祺瑞用不容置疑的口吻說：「你那裡發生了兵變！你當怎麼處置？」

「率兵彈壓嗎？」李純終於有點醒悟了。

「對！立即彈壓，聲勢越大越好。我隨後帶兵增援。」

　　部隊很快集中起來，軍號齊鳴，人聲鼎沸，戰馬奔騰，炮聲隆隆，把「兵變」渲染得有聲有色。消息不脛而走，越傳越神，越傳越離奇。段祺瑞立即向陸軍部報告：保定發生了大規模兵變，他正在率眾鎮壓……[11]

　　這段演繹性的文字，有勢、有情、有貌，波瀾壯闊、驚心動魄，我們不知道在事過百年（從 1908 年年底到現在整整百年）後的今天，這場「兵變」的策劃者——馮國璋和段祺瑞，他們的後代馮鞏和段昌建等重讀這段文字作何感想——他們大概會因他們的老爺子有如此魄力而激動不已吧！不管怎麼說，就是這場「兵變」把個無能而懦弱的攝政王嚇得屁滾尿流。他本想報袁世凱告密而囚其兄的那「一箭之仇」，企圖將袁世凱置於死地，但因張之洞等所言「殺個袁世凱並不難，怕的是北洋軍造反」一句，正好應了段祺瑞的「軍事配合」，誠可謂：「歪打正著」者也！

　　歷史真的是一幕戲劇。把幾個士兵聚賭而演繹成一場「兵變」，這是作為總導演的馮國璋和段祺瑞演奏的「喜劇」；而「袁世凱現患足疾，步履維艱，難勝職任，著即開缺，回籍養痾」則是載灃所導演的對於袁世凱來說的「悲劇」。一劇還一劇，算是「扯平」了。不過，作為袁氏的嫡系，段祺瑞、馮國璋等因袁世凱的失勢可真的要更為謹慎一些了。

　　這不，段祺瑞在保定火車站送別項城時，袁氏給段祺瑞有一句語重心長的寄語：「芝泉啊，項城有你這樣的知己，此生足矣！我回籍了，你好自為之吧！」

註釋

[1] 胡曉：《段祺瑞年譜》，安徽大學出版社 2007 年 1 月第 1 版，第 62 頁

[2] 季宇：《段祺瑞傳》，安徽人民出版社 1992 年 6 月第 1 版，第 25-26 頁。

[3] 來新夏：《北洋軍閥史》（上冊），南開大學出版 2000 年 1 月第 1 版，第 I82 頁

[4] 《袁世凱奏議》（下），天津古籍出版社 1987 年版，第 1417-1418 頁

[5] 季宇：《段祺瑞傳》，安徽人民出版社 1992 年 6 月第 1 版，第 26-28 頁。

[6] 陶菊隱：《北洋軍閥統治時期史話》第一冊，三聯書店 1957 年版，第 17 頁。

[7] 郭劍林、紀能文：《詭異總統袁世凱》，吉林文史出版社 1995 年版，第 198-199 頁

[8] 周俊旗：《百年家族段祺瑞》，河北教育出版社 2006 年 1 月第 1 版，第 41 頁。

[9] 周俊旗：《百年家族段祺瑞》，河北教育出版社 2006 年 1 月第 1 版，第 42-43 頁

[10] 蔡東藩：《民國演義》第一回。這裡把項城和彰德（今河南安陽）混而說之，不妥。

[11] 程舒偉、侯建明：《段祺瑞全傳》，黑龍江人民出版社 2003 年 10 月第 1 版，第 35-41 頁。

第八章 彰德府外洹水蕩舟清江浦上憂國憂民

　　袁世凱和攝政王載灃有「囚兄」的「一箭之仇」，此仇當然得報，但在慈禧太后沒死時，載灃是不敢對袁世凱下手的。現今慈禧既歿，那個「可憐」的光緒帝也駕崩了，宣統繼承了大統，載灃是攝政王，他此時本不該有什麼顧忌，可以對袁世凱下手了。但是，張之洞等人的一番話，使載灃在如何「解決」老袁的問題上犯了「掂量」，權衡利弊後，這個沒有什麼政治手腕的攝政王（包括遇事即哭的隆裕太后）只好給袁世凱一個「開缺回籍養疴」的可以保全性命的處理。

　　這個問題還有另一個版本，在袁世凱性命攸關的關鍵時刻，時任軍機大臣的世續也是出了力的。另有載灃的胞弟載濤則認為，袁世凱之所以免於一死，主要是由於載灃和太后過於軟弱所致。載濤說：「載灃攝政不久，即下諭罷免袁世凱。據我所知，促成其事的為肅親王善耆和鎮國公載澤……善耆主張非嚴辦不可，載灃彼時對袁，也覺得是自己的絕大障礙，居然同意善耆等這樣做法，又將諭旨用藍筆寫好（彼時尚在大喪百日之內，不能用硃筆）。其實這種事必須用迅雷不及掩耳的手段去做，不是可以遷延時日，從容研究的。事後就有人說過，袁每日上朝，僅帶差官一名，進乾清門後，便只他單身一人，若能出以非常手段，幹了再說，即使奕劻如何有心庇護，張之洞如何危言聳聽，亦來不及了。可是載灃哪裡有康熙皇帝擒鰲拜的決斷和魄力呢？據聞那一道諭旨原文，是將袁革職拿交法部治罪，就袁的方面來講，已因此有了寬轉，結果可以不死了。及至拿給奕劻一看，奕劻模棱其詞……張之洞則明白說出什麼『主少國疑，不可輕易誅戮大臣力為反對。彼時，凡是諭旨非經軍機大臣副署不能發表，載灃處此僵局之下，竟無可如何，變為『開缺回籍養疴』。縱虎歸山，自貽後患……」至於隆裕太后，載濤的文章中寫道：「隆裕太后之為人，其優柔寡斷更甚於載灃，遇著極為難之事，只是向人痛哭。」[1]

綜合前章所說，袁世凱沒有被殺，應當歸結為三個方面原因：其一是張之洞、世續等朝中要員的保護；其二是馮國璋和段祺瑞密謀後的那場「兵變」的震懾力；其三是載灃和隆裕太后的無能和軟弱。如果再加上一點，那只能是袁世凱命不該死，如果他真的死了，那麼民國的歷史就應當改寫了。大概對於袁世凱來說，肯定是「天將降大任於斯人也」，先讓他在彰德「養疴」，令其養精蓄銳，因為大戲、好戲、妙戲還在後邊呢！如果少了袁世凱這位主角，那戲即使再好還怎麼演下去？

不管怎麼說，袁翁歸籍了，他在家鄉好不自在。我們且看袁靜雪在《我的父親袁世凱》中的回憶：

我的父親在洹上村的住宅，原是天津某人修造的別墅，洹水流過它的前面。這所別墅原有的房子並不很多，還有很多工程都是在我父親搬進去後才陸續完成的。首先在住宅外面修了高大的院牆，院牆周圍還修築了幾個炮樓。看起來彷彿是一寨子似的。在這個「寨子」裡，我們的住宅有很多四合院，它們另有一道牆圍繞著。父親又整修了一座花園，取名「養壽園」。他雇人在養壽園裡疊石為山，栽種了很多花草和桃、杏、奉等果木樹；還把洹水引進園裡，開鑿了一個大水池，池裡種植了一些荷、菱之類，養殖了很多活魚……[2]

袁翁在彰德建起了一個別墅群落，看起來他真是很自在，很悠閒，很是自得其樂。袁世凱之所以把自己弄成一個不思政治的鄉間老翁，那是為了躲避載灃等朝中要員的監督所造的假象。他知道，他被罷官後，朝廷肯定不會就此而罷休，隨他一起到洹上村的還有一個被載灃派來監視袁世凱的，此人也姓袁，名叫袁得亮。有書引惲寶惠回憶說：「當光緒戊申（1908）年臘月，袁（被）開缺回籍，步兵統領曾派袁得亮（彼時係步軍統領衙門武職，民國後升授右翼總兵）護送，實則暗負監視之職。此人蠢俗平庸，焉能勝任。袁世凱出京後，先到衛輝，後至彰德……並為袁得亮特闢一室，留其居住，並認彼為本家，飲食衣服，待遇周到，銀錢小惠，更不必談。得亮每月必向步軍統領報告袁之行動，實則亮不通文墨，一切由袁幕府代勞。」[3] 除了袁得亮外，另有善著的日本警察顧問川島手下祕探袁的行動，隨時都有密報。

　　這樣，袁世凱不得不把自己「包裝」成另外一個人！

　　說罷袁世凱歸鄉的一段書，我們得回過頭來說一說袁氏嫡系段祺瑞了。說段祺瑞當然仍少不了說袁世凱，正如本書寫段祺瑞而不能不用相當的篇幅寫袁世凱一樣。

　　自打袁世凱被開缺回籍後，載灃等對於北洋一系要作一些調整了。關於清廷對於段祺瑞職務的調整，其實在袁被「開缺回籍養疴」之前就有了，依吳廷燮《段祺瑞年譜》記：「清光緒三十三年丁未（1907），公年四十三歲，調公辦陸軍各學堂。九月十日，授鑲黃旗漢軍副都統，不之任。」「清光緒三十四年戊申（1908），公年四十四歲。九月二十三日，公任會考陸軍留學畢業生主試大臣。」「清宣統元年己酉（1909），公年四十五歲。九月，任會考陸軍留學生主試大臣，復任第六鎮統制。」「清宣統二年庚戌（1910），公年四十六歲。十一月十七日，命署江北提督。二十四日，謝恩召見。十二月初一日，請訓召見，尋赴任。派徐樹錚為江北軍事參議。」

　　要說在袁世凱被罷官後，儘管清廷對段祺瑞並不放心，但從其職務的頻繁調動看，這些職務也還是相當重要的。像「辦陸軍各學堂」，那是培養軍官的地方，我們已經說過的所謂「兵變」，就是他在此職任上的一個大動作，他還是可以指揮軍隊的；像「任會考陸軍留學生主試大臣」，為其日後的嫡系人才的招攬作了很好的前期準備工作；更不用說讓他復任第六鎮統制一職了。關鍵在於 1910 年調任江北提督，從名義上看，那是一品大員，職銜是提升了，但從把他自中央政治中心排擠出去這一點上看，似乎是沒有放在重要位置上。但他把徐樹錚弄去任江北軍事參議，應當說也算是沒有什麼損失可言。我們寧肯認為，這些舉措，為段祺瑞日後的組閣作了先期的準備。但是，毋庸諱言，清廷此時對於段祺瑞還是有所提防的。

　　在段祺瑞赴江北提督任時，趁此機會他繞道彰德府，在別人並不知情的情況下，看望了袁世凱。袁世凱對於段祺瑞的來訪自然是格外高興，但袁府中有清廷的「耳目」，袁世凱、段祺瑞也不能「無所顧忌」，畢竟兩位都是政治家，他們自然會用自己特有的辦法表露心跡的。袁翁設宴招待了老部下

段祺瑞後，卻把老段引入書房，讓段祺瑞觀看他的「垂釣圖」並題詩，段祺瑞抬眼一看，但見：

身世蕭然百不愁，煙蓑雨笠一漁舟。

釣絲終日牽紅蓼，好友同盟只白鷗。

投餌我非關得失，吞釣魚卻有恩仇。

回頭多少中原事，老子掀須一笑休。

百年心事總悠悠，壯志當時苦未酬。

野老胸中負兵甲，釣翁眼底小王侯。

思量天下無磐石，嘆息神州持缺甌。

散髮天涯從此事，煙蓑雨笠一漁舟。

這兩首詩，其寓意何其深也！此二首律詩有兩點可說：其一是「詩以言志」；其二是「詩無達詁」。從「詩以言志」角度說，袁翁的這兩首詩肯定表明了自己的志向所在，此乃自不待言；從「詩無達詁」論，對於同一首詩，可以有多種解釋。

綜其兩點，可以說，袁項城此時對於這種自得其樂的「田園隱居」是滿足了。他在洹水之上，蕩一葉扁舟，可見「落霞與孤鶩齊飛，秋水共長天一色」，此情此景，比起京都的政壇風雲、勾心鬥角來，愜意得多了，舒坦得多了，悠閒得多了，放鬆得多了。

「初唐四傑」之一的王勃此時已跨越歷史時空，與我們的袁翁相會了。我們彷彿看到了一翩翩少年與五十老翁的思想情感的碰撞，真乃是天與地連，雲與水接，冥冥之中，袁翁所蕩之一葉扁舟與江南滕王閣上之少年天才額手稱慶，互致寒暄。但我們絕不可將這位少年天才與袁翁擺放在同一個層次上加以審視，因為一個純粹的文人是不可以成為一個大政治家的。或許可將袁翁和范仲淹、滕子京一比。

誠然，洹水大概不如洞庭，但看洞庭：「銜遠山，吞長江，浩浩蕩蕩，橫無際涯，朝暉夕陰，氣象萬千」；「若夫霪雨霏霏，連月不開，陰風怒號，濁浪排空；日星隱曜，山嶽潛形；商旅不行，檣傾楫摧，薄霧冥冥，虎嘯猿啼」；「至若春和景明，波瀾不驚，上下天光，一碧萬頃；沙鷗翔集，錦鱗游泳，岸芷汀蘭，郁郁青青。而或長煙一空，皓月千里，浮光躍金，靜影沉璧，漁歌互答，此樂何極」

從地理上看，洹水雖沒有洞庭之勝景，更無「滕子京謫守巴陵郡」所重修的岳陽樓於其上，但從人事論，毋寧說袁翁與他們應當是相通的。滕子京和范仲淹也曾是朝中的做官人，此時被貶謫，一去巴陵，一至鄧州。不過相比之下，袁翁似為更慘，他是被「開缺」的啊！

滕子京雖被貶謫，他還是一郡之守，因而嘗有洞庭之波湧可供觀覽；范仲淹雖遭貶而守鄧州，但他仍不減當年「胸中自有數萬甲兵」的氣概，更有白河翻雪以供其妙賞；袁翁就不同了，他被「開缺歸養」，什麼官也沒有了，純粹的平頭百姓一個，也只好駕小舟一葉蕩漾於洹水之上了。

此時此刻，作為一品大員的江北提督的段祺瑞是如何看待作為「民」的袁翁呢？我們完全應該確信，段祺瑞透過懸掛於袁世凱書房中的詩已經讀懂了他的內心。

且看這段文字：

段祺瑞看過一遍，並未將目光移開，而是呆呆地又愣了一陣，屋內的空氣也好像靜止一般，袁世凱、段祺瑞二人沉浸在他們「悠悠」的「百年心事」裡，一切自在不言中……

告別袁世凱，乘上南下的火車，段祺瑞心情沉重卻也沉穩了許多。他明白必須和袁大人及整個北洋系兄弟們共同度過這「煙蓑雨笠一漁舟」的孤寂、冷落日子，等待時機，重振虎威。一路上，他吟詠著袁世凱的詩，讓自己那原本煩亂的心境慢慢地平靜下來。他必須和袁大人保持同步，特別是在這種「孤舟野渡」的情況下。[4]

依《年譜》所記，段祺瑞是在 1910 年冬季被任命為江北提督的。按理，這一年的冬天甚至可以包括 1911 年的新春佳節，他都是在江北清江浦度過的。江北清江浦，那是江南水鄉，那裡的新春自有不同於北方的地方，只不過段祺瑞此時所在的江南，並不是「日出江花紅勝火，春來江水綠如藍」的春季，而是冬季。冬季的北國風光段祺瑞是熟悉的，那是一個「銀裝素裹」的世界，相比較，南國的冬季的溫和對於段祺瑞而言，可能有些不太習慣。北洋一系在他心中重如千鈞，南方的溫暖可能會使他感到有些「燥熱」。何談「山寺月中尋桂子」？何談「郡亭枕上看潮頭」？那是見諸文人墨客筆端的「浪漫」，那是遷客騷人的吟詠，而他——我們的段大將軍是一員武將，他不可能有如此這般的雅趣。他在關注北洋一系的命運，他在思慮著「朝閣事」，真的有如范仲淹筆下「憂君憂民」的大儒之風。

　　《年譜》又記，段祺瑞在江北提督任上真的是「憂其民」了：（1911 年）「六月十一日，奏請免徵江北租課、厘金、鹽務官運增額。」從奏文可知，身為江北提督的段祺瑞一片憂國憂民之情躍然紙上。段祺瑞為官的心胸坦蕩，於此亦可見一斑。

　　《年譜》又記：（1911 年）「九月，召回京任第二軍軍統。二十七日，命署湖廣總督會辦剿撫事宜。十月初四日，請訓，尋赴任，兼統馮國璋所統各軍，仍駐孝感。初九日上諭，以武漢肇變，比月以來，鋒鏑交加，死亡枕藉，命協商慈善救濟會，加意撫恤。」對這一段文字，本書大有話可說——

　　中國歷史，且不說夏、商、周三代之變，單從秦始皇說起，自公元前 221 年至前 210 年，即從秦始皇 39 歲到 50 歲，前後計 11 年，對於漫長的中國歷史說，此十一年，當是一段值得大書特書的歷史。中國從此以後，進入了中央集權的時代。這個時代，一直延續到袁世凱和段祺瑞生活的年代，即 1911 年。不管歷史如何更替，王朝如何變遷，天下怎樣地分分合合，合合分分，但到了「武漢肇變」，中國歷史從此掀開了新的一頁，而這新的一頁的肇始是在「鋒鏑交加」中嬗變的。這種嬗變，是血與火的洗禮，是靈與肉的毀滅。這個時代讓段祺瑞趕上了，讓馮國璋趕上了，讓袁世凱趕上了，讓晚清帝國趕上了！在這個幾千年來一遇的歷史大變局中，有幾多艱難，有

幾多痛苦，不管我們的史學家動用怎樣的筆墨，使用怎樣的筆法，總是言不能盡，意不能窮。隨著歷史的推移，時間的延續，這一寫的歷史將時時重寫，時時續寫，但總還是寫不完，道不盡。它是一條長河，它更是一條大河，它是那樣的波濤洶湧，它是那樣的波瀾壯闊。

1911 年是一個永遠值得銘記的年份。這年的四月初九日，身為江北提督的段祺瑞還在「奏請試辦江北宣統四年預算表冊」，為大清朝廷的來年經濟預算操心勞力；表冊剛罷，又向清廷上奏「湖河水勢情形」。稍事休息，他又向清廷上奏「請免徵江北租課」等事宜。但在他勤於政事的那一邊，革命黨人領導的革命運動風起雲湧……

這年三月，廣東發生了刺斃廣州將軍孚琦事件，它將預警清廷：你的江山怕是不穩了！四月中旬，由於清政府宣布鐵路國有政策，激起了國人的愛國熱情，風起雲湧的「保路運動」爆發，且一發不可遏止。到了八月，四川總督趙爾豐下令槍殺請願群眾，終釀成「成都血案」；同盟會會員吳玉章和王天傑領導的起義軍占領了四川榮縣，宣布獨立，建立了革命黨人領導的第一個地方政權。

革命黨人的革命活動令大清統治搖搖欲墜，而不欲推翻清帝國的「立憲派」從「右」的方面力促「頒布憲法」，組織責任內閣。在面臨左右兩個方面的夾擊中，腐朽的清廷被迫宣布撤銷「軍機處」，成立了以奕劻為總理大臣的責任內閣。

本以為成立了責任內閣就可以完事了，孰料一波未平，一波又起：在以奕劻為總理大臣的責任內閣（協理、各部大臣）的 13 人中，滿族貴族就占了 8 人（其中 7 人是皇族），蒙古族貴族 1 人，漢族官僚 4 人，被時人譏諷為「皇族內閣」，結果激起了各方的更大程度上的憤怒和反抗，就連「立憲派」也對此感到非常失望。清廷的這種「弄巧成拙」的做法，造成了一些本不主張革命的立憲派也倒向了革命派一邊，看來主張「立憲」無疑於「與虎謀食（皮）」，立憲哪有革命的震懾力！而在此之前，則有著名的「廣州起義」（用孫中山的話說，叫做黃花崗起義。）

黃花崗一役，是武昌起義的前奏，它雖然失敗了，但其意義遠遠大於立憲派的改良主義主張。如果說，此時的江北提督段祺瑞還在為清廷的末年統治而費心勞神的編制「年度核算報表」的話，那麼，在接踵而至的武昌起義中，段祺瑞被清廷派遣到前線戰場則是順理成章之事，誰讓他曾是北洋新軍的主要將領呢？誰讓他在北洋六鎮中曾先後擔任其中三個鎮的統領呢？誰讓他早年出國留學而成為中國有史以來第一任炮兵司令呢？總之，時值清廷用將才之緊要關頭，段祺瑞身為大清帝國的軍事統帥，他不可能被放在戰場的後方去做他的江北提督的。《年譜》載：（1911 年）「八月十二日，奏宣統二年冬季報告冊咨送度支部。又，奏清河縣平糶銀兩在善後款內撥還。武昌革命軍起，十三日，會兩江總督張人駿，奏光緒三十二年正月至宣統二年十二月，江北各防營拿獲著名土匪、會匪出力四十二員，酌議保獎。」

　　此時，武昌之革命軍已起，段祺瑞仍在江北提督任上勤政，並有上奏：江北匪氛素熾，結盟拜會，幾於相習成風，而拒捕抗官大屬肆無忌憚。實在出力各員，均能不避艱險，允宜酬勛，方足以策勵將來。再，此摺係祺瑞主稿。奉朱批：「該衙門議奏，單片並發。」

　　可以想像，回籍「養疴」的袁世凱要比段祺瑞「悠閒」得多，因為他此時是「無官一身輕」啊！這個「無官」到此時已經三年了，每逢八月十五中秋節，袁翁在鄉間總要設宴歡慶，北洋一系的同僚們也前來歡聚，他們此時正在借東坡翁的千古名句──明月幾時有？把酒問青天──以抒發他們的情懷！

　　此時的老袁將思緒拉向了三年前：可不是嘛，回想起三年前的朝閣事，我每進那個紫禁城啊，真乃是戰戰兢兢，如履薄冰，如臨深淵。廟堂之高，寒氣襲人，要不是我的知己段祺瑞和馮國璋諸位同仁導演那場「兵變」，要不是同僚張之洞和世續的力保，我袁翁的腦袋今日不知在何方效法窮鬼之哭呢！

　　芝泉（這是老袁的習慣叫法，他並不叫祺瑞，而是芝泉）在江北提督任上現在怎樣？值此兵荒馬亂之際，南方革命黨人鬧騰得不亦樂乎，他們怎麼樣了？其實，革命黨人的革命運動和朝閣中那幫子力主立憲的進步人士的上

書、請願之類的事端，袁世凱是十分清楚的，架設在「養壽園」中的電臺並沒有「睡覺」，它時時將朝野大事向他傳來。對於武昌起義之事，他要比在任上的段祺瑞得知得早。他甚至早料到這次「武昌肇變」將給他帶來的轉機。本書這樣說，並不是毫無根據地亂說一通，因為袁翁知道朝中的兵力情況，更知道自己苦心經營的北洋新軍在大清帝國中的地位，他更知北洋新軍的將領們對於自己的那份友情。「如果武昌真的動起來了，我的北洋新軍可是派上了大用場了。」袁世凱這樣想，並非吹牛！

且看這段文字：

最早得到武昌起義消息的並不是段祺瑞，甚至也不是清廷，而是息影洹上，做漁翁狀的袁世凱。正當他在養壽園內大擺宴席，慶祝自己五十二歲生日時，得到武昌起義的密報，袁世凱立即著人撤走酒宴，停止唱戲，和趕來祝壽的屬下議論起這件事。人們眾說紛紜，莫衷一是，袁世凱一言不發，若有所思。雖然他打探到當時的孫中山、黃興等革命黨首領並不在鄂，起義的新兵並非由他們統屬，但以眼下這局勢，別說張彪他們收拾不了殘局，只怕是清廷也未必能派出強人前去鎮壓。他預感到這次起義恐怕不是普通的兵變，回想這幾年天災連著戰亂，內憂和著外患，朝中那班滿貴爺兒們胡作非為，昏聵無能，革命黨人的勢力在各地漸成燎原之勢，他真擔心會出現武昌振臂一呼，全國各地革命黨人群起而應的勢態。清廷雖有大勢已去的跡象，但終究還是正統。而革命黨人方興未艾。兩者之間，他拿不定主意該倒向何方，抑或保持中立？袁世凱一面伺機而動，加緊各方消息的收集；一面又暗中自誡：「不要急，等著瞧！」[5]

袁世凱所說的「等著瞧」，可有這樣的情況：一是他要看一下清廷的這出「好戲」，你們不是把我袁翁「開缺」了嗎，我要看一下你們如何應對這種局面；二是在他們不能應付的時候（在袁世凱看來，清廷不能應付這種局面是必然的），肯定會想到我袁某人的，別著急，慢慢來，我們袁翁家鄉有一句俗語：你心急吃不上熱豆腐！你急什麼急，你如果早急幾年，你早當爺爺了！袁翁何急之有？歷來乃時勢造英雄，時勢不到，你急又有何用，反而言之，時勢既成，清廷會將平定天下的大任交由你去擔當的。此時，我們已

經看到袁世凱必有擔當此大任的信心，也必有擔當此大任的形勢。但是，我們要說的是，此時的袁世凱並不是毫不謙虛地把自己的心跡表露出來，他要向世人表示自己如何「不行」，正如在其出山之後寫給梁鼎芬的信中所云：

僕以衰病之軀，息影洹上，杜門卻掃，於今三年，私冀抱甕灌園，長為老農以沒世。遭遇時變，奪我煙霞，詔旨敦迫，急於星火，堅辭再四，迄不獲請，扶疾就道，倉捽誓師，軍事未終，尋綜閣務，艱巨投遺，非所夙期，自維綿薄，曷克負荷？所謂「責屝夫以舉鼎，策駑馬使絕塵」，惴惴於心，若賞深谷。第念先朝顧托之重，時局禍變之深，不敢偷安，勉當大任……[6]

清廷果然讓袁翁出山了。但正如袁世凱在給梁鼎芬的信中所言：本來想在洹水之上、彰德鄉下像一個真正的老翁那樣，手提水桶每日去澆灌我的菜園子，豈知有此時變，朝廷再三急詔，袁翁不止是推辭再三，而是推辭再四！結果還推辭不了，此真乃是「責屝夫以舉鼎，策駑馬使絕塵」啊！

註釋

[1] 轉引：季宇：《段祺瑞傳》安徽人民出版社 1992 年 6 月第 1 版，第 43 頁

[2] 《文史資料選輯》第 74 輯。

[3] 引自：季宇：《段祺瑞傳》，安徽人民出版社，1992 年 6 月第 1 版，第 51 頁。

[4] 周俊旗：《百年家族段祺瑞》，河北教育出版社 2006 年 1 月第 1 版，第 47 頁

[5] 周俊旗：《百年家族段祺瑞》，河北教育出版社 2006 年 1 月第 1 版，第 50 頁

[6] 白蕉：《袁世凱與中華民國》，中華書局 2007 年 6 月北京第 1 版，第 15 頁

第九章 欲出山先把藍圖繪就戰武昌須將兵權獨攬

看來，朝廷是執意讓袁世凱出山了。

袁翁出山，是因為有了「武昌起義」。如果沒有「武昌起義」，袁世凱不可能出山，你就是想出山，那也不行。時機到了，該你出山時，你就得出山。

在袁世凱、段祺瑞、馮國璋生活的年代裡，在清末那樣內憂外患的歲月裡，在只有北洋新軍出面去與革命軍交戰的軍事狀態下，你袁項城不出山行嗎？你段祺瑞不帶兵上火線行嗎？你馮國璋不衝鋒陷陣行嗎？不行！

宣統三年八月十九日（1911 年 10 月 10 日），中國傳統的中秋節剛過，武昌方面可打起來了，這就是影響中國乃至世界歷史的「辛亥革命」（初稱武昌肇變，或曰武昌首義、武昌起義）。

宣統三年六月，四川省爆發了「保路運動」[1] 並迅速激化，發展成了武裝鬥爭。這使湖北的革命黨人深受鼓舞，文學社和共進會 [2] 幾經磋商，決定聯合發動起義。為此，革命黨人建立起統一的領導機構，推舉文學社社長蔣翊武為總指揮，共進社領導人孫武任參謀長，預定在中秋節（10 月 6 日）起義。然而，待起義日期臨近，因時間倉促，準備不夠，革命黨人決定將起義延期到八月二十日（10 月 11 日）。不料，在十八日發生了孫武檢測炸彈失慎爆炸事件，起義的領導機關遭到破壞，起義計劃暴露。湖廣總督瑞澂立即下令全城戒嚴，開始大肆搜捕革命黨人，蔣翊武逃脫，彭楚藩等被捕犧牲。武漢新軍 [3] 裡的革命黨人見事態緊急，決定提前起義。八月十九日（10 月 10 日）夜，新軍第八鎮工程第八營的革命黨人打響了起義的第一槍，武昌起義爆發。

革命軍猛攻總督衙門，瑞澂等官員把督署的後牆打穿了一個大洞，從洞中倉惶逃走，逃到停泊在長江的「楚豫號」兵艦上，張彪率殘部逃出武昌。此後兩天，駐漢陽、漢口的新軍先後起義，武漢三鎮全部光復。

此時的段祺瑞尚在江北提督任上，但他已經清楚地認識到該到袁世凱和自己出山的時候了。

話分兩頭。先不說段祺瑞如何從江北提督任上到武昌前線，且看清廷對武昌起義的反映以及應對辦法：

武昌起義的勝利和武漢三鎮的光復，對清政府來說是平空一聲驚雷，來得太突然了。就在起義發生的當天，瑞澂還得意揚揚地給清廷發電報，說是破獲了匿藏在武昌、漢口的革命黨匪，「先後拿匪目匪黨計共三十二名，並起獲軍火炸彈多件」，還吹噓說「瑞澂不動聲色，一意以鎮定處之」。11日上午，清政府剛剛發出嘉獎瑞澂「弭患於初萌、定亂於俄頃」的上諭，就又收到了瑞澂打來的電報，說是「叛軍」已占領省城，請求朝廷派重兵剿辦。驚恐萬狀的清廷感到，此次決非一般的兵變，而是將決定大清王朝命運的一場大風暴，絕不可等閒視之。

從驚恐中平靜下來後，清廷立即召集內閣緊急會議，商議應變對策。幾經商討，最後決定派陸軍大臣廕昌督師赴鄂剿辦，並令薩鎮冰率海軍、程允和率長江水師即日赴援。第二天，清廷下令將瑞澂革職，仍暫署湖廣總督，令其和張彪戴罪立功，以期迅速克服武漢……

在軍事調動上，清政府確實大傷腦筋。清朝當時最精銳的部隊當屬北洋新建陸軍和禁衛軍，可這兩支部隊已經奉命參加即將舉行的灤州秋操，有的已經到達永平縣，有的正在途中。而禁衛軍又是剛成立不久，毫無作戰經驗，講生慣養的皇族將領們誰也不願意去前敵打仗，以拱衛京師為理由堅決反對出戰。王公貴族們為了自己切身利益仍然互相猜忌，勾心鬥角。在內閣會議上，有人提出灤州離湖北較遠，不如就近調河南、江蘇和京畿的部隊去鄂鎮壓，但時任內閣總理大臣的奕劻與載灃、載濤兄弟不和，對二人始終懷有戒心，擔心這兩人會借軍隊調動之機調其他軍隊來對付自己。散會後奕劻就趕忙把親信部隊調入京城，駐扎在九門要衝和慶王府周圍。無奈，載灃、載濤只能從灤州和保定調動軍隊。

第一批抽調的軍隊清一色是北洋老六鎮的，共一鎮兩協，他們是吳風嶺所轄的第四鎮、王占元的第二鎮第三混成協、李純的第六鎮第十一協，這些部隊被臨時編為第一軍，由廕昌指揮。

狂妄自大的廕昌根本沒把武漢的起義軍放在眼裡，認為只要他一抵達湖北，就能馬到成功。路過彰德時，廕昌還順道看望了袁世凱。胸有成竹的袁世凱正得意地關注事態的發展，他知道，自己一手培養起來的驕兵悍將他廕昌是擺弄不了的。不知天高地厚的廕昌似乎滿有把握，對袁世凱吹噓道：「武昌的事好辦，那裡不過是一些烏合之眾，又沒什麼人物，成不了氣候。」

「也不能這麼說吧，黎元洪不就是一個嗎？」袁世凱淡淡地說。

「一個小小的協統，能掀起什麼大浪！」廕昌仍滿不在乎地說著。[4]

透過廕昌和袁世凱的一番對答可知，這個廕昌啊，雖然在德國留過學，專習陸軍，回國後也一直在軍界擔任高級職務，但此人並沒有真正帶兵打過仗，只能紙上談兵。他真的小看「武昌起義」了，而袁世凱畢竟是久經沙場的老將，他的見解不知要比廕昌高出多少倍！廕昌聽不進袁世凱的勸說，孤軍南下，結果遇到了麻煩。我們還是先不說廕昌所遇的麻煩，且看武昌起義後短短幾天的天下大勢：

武昌起義的勝利，迅速推動了全國各地群眾革命熱情的高漲。革命黨人在各省積極發動新軍、會黨起義，農民、工人、手工業者和城市貧民也紛紛自發地起來參加鬥爭。

最早響應武昌起義的是湖南和陝西兩省。九月初一日（10 月 22 日），革命黨人焦達峰、陳作新率新軍、會黨攻占長沙，建立湖南軍政府，焦、陳分任正、副都督。

同一天，同盟會員籠絡會黨和新軍在陝西發難，建立了陝西軍政府，原日知會成員、新軍隊官張鳳翔為都督。

九月初二日（10 月 23 日），江西九江新軍起義，宣布九江獨立。九月初十日（10 月 31 日），駐扎南昌的新軍起義，建立江西軍政府，後來由同盟會員李烈鈞任都督。

九月初八日（10 月 29 日），山西新軍中的革命黨人發動起義，組成山西軍政府，新軍標統閻錫山任都督。

　　九月初九日（10 月 30 日），雲南同盟會員聯合新軍發動起義，次日成立雲南軍政府，新軍協統蔡鍔為都督。

　　九月十三日（11 月 3 日），上海革命黨人起義成功，同盟會員陳其美出任上海軍政府都督。

　　九月十四日（11 月 4 日），貴州新軍起義，占領貴陽，成立了貴州軍政府，新軍教練官楊寒誠為都督。

　　同日，杭州新軍起義。次日，成立浙江軍政府，立憲派首領湯壽潛出任督。

　　九月十五日（11 月 5 日），在立憲派和紳商、官僚的勸說下，江蘇巡撫程德全宣布獨立，並任軍政府都督。

　　九月十七日（11 月 7 日），廣西獨立，廣西巡撫沈秉堃任軍政府都督。不久，原廣西提督陸榮廷兵變，自任都督。

　　九月十八日（11 月 8 日），在立憲派的勸說下，安徽巡撫朱家寶宣布獨立，並出任軍政府都督。後來他感到形勢不穩，便逃離了安徽。同盟會員孫毓筠、柏文蔚先後出任都督。

　　同一天，革命黨人許崇智率新軍在福建起義。九月二十一日（11 月 11 日），福建軍政府成立，新軍統制孫道仁任都督。

　　九月十九日（11 月 9 日），廣東獨立，同盟會員胡漢民任都督。

　　至此，在武昌起義爆發後的短短一個月，全國已有鄂、湘、陝、贛、晉、滇、浙、蘇、貴、皖、桂、閩、粵 13 省及全國最大的城市上海，先後宣布脫離清廷獨立。在其他省的許多州縣，也紛紛爆發了起義。在革命洪流的衝擊下，清廷的反動統治陷於土崩瓦解的局面。

　　湖北的革命黨人在武昌起義的第二天，即開始籌組政府。他們接受立憲派的建議，推舉清新軍軍官黎元洪做都督，成立了湖北軍政府。又推舉立憲派湯化龍任民政部長。接著，宣布廢除宣統年號，改國號為「中華民國」。[5]

　　由此可見清廷的腐朽程度，由此也可見民心的向背程度，由此更可見革命軍的威力程度。

　　其興也勃，其亡也忽！

　　武昌起義，一夜之間的事，孰料月餘，全國大部河山遍插義旗。我們不禁回想，末代小皇帝登基時之哭，其父在一旁哄逗曰：別哭了！別哭了！快完了，快完了！這真是天數，一個王朝其氣數已盡，如一個生命一樣走到了盡頭，你縱有靈丹妙藥，但只可治病，不可救命。

　　袁世凱本還可繼續「養疴」於彰德洹水之濱，段祺瑞本可以在其江北提督任上盡職盡責，可嘆武昌舉義，一臺「好戲」排練成了。戲是成了，儘管不乏演戲的主角，但此主角還是比較單一的，非袁項城和段芝泉、馮國璋出場不可。清廷臨時慌了手腳，急令陸軍大臣廕昌率第一軍先行；令時任軍珞使的馮國璋籌建第二軍，緊跟其後，開赴武昌。

　　書接上文，再說廕昌遇到的麻煩。且看這段文字：

　　當他（指廕昌——引者）離開彰德繼續南下時，才發現情況不妙。專車到達信陽時，便無法通行。鐵道線上一片混亂，調度失靈，兵車堵塞。從各地倉促抽調來的部隊在這一帶亂糟糟的，群龍無首。有的指揮官到了，部隊未到；有的部隊到了，指揮官未到。當時京漢鐵路運輸力很有限，糧餉、彈藥、物資等短時間內難以籌集和調撥。從灤州開過來的先頭部隊，因等候彈藥（參加秋操的部隊按規定不配子彈），無法推進。而最根本的是，北洋陸軍的指揮官態度消極，陽奉隱違（我們已經說過，北洋新建陸軍全是袁項城和段祺瑞、馮國璋等人的班底，清廷把項城開缺回籍，現在是用人家項城之兵的時候，豈讓袁兵的指揮者易為他人乎？——引者）。廕昌手忙腳亂，在專車上和一幫子留學德國的軍事幕僚們高談闊論，指手畫腳，卻於事無補。而武昌所謂的「叛軍」卻越戰越勇。10 月 11 日，攻下漢陽；10 月 12 日，武漢三

鎮全部光復。10 月 13 日，派去平叛的湖南巡防隊和河南軍隊懾於革命黨的威勢，紛紛扯白旗投降。從各地傳來的消息更為不妙，彷彿受了武昌事變的傳染似的，許多地方都出現了大動蕩的前兆…

面對這種情況，朝廷上下開始亂了陣腳。隆裕太后召載灃和內閣大臣們御前議事。載灃一籌莫展。廕昌指揮不力，北洋軍關鍵時候不聽調遣，而除了北洋軍，又無可調之兵……載灃又氣又惱，但毫無辦法。這時候，內閣總理大臣奕劻和內閣協理大臣（相當於今天的國務院副總理——引者）徐世昌、那桐等便乘機進言，讓朝廷重新起用袁世凱（我們可想，徐世昌可是袁世凱的莫逆之交，此時為何不薦袁世凱呢？——引者）。

這個提議實際上早在武昌事變發生後的第一次內閣會議上就已經提出過。

但載灃和反袁的王公大臣們當年處心積慮好不容易罷掉了這個政敵，當然不肯輕易再起用他。在那次會議上，他們不僅反對起用袁世凱，就連有人提議讓段祺瑞率清江浦混成協乘軍艦赴鄂作戰，也感到不放心，沒有同意。可是現在，當奕劻等再次提出這一建議時，處在窘境中的載灃也無力反對了。[6]

大清到了要亡的時候，那幫子朝閣大臣沒有幾個是能幹的——看來這幫子人都是「吃乾飯」的把式，讓他們在皇上和老慈禧面前跪拜可以，他們那個膝蓋早就鍛煉出來了，但讓他們指揮作戰，則另當別論！

在奕劻和徐世昌等人力薦袁翁時，作為攝政王的載灃同意了，但他又補上了一句話：「但是你們不能卸責。」於是任命袁世凱為湖廣總督。

你給袁世凱一個湖廣總督，袁世凱就這樣好說話？其實，當袁世凱得知武昌起義的消息後，用我們現在官場上那句話說，袁世凱在「第一時間」裡就把自己北洋一系的將領們祕密召到了洹水之濱的「養壽園」來了，這是一個「在野」的祕密軍事會議，為下一步出山操縱清廷而謀劃了。可見，人家袁翁的行動在任何時候都要比清廷在位的大老們略勝一籌：「辛亥起義，清廷迫不得已，再次起用袁世凱。袁在未出山之前，即先密召其心腹，到彰德

開會。遠在江北提督任內的段祺瑞，避開耳目，間道微服，趕到彰德。清例凡封疆大吏如出廓三里者，皆應預先奏明，奉旨允許後，才可起身。段之此舉，顯然是越軌行動。此次馮國璋由北京倉促趕來彰德。馮出京乘京漢火車南下，僅帶隨從副官、馬弁三五人。再次則是段芝貴、倪嗣衝等袁的嫡系人物，皆聯袂接踵去參加袁的密會。」[7]

關於北洋一系的頭腦人物的彰德之會，可看如下這段文字：

段祺瑞那次赴彰德，據說是帶著吳光新一起去的。在洹上村袁宅的大門口，段祺瑞剛巧碰上了正從北京趕來的馮國璋。馮國璋一身戎裝，風塵僕僕，見到段祺瑞，老遠地就打起了招呼。

哈哈，芝泉老弟，別來無恙！他抑制不住興奮地高聲說。

段祺瑞在來彰德的路上，已聽說朝廷派陸軍大臣廕昌督師，前往武昌討伐，並命馮國璋籌備第二軍聽候調遣，隨後南下赴援。

段祺瑞問：「四哥，南邊的情況怎麼樣了？」

馮國璋直撸袖子，說：「等著瞧吧，該咱兄弟露臉啦！」

這時候，袁世凱聽說段祺瑞和馮國璋到了，便親自迎到門口。他一手攜著馮國璋，一手挽住段祺瑞，顯出一種親昵無比的樣子，和他們一起走了進去。

袁世凱的住宅裡好不熱鬧。段祺瑞進屋後，才發現北洋的嫡系將領們來了不少。見到了段祺瑞和馮國璋，大家都迎上來，——寒暄、問候。屋子裡的氣氛熱烈、興奮，充滿了一種難以言傳的躁動和不安。

曾做過武衛軍左翼統領和北洋第三鎮統制的段芝貴，附在段祺瑞耳邊說：「叛軍這一鬧，朝廷便慌了手腳，要請老頭子出山哩！」

段祺瑞說：「我也聽說了。說是要起用袁大人為湖廣總督兼辦剿匪事宜，並節制湖北軍隊，會同調遣廕昌大人所率水陸各軍。不知老頭子打算如何？」段芝貴說：「老頭子才不幹哩！湖廣總督……」他伸出小拇指比劃了一下，又搖搖頭，「上頭還擱了一個廕昌，老頭子能幹嗎？」

「不過，叛軍也太可恨！」站在一旁的倪嗣衝這時候插上來，並做了一個惡狠狠的殺頭手勢，「應該統統斬盡殺絕！」

倪嗣衝也是袁世凱的一個心腹幹將。他是安徽牟陽人，秀才出身，早年在南京時曾在袁世凱的嗣父袁保慶手下做過幕僚，與袁世凱頗有交情。後來參加小站練兵，受到袁世凱的重用，曾做過袁世凱的衛隊——武衛右翼統領。倪嗣衝雖係秀才出身，但卻是大炮性格，為人蠻橫，顯得粗魯少文，說話也常常不看時機，辭不達意（注意：作者所說倪嗣衝「辭不達意」是為下文袁世凱的整體謀劃埋下「伏筆」——引者）。

段芝貴詭譎地說：「丹忱（倪嗣衝的字）啊，叛軍是要殺，但咋個殺法，這裡可大有名堂囉！」（段芝貴的見解比倪嗣衝高明得多，從某種意義上說，段之說法為袁世凱的整體規劃拉開了序幕——引者）

段祺瑞到彰德不久，袁世凱召集的祕密會議就開始舉行了。到會的北洋將領大大小小有二十幾人。會場周圍作了嚴密的警衛，而被派來監視袁世凱的袁得亮這時候也被支去了北京。會議期間，電報房的譯電員不斷地進進出出，給袁世凱送上各地發來的電稿，使會議增添緊張和神祕的氣氛。事後，人們才知道，這次彰德密會就是袁世凱出山前的一次總體部署和安排。[8]

清廷在武昌起義後是「臨陣抱佛腳」，請袁翁出山，但又吝惜他的官位，僅給袁翁一個湖廣總督的官位，那上邊還有一個只會紙上談兵的廕昌，袁世凱是斷然不能接受的。但袁世凱並不說自己不願意就任那個湖廣總督，他把話說得相當婉轉，而是自己的「足疾未愈」可不是嘛，當年你攝政王載灃不是說袁世凱患足疾，令他回家「養疴」嗎，雖說是這一養三年已過，但那個「足疾」沒準三年是養不好的，這不，人家袁翁說了，「足疾未愈」。足疾未痊癒，又怎能出征率兵呢？這也是一個理由！關鍵是袁世凱出山的火候還沒有到，在袁世凱和他的北洋一系的將領們看來，什麼時候是一個恰到好處的「火候」呢？

請看以下這段話：

　　武昌起義給袁世凱帶來了一種「機緣」，奕劻及內閣協理大臣那桐、徐世昌等深感局勢嚴重，一致主張起用袁世凱，以「挽救」清廷危局。起用袁世凱不僅是一部分親貴的主張，也是帝國主義列強向清廷施加壓力的結果。開始，帝國主義者不願清廷倒臺，尤其是貸款於清廷的美、英、德、法四國銀行，他們對武昌起義槍聲的驚恐並不下於清政府。英國駐華武官在他的報告中沮喪地說：「以兵法觀之，（清政府）似無可望。」[9] 俄國外交總長表示：「對於中國時局十分悲觀。據該處所傳來之一切消息，清室命運實已完全告終」，「英國方面對於援助北京政府之舉」也「不久即行放棄」。[10] 帝國主義列強急需物色一個能為他們服務、至少能維持其利益的人物，而袁世凱正是當時最適合的人選。四國銀行團的美方代表司戴德就公開揚言「如果清朝獲得像袁世凱那樣強有力的人襄助，叛亂自得平息」。[11] 英國公使朱爾典、美國公使嘉樂恆也多次會見攝政王載灃，表示希望起用袁世凱。

　　在革命與反革命矛盾尖銳的時候，滿漢地主階級那種爭權奪利的矛盾已日見消弛。中外反動勢力在任用袁世凱來扼殺革命這個問題上，意見趨向一致了。

　　於是，一時門庭冷落的養壽園頓時成為人所稱目的地方：清政府「皇族內閣」的總理大臣奕劻函請袁來「挽回危局」，內閣協理大臣徐世昌和陸軍大臣廕昌，更親至彰德勸袁出山。載灃也無奈於 1911 年 10 月 14 日（宣統三年八月二十三日）被迫起用袁世凱為湖廣總督，督辦剿撫事宜，除節制湖北軍隊外，廕昌所率各軍及水陸援軍亦得會同調遣。但是現在的袁世凱已對這些權力不屑一顧了。為要借機獲取更大的實權，他一面與北洋舊部暗通聲氣，幕後操縱行止；一面又以「足疾未愈」為藉口，佯作壁上觀。袁世凱既不南下督師，北洋軍在前線也就作戰不力，形勢日趨危急。10 月 20 日（宣統三年八月二十九日）徐世昌奉命微服至彰德謁袁，力勸出山，袁世凱在忸怩作態之餘，最後提出了六項條件：（1）明年即開國會；（2）組織責任內閣；（3）寬容參加此次事變之人；（4）解除黨禁；（5）須委以指揮水陸各軍及關於軍隊編制的全權；（6）須與以十分充足的軍費。

這六項條件的前四項是當時為人注目的一般性政治條件，而後兩條則是實實在在地討價還價，指揮權和財政保證是袁世凱收拾局面之必需，而實際上，他就是要集軍權、政權、財權於一身，以達到既能控制清政府的實權，又能誘致革命黨向他妥協的目的。清政府開始還有些猶豫，但是在各方面的壓力之下，不得不向袁世凱讓步，於10月27日（宣統三年九月六日）連發四道上諭，使湖北前線的軍權完全轉入袁的手中。四道上諭是：一、調廕昌「回京供職」；二、授袁世凱為欽差大臣，「所有赴援之海陸軍並長江水師，暨此次派出各項軍隊，均歸該大臣節制調遣」，並保證「此次湖北軍務，軍諮府、陸軍部不為遙制，以一事權」；三、撥出內帑銀100萬兩為湖北軍費；四、第一軍交馮國璋統率，第二軍由段祺瑞接任指揮。載灃等親貴雖進行過抵制，但革命局勢迅猛發展，各省紛紛獨立，清政府對軍事指揮失靈，不得不向袁世凱屈服。[12]

有人認為，由於袁世凱的出山，把一個軍機大臣廕昌的前線指揮權給拿下了，這令廕昌老大不高興，也讓廕大人不好理解，他在卸任時顯得有些「發愣」，用一句歇後語說，有點像「丈二的和尚——摸不著頭腦」！不過，在本書看來，這對於廕昌來說，不能不說是一件求之不得的好事！我們可以想一想，像廕昌這樣夸夸其談的人，一是不能帶兵，二是所帶的兵又不聽從自己的指揮，三是所面臨的又是革命軍，不管從哪個角度說，一個廕昌如果不是袁世凱出山，他很有可能在前線成為「炮灰」，現在他能「急流勇退」，用道家的觀點看，可謂「天之道」，對他有益無害，他還發什麼「愣」！

且不說廕昌急流勇退，現在要說的是袁世凱出山。但是，諸位讀者先不要急於知道袁項城出山，而是項城在真正出山前，清廷在官位上對於我們的袁大人是如何安排的。依史書所載，因為袁世凱嫌那個湖廣總督小了點，如我們引用其他傳記體文學中所寫袁世凱部下所說的那樣，那只不過像個「小拇指」，它不是「大拇指」，袁世凱本身就是做「大拇指」的料，你清廷真是「小瞧人」了！後來又有了任袁世凱為欽差大臣（即1911年10月27日，農曆九月初六日）一事，欽差大臣一職是湖廣總督所不可比的。不僅是欽差大臣，更有馮國璋和段祺瑞這兩員大將各統率一軍親赴前線，他倆是袁大人的左右兩臂。對於袁世凱來說，此是一個大顯身手的好時機，對於馮國璋、

段祺瑞兩將軍而言，可謂揚眉吐氣。袁世凱、馮國璋、段祺瑞組合，對於袁世凱，如水得魚；對於馮國璋、段祺瑞，可謂如魚得水！

事實上，在清廷還沒有任命袁世凱為欽差大臣時，袁世凱就已經和他的部下們在研究作戰方案和軍事部署了。袁世凱和他的幕僚們深深懂得什麼是未雨綢繆，清廷對於袁世凱官職的提升只是一個時間的問題，且這個時間當然不會很長，除非清廷不想要它的天下！

關於袁世凱和他的軍事將領們對於作戰方案的研究部署，請看如下文字：

……然而，在彰德密會上，袁世凱卻要坦率得多。他明確地對自己的親信將領們說：「目前我還不宜出去，時機尚未成熟。古人云：『時不至不可強生也，事不究不可強成也。』我還要再等等看。」

他所說的「等等看」，自然是指朝廷下一步會有什麼打算，也想看看時局下一步如何發展。但是，他分析說，這種時機不久就會到來，目前應該做好各種準備，尤其是軍事上的準備。袁世凱把他那粗短的手指用力握了握。攤開地圖後，他對馮國璋說：「華甫，你現在還在北京嗎？」

「是的。」馮國璋回答。

當時，清廷為了平息武昌事變，臨時編配了三個軍。第一軍、第二軍均由一鎮兩協組成，將赴鄂作戰；第三軍由禁衛軍和陸軍第一鎮組成，由載濤統率，專事拱衛京畿。赴鄂之第一軍幾天前業已由廕昌督師開赴武昌前敵；第二軍尚在籌備之中。負責編第二軍的就是馮國璋。

馮國璋雖然也是武備舊人，又是老北洋，但他為人精明圓滑，又在軍咨府和貴冑學堂任職，和載濤、廕昌等滿族將領私交有年。所以，和段祺瑞等其他北洋將領相比，他是被另眼看待的。從灤州回來後，他便被保薦為第二軍總統。其司令部當時就設在北京的賢良寺。

「嗯。袁世凱點點頭。他的手指在地圖上的「武漢」位置上畫了一個圈，「下一步你的位置在這裡。他抬頭看看馮國璋，「我讓你來做前敵的主帥，你說咋樣？」

馮國璋滿臉喜色。問：「那麼午樓（廕昌的字）呢？」

袁世凱哈哈笑了笑，沒有回答。他接著交代馮國璋說：「對武昌方面要打，但也不要太過。剿撫並用嘛。你懂不懂了？」

懂了。

很好。

袁世凱又指著地圖上的安徽版圖說，這裡緊鄰於湖北之東面，位置幾可於武漢三鎮之前敵並重，且位居長江中游，對南京有左右輕重之勢。

「丹忱（倪嗣衝字）啊，他指示倪嗣衝，「你回去後馬上率部入皖，從東面對湖北形成夾擊之勢。」

接下去，袁世凱又對其他將領一一作了部署和交代。唯獨對段祺瑞，他沒有多說什麼。散會後，袁世凱把段祺瑞單獨召到書房裡。

芝泉啊，他說，「他們不信任你呀，這是為啥著？」

袁世凱所說的「他們」，當然是指朝廷。當時是否讓段祺瑞出來帶兵討伐，朝中是有爭議的。段祺瑞說：因為他們不信任袁大人嘛。

這句話說得直率，也回答得巧妙。袁世凱仰臉大笑起來：「說得好！說得好！」

笑過之後，他對段祺瑞說：「芝泉啊，你是我最信賴的人，有話不妨對你直說。目前，南邊很熱鬧，可是，要害不在南而在北──」他指了指北京方向，「這個，你懂不懂啊？」

「你懂不懂啊？」這是袁世凱的口頭禪。當他強調某件事的時候，那帶著濃重河南腔的口頭禪便會時不時地冒出來。不熟悉他的人可能認為他這是看不起人，或在教訓對方。但他身邊的人都知道，他這是在強調他所說話的。

「是。段祺瑞表示明白。如果說在來彰德前，他所掌握的情況還是零碎而雜亂的，那麼到了彰德後，他對整個情況卻有了較完整的了解，尤其是對朝廷上層的動向和袁世凱的心思。北京乃權力中心，直隸北方又是北洋軍人

的發祥之地，袁世凱所說的要害不在南而在北，意思當然是再明白不過了。段祺瑞說：「袁大人的意思，是不是說北方不能亂？」

「哈哈哈……」袁世凱笑起來，「還是芝泉懂我的心思啊！」他摸著臉上的鬍鬚，「是啊，是啊，顧頭不顧腚，到頭來竹籃子打水嘛。這種蝕本的買賣，我袁項城不做。」

他在座椅上挺直了腰板。

「就讓華甫在前面打吧，你在後面，」袁世凱對段祺瑞說，「要控制住鐵道線，此乃命脈。進可以援手於武昌，退可以左右直隸和北京。芝泉啊，這件事我就交給你去辦了。」

段祺瑞聽了這話，知道袁世凱這時候已對他做出了新的安排。他仍然問了一句：

「要把我從清江浦調過來嗎？」

「是的。」袁世凱肯定地回答。

「讓我做什麼？」

「第二軍軍統。」段祺瑞抑制住興奮。又問：

「什麼時候發表？」

袁凱了。

「不會很久的。」他拍了拍段祺瑞的肩膀。[13]

藍圖已經繪就，那麼，袁世凱將如何出山，馮國璋將如何在前線大顯身手、段祺瑞將如何處置北方的複雜局面呢？

註釋

[1] 中日甲午戰後，國人民智漸開，「要想富，先修路」，四川人民看到修築鐵路的好處，清政府也認識到這一點，但軟弱腐朽的清政府迫於帝國主義的壓力，將路權收歸國有，引起四川人民的反抗，史稱「保路運動」。清廷把武漢新軍之一部調入四川鎮壓人民的反抗運動，故而造成武昌方面兵力空虛，為武昌起義創造了一個有利環境。

[2] 武漢素有「九省通衢」之稱，是帝國主義侵略的重要據點和清皇朝統治的一個重心，也是資產階級革命黨人活動非常活躍的一個地區。自科學補習所成立之後，湖北的革命黨人就把新軍作為進行革命活動的主要對象。雖然革命團體多次遭到破壞，但是從日知會、湖北軍隊同盟會、群治學社、振武學社，直到文學社和共進會等各革命團體，始終都注意在新軍和學生中進行革命宣傳和組織工作，將大批青年學生和會黨群眾輸送入伍。經過努力，在新軍的基層建立起了革命組織，參加的士兵達 5000 多人，占全省新軍人數的三分之一左右。這支隊伍就是武昌起義的骨幹力量。

[3] 1903 年清政府改革兵制時，規定湖北要增設新軍兩鎮。至 1906 年依練兵處之新制，將湖北原有的第一鎮改為第八鎮，由在彰德秋操中任南軍總統的張彪任第八鎮統制；原有的第二鎮改為第二十一混成協，由黎元洪任協統。

[4] 程舒偉、侯建明：《段祺瑞全傳》，黑龍江人民出版社 2003 年 10 月第 1 版，第 46-48 頁。

[5] 白壽弈：《中國通史》(19)，第 11 卷，上海人民出版 1999 年 3 月第 1 版，第 304-306 頁。

[6] 季宇：《段祺瑞傳》，安徽人民出版社 1992 年 6 月第 1 版，第 59-60 頁。同頁引，張國淦：《辛亥革命史料》：慶（指慶王奕劻）言：「此種非常局面，本人年老絕對不能承當，袁有氣魄，北洋軍隊，都是他一手編練，若令其赴鄂剿辦，必操勝算，否則畏葸遷延，不堪設想，且東交民巷亦盛傳非袁不能收拾，故本人如此主張。」

[7] 引自季宇：《段祺瑞傳》第 61 頁，王鏡芙《北洋軍閥禍皖紀實》。

[8] 季宇：《段祺瑞傳》，安徽人民出版社 1992 年 6 月第 1 版，第 61-62 頁。

[9] 《陸軍上校歐特白報告湖北起事情形》，見中國史學會編：《中國近代史資料叢刊 . 辛亥革命》（八），上海人民出版社 1957 年版，第 332 頁。

[10] 王光祈譯：《辛亥革命與列強態度》，見中國史學會編：《中國近代史資料叢刊 . 辛亥革命》（八），第 434、452 頁。

[11] 李宗一：《袁世凱傳》，中華書局 1980 年版，第 172 頁。

[12] 來新夏：《北洋軍閥史》（上冊），南開大學出版社 2000 年 12 月第 1 版，第 17~188 頁

[13] 季宇：《段祺瑞傳》，安徽人民出版社 1992 年 6 月第 1 版，第 63-66 頁。

第十章 組內閣袁項城掌印加籌碼段合肥移軍

書接前章。清廷在火燒眉毛的情況下，起用袁世凱任湖廣總督，而袁項城以「足疾未愈」作答。

這是一場遊戲，猶如踢足球，清廷將球踢給了袁大人，他當即用帶有「足疾」的腳踢了回去。只不過，這場遊戲非同一般，它是一場政治遊戲。遊戲的雙方其實都很精明：當年載灃令袁世凱「回籍養疴」，而彼時的袁世凱只能「裝傻」，把自己裝扮成真有足疾的樣子；而此時，袁大人給清廷回話曰「足疾未愈」。從袁世凱說，他還在繼續「傻」下去，而清廷此時不能任其再「傻」下去，它不能再玩「政治遊戲」了，或者說，它仍然是一場「政治遊戲」。它明知袁世凱並無什麼足疾，知道袁世凱並沒有看上那個湖廣總督的職，在這個時候，清廷和袁世凱雙方都沒有閒著。作為袁世凱一方，儘管他說自己足疾未愈而無法擔此重任，但他已經把北洋一系的將領們召至彰德，在這裡先清廷一步在研究作戰方案了；作為清廷一方，經過朝中的一番激烈爭吵，還是把欽差大臣放在袁世凱的肩上。

作為欽差大臣，袁世凱的權力是：「所有赴援之海陸軍並長江水師，暨此次派出各項軍隊，均歸該大臣節制調遣」；「此次湖北軍務，軍咨府、陸軍部不為遙制，以一事權」；袁世凱麾下的兩軍，「第一軍交馮國璋統率，第二軍由段祺瑞接任總統（總統和下文所說的軍統一樣，就是該軍的最高指揮官——引者）」。

我們在前章中說，段祺瑞從清江調來湖北前線，要他接替馮國璋任第二軍軍統，段非常激動，再問袁什麼時候，袁答「不會很久的」。

有書中說：「清廷的權貴們在任用段祺瑞上是十分不情願的。載灃、鐵良、良弼等對段的印象原本就很差，三年前，為了解救袁世凱，段祺瑞製造假冬操，煽動兵變的事，後來清廷知道了，本想追究，但顧忌事態鬧大不好收拾，才作罷。蔭昌準備督師南下時，就有人提議讓段祺瑞率清江軍隊乘艦逆江向

上赴湖北作戰,這樣可以節省許多時間,況且段多年直接帶兵,在北洋軍中有較高的威信。但載灃、良弼等對段敵意未消,不肯採納。」[1]對於這個問題,本書認為,從表面上看,清廷對於段祺瑞當然是不放心的,但是,從袁世凱回鄉之後,段祺瑞並沒有隨之而被罷官論,清廷並沒有多少對段不放心的地方,不然的話,不可能讓段祺瑞去清江任江北提督一職,且又是一品大員。這件事情應當與袁世凱被起用聯繫起來,作為一個整體而觀察和考量。要說清廷「不放心」,他們首先是對袁世凱不放心,並不是對段祺瑞不放心,因為段祺瑞的軍事動作都是以袁世凱為軸心而為。

當段祺瑞問到什麼時候可以出任第二軍軍統時,袁世凱很有信心和把握地說:「不會很久的!」果不其然,好像清廷的一切計劃都是袁世凱在籌劃的一樣。這不,在袁世凱給段祺瑞說罷這個話的時候,果然不出所料,從10月23日至26日,此四天時間內,清廷對段祺瑞連下三道諭令,催他上任。

10月23日的諭令:「電寄段祺瑞,據袁世凱電奏:『請飭署江北提督段祺瑞,酌帶得力將弁,毋庸多帶隊伍,克日由海道北上,徑赴鄂境』等語,段祺瑞著迅赴前敵,與袁世凱協商布置。」[2]這樣看來,袁世凱的奏請,實際上就是清廷的諭令。到了25日,清廷又有諭令,讓馮國璋接任第一軍軍統,由段祺瑞任第二軍軍統。這封電文,清廷也不避諱,直接就說是袁世凱電奏。所說擬派馮國璋、段祺瑞任此兩軍總統之語,我們也說這是袁世凱早就擬定的方案(這道電文是給袁世凱的,但我們也可以說是給段祺瑞的,也可以說是給馮國璋的)。再看清廷給段祺瑞的第三道電文:「寄第二軍總統段祺瑞,據電奏起程日期,並酌帶炮標標統(炮兵團團長——引者)吳光新等徑赴鄂境等語,著即赴速北上,迅赴事機,毋稍延緩。」

清廷任段祺瑞為第二軍軍統的時間是10月25日(九月初四日),即第二封電文所說的內容,第三封電文是催其帶炮兵赴前敵的,可見清廷的急迫程度。也就在清廷電任段祺瑞為第二軍軍統之後兩天,即10月27日(九月初六日),清廷召回廕昌,授袁世凱為欽差大臣的。但是,袁世凱接到任命,並沒有馬上動身赴任,而是等了三天,即在10月30日他動身從彰德起程南下,於11月1日即抵湖北孝感。

　　應當說，袁世凱此時的目的已經達到了。我們之所以這樣說，理由有三：其一，彰德「養疴」三年，又重新出山，實現了自己重掌軍權的目的；其二，自己早年在小站練兵的主要將領又回到了身邊，「北洋三傑」的王士珍「襄贊軍務」、馮國璋任第一軍軍統、段祺瑞任第二軍軍統；其三，有了欽差大臣一職，可以指揮清軍同革命軍作戰，同時，也是自己爭得更大權力的一個契機和籌碼，清廷的天下日後就是袁氏的天下了。

　　在蔭昌沒有被清廷召回，袁世凱沒有被任命為欽差大臣，北洋一系的將領們在彰德召開祕密軍事會議時，袁世凱給馮國璋說，武漢方面是要打，但是也不能打得太過，得有張有弛，注意火候。一旦等到袁世凱被任命為欽差大臣時，他要向清廷和革命軍兩方面都顯示一下自己所統率的軍隊的實力。我們認為，袁世凱之所以要這樣做，大概有兩個目的：一是向清廷示威，看你們敢小瞧我袁世凱不？二是對革命軍示威，讓革命黨人接受我袁世凱的有關條件，這裡邊的學問大著呢！要顯示一下清軍的作戰實力，這個時候就用得上馮國璋所指揮的第一軍了。

　　請看這段文字：

　　當時，袁世凱已調集兵力一萬多人，而且配備了機槍、大炮等重型武器，欲予革命軍以重創。果然，袁世凱到孝感的當日，馮國璋統率的第一軍即向武漢三鎮之一的漢口發起進攻。由於遭到革命軍的頑強抵抗，馮國璋下令縱火燒城，把漢口的繁華市區變成一片火海，竟燃燒了三天三夜。馮國璋向袁世凱報告雙方交戰的情形稱：「十一日黎明，西北風暴作，漢鎮火愈烈，我軍接續攻掃，節節巷戰，每攻一段，冒火蹈險，又為匪暗擊，艱苦不可言狀。」清軍的暴行，遭到內外人士的強烈譴責，但袁世凱在給馮國璋的密電中卻稱：「該兵士等奮勇苦戰，頗為各國嘉許。」在清軍的重創之下，漢口軍政分府被迫撤退，清軍占領漢口。[3]

　　關於這場戰鬥的情形，黎元洪著《武漢戰紀初稿》中說：「九月十一日（11月1日）敵軍及地痞在漢口大肆焚燒，煙火連天，三日不滅。居民逃奔，搶天呼地，莊華市場，頓成瓦礫。目睹當時之天日無光、山川變色，其慘狀有不忍言者。」當時在漢口的日本三菱商事株式會社的一位職員內田顧一，在

其 11 月 1 日的日記中這樣寫道：「中國街上整日熊熊大火，自新碼頭方面起直到中心部分更加猛烈，幾乎成了一片火海。我有生以來未曾見過這樣的大火。清軍為了達到策略上的目的，將無數億元的財富化為烏有，未免太殘酷了。」

武漢前線的「打」，袁世凱靠的是馮國璋所統率的第一軍。應當說，馮軍的打是非常見效的，戰爭的殘酷程度已如上所述。按照戰爭發展的一般規律，清軍是獲勝的一方，應當乘勝而進，這也是馮國璋的本意。可是，袁世凱則另有所想，他本來就不想一下子把革命軍消滅掉，因為有了革命軍的存在，才有他袁世凱的存在，清廷才能夠敬袁如上賓，才能給他以很大的權力。這是問題的一個方面。另一方面，別說是袁世凱本人，就連外國列強也已經看到清廷的口子不會長了，他要充分利用這個千載難逢的機會，為自己日後作進一步的運籌。這事情是很微妙的，這種陣勢，只有段祺瑞才能夠明白袁世凱的意思，而馮國璋不可能真正清楚袁世凱的心思。如果按照馮國璋的意思，在攻克漢口後，他將乘勝前進，再攻下漢陽。可在這個時候，袁世凱則命令馮國璋停止前進！

這一「停止前進」，在袁世凱方面，當有雙重意義。第一，他要讓清廷先著一下急，朝閣中不要認為將在很短的時間之內我袁世凱就把革命軍平息了，沒有那麼便宜的事情，但「停止前進」，當有一個向清廷交代的合理理由，這個理由就是「兵力不足」。第二，是袁對於革命軍方面的，袁要充分利用這個機會，和革命軍做出一些「交易」，這個交易就是和革命軍議和。這裡所說的「雙重意義」，實際上也是在袁世凱未出山之前，在彰德會議上袁世凱所定的「對於武昌方面是要打，但也不要太過」的「剿撫並重」的策略，也是對於袁世凱原來所說的「等等看」的另一個解釋。總之，一句話，對於袁世凱來說，是不能沒有革命軍的存在的，說白了，革命軍的存在是袁世凱要挾清廷的籌碼，透過這一籌碼，可向清廷索要更大的權力；另一方面，袁也向革命軍暗示，不是我袁世凱打不了你們，而是我手下留情，將來大清完蛋了，我有與革命軍講價錢的籌碼。此招著實為一石兩鳥。

　　簡單地說，袁世凱之所以不繼續向革命軍進攻，就是為自己日後的中華民國大總統著想。這一點，對於段祺瑞說是心知肚明的，而對於馮國璋說，恐怕並不是很清楚。甚至可以說，袁世凱的這一想法在他還未親臨前線時就有所。

　　且看這段文字：

　　早在 10 月下旬，袁世凱就把他的幕僚、湖北籍道員劉承恩召到彰德，面授機宜，讓劉出面，托人帶信給黎元洪，表示袁可以與民軍合作。劉承恩曾任湖北新軍的管帶，與黎有舊交，劉又以「鄉愚弟」的名義兩次致函黎元洪，進行和平試探。11 月 1 日，受袁的指使，劉承恩再次寫信給黎，表示希望「和平了結」。黎在回信中揭露袁世凱企圖「欲收漁人之利」的險惡用心。但又呼籲袁世凱反戈一擊，站在民軍一邊……

　　黎元洪這種態度與當時革命黨人對袁的態度是一致的，這也是革命黨人影響的結果。在袁被清廷任命為湖廣總督、負責圍剿武漢民軍不久，主持《大公報》的革命黨人胡石庵就以「全鄂士民」的名義數百次寫信給袁，信是由各郵局寄出的，內容完全一致，力陳革命的正義，要求袁世凱順應人心時勢，率部北上，犁掃清廷，為漢族爭光，希望袁能以迅雷不及掩耳之勢，建不世之功業，那麼，「漢族之華盛頓，唯閣下是望」。胡石庵的想法代表著革命黨人大多數的看法。黃興在陽夏戰役正酣之際，也曾寫信給袁世凱，呼籲袁「以拿破侖、華盛頓之資格，出而建拿破侖、華盛頓之事功，直搗黃龍，滅此虜而朝食。非但湘、鄂人民戴明公為拿破侖、華盛頓，即南北各省，即無有不拱手聽命者。」[4]

　　政治這個「玩意兒」實際上是很微妙的，你如果光明正大地去理解它，有些時候還真會曲解它的意思。就說黎元洪和革命黨人的意思，如果用光明正大的政治眼光去觀察，那是正道政治，因為大家都看清楚清廷是沒有希望、也沒有前途的，它的確到了窮途末路了，需要改朝換代了。按照黎元洪們的思路，袁世凱是一個關鍵性的人物，只要你改變一下思路，站在革命黨人一邊，你袁世凱就是中國的拿破侖、中國的華盛頓。這一點，在袁世凱看來也是這樣的。但是，袁世凱的思路與革命黨人的思路應當說在本質上是不同的。

這個不同，在我看來，革命黨人是要袁世凱站在革命的立場上同民軍一道，把清廷推翻；而袁世凱的意思是，這「一杯羹」是我袁世凱本人的，與革命黨無關，我不能這樣做。

就是因為在這個上面的「微妙」，袁世凱當然不能把自己的意圖給革命黨人說明，不但不能給革命黨人說明，就連自己的嫡系馮國璋也沒有弄清楚袁大人的意思。這不，在袁世凱、黎元洪的議和不成時，馮國璋又指揮他的軍隊向漢陽進攻了。

在我們沒有述說馮國璋攻打漢陽之前，得話分兩頭，先說一說袁世凱由欽差大臣到內閣總理的過程；再說一說段祺瑞移軍信陽和平定北方局勢的話題。其實，在袁世凱接到任命其為欽差大臣後，馮國璋攻打漢口之時，清廷迫於壓力，來了一個「皇族內閣」集體辭職（11 月 1 日），任命袁世凱為內閣總理，並由他組閣（11 月 2 日）。

皇族內閣的集體辭職有一個前兆，即「北方兵變」（灤州兵諫）。南方有武昌起義，北方的革命黨人為了配合南方，發動了「灤州兵諫」。這種局勢，其實也早在袁世凱的預料之中，比如說，在彰德軍事會議上，袁世凱就已經同段祺瑞進行了祕密磋商。袁世凱示意段祺瑞，南方革命黨鬧起來了，但關鍵在於北方，北方不能亂。因為那是袁世凱所注目的關鍵，段祺瑞對此是心領神會的。照此說來，北方之亂也在袁世凱的預料之中。

關於「灤州兵諫」：

10 月 29 日，駐灤州的新軍第二十鎮統制張紹曾挑頭，聯合本鎮第三十九協協統伍祥禎，第四十協協統潘榘楹，第三鎮代理統制盧永祥，混成第二協協統藍天蔚，宣布發動兵諫，提出政綱十二條，主旨是要求朝廷速開國會，改定憲法、特救政治犯、組織責任內閣等。

第二十鎮是錫良任東三省總督時，從北洋各鎮中抽調一部分合編而成的，清廷原計劃舉行灤州秋操，故將該鎮從奉天調入關內。第三鎮曾被徐世昌帶到東北，武昌起義爆發後，被清廷調入關內，負責天津、北京、保定三角地

帶的外圍防務，該鎮的統制曹錕因回鄉奔喪，由鎮內第五協協統盧永祥暫代統制之職。

　　第二十鎮統制張紹曾與時任第六鎮統制的吳祿貞、混成第二協協統藍天蔚，同為日本士官學校的同學。三人交情甚密。回國後，又都在軍中任高級職務，頗有聲望，被人譽為「士官三傑」。三人志趣相投，不同程度地受到改良或革命思想的影響。吳祿貞的思想更為激進，具有十分強烈的種族革命思想，個性急躁，敢作敢為，恨不得立即推翻清王朝的統治，建立民主共和國家。張紹曾深受康、梁學說的影響，主張應實行君主立憲，不大贊成過於激進的革命活動，認為共和政體不太適合中國國情。藍天蔚也基本附和張紹曾的意見。

　　張紹曾、吳祿貞、藍天蔚三人能進入軍界擔任高職，除了他們自身的能力外，更有載灃、良弼等滿族「中興派」同袁世凱北洋派爭奪軍權的鬥爭形勢密切相關。袁世凱被開缺回籍後，載灃、良弼等便開始實施以「士官派」取代「武備派」的計劃，一批士官學校的畢業生被安排在軍中擔任高級職務。其中，吳祿貞出任第六鎮統制，就是良弼出面保奏的。兩人是士官學校的先後期畢業生，關係密切。

　　早在清廷準備舉行灤州秋操時，張紹曾、吳祿貞、藍天蔚三人曾有過祕密協議，準備在參加會操中暗中私帶子彈，然後突然發難，乘禁衛軍不備解除其武裝。一旦事成，下一步該採取什麼行動，吳祿貞、張紹曾二人意見不一致：吳祿貞主張立即聯兵攻打北京，推翻清王朝統治；張紹曾則堅持以兵諫的形式脅迫清廷搞君主立憲。但是，由於武昌起義爆發，秋操被中止，該計劃也未能實施。

　　武昌事變發生後，張紹曾打探出清廷將調二十鎮往長江一帶參加平叛。後又得知二十鎮第三十九協、第三鎮的第五協將被調往信陽，參加新組建的第二軍。10 月 29 日，山西新軍中革命黨人發動起義，殺了巡撫陸鐘琦，宣布獨立，推舉新軍標統閻錫山為軍政府都督，並組織革命軍集中娘子關，準備北上進攻北京。清政府急令張紹曾率兵征討。

接到命令後，張紹曾立即召集本鎮將領，並約請盧永祥、藍天蔚參加，開會討論對策。二十鎮的一部分軍官，如參謀長石星川、管帶王金銘、馮玉祥等主張就此起義，直搗京師。但張紹曾和藍天蔚都不贊成，擔心過激則生變，另外幾位高級將領盧永祥、伍祥楨、藩榘楹等態度更為保守。最後取得一致意見，電奏清廷，宣布實行兵諫，公布政綱十二條，由張紹曾領銜，四協統簽名。

二十鎮的兵諫，是對清廷的一次致命性打擊，以載灃為首的滿洲皇族再一次屈服了，連忙下詔，頒布憲法「十九信條」，下令釋放政治犯，解散皇族內閣，任命袁世凱為內閣總理大臣，組織「責任內閣」。把身家性命全部寄托在袁世凱和北洋軍身上，清政府的大權已落入袁世凱手中。[5]

本書作者依手頭上的資料，不能證明張紹曾的「北方兵諫」這一消息，是段祺瑞先得知的，還是袁世凱先得知的，還是他們同時得知的。當時，袁世凱被清廷先任命為欽差大臣，後被任命為內閣總理。此時的段祺瑞已經卸任江北提督，奉命移軍信陽，他是在信陽聽到北方兵諫的消息的。這時，他非常著急，因為他畢竟不清楚這次兵變到底是不是袁世凱的授意。如果是袁的授意，那倒沒有什麼；如果袁世凱並不知此事，那事情就鬧大了，袁世凱曾給段祺瑞說過，北方是斷然不能亂的。

為平定「北亂」，袁世凱派段祺瑞勘亂。而勘亂的方針是「安撫」。

段祺瑞做這個方面的工作，有許多有利條件，其中最為有利的條件就是在張紹曾的二十鎮中有許多軍官都是段祺瑞的部下。

據說，他（段祺瑞）「芒鞋草笠，微行北歸」，按照袁世凱旨意，去坐鎮北京，平息兵諫。臨行前，段祺瑞對部下們解釋說，現在朝廷已答應袁世凱做總理大臣，如果北京亂了，就會雞飛蛋打。

段祺瑞此次進京，只帶了幾個親信幕僚。他曾先後公開或不公開地給參加兵諫的將領們發去過電報，勸他們停止兵諫，服從袁世凱的調遣率部南下。本來這些兵諫軍官中就多為北洋舊人，其中有相當一批還是段祺瑞的舊部和學生。段祺瑞親自出面，對他們的影響很大。隨後，張紹曾失去對二十鎮的

實際控制權，東北的盧永祥站到段祺瑞的一邊，潘榘楹已被袁世凱收買。11月7日，第六鎮統制一最激烈的革命派吳祿貞，被手下第三營營長馬惠田等人，射殺在石家莊自己的司令部中。買通馬惠田行刺的，是第六鎮的一個協統周符麟，他給了馬惠田五萬元，自稱與吳祿貞有私仇。但是，明眼人深知，周符麟僅憑私仇是殺不了吳祿貞的，吳祿貞被刺殺雖使石家莊駐軍著實混亂了幾天，袁世凱的擔心卻卸去了大半。他著令段祺瑞去調查此事，段祺瑞深明其意，查辦時傳了一回周符麟，很快又把他放了。吳祿貞之死熱鬧一時，卻以不了了之而告終。

就在吳祿貞被刺的前一天，袁世凱奏請朝廷，把張紹曾調往長沙，二十鎮統制由潘榘楹接任。轟轟烈烈的一場兵諫就在袁世凱、段祺瑞二人一壓一撫之中銷聲匿跡了，北方局勢又復安定。[6]

北方的局勢穩定了，袁世凱要集中精力和南方的革命黨人玩起了「和」與「打」的政治軍事遊戲了。我們已經說過，袁派密使劉承恩、蔡廷干去和黎元洪接洽，但那次並沒有成功，黎元洪反勸袁世凱站在革命黨一邊。現在的情況是，武漢三鎮，只有漢口被馮國璋拿下了，還有兩鎮——漢陽、武昌還在革命軍手中，是打是和，袁世凱還在運籌之中。好在是北方的兵諫已經被段祺瑞平穩地處理了，這對於袁世凱來說是非常關鍵的一著。段祺瑞從北方南返，他並沒有回到信陽，而是到了湖北的廣水行營，同在那裡的袁世凱進行了一番籌劃。

且看這段文字：

北方既然已經安定了，袁世凱要北上就職了。他想應當在此時把自己的心思適當地向段暗示一下，看段是否比馮國璋更理解自己的意圖，以便重新考慮前線的人選問題。於是袁東拉西扯地同段談了起來。忽而扯到湖北的局勢，說民心動已多時，決非單靠武力所能解決的，必須標本兼治；忽而談到全國局勢，說此次變亂，各省紛紛響應，已成鼎沸之勢，尤其東南黨人的力量更不可低估，北洋軍雖攻下漢口，漢陽也指日可待，但上海落入革命黨人之手，江浙一帶也已光復，南京的勝負還未定，如果到處用兵，難以奏效；

忽而又扯到世界形勢，說列強對中國的此次事變頗為關注，尤對政體問題感興趣；忽而談到軍民關心的政體問題，說他自己對此也無定見。

段祺瑞從他這藏頭掩尾、跳來跳去的話題中琢磨出一二，知道袁世凱此時不想把武漢軍民立即打垮，從袁對政體的看法朦朧中也有所覺察。便也試著對袁說：「宮保大人一再講要撫剿並重嘛，芝泉領會大人之意。」

袁世凱點了點頭，又問：「你對今後政體有何看法？」

段祺瑞見袁世凱提到這個敏感問題，一時不敢貿然回答，只好說：「祺瑞對此並未仔細想過，只顧帶兵打仗。」

「軍人頭腦中也要有政治，你懂不懂啊？」

段祺瑞了頭。

袁世凱笑了笑，說：「懂了就好。芝泉啊，我馬上要去北京了，湖北的事情你就多操心吧！」

「我和華甫一定同心合力，請大人放心。」

一提到馮國璋，袁世凱好像很不高興，臉色隱沉了半天，才說：「華甫這個人最大毛病就是頭腦裡沒有政治。」

段祺瑞心裡明白，袁世凱要玩弄花招了。[7]

段祺瑞從對袁世凱的談話中，已經揣摩出一定的問題：革命黨人不同袁世凱和談，其堅決滅清的思想是明確的；袁世凱在清廷所封的「內閣總理」和革命黨人要他站在革命黨這邊而在革命成功後可有「民國大總統」一職等他去做，此二者如何選擇？袁世凱當然是要傾向於後者。而要做這個民國大總統，就不能把革命軍斬盡殺絕，得留有後路，而要留有後路，就不能像馮國璋那樣一味地打。袁世凱北上就職後，湖北方面的大權會交給誰呢？他已經說了，馮國璋頭腦裡沒有政治，言下之意，段祺瑞是懂政治的，但馮國璋在前線是立了大功的呀！革命黨人在與袁世凱的密使劉、蔡的和談中沒有打成協議，是不是還要給他們一點顏色看，而要給他們一點顏色看，就還得讓馮國璋帶兵打下漢陽和武昌……

1911 年 11 月 13 日，袁世凱北上北京。[8]19 日，袁世凱內閣在北京成立。

此時的「北洋三傑」之一的王士珍被任命為陸軍大臣；另兩位尚在湖北前線：馮國璋任第一軍軍統、段祺瑞任第二軍軍統。袁世凱此時內閣既定，他要再給革命軍一點顏色了：命馮國璋所率第一軍攻打漢陽，而在命馮國璋攻打漢陽之前，袁世凱奏請朝廷，命第二軍軍統的段祺瑞署湖廣總督，會辦剿撫事宜。

其實，在攻打漢陽的問題上，袁世凱一直是猶豫的，而馮國璋並不明白袁世凱的心思（正是因為馮不明白袁的心思，才有段祺瑞任湖廣總督的任命），他一味地想建立戰功，以向清廷請賞。在攻下漢口後，馮國璋就想攻打漢陽，只是沒有袁世凱的命令而沒有攻打。當馮國璋接到攻打漢陽的命令後，非常興奮，他把部隊作了重新部署，從 11 月 23 日打響攻擊漢陽後，一連幾天，連克連捷，最終於 27 日占領漢陽。由於馮國璋作戰有功，朝廷授予他「二等男爵」的稱號。馮國璋在戰勢得利的情況下，準備一鼓作氣再取武昌。

對於馮國璋此舉，袁世凱倒是坐不住了，為什麼？馮軍一旦再克武昌，武漢三鎮全拿下了，袁世凱沒有了和對手革命黨人談「和」的籌碼了，那個中華民國大總統從何而來？可是，馮國璋根本不理解袁世凱的心思，他只知道在前線作戰立功，想著要穿那個一般人想都不敢想的「黃馬褂」，而對於「南北議和」的局面，反而顯得不感興趣。

在這種情況下，袁世凱就要動心思了。他要生辦法讓馮國璋「冷卻」一下，也就是讓他清醒一下，那麼，袁世凱是怎樣讓馮國璋清醒一下呢？他要在段祺瑞和馮國璋兩人的職務上調整一下。就是說，在馮國璋準備攻打武昌之前，先派人給馮國璋一些暗示，但是苦於馮不理解這些暗示。據胡曉《段祺瑞年譜》所記，在馮國璋率軍攻陷漢陽的第二天，即 11 月 28 日（十月初八日），段祺瑞抵漢口，接任署湖廣總督，並兼第一軍軍統（注意：第一軍正是馮國璋所率之軍），代替馮國璋統率前線各軍。人家馮國璋剛剛拿下漢陽，朝廷也剛剛授予馮「二等男爵」，應該說，提職是該提馮國璋而不是段祺瑞，而事實正好相反，馮國璋沒有坐上湖廣總督這把交椅，反而讓段祺瑞

坐上了。可是，遺憾的是，馮國璋還沒有解開其中的味，反而有些「窩火」，怎麼袁大人老偏向段祺瑞呢？但是，話又說回來了，馮國璋心中窩火歸窩火，朝中下令讓你把第一軍移交於段祺瑞，你當然得執行命令。據《段祺瑞年譜》記：「12月5日（十月十五日），（段祺瑞）遵袁世凱電令，命撤出漢口、漢陽北洋軍，準備南北和談。馮國璋則致電內閣，請派援軍一舉攻占武昌。」我們從這條年譜的記載中非常清楚地看到，馮國璋和段祺瑞此時在對待革命軍的態度上是截然不同的。段祺瑞是把北洋軍從前線撤下，而馮國璋則請求內閣再加派軍隊來攻打武昌。看來，馮國璋也真是沒有理解袁世凱的意圖。但在這種情況下，袁世凱和段祺瑞又不好直接把撤軍的意圖很直白地告訴馮國璋，因為馮在此之前也說過了，自己只知道效忠清廷，只知道一味地攻打革命軍，其他的事情則沒有考慮。要說其他的事情沒有過多考慮也是不準確的，他考慮的是自己如何再受到清廷的加封。像袁世凱的這種心思真的是一時還不好給馮國璋說說清楚！看來我們的馮大將軍先把火窩到肚子裡去吧。袁大人還是對得起你馮大將軍的，因為他畢竟是北洋三傑之一嘛，是袁世凱起家的重頭力量。怎麼辦？因為第一軍軍統一職由段祺瑞代了，就把段祺瑞的第二軍軍統一職讓馮國璋做吧。所以，胡曉編《段祺瑞年譜》引《馮國璋年譜》記：「12月9日（十月十九日），馮國璋改任第二軍軍統，負責畿輔及海岸防務，並兼任禁衛軍統領。」但是，馮國璋對此是什麼態度呢？我們再看《段祺瑞年譜》引《馮國璋年譜》記：「2月1日（十月二十日），馮國璋致電北京：『前敵事關重要，非與芝帥（段祺瑞）接洽妥當，萬不敢北上。』」「12月1日（十月二十四日），（段祺瑞）與馮國璋移交第一軍軍統關防文卷。」

馮國璋還是北上了，到北京任職了，武漢前線的軍政大權全部由段祺瑞掌控。總體上說，袁世凱用人是恰到好處的，用其所當用。馮國璋從湖北前線撤下後，並不是降格而用之，實際上他的權力並不小，是京城中央的警備司令。而段祺瑞肩負重任，為接下來的「南北議和」而努力。

註釋

[1] 程舒偉、侯建明：《段祺瑞全傳》，黑龍江人民出版社 2003 年 10 月第 1 版，第 55 頁

[2] 引自程舒偉、侯建明著《段祺瑞全傳》，第 56 頁。下兩封電文亦引自此，不注。

[3] 來新夏：《北洋軍閥史》（上冊），南開大學出版社 2000 年 12 月第 1 版，第 191 頁

[4] 程舒偉、侯建明：《段祺瑞全傳》，黑龍江人民出版社 2003 年 10 月第 1 版，第 75-76 頁

[5] 程舒偉、侯建明：《段祺瑞全傳》，黑龍江人民出版社 2003 年 10 月第 1 版，第 62-64 頁

[6] 周俊旗：《百年家族段祺瑞》，河北教育出版社 2006 年 1 月第 1 版，第 57-58 頁。

[7] 程舒偉、侯建明：《段祺瑞全傳》，黑龍江人民出版社 2003 年 10 月第 1 版，第 78-79 頁

[8] 關於袁世凱北上就職，蔡東藩著《民國演義》（第三回）有一段精彩描寫：卻說京內官民，聞袁欽差到京，歡躍得什麼相似，多半到車站歡迎。袁欽差徐步下車，乘輿入正陽門，由老慶（皇族內閣總理奕劻）老徐（相當於副總理的徐世昌）等，極誠迎接，寒暄數語，即偕至攝政王私邸。攝政王載灃，也只好蠲除宿嫌，殷勤款待。（請他來實行革命，安得不格外殷勤-）老袁卻是深沉，並沒有什麼怨色，但只一味謙遜，說了許多才薄難勝等語。（語帶雙敲。）急得攝政王冷汗直流，幾欲跪將下去，求他出力。老慶老徐等，又從旁慫恿，袁乃直任不辭。

第十一章 巧運籌南北議和言兵諫清帝退位

　　袁世凱於 11 月 13 日從湖北前線北上，到北京任內閣總理了；馮國璋也從湖北前線卸任到北京「負責畿輔及海岸防務，並兼任禁衛軍統領」了；武漢前線由湖廣總督兼清軍總統的段祺瑞掌控局勢。此時的清廷已經成為一個軀殼，真正的軍政大權是在袁世凱的掌握之中，而袁世凱面對的是革命軍的反抗，對付革命軍的核心力量和核心人物應當是段祺瑞。從某種意義上說，此時掌控清廷命運的人物只有兩個：袁世凱和段祺瑞。

　　如果說，早在武昌起義時，沒有出山的袁世凱在彰德軍事會議上對部屬們的一番軍事安排是為了自己在清廷中的地位而考慮的話，那麼，此時則「今非昔比」，袁世凱是在為自己的「中華民國大總統」的位置而著想了。

　　儘管袁世凱從小站練兵起所培養起來的北洋軍班底是很強大的，也很是近、現代化的，拿這支軍隊去跟革命軍較量也不能說沒有取勝的把握，但是，從另一方面說，革命軍也不是那麼輕易可以消滅得了的。與其兩敗俱傷，不如握手言和。如果繼續同革命軍為敵，打敗了，身敗名裂；打勝了，充其量只不過是大清的一個「臣」。如果同革命軍握手言和，黃興、黎元洪已經說了，那個中華民國大總統的位置在等著他呢！

　　這樣一種權衡利弊的伎倆，對於袁大人來說可以說是輕車熟路。君不見，在「戊戌變法」的時候，譚嗣同找到袁世凱要他幫忙支持變法，袁世凱在這個關鍵時刻就在權衡利弊，結果是他站在了慈禧太后一邊，使那場變法終成了一個「百日維新」的歷史定格。我們應當承認，中國歷史上的「戊戌變法」成為「百日維新」這一歷史的書寫者不管有多少人物，其中有一個關鍵性的人物，此人就是袁世凱！現在又到了袁世凱重新權衡利弊的時候了。

　　現在這場利弊的指向不是原來那幫子改良主義者，而是革命黨人。對象有所改變，其結果可是大有不同。前者的結果是成就了袁世凱成為一個北洋軍隊的實權人物，後者的結果如果能夠成為現實的話，那就是使他成為一個

總統，一個國家的元首。國家元首同大清帝國中的一個內閣總理（臣）相比，孰輕孰重自不待言。而要想成為中華民國總統，就只能與革命黨人握手言和，而言和也並不是一蹴而就的，這中間還有許多工作要做，其中首要者是袁世凱必須得有軍隊，軍隊的指揮大權必須控制在自己人手中。這不，武昌前線的軍隊指揮大權不就在段祺瑞手中嘛！前邊有馮國璋把革命軍打得大敗，[1] 這是馮國璋的功勞，馮大將軍之功不可沒，儘管把馮大將軍從前線撤了下來，馮國璋一時對此並不理解，可能他心中對袁世凱還有一些怨言，但最終他是會理解袁大人的這一番苦心的。現在由段祺瑞在前線指揮這支北洋勁旅，袁世凱是放心的。在這種情況下，同革命黨人談和，袁世凱的勝算把握是有的。你革命黨人如果不就範，我們還可以打嘛，你如果不願意再打，我們就談嘛！也就是說，談得來便談，談不來我們就打！我們的北洋軍那可是養之有素的，並不像你們革命軍的軍隊，缺乏這個方面的訓練。

儘管如此，對於袁世凱來說，目前的形勢仍然是相當嚴峻的：儘管北洋軍連克武漢兩鎮，革命黨人在武漢方面的總指揮黃興在漢陽失陷後離去，革命軍內部又發生了嚴重的意見分歧；袁世凱北上就職後，隆裕太后連降懿旨，準監國攝政王載灃退歸藩邸，[2] 不再預政，使袁世凱獲取更大的權力。但是，當時全國已有十幾個省宣布獨立，這樣一種局面，弄不好清廷就有可能立馬完蛋！不要輕易認為，袁世凱在清廷岌岌可危的情況下，全權組建責任內閣，那麼多人都是願意入閣的，我們可以想像，在這種局面下，誰願意去擔這個風險呢？隨著 12 月初江浙聯軍攻克南京，[3] 革命黨人建立全國統一的中央政權的活動正在醞釀之中，清廷的命運正可謂是危在旦夕！如果不抓住這個時機同革命黨人議和，革命黨人一旦占據有利條件，把中華民國的大旗一豎起，袁世凱就被動了。

總之，袁世凱要與南方革命黨人和談了。史載：

「南北和談」自 1911 年 12 月 1 日（宣統三年十月二十七日）[4] 始，至翌年 2 月 5 日「優待清室條件」確定止，為時近 50 天。出席和談的北方總代表為袁世凱委派的唐紹儀，南方總代表為由十一省軍政府公舉的伍廷芳。會議共進行了五次。

12 月 17 日，南北議和代表在上海英租界內市政廳舉行第一次會議。主要討論了軍隊停戰的具體措施。20 日舉行第二次會議，即進入對未來中國國體是君主立憲或民主共和的實質性討論（此時，國人對於「國體」、「政體」這兩個概念是混而不分的——引者）。此次會議雙方達成意向並經清廷同意，克期召開臨時國會，對政體問題付之公決。又經 29、30、31 日的三次會議，已確定了雙方停戰、召開國會確定國體、優待退位後的清室等關鍵事項。對確定國體問題，雙方商定條件為：「開國民會議，解決國體問題，從多數取決。決定之後，兩方均須依從。」其實，對袁世凱來說，無論是立憲，還是共和，都不過是他手中的一柄向革命派和清政府討價還價的雙面刃。[5]

　　不過，我們在另外一份資料中看到，袁世凱對於國體、政體問題還是滿在乎的，據 1911 年 12 月 2 日《時報》所刊載的袁世凱政見云：

　　中國數百年來號稱專制，其實即專制亦不完全，致民人不知尊敬政府，民人亦不明白政府應擔責任。現在所以鼓動民人，而民人樂從者，無非曰不納稅、無政府耳，此亦由國無責任政府，數百年於茲之故。

　　中國進步黨中有兩種人，一種主民主共和，一種主君主立憲。餘不知中國人民欲為共和國民，是否真能成熟？抑現在所標之共和主義，真為民人所主持者也？中國情形紛擾，不過起於一二黨魁之議論，外人有不能知其詳者。故欲設立堅固政府，必當詢問其意見於多數國民，不當取決於少數。

　　除上所陳外，又各有利益，各有意見，學界、軍界、紳界、商界各發議論，若任其處處各為一小團體，則意見不能融洽，或者發生瓜分之禍！

　　清政府現在雖無收服人心之策，而已頒行憲法信條十九條，大權將在人民之手。故以限制君權之君主立憲政體與國民欲取以嘗試不論是否合宜之他種政體比較，則君主立憲實為經常之計！

　　餘愛中國之民，較之共和黨人主持急進者，有過之無不及。故我所兢兢者，在改革之實行。明知所擔責任宏大，顧餘非為名譽權力起見，但欲為中國恢復秩序，意在有益於中國，使無波折耳。故餘仍望和議有成。凡民人意在保全中國者，務使其各黨滿意，恢復和平，建設一堅固之政府。餘知國民

意見明通，當不願目睹其本國之破壞，故欲進共和黨人與之籌議方略，使終戰局，破除各種情意睽隔，而將從前種種不便於民者，一概除去。至各省紛紛獨立，餘觀之與和議亦不甚睽離，當時政府之權力，既不能行於各省省會，其省會中必有數人宣布近於獨立之政體，其實非全然獨立，有數省，權尚在保守派之手，則亦近中立耳。其題目在推翻專制，其目的在保守治安，保護人民財產，愈言共和，愈見中立。故餘擬召集各省之人民，以研究此中國究應為何等政體之大問題。

此問題既如此重大，故凡事應心平意和論之，不可靠一時之熱忱。餘之主意在留存本朝皇帝，即為君主立憲政體，從前滿、漢歧視之處，自當一掃而空之。

尤有重大之問題，則在保存中國，此不能不仰仗於各黨愛國者犧牲其政策，扶助我之目的，以免中國之分裂，及以後種種之惡果。故為中國計，須立刻設立堅固政府，遲延一天，即生一天危險。餘願進步黨人思邦國應至若何地步，與餘通力合作，使各要事皆處置妥當也。

餘之志願既如是宏大，必有誤解餘意者，或且受四方之攻擊，事非不知之，顧餘必不因稍受波折，遂更變餘最高應盡之職。蓋餘之作為，蓋為完全保護中國免於分裂計也。[6]

據此可知，袁世凱是主張君主立憲制政體的。不過，白蕉在引了《時報》所刊袁世凱之政見後，自己有一段評論，他說：「袁氏非有革命思想者，不僅無革命思想，且反對革命；其乘時而起，主張君主立憲，『留存本朝皇帝』非忠於清，其意蓋別有所在，證於其後之行事可知。」歷史已經過去一個世紀了，我們今天來分析當時人所說的袁世凱反對革命的話，本書總覺得有要說的。

從歷史上看，一個王朝的滅亡，大多是在後起王朝中的當政者參與前朝末期革命的結果。秦末的陳勝吳廣起義，後轉為劉邦項羽之楚漢之爭，朝代之所以更替，主要原因還是革命的結果；隋末的農民起義，作為隋朝大將的李淵不是在這場革命中得到了實惠嗎？我們可以排除劉邦的得天下，因為劉邦畢竟不是前朝的重臣，他是得益於農民起義；但李淵的事實可以說明，他

之所以得天下應當感謝農民起義。同樣道理，我們也可以用來說明袁世凱的得天下，如果不是武昌起義，袁世凱有可能終老民間，他之所以被重新起用，不能不說得益於辛亥革命，從這個意義上說，袁世凱沒有理由反對革命。現在的問題是，他在革命黨人主張民主共和的問題上有不同意見，並不能把他的這一主張解釋為反對革命，那麼，他為什麼不主張民主共和而堅持君主立憲？從一方面說，對於袁世凱掌控政權，民主共和要比君主立憲更為實惠。因為如果是君主立憲，袁世凱充其量不過是大清的一個有實權的大臣，當一個內閣總理，但他的頭上還有一個「君」呢！要是實行民主共和，黎元洪和黃興都曾經向他流露過那個中華民國大總統在等待著他的。這樣說來，袁世凱並沒有反對革命的必要！我們有所不解的是，袁世凱為什麼一定傾向於君主的政？

有一則資料可以說明袁世凱當時的「隱衷」：

袁世凱之隱衷。北京諸大老對於共和政體，頗有願表同情者，所不能解決然者，唯一班窮老旗員，恐廢卻君主，伊輩之飲啄，即爾斷絕，是以不免惶恐。然表面亦無反對之跡，以彼本無反對之能力也。袁世凱懼第一期之大統領為他人所得，而又無能為毛遂之謀，故於各方面密遣心腹，竭力運動，己則揚言共和政體如何不宜於今日之中國。實則一俟運動成熟，遂爾實行，其所以反對共和者，意固別有所在。而載濤、良弼輩，亦將此等隱謀，早已窺破，暗鬥之機，於是更熾矣。袁初到北京，即向人云：內閣大臣三年一任，為期太迫，恐於政治不能多所舉措。識者莫不嗤之。今於共和前途，如是作梗，推其心，殆欲將萬世一系之專制君主易為袁姓而始快意也者。以袁氏生平之歷史，對於滿清，唯知弄權植勢；於屬吏，則專以貪黷不識字之流為爪牙；至於民事，則除卻捕黨人、遏民氣、斂財肥己而外無所能雲。[7]

這則「隱衷」原載 1911 年 12 月 29 日《時報》，其題目：《袁世凱之隱衷》，根據文中之內容可知，這篇短文出自革命黨人之手。窺其文意，袁世凱反對共和政體自有其道理，但他也承認共和政體的進步意義。關於這一斷論，我們可以從袁世凱所派北方和談代表唐紹儀與南方代表的談判紀要中

可知一二，即對確定國體問題，雙方商定條件為：「開國民會議，解決國體問題，從多數取決。決定之後，兩方均須依從。」

不管是袁世凱主張君主立憲還是他說民主共和是世界發展的潮流，不管開國會解決國體的結果如何，袁世凱最終所關心的是自己能否當上中華民國大總統的問題。對於同袁世凱談和的問題，革命黨人內部的意見並不統一。有一部分人認為，袁世凱的話不可信，說他善於施展隱謀，但革命黨人內部的確有相當一部分人對袁世凱存在著一種妥協傾向，之所以妥協，是因為有些懼怕袁世凱的軍事力量，對於民眾革命力量缺乏信心。比如黃興，他是革命軍的領導者，在馮國璋進攻漢陽時，黃興是總指揮，但那場戰鬥失敗了，由於革命黨人內部的意見分歧，致使黃興一氣之下離開了武漢。在同袁世凱的和談中，黃興的意見頗有代表性，他認為：「袁世凱是一個奸黠狡詐、敢作敢為的人，如能滿足其欲望，他對清室是無所顧惜的；否則，他也可以像曾國藩替清室出力把太平天國搞垮一樣來搞垮革命。只要他肯推翻清室，把尚未光復的半壁河山奉還漢族，我們給他一個民選的總統，任期不過數年，可使戰爭早停，人民早過太平日子，豈不甚好。如果不然，他會是我們的敵人，如不能戰勝他，我們不僅得不到整個中國，連現在光復的土地還會失去也未可知。」[8]

按照革命黨人的意思，還是主張同袁世凱和談成功的。但是，這裡邊有一個原則性的分歧，就是革命黨人始終對於共和政體不放，而袁世凱則以君主立憲為最好、最理想。需要特別指出的是，外國列強對於清廷並不抱什麼希望，而是把在中國的倚望放在袁世凱的身上，表現在「南北議和」的問題上，列強們也站在袁世凱的一邊，主張君主立憲。依此而論，南北和談很快將會有一個最終結果出來。但是，就在這個時候，因為孫中山從海外歸來就任中華民國臨時大總統一事，弄得袁世凱非常惱火。他認為，革命黨人「忽悠」了他，本來說讓他做中華民國大總統的，怎麼又選舉孫中山任此職呢？

這個事情是相當複雜的。讓我們把此事從開始說起：武昌起義後，南方各省紛紛宣布獨立，這樣，成立資產階級民主共和國就已經成為革命發展的需要了。需要歸需要，由於忙於戰爭，革命黨人來不及召集光復的省份的民

主共和代表坐下來進行共和國總統、元帥之類的大選。雖說沒有這個時間和機會進行民主共和國領導人的選舉，但這必定是一國之大事，不能拖延下去。當黃興從武漢前線撤下來回到上海後，原在武漢的光復各省的代表也從武漢移軍南京（此時南京已被聯軍攻下）。

且看這段文字：

先是黃興到滬，擬召江、浙軍援鄂，會因鄂軍與清軍議和，彼此停戰，乃將援鄂事暫行擱起。至南京已下，各省代表，均自漢口移至南京，道出滬上，擬選舉正副元帥，為他日正副總統根本。當下開會公舉，黃興得票最多，當選為大元帥，黎元洪得票，居次多數，當選為副元帥，哪知江、浙聯軍，嘖有煩言，多半謂漢陽敗將，怎能當大元帥的職任？況黎都督是革命功首，反令他屈居副座，如何服人？遂紛紛電達滬漆，不認黃興為大元帥（此即為軍人干涉立法權之始，但各代表推選項不慎，也是難免指摘）。各省代表，束手無策，只好再行酌議，擬將黎、黃二人，易一位置。黃興聞聯軍不服，即日離滬，只致書各省代表，力辭大元帥當選。各代表得了此書，樂得順風使帆，以大元帥屬黎，副元帥屬黃，唯會議時有一轉文，黎大元帥暫駐武昌，可由副元帥代行大元帥職權，組織臨時政府。公決後，即由各代表派遣專足，歡迎副元帥移節江寧，一面與行政機關接洽，在江寧領設元帥府，專待黃副元帥到來。不意黃副元帥竟爾固辭，至再三敦促，仍然未至。有幾個革命黨人，與黃興素來莫逆，竟跑入代表會所，狂呼亂叫，拍案痛詈，略稱：「舉定的正副元帥，如何易置？顯是看輕我會中好友，你等名為代表，度為設身處地，一位大元帥，驟然降職，尚有面目來寧，組織臨時政府麼？」說得各代表俯首無言，待他舌乾口渴，方設詞勸慰，將他請出。黨人恨恨而去。

各代表忍氣吞聲，面面相覷。忽聞孫中山航海到來，已抵吳淞口，虧得他來解圍。大眾方轉憂為喜，即開了一個歡迎會，去迓中山。中山於十一月初六日到滬。遂把大元帥副元帥的問題擱在一邊，一心一意地推舉孫中山為臨時大總統……[9]

看來，袁世凱對於孫中山任臨時大總統一時的確存在一定的「誤解」。他在北京任清廷的內閣總理，那只是暫時的，最終他是在覬覦著民國大總統

的職位。他本來是透過各種手段達到君主立憲的和談目的，正在同革命黨人討價還價的當兒，「半路殺出個程咬金」，孫中山從海外回國了，革命黨人正在為正副大元帥不好安排的時候，這一尷尬的局面因孫中山的到來而迎刃而解了。這一解，對於革命黨人來說是解決了一個矛盾，資產階級共和國的首腦機關建立起來了，但是，可急壞了想當民國總統的袁世凱，他非常「操火」。

這件事情，不光是袁世凱非常不滿，在武漢前線的段祺瑞也感到意外，為了配合袁世凱，段祺瑞又在前線架起了大炮，他以武力給南方革命黨人一點顏色看，客觀上也促成了唐紹儀的辭職，為袁世凱的親自出馬提供了一個契機。

請看這段文字：

孫中山是眾望所歸的革命領袖，12月25日他從海外歸來，29日即被十七省代表會議在南京選舉為中華民國臨時大總統。儘管孫中山當天就致電袁世凱，表示他僅是暫時擔任組織政府之責，仍望袁早定大計，但此事畢竟出乎袁氏意料之外，於是，他突然轉變態度，以唐紹儀與南方代表「會議各條約，未先與本大臣商明，遽行簽定，本大臣以其中有必須聲明及礙難實行各節」為由，迫使北方總代表唐紹儀辭職，而由他自己直接與南方對話。實際上，這是袁世凱出爾反爾，變相推翻了唐紹儀承其意旨與南方已達成的協議。

鑒於黎元洪、黃興等曾向袁世凱許諾，一旦袁氏贊成共和，即擁立其為大總統，因此，袁世凱對孫中山的出任臨時大總統極為敏感。對此事雖然張謇事先向袁世凱密電加以說明，謂：「南省先後獨立，事權不統一，秩序不安寧，暫設臨時政府，專為獨立各省，揆情度勢，良非得已」；而且對未來形勢還作出有把握的估計說：「甲日滿退，乙日擁公，東南諸方，一切透過。」袁世凱還是不放心，他甚至直接致電南方總代表伍廷芳，詰問「選舉總統是何用意？設國會議決君主立憲，該政府及總統是否亦即取消？」並進一步探詢清帝退位後舉袁為總統「有何把握」。與此同時，他又打出北洋王牌，唆使薑桂題、馮國璋、張懷芝等北洋將領聯名通電，聲稱「不惜以干戈相見」，

「誓不承認」中華共和制度。孫中山對袁的疑慮作了明確的答覆：「如清帝實行退位，宣布共和，則臨時政府絕不食言，文則可正式宣布解職，以功以能，首推袁氏。」

雖然革命黨人以大總統之位向袁世凱作了許諾，但在「實行共和」這個原則問題上卻從未讓步，甚至袁世凱曾提出清政府與南京臨時政府同時解散，由他另立統一的共和政府的主張，也遭到了南京臨時政府的拒絕。[10] 從立憲到共和，是革命黨人對袁世凱的考驗，也是他最難逾越的鴻溝，但是，在做滿清臣子與中華民國大總統之間，他還是選擇了後者。[11]

在袁世凱把各方面的底細情況弄清楚之後，他有些放心了。他此時已經明白，給革命黨人再繼續討價還價下去已經沒有多少光可沾了。就是說，他所力挺的君主立憲恐怕已經不太可能了，因為革命黨人在這個問題上態度是很明朗且很堅決的，換句話說，你袁世凱如果堅持君主立憲，我們雙方就免談！在這種情況下，袁世凱一改其原來的態度，要講共和之好了。袁世凱著手收拾清廷中的「孤兒寡母」了，怎麼個「收拾」法呢？說得好聽些，這就需要袁世凱和段祺瑞等「巧運籌」了，說得不太好聽一些，就得靠袁大人和北洋一系的嫡系們搞出一些動作出來。

袁世凱在應付過了革命黨人這一方之後，所面臨的主要對手就是清廷的遺老遺少們這一幫子了。一個封建王朝——具體地說——這個大清帝國在中國這塊版圖上已經延續了二百六十幾年了，要它一下子退出歷史舞臺也不是輕而易舉之事，儘管這個王朝已經到了盡頭。中國有句俗話：瘦死的駱駝比馬大。大清就是再不景氣，它還有一個龐大的軀殼在那裡放著，你袁項城再有實力，你也不過是人家大清的一個臣子嘛！袁世凱要想把滿清從中國歷史上消失，還是相當費力費心的。

當時，一些王公親貴們已經看到袁世凱的用心所在了。他們當然不願意讓小皇帝溥儀從皇位上退下去。如資政院議員毓善等聯名致電袁世凱，稱「誠恐君位一去，大亂斯起」；[12] 以東三省陸防全體軍人名義發給袁世凱的電報則謂「國家不可一日無君」，否則將「預備開拔，赴湯蹈火」。[13] 這些情況說明，清廷中還真有不少保皇派，尤其是在軍人中的保皇派使袁世凱不能不

防。不過，袁世凱的底氣是足的，因為有段祺瑞大軍作他的堅強後盾，他根本不怕這些保皇派的搗亂。

袁世凱先去「忽悠」一下慶親王奕劻。一天，他親至老慶私邸，密商多時，其所說的話的大概意思是：「全國大勢，傾向共和，民軍勢力，日甚一日，又值孫文來滬，挈帶巨資，並偕同西洋水陸兵官數十員，聲勢越盛。現在南京政府，已經組織完備，連外人統已贊成。試思戰禍再延，度支如何？軍械如何？統是沒有把握。前數日議借外款，外人又無一答應，倘或兵臨城下，君位貴族，也怕不能保全，徒鬧得落花流水，不可收拾。若果到了這個地步，上如何對皇太后？下如何對國民？這正是沒法可施哩。」老慶聞聽此言，也是皺眉搓手，毫無主意；隨後又問到救命的方法，袁世凱即提出「優待皇室」四字，謂：「皇太后果俯順輿情，許改國體，那革命軍也有天良，豈竟不知感激？就是百世以後，也說皇太后皇上為國為民，不私天下。似王爺等贊成讓德，當亦傳頌古今，還希王爺明鑒，特達宮廷。」袁世凱對於慶王是先恫嚇，後趨承，這個老慶能不按袁世凱的話去辦嗎？果然，慶親王躊躇一會兒，說道：「事已至此，也沒有別的好法子了，且待我去奏聞太后，再行定奪。」

又過了一天，隆裕太后宣召袁世凱入朝。袁奉命前往。他仍把前一天在慶王府所說的一套話再拿出來給隆裕太后重述了一番。我們知道袁世凱的手段和隆裕太后的膽量，說得太后流淚不止，袁項城連哄帶嚇又帶勸。最後太后哭著說：「我母子二人，懸諸卿手，卿須好好辦理，總教我母子得全，皇族無恙，我也不能顧及列祖列宗了。」袁世凱把老慶和隆裕太后統統給「忽悠」住了。

袁世凱從隆裕太后那裡回去的時候，已是中午，一個驚險的「鏡頭」出現了：他乘的馬車在途中被人扔炸彈險些被炸死，幸虧炸彈離他的馬車遠了一點，袁世凱並無大礙。這一炸，正好幫了袁世凱的一個忙：讓清廷貴族們認為袁世凱並不是賣清求榮者。

讓袁世凱比較「頭疼」的是，他想與革命黨人言和，但清廷內部卻有一幫子遺老們並不甘心把一個大清王朝拱手讓給他人的，尤其是那個宗社黨首領、軍咨使良弼反對袁世凱同革命黨人議和，他力主同革命黨人戰到底，這

個人只要在位一天，袁世凱和革命黨人的議和就存在一天障礙。大概是袁世凱因受被炸的啟示，令他想出了一個懲治良弼的好辦法：同樣用「炸」的辦法把良弼給「做」了。[14]

　　這件事的出現，給清廷的頑固派一定的震懾。但是，震懾歸震懾，並不是最終促成清帝退位的關鍵所在。最終促成清帝退位和主張共和政體者還是段祺瑞等軍隊將領的「兵諫」（也有稱之為「請願」的）。正當清廷親貴們為良弼被炸而驚嚇得喪魂落魄之際，以段祺瑞為首的軍事將領們的一份「兵諫書」（毋寧說是「催命符」）傳到了隆裕太后的手中。

　　隆裕太后讀罷以段祺瑞為首所呈請的「兵諫書」，頓時嚇得魂飛魄散！

　　自武昌起義到段祺瑞率部下對朝廷實施「兵諫」，把決定清廷命運的隆裕太后連嚇帶氣，哭天號地。上有袁世凱在朝中巧施計謀，唱起了「白臉」，無奈朝中上下，支支吾吾，揉揉擰擰，不吐不咽，惹得統率大軍的段祺瑞「操了火」，唱起了「紅臉」，對清帝退位發揮了關鍵性的作用。可憐一個大清王朝，傳到小皇帝溥儀這個地方，二百六十七年（1644—1911），不想被袁世凱和段祺瑞等給解決了。我們再往前推，中國專制政權從秦始皇起，到小皇帝溥儀止，已經兩千多年（公元前 221 年－1911 年）了，不想，到了兩千多年後的袁世凱和段祺瑞時代，這個歷史被改寫了！

註釋

[1] 本書在此必須說明，打響武昌起義第一槍者是當時新軍中的「小人物」，他們名不見經傳，正是因為他們是「小人物」起義成功後成立湖北軍政府無法任都督，才把黎元洪推向前臺。這時，孫中山在海外得此消息，電告黃興親臨武昌前線，和黎元洪一起指揮義軍與馮國璋的清軍作戰。一方面，清軍是北洋一系，頗有戰鬥力，另一方面，起義後的新軍內部出現不團結，畛域觀念作祟，有爭功之嫌，認為黃興無戰功而任總指揮，不服。這樣的種種原因，最終導致失敗，黃興無奈離武昌而去上海。

[2] 袁世凱與攝政王載灃是面和心不和，有袁在總理位上，當然不容許載灃從中掣肘，袁世凱為了把載灃這個礙手礙腳的東西搬開，就故意在一些重大問題的決策上推給載灃，載灃這個廢物能有袁世凱那樣的智謀－他當然吃不消，更是招架不住，在無奈的情況下，自己提出辭職歸藩。慶親王奕劻，雖已罷去總理，遇著緊要會議，總要召他與聞，他便在隆裕太后面前，

力保袁總理能當重任，休令他人掣肘。隆裕太后究是女流，到了沒奈何時候，明知袁總理未必可靠，也只好求他設法，索性退去攝政王，把清廷的一切全權，托付給袁總理。

[3] 江浙聯軍攻下南京，情況是這樣的：在當時十幾個省宣布獨立時，南京方面還是效忠清廷的，並沒有獨立，而是困守孤城。南京的總督是張人駿，提督是張勳，還有將軍鐵良。張人駿當時舉棋不定，因鐵良是滿人，張隨鐵良而輔清，張勳是漢人，卻因受清重恩而死心塌地地為清效力。江蘇都督程德全、浙江都督湯壽潛，組織反清聯軍而進攻南京。又有江南第九鎮統制徐紹楨，時已反抗清廷，任為寧軍總司令，發兵進攻南京，初戰不利，退回鎮江。旋經浙軍司令朱瑞、蘇軍司令劉之潔、鎮軍司令林述慶、滬軍司令洪承點、濟軍司令黎天才，齊集鎮江，與寧軍一齊出發，再搗南京。張勳等向袁世凱求救，而袁哪有這般心思去對付南京方面的聯軍呢，最終，張勳、張人駿、鐵良等率殘兵二千餘人連夜逃跑，聯軍遂入南京城。

[4] 據胡曉編《段祺瑞年譜》記：1 月 18 日（十月二十八日），南北議和開始。

[5] 來新夏：《北洋軍閥史》（上冊），南開大學出版社 2000 年 1 月第 1 版，第 197~198 頁。

[6] 白蕉：《袁世凱與中華民國》，中華書局 2007 年 6 月北京第 1 版，第 11-13 頁

[7] 白蕉：《袁世凱與中華民國》，中華書局 2007 年 6 月北京第 1 版，第 14 頁。

[8] 來新夏：《北洋軍閥史》（上冊），南開大學出版社 200 年 12 月第 1 版，第 19-199 頁

[9] 蔡東藩：《民國演義》，第三回。

[10] 據 1912 年 1 月 28 日《時事新報》譯載《大陸報》北京電云：1 月 27 日電：孫總統電致各國公使，歷述近時議和情形，並將和議中梗一端歸咎於袁世凱氏。略謂：「本總統甚願讓位於袁，而袁已允照辦，豈知袁忽欲令南京臨時政府立即解散，此則為民國所萬難照辦者。蓋民國之願讓步，為共和，非為袁氏也！袁若願盡力共和，則今日仍願相讓。」當袁氏聞民國願舉為總統之消息後，即一變其保清之態度，而力主清帝退位，至前此所議之國民大會一節，亦復盡行抹卻。既而知國民必欲其實行贊成共和，而絕不肯貿然相讓，墮其詭計，則袁氏又復變態矣！蓋袁氏之意，實欲使北京政府、民國政府並行解散，俾得以一人而獨攬大權也雲雲。

[11] 來新夏：《北洋軍閥史》（上冊），南開大學出版社 2000 年 12 月第 1 版，第 200~201 頁。

[12] 中國史學會主編：《中國近代史資料叢刊.辛亥革命》（八），上海人民出版社 1957 年版，第 155 頁。

[13] 中國史學會主編：《中國近代史資料叢刊.辛亥革命》（八），上海人民出版社 195 年版，第 170 頁。

[14] 良弼最終是被一個名叫彭家珍的人給炸死的。有人認為，彭係革命黨人，本書認為，綜合分析當時的局勢，不能排除袁世凱的指派。

第十二章 排眾議力挺共和定國都雙方鬥智

以段祺瑞為首的上書「兵諫」，直言勸告清廷當「立定共和政體」，否則，段祺瑞「謹率全軍將士入京，與王公痛陳利害」，害得隆裕太后一陣痛哭流涕，在萬般無奈的情況下，隆裕太后宣召袁世凱入宮，商定立共和政體的事宜。

實際上，在袁世凱與革命黨人就君主立憲和立共和政體的重大問題上，袁世凱的確是舉棋不定的，他最終主張實行共和政體，完全在於段祺瑞的上書「兵諫」，一錘定音。而在此之前，段祺瑞雖身在湖北前線，但他並沒有放鬆對於共和政體的努力。段祺瑞明白，南方革命黨人把大總統一職讓於袁世凱是有條件的，那就是力主共和，作為袁世凱的得力助手和北洋軍的核心人物，段祺瑞時時都在為袁世凱的權力而上下奔走。

大清的退出歷史舞臺，有兩股大的力量在其中發揮作用：一股是革命黨人的革命力量；一股是大清帝國的朝中重臣袁世凱和段祺瑞。孫中山先生和他所領導的革命對於推翻封建帝制的作用在於其開了歷史先河，是新生力量的光輝代表，但是，我們不能有任何諱言，不能羞羞答答、含糊其辭、模棱兩可、半推半就地說，袁世凱、段祺瑞等在朝的勢力也發揮了一定的作用。應當肯定地說，完成推翻中國兩千多年來封建帝制的偉大創舉的是孫中山，是袁世凱，是段祺瑞，儘管雙方各懷心態。「天下何思何慮？天下同歸而殊途，一致而百慮。」（《易係辭下》）天下到底有什麼可憂慮的呢？結果只有一個，但達到這一結果的途徑可以是不同的。

應當說，大清帝國已經失去軍隊作為其撐國的堅強柱石，袁世凱可放心地以其內閣總理的身分向革命黨人直接要他們曾許諾的「中華民國大總統」的職位了。但袁世凱因其本人那種老謀深算的政治家性格和氣質，決定了他同革命黨人為清室小皇帝等皇親國戚討要生存條件的討價還價的「談生意」般的周旋。袁世凱一向認為，白己幾代人都是深受皇恩的蔭庇的，不能因自

己得國而將前清的那幫子遺老遺少一腳踢開，不顧他們的死活。他還是同革命黨人為清室的生存盡量多爭得一些物質上的利益。我們在此拋開其他方面的因素，單從「人性」而論，袁世凱還是有這個方面的「良心」，用現在流行的話說，他還算是一個「純爺兒們」！他的這種良知、良心、人性，可以從他與革命黨人所開出的《清室優待條件》中窺見，現摘錄如下：

甲關於大清皇帝辭位之後優待之條件：

今昔對比因大清皇帝宣布贊成共和國體，中華民國於大清皇帝辭退之後優待條件如左：

第一款：大清皇帝辭位之後，尊號仍存不廢，中華民國以待各外國君主之禮相待。

第二款：大清皇帝辭位之後，歲用四百萬兩，俟改鑄新幣後改為四百萬元，此款由中華民國撥用。

第三款：大清皇帝辭位之後，暫居宮禁，日後移居頤和園，侍衛人等照常留用。

第四款：大清皇帝辭位之後，其宗廟陵寢永遠奉祀，由中華民國設衛兵妥慎保護。

第五款：德宗崇陵未完工程如制妥修，其奉安典禮仍如舊制，所有實用經費均由中華民國支出。

第六款：以前宮內所用各項執事人員可照常留用，唯以後不得再招閹人。

第七款：大清皇帝辭位之後，其原有之私產由中華民國特別保護。

第八款：原有之禁衛軍歸中華民國陸軍部編制，額數俸餉仍如其舊。

乙關於清皇族待遇之條件（略）

丙關於滿、蒙、回、藏各族待遇之條件（略） [1]

從這些條款中，我們足以看出對於清室的優待程度了。可以說，中國歷史上哪一個形將滅亡的王朝在它亡後的新朝中也沒有享受到這種優待，上述

條件還是經過南京臨時政府的議員們修改過的，如果不經修改，其中有些條件還會更加優待。

得到了南京方面的承認後，在袁世凱的主持下，清廷於 1912 年 2 月 12 日頒發了「退位詔書」。詔曰：

今全國人民心理，多傾向共和。南中各省既倡議於前，北方諸將亦主張於後。人心所向，天命可知。予亦何忍因一姓之尊榮，拂兆民之好惡。是用外觀大勢，內審輿情，特率皇帝，將統治權公諸全國，定為共和立憲國體。近慰海內厭亂望治之心，遠協古聖天下為公之義。袁世凱前經資政院選舉為總理大臣，當茲新舊代謝之際，宜有南北統一之方。即由袁世凱以全權組織臨時共和政府與民軍協商統一辦法。總期人民安堵，海宇乂安，仍合滿漢蒙回藏五族完全領土，為一大中華民國。[2]

這一詔書的頒發，昭示著中國歷史上的封建帝制的正式謝幕。但這裡邊有一個戲劇性的東西，明眼人一看便知。你大清退位就是了，你還有什麼權力下「詔書」讓袁世凱去全權組織臨時共和政府呢？這不是在開玩笑嘛！還像大清皇帝在位所下的聖旨一樣。

大清在退位前下這樣一詔書，對中華民國臨時政府不能不算是莫大的諷刺：我革命黨人是同袁世凱和段祺瑞在談「中華民國總統」的問題，與你小皇帝何干？但小皇帝果真出面了，他還真的挺關心南北和談的，並且以退位皇帝的名義頒布詔書，說穿了，所謂詔書，實際上是袁世凱一手策劃出來的。

第二天（1912 年 2 月 13 日），袁世凱電告南京臨時政府，並宣布政見，其電曰：

共和為最良國體，世界之所公認。今由帝政一躍而躋及之，實諸公累年之心血，亦民國無疆之幸福。大清皇帝既明詔辭位——業經世凱署名，則宣布之日，為帝政之終局，即民國之始基。從此努力進行，務令達到圓滿地位，永遠不使君主政體再行於中國！[3]

從袁項城的電文中，我們可知，袁氏說話的政治技巧。這些電文到達南京後，南京臨時政府實踐了自己原先對於袁世凱的承諾，一旦共和成立，孫

中山就把他的那個臨時大總統的位置讓於袁世凱，孫中山此時向參議院提出了辭職書，並推舉袁世凱為大總統。其文曰：

今日本大總統提出辭職，要求改選賢能。選舉之事，原國民公權，本總統實無容啄之地。唯使吳代表電北京，有約以「清帝實行退位，袁世凱君宣布政見，贊成共和，當即推讓。」提議於貴院，亦表同情。此次清帝遜位，南北統一。袁君之力實多。發表政見，更為絕對贊同，舉為公僕，必能盡忠民國。[4]

兩天後（1912 年 2 月 15 日），南京臨時政府參議院舉行臨時大總統選舉會，與會的十七省議員，每省一票，一致選舉袁世凱為臨時大總統。在當日發給袁世凱的電報中竟稱譽說：「查世界歷史，選舉大總統滿場一致者，只華盛頓一人，公為再見，同人深幸公為世界之第二華盛頓，我中華民國之第一華盛頓。」[5] 接下來，又投票選舉了副總統，副總統是黎元洪。

孫中山辭去了臨時大總統，但在其所提交的辭職書中又附了三條內容：其一，臨時政府地點設於南京，為各省代表所議定，不能更改；其二，辭職後，俟參議院舉定新總統親到南京受任之時，大總統及國務各員乃行辭職；其三，臨時政府約法為參議院所制定，新總統必須遵守頒布之一切法律章程。

這種情況，對於袁世凱來說是不利的。袁世凱自小站練兵以來，他的軍事實力和政治實力一直在北方，具體地說一直在北京，那個地方是袁世凱起家、發家、政治崛起的地方，袁世凱是決計不會離開北京的。但正好在這個關鍵性的問題上，南京方面也早看到了這一點，孫中山和南京臨時政府的要員們為了給袁世凱一個制約，從法律和行政的角度，考慮了一些辦法，最為好的辦法就是南京政府制定了一個《中華民國臨時約法》，本《約法》共計七章五十六條（注：《臨時約法》於 1912 年 3 月 11 日即袁世凱在北京宣誓就職中華民國臨時大總統的第二天公布），其中第四章為：臨時大總統副總統，從第二十九條到第四十二條共十四個條款，在《臨時約法》中所占的分量是比較重的，主要考慮對於總統權限的一個約束。這主要是革命黨人考慮到怕袁世凱獨攬大權慣了，給他一個法律上的制約措施。這是一個方面。另一方面，孫中山先生和革命黨人考慮到北方是袁世凱的根據地，如果把國

都定在北京的話，南方革命黨人就不好控制局勢了，或者說不叫做「控制局勢」，而是對於共和國體不利，所以孫中山在提出辭職時特意附上了上述三條。恰在這些問題上，南北雙方鬥起了智來，這裡邊是大有「好戲」看的！

　　一方面孫中山派人北上請袁世凱南下就臨時大總統一職，另一方面，袁世凱也表示去南京就職，但擔心北方不寧。雙方搞起了「拉鋸戰」。請袁世凱到南京就職，在孫中山一方說，革命黨人是誠心誠意的，從袁世凱一方說，那是袁世凱在給革命黨人玩政治戲法（我們也可稱之為玩政治）。關於這個問題，我們所看到的不論是史書，還是演義性質的文學傳記，都把這件事情說得繪聲繪色，富有起伏跌宕的戲劇情節。蔡東藩所著《民國演義》兼有史學和文學的雙重意義，現依蔡東藩著，將這段公案展示於下：

　　關於定都一事，也經參議院核定。參議院委員長李肇甫，及直隸議員谷鐘秀等，以為臨時政府地點，不如設在北京。其意思是，作為政府所在地，必須在地勢上能夠起到統馭全國的作用，從可以便於統馭全國這個角度說，北京比南京為優。當時把臨時政府的地點定在南京，是有當時的情況，因為那時，在大江以北，屬於清軍的範圍，革命黨人當然不能說就可以把清軍打敗，我們把國都一次性定在北京。現在的情況顯然不同於當時，南北已經統一了，自應因時制宜，把國都定在北京為好。我們現在看來，這個提議是有它的道理的。但是，因為當時已經這麼定了，現在要改，也不是一兩個人說了算數的事情，既然有了參議院，還是透過表決的方式解決這個棘手的大問題。透過投票，主張把國都定在北京的有 20 票，而主張把國都定在南京的只有 8 票。這樣，就又諮詢孫中山，孫總統的意見是仍定都於南京。援臨時政府組織條例，再交參議院復議。原來臨時政府大綱中，曾有臨時大總統對於參議院議決事件，如未以為然，得於具報後十日內，聲明理由，交會復議。參議院接收後，再開會議，除李肇甫、谷鐘秀數人外，忽自翻前議，贊成南京，不贊成北京，參議院由此爭論不休。沒有辦法，旋即由中立黨調和兩選，搞了個第三次投票，結果是贊成北京的只有 7 票，19 票主張定都南京，像這樣重大問題，搞了三次投票，朝三暮四，令人莫測。這樣，孫中山接到復議決文，自然再次電告北京袁世凱，請他到南京就職。

袁世凱於是復電南京，其電文日：昨電計達，嗣奉尊電，慚慷萬狀。現在國體初定，隱患方多，凡在國民，應共效綿薄。唯揣才力，實難勝此重大之責任。茲乃辱荷參議院正式選舉，竊思公以偉略創始於前，而凱乃以輕材承乏於後，實深愧汗。凱以私願，始終以國利民福為歸，當茲危急存亡之際，國民既以公義相責難，凱敢不勉盡公僕義務？唯前陳為難各節（即袁世凱在前電中說到北京方面不穩，沒辦法到南京就職——引者），均係實在情形，素承厚愛，謹披瀝詳陳，務希涵亮！

緊接著，袁世凱再度給南京方面發電報，其文日：昨因孫大總統電知辭職，同時推薦世凱，當經復電力辭，並切盼貴院另舉賢能，又將北方危險情形，暨南去為難各節，詳細電達，想蒙鑒及。茲奉惠電，惶悚萬分，現大局初定，頭緒紛繁，如凱衰庸，豈能肩此巨任？乃承貴院全體一致，正式選舉，凱之私願，始終以國利民福為歸。當此危急存亡之際，國民既以公義相責難，凱何敢以一己之意見，辜全國之厚期？唯為難各節，均係實在情形，知諸公推誠相與，不敢不披瀝詳陳，務希涵亮！統候南京專使到京，商議辦法，再行電聞。

這樣，南京臨時政府就派專使到北京商談袁世凱到南京就職一事。南京方面派了三位專使，他們是主使蔡元培，副使汪兆銘（汪精衛）、宋教仁。在此之前，袁世凱派原來和談代表唐紹儀到南京，主要是協商袁在北京就職一事的，現在既然南京方面派了三位專使去北京請袁世凱到南京就職，那麼，唐代表在南京也就失去了存在的意義。這樣，唐紹儀便同三位南方專使一起到北京來了。

袁世凱用了很高規格的歡迎儀式以迎接蔡元培等。2 月 21 日，使節從南京出發，27 日抵達北京。但見正陽門外，已高搭彩棚，用了經冬不凋的翠柏扎出兩個大字：歡迎！歡迎二字旁，豎著兩面大旗，分著紅黃藍白黑五色，隱寓五族共和的意思。彩棚前面，左右站著軍隊，立槍致敬，又有老袁特派的專員，出城迎接，城門大啟，軍樂齊喧，一面鳴炮十餘下，作歡迎南使的先聲。蔡專使帶同汪、宋各員，與唐紹儀下車徑入，即由迎賓使向他們行禮。兩下裡免冠鞠躬，早有賓館預備，安排得井然有序。京中人士，多所來謁。

蔡專使大多說一些渴望袁總統南下，袁能早一天南下，人們能早一天安慰等語；而北方人士多說一些北京人心多想讓袁總統留在北京，在北京由袁總統組織臨時政府如何如何好等語。如果袁總統一去，北方無所依托。北京是元、明、清三朝之都，一旦遷移南去，多所不便，況且東北三省、內外蒙古，不好駕馭，因鞭長莫及，雲雲。說到夜闌人靜，雙方的人都倦困不堪，於是主去客息。第二天早上起床，蔡等精神大振，準備去迎見袁世凱大人了！

　　卻說蔡元培、汪兆銘、宋教仁等一到袁府，老袁當即迎入，熱情洋溢。蔡元培等將孫中山給老袁的書函呈上，老袁起身接受。袁世凱閱罷，便皺眉作為難狀，且聽他說：「我日思南來，與諸君共謀統一，怎奈北方局面，未曾安定，還須設法維持，方可脫身。但我年近六十，自問才力，不足當總統的重任，但求共和成立，做一個太平百姓，己願則足矣，不識南中諸君，何故選中老朽？並何故老催我南下？難道莽莽中原，竟無一人似我袁某嗎？」蔡元培道：「先生老成重望，海內久仰，此次當選，正為民國前途慶賀得人，何必過謙？唯江南軍民，極思一睹顏色，快聆高談，若非先生南下，恐南方人士，還疑先生別存意見，反多煩言呢。」老袁又道：「北方要我留著，南方又要我前去，苦我沒有分身法，可以彼此兼顧。但若論及國都問題，愚見恰主張北方哩！」

　　蔡元培還是很有禮貌地對待袁的這種說法。只是宋教仁年輕氣盛，聽了老袁的話，知道他不想到南京去，便直接對袁世凱說道：「袁老先生的主張，愚意卻以為不可，此次軍民起義，自武昌起手，至南京告成，南京已設臨時政府，及參議院，因孫總統辭職，特舉老先生繼任，先生受國民重托，理應以民意為依歸，何必戀戀於北京呢？」老袁掀髯微哂道：「南京僅據偏隅，從前六朝及南宋，偏安江左，卒不能統馭中原，何若北京為歷代都會，元、明、清三朝，均以此為根據地，今乃捨此適彼，安土重遷，不特北人未服，就是外國各使館，也未必肯就徙哩。」宋教仁道：「天下事不能執一而論。明太祖建都金陵，不嘗統一北方嗎？如慮及外人爭執，並非被保護國，主權應操諸我手，我欲南遷，他也不能拒我。況自庚子拳亂，東交民巷，已成外使的勢力圈，儲械積粟，駐軍設防，北京稍有變動，他已足制我死命。我若與他交涉，他是執住原約，斷然不能變更。目今民國新造，正好借此南遷，擺脫

羈絆。即如為先生計，亦非南遷不可，若是仍都北京，幾似受清帝的委任，他日民國史上，且疑先生為劉裕、蕭道成流亞，諒先生亦不值受此汙名呢？」宋教仁真是年輕，說出話來，令老袁先生實在有些受不了，正在這個時候，唐紹儀進來了，為這個尷尬的局面開出了一個順暢的辦法，使得有些不愉快的氣氛得以緩和。說說時近中午，袁世凱為南使設宴接風。所談之大事暫且擱起。

　　飯後，汪精衛問蔡元培：「鶴卿（蔡元培之字——引者）先生，你看老袁的意思，究竟如何？」蔡先生是一個老實人，為人忠厚平和，他慢慢地說道：「他用詐，我用誠，他或負我，我不負他，便算於心無愧了。」話說到了晚上，晚飯後，蔡元培等三人各自安睡。正睡得香時，忽聽外面人聲馬嘶，震響不已，接著又有槍聲彈聲，屋瓦爆裂聲，牆壁坍塌聲，頓時將蔡先生等一行驚醒，慌忙披衣起床，開窗一看，大事不好！但見火光熊熊。正在他們驚詫之時，突然嘩啦啦一響，一粒流彈，飛入窗中，把室內腰牆擊穿一個洞，那子彈又從洞中飛出，穿入對面的圍牆，拋出外面去了。蔡元培他們不禁著急道，這將如何是好！汪精衛說：「恐怕是兵變吧？」宋教仁說：「這是老袁的手段。」正說話間，但聽到外面有人喝道：「這裡就是南使所在，兄弟們不要囉唆。」又聽得眾聲雜沓道：「什麼南使不南使！越是南使，我等越要擊他。」又有人問話說：「為什麼呢？」眾聲齊說道：「袁大人要南去了，北京裡面，橫直是沒人主持，我等樂得鬧一場吧。」蔡元培捏了一把冷汗：「外面的人聲，竟要同我們作對，我等不是白白地送了性命嗎？」宋教仁說：「我等只有數人，無拳無勇，倘他們搗將進來，如何對待？不如就此逃生吧。」正說話間，大門外已接連聲響，門上已經被鑿了幾個窟窿，蔡元培、汪精衛、宋教仁三個南方使者還是顧命要緊，連忙將要緊的物件取入懷中，一起從後逃。幸而後面有一個短牆，準備讓役夫取過桌椅闌凳，以便接腳，但此時哪裡找得到人呢！三位使者喊了幾聲，連個人影兒都不見，沒得辦法，只好自己動手，把牆角旁的破舊條竟搬將過來，用力將牆搗一個大洞而逃（和武昌起義時，湖廣總督他們的逃法一樣——引者）！

　　逃倒是逃了出去，但到何處？蔡元培說：「僥倖僥倖，避到哪裡？」宋教仁說：「不遠處即是老袁的宅院，我等不如徑往他處，他就是有心侮我，

總不能抹臉對人。」汪精衛說：「極是！」他們三人轉彎拐角，但從僻靜處走，不一會兒，到了袁宅，門口站崗的士兵舉槍對準他們，宋教仁忙說：「我們是南來的專使，快快報告袁公。」一面說，一面向蔡元培索取名片，因為逃得急，那個東西忘帶了，慌忙中，從另一口袋裡翻出了幾張舊存的名片，遞了上去，等了半天，才有人慢騰騰地出來，說了一個「請」字，他們三人才算進了去！袁世凱見了他們，非常熱情，忙讓役夫燒炭送暖，自己又親手泡上好茶。雙方坐定，袁世凱說：「不料今夜間有這個變亂，讓你們受驚了，很是抱歉！」

宋教仁又是先開口說：「北方將士，唯賴袁公，怎麼竟會有此變呢？」老袁正要回答，正好廳外來了一個人報告：「東安門外，及前門外一帶，到處縱火，嘩擾不堪。」老袁問：「究竟是土匪，還是亂兵？為什麼沒人去彈壓？」來人道：「彈壓的官員不是沒有，怎奈起事的便是士兵，附和的都是土匪，他們一時也不知該怎麼處置。」老袁道：「這班混帳東西，清帝退位，還有我在，難道無法無天了不成？」宋教仁又問老袁：「你為何不派人彈壓？」袁世凱說：「我已經派人去彈壓了，只是我正就寢，倉促聞變，調派已遲。」蔡元培說：「京都重地，乃有此變，如何了得！我看火光燭天，槍聲遍地，今夜的百姓，不知受了多少災難，先生著派兵去，真是為百姓造福。」

他們正說話間，又有人來報：「禁兵聞大人南下就職，以致激變，竟欲甘心南使……」剛說到一個「使」字，被老袁呵斥道：「休得亂報！」接下來便對蔡等一行說：「我兄弟未曾南下，他們就這樣瞎鬧起來，若我動身，還不知鬧騰到何等地步，我早料到此著，所以孫先生一再催我南下，我不得不慎重辦理。昨日宋先生說我戀戀不捨北京，你說我有什麼捨不掉的，定要居住在北京城哩？」說罷，自己便哈哈大笑。

宋教仁面帶慍色，又想對老袁說什麼，被蔡元培止住。袁世凱便說：「我與諸公長談，幾忘了時計，現在夜色已深，怕諸位肯定是餓了，不如略飲幾杯，聊且充腹。」他一聲「來」字，即有差人前來伺候。老袁說：「廚下有酒肴，快去拿來。」其實蔡元培等經過這樣一番折騰，早就餓了，於是乎，大家坐下來吃喝，不多時，聽到金雞報曉。

　　袁世凱令差人把蔡元培等安排在袁府中安歇，早晨辰時，蔡等起床盥洗畢，用過早點，即見袁世凱跟跑趨入，遞交給蔡元培一張紙，便說：「蔡先生請看，天津、保定也有兵變的消息，這真是可慮喲。」袁世凱又道：「這次兵變，尚未了清，昨夜商民被劫，差不多有幾千人家，今天津、保定又有這般警變，教我如何動身呢？」蔡元培沉吟半晌道：「且再計議。」老袁隨即退出。

　　自此，蔡元培等暫住在袁宅，一連兩天，也未見老袁的面，只有老袁派人給蔡元培等時時送來消息，一會兒說日本擬派兵入京，保衛公使；一會兒說各國公使館也有動作，也要增兵等。蔡元培於是就同汪精衛、宋教仁商量：「北京如此多事，我們也不便讓他勉強離京南下。」宋教仁道：「這是老袁的妙計！」蔡元培說：「無論他是否用計，依現在的情勢看來，總只好令他上臺，他定要在北京建設政府，我也不能不遷就他的，果能中國統一，還有何求？」汪精衛說：「鶴卿先生的高見，也很不錯呢。」是夕，老袁也來熟商，無非是說南下為難，又說天津、保定的兵變比北京還要厲害得多，請你們把這種情況轉告給南京政府。

　　在這種情況下，蔡元培等也是無計可施，只好擬就電稿，發給南京，略述北京情形，並且說：「為今日計，應速建統一政府，餘盡可遷就，以定大局。」孫中山接到此電，先與各部長商議，有的說袁世凱不能來，不如請黎副總統到南京，代袁世凱行宣誓禮；有的說不如把南京政府移到武昌去，武昌據全國中樞，袁世凱可來即來。兩議交參議院議決，各議員一律反對，直到 3 月 6 日，始由參議員議決六條辦法，由南京臨時政府轉達北方：

　　（一）參議院電知袁大總統，允其在北京就職；（二）袁大總統接電後，即電參議院宣誓；（三）參議院接到宣誓之電後，即復電認為受職，並通告全國；（四）袁大總統受職後，即將擬派國務總理及國務員姓名，電知參議院，求其同意；（五）國務總理及各國務員任定後，即在南京接收臨時政府交代事宜；（六）孫大總統於交代之日，始行解職。這六條發至北京後，老袁見了第一條，就心滿意足，其他五條迎刃而解，沒一項不承諾了。

　　1912 年 3 月 10 日，袁世凱在北京歡歡喜喜就職中華民國臨時大總統。

關於北京兵變，有史料載：「昨夕駐城內之第三鎮兩營，誤信謠言嘩變。城內外街市，縱火焚燒，肆意搶掠，已經彈壓，秩序恢復。蔡專使所駐法政學堂，適在變亂區域，亦遇搶掠之災。蔡專使等均行逃避，幸未及難，今已移寓於六國飯店。事出倉卒，又係夜間，以防范未周，不勝抱歉，並派員照料一切，嚴懲亂兵，希勿聽謠言。」[6]

關於北京兵變，還有記載：

2月29日晚8時，袁世凱的親信部隊——北洋陸軍第三鎮在北京發生兵變，北京城內多處遭到浩劫。當晚，先由朝陽門一帶的第三鎮第九標炮隊、輜重隊滋事，先是大肆劫掠，「果攤食鋪，無有存者」然後突進朝陽門，而門已閉，變亂兵弁竟動用大炮轟擊，城內之兵聞聽槍聲後起而相應，一時城內外槍聲四起，亂氛蔓延。變兵入城後搶掠達旦，商民被害者數千家。西河沿、大柵欄、珠市口、驟馬市等處，「凡金店、銀錢店、培鋪、首飾樓、鐘錶鋪、飯館、洋廣貨鋪以及各行商鋪，十去九九」。東四牌樓一帶「各家窗戶上子彈所穿之小孔如列星」，可見兵燹之慘烈。兵變不僅搶掠，而且在東安市場一帶縱火，燈市口以北，金魚胡同以南，錫拉胡同、乃茲府附近受創最烈。另外，還有土匪乘機興亂，百姓慘遭塗炭。據當時人所記：「火徹夜不絕，槍聲隆隆不能斷，居民惶恐震駭欲避而不可得，富商藏金於窖而不得免，一時叫者叫、號者號、哭者哭、幼者呼爸爸、老者呼瘤瘤，婦尋其夫、兄覓其弟，慈父以為不能保其子、孝子以為不能有其親，哀聲動天地，慘語泣鬼神」，「然而亂兵土匪，氣焰益張」。甚至連內城巡警總廳暫存於各銀號的薪餉、經費等銀5376.64兩也遭到洗劫。最為嚴重的是，變兵竟闖入迎袁專使的住所，「毆門而入」，將「行李文件等擄掠一空」，蔡元培等幸以身免，倉皇避入各國大使館所在地東交民巷的六國飯店。

這次兵變雖同以往兵變一樣大肆焚掠，卻也有可疑之處。如兵變不同於前的變亂：「兵之行劫也，予以金銀不殺人焉，途中行人不加害焉，槍雖放皆向空際虛發」，也有人「親見無數軍人率無賴流氓東衝西突，軍人以手指揮，無賴瞻其指而行，或燃火毀房屋，或撞門劫財物」，而「各處站崗巡警紛紛鳥獸散」，不予干涉；達官貴人的居所如前清醇、慶各親王等府，翠花

胡同薑桂題之住所等未受變兵所擾，「其附近之商賈皆不及於難」。因此有云：
「是夜之變，兵匪所過劫掠，其得免於劫者，皆有所備也。」也有人窺出蛛
絲馬跡，得知兵變的「三鎮之軍乃袁總統舊部，所為腹心爪牙者乃竟如此」，
而「馮男爵總統禁衛軍，十二夜之變，不敢令禁衛軍出發，可想見矣」。

接著，保定、天津又發生類似事件……對這場兵變的發生，當時報章曾
提出懷疑：「北方之軍隊，隨袁而左右，此記者聽耳熟聞之者也。前月十九
夜之變故，特第三鎮中一部分之兵士為之爾，其他駐扎北京之軍隊尚夥也，
使於事起時，有一千動員，即足以槍斃搶劫之兵士而有餘，而吾人所舉之大
總統也者，反釋此不為，豈其智不足以及此耶？抑別有其他之隱衷，方利用
之耶？」也曾有人認為兵變並非袁世凱直接操縱，只不過是他利用了這一偶
然時機，但這一觀點被後來的不少記述所否定。如據時任第三鎮參謀官的楊
雨辰回憶，兵變前一星期，袁世凱之長子袁克定即召集薑桂題、曹錕等，煽
動他們將南方迎袁專使「嚇回去再說」。隨後，曹銀即召集第三鎮標統、管
帶及參謀長會議進行了布置。袁之親信唐紹儀的記敘更印證袁世凱是這場兵
變的導演。他說：「當時兵變發生，南代表束手無策，促予黎明訪袁世凱。
予坐門側，袁世凱則當門而坐。曹錕戎裝革履推門而入，見袁世凱報請一安，
曰：報告大總統，昨夜奉大總統密令，兵變之事已辦到矣。側身見予，亦請
一安，袁世凱說：胡說，滾出去。予始知大總統下令之謠不誣。」[7]

我們看到這些不同版本的記述，首先感到很有意思。這明明是袁世凱指
示部下軍人們這樣幹的，年輕的宋教仁早就看出來了，可是老實的讀書人蔡
元培則看它不出。人家袁先生根本就不想去南京就任孫中山先生讓給他的那
個中華民國臨時大總統，但南京方面偏要讓他去南京，這不是強人所難嘛！
袁世凱如果真心和革命黨人站在一起的話，就職在南在北，那則是無關大局
的，反過來說，他是王八吃秤蛇──鐵了心不願去南京就職，你能把他弄去，
但你能對他怎麼樣？可嘆的是，就為這個袁項城到底是在北京或是在南京就
職總統的問題，惹得北京城的百姓，還有天津、保定的百姓不得安寧！真乃
是苦哉！悲哉！哀哉！更是天下無二的政治大滑稽！

總之，在議定是共和還是君主制度時，由於段祺瑞的兩封「請願書」起了最終定盤子的關鍵作用；定都問題，由於袁世凱略勝一籌，令曹錕在北京玩了一把「兵變」的遊戲，把蔡元培等南方代表給「忽悠」了，真是有意。

　　從總體上說，孫中山、蔡元培一班子人物，實在是老實人，對於玩政治這一手，他們還真不是袁世凱的對手！

註釋

[1] 來新夏：《北洋軍閥史》（上冊），南開大學出版社 2000 年 12 月第 1 版，第 23 頁

[2] 來新夏：《北洋軍閥史》（上冊），南開大學出版社 2000 年 12 月第 1 版，第 204 頁

[3] 白蕉：《袁世凱與中華民國》，中華書局，2007 年 6 月北京第 1 版，第 2 頁。

[4] 白蕉：《袁世凱與中華民國》，中華書局，2007 年 6 月北京第 1 版，第 2 頁。

[5] 中國第二歷史檔案館編：《中華民國史檔案資料匯編》（第二輯），江蘇古籍出版社 1991 年版，第 83 頁。

[6] 馬震東：《大中華民國史》，中華書局 1932 年版，第 107 頁。

[7] 來新夏：《北洋軍閥史》（上冊），南開大學出版社 2000 年 12 月第 1 版，第 211-219 頁

第十三章 北京政府首任陸軍總長二次革命代理國務總理

北京兵變為袁世凱在北京就職中華民國臨時大總統創造了條件。1912 年 3 月 10 日下午 3 時，袁世凱在北京石大人胡同前清外務部公署就任中華民國臨時大總統。

且看袁大總統：其身著軍服，腰佩長劍，威風凜凜，面對中外賓客，宣讀誓詞稱：「世凱深願竭其能力，發揚共和精神，滌蕩專制之瑕穢。謹守約法，依國民之願望，祈達國家於安全強固之域，俾五大民族同溱樂利。」蔡元培以參議院代表身分參加了袁世凱的就職儀式，並代表孫中山致祝詞。

在袁世凱就職的第二天，孫中山公布了由南京參議院經過 32 天討論後透過的《臨時約法》。在孫中山公布了《臨時約法》之後，便在 4 月 1 日正式解除臨時大總統職務；4 月 5 日，參議院議決遷都北京，南京臨時政府結束，以袁世凱為臨時大總統的中華民國北京政府正式運轉，實現了南北統一。

孫中山任中華民國臨時大總統時的內閣因他的解職而當然解散，北京政府將重組內閣。但是，袁世凱的內閣也不是隨意而組的，這上面有一個約束，就是《中華民國臨時約法》。

以下說一說《臨時約法》。

孫中山領導的資產階級民主革命（又稱舊民主主義革命，與中國共產黨領導的新民主主義革命相區別），儘管是「資產階級」的，但它又是「民主」的。有一個傳統的認識或者說是傳統的理論，說孫中山領導的這場革命比較軟弱，之所以軟弱在於這場革命的階級基礎薄弱，它的階級基礎之所以薄弱，在於這個社會的經濟基礎薄弱。中國是一個小生產者如汪洋大海般的泱泱大國，是長期的以自然經濟為主的國度，商品經濟不發達，換句話說，它並不具備資產階級占主導地位的社會條件，說到底，中國當時的社會性質還是半封建、半殖民地的經濟基礎和上層建築。在這種社會性質和特點下，儘管由

於西方資本主義的入侵,多少破壞了這種社會狀況,但對資本主義的發展還是發揮了一定程度的推動作用。

在這樣的國度裡進行資產階級民主主義革命,因其階級基礎的薄弱性決定了這場革命的軟弱性和不徹底性。從當時的革命現實說,儘管武昌起義一舉成功,但並沒有可以建立資產階級政權的堅實基礎,也沒有自己的堅實軍隊,剛開始的革命起義,主要靠舊軍隊中的新軍人在革命輿論的影響下的「反戈」,打個不恰當的比喻,有點像周武王伐紂時商軍在前線的「倒戈」。我們不能說孫中山所領導的舊民主主義革命的武昌起義(準確地說,武昌起義既不是孫中山也不是黃興直接領導的)的成功是偶然的,但這個成功的很大成分取決於滿清軍隊和政權的腐朽。武漢三鎮的光復和全國在短短一個月內有十數省宣布獨立,這在中國革命史上是罕見的,也可以說是絕無僅有的。但由於它的底氣不足,導致這場革命的最終失敗(袁世凱和馮國璋、段祺瑞共同作用的結果),在這種情況下,孫中山很有必要與清朝的重臣議和,否則極有可能被袁世凱為首的北洋軍所取而代之。從這個意義上說,孫中山同袁世凱的「合作」是明智的,具有一定的前瞻性。

孫中山把自己的中華民國臨時大總統一職拱手讓於袁世凱,其中有一個重要前提條件:必須實行共和制政體。這是革命黨人的「底線」,如果沒有這一點,革命黨人寧肯與北洋軍戰死也不可能會將政權讓於袁世凱。而事實上,袁世凱之所以能夠就任中華民國臨時大總統一職,也在於他公開向革命黨人承諾了在中國實行共和的基本條件。

這批革命黨人,有一些還是留過洋的,受西方資產階級革命的影響很大,西方即有這些關於資產階級憲法之類的法律規定和法制建設,孫中山的革命既然是資產階級民主主義革命,當然也得有這些制度規定。《臨時約法》的出臺,一方面是建立資產階級共和國的必須,它具有作為國家根本大法性質的「憲法」意義,另一方面,它當然也會對袁世凱的政權起到一個法律制約。從這個意義上說,南京臨時政府所起草的《臨時約法》並不僅僅是為了限制袁世凱的權力,而是建立資產階級共和國的必須。按照南京臨時政府的意思,

這個具有憲法性質的《臨時約法》有「虛君實臣」的意味，也就是說它從法律的角度限制總統的權力。

袁世凱當然也不能不認識到這一點。正是他認識到了這一點，所以在內閣的組成人選上，袁世凱為了擺脫孫中山等的約束，肯定要在內閣的組成人選上用力或者說最大限度地任用自己人。這當然就引起了南北雙方在內閣人選上的鬥爭。而鬥爭的「白刃化」就在於段祺瑞和黃興對於陸軍總長一職的「問鼎」。革命黨人認為，北京政府的陸軍總長一職的最合適的人選是在武昌起義中有功的黃興（黃興本來就是南京臨時政府的陸軍總長），而袁世凱政府則堅持讓北洋嫡系的軍事實權人物段祺瑞出任此職。

「問鼎」的結果是革命黨人又對袁世凱政府作了讓步，由段祺瑞任北京政府的第一任陸軍總長。但這裡邊還是有一個附加條件以成就段祺瑞的陸軍總長一職，就是北京政府決定任用黃興為參謀長，並成立南京留守處，由黃興留任並統率南方各省軍隊，並由王芝祥任直隸總督。

我們有必要說一說王芝祥其人。王芝祥是直隸人，辛亥革命時以廣西藩臺職響應革命，被推為桂軍援鄂司令，由廣西經湖南開往武漢前線助戰；南北議和時從湖北調至南京，他同時也是同盟會會員，是由黃興介紹而加入的。這樣說來，王芝祥是南京政府時的革命黨人，儘管其加入同盟會的時間比較晚。王芝祥任直隸總督，對於南方革命黨人來說是又多了一個在北京政府中的人。

北京政府的責任內閣總理一職是非常重要的，袁世凱讓唐紹儀擔任。唐紹儀這個人物革命黨人是熟悉的，在南北議和時，他代表袁世凱到南京和談，在和談中唐紹儀在某些方面作出了有利於革命的行為，但後來由於情況的變化，袁世凱把唐代表從南京召回，但從總體上看，革命黨人對唐紹儀並無惡感，他同時也是同盟會會員；另一方面他也是袁世凱小站練兵時的老朋）。這樣一個人物，對於革命黨人和袁世凱的北京政府兩方面說，都是一個較為合適的總理人選。所以，袁世凱把他推到內閣總理的位置上，南京方面也沒有異議。

我們要說的是，袁世凱的責任內閣成立了，原來在同革命黨人協商中要讓王芝祥出任直隸總督的承諾應該兌現了，但是，在這個問題上，袁大總統又把革命黨人給「忽悠」了。五月下旬，王芝祥準備上任直隸總督職時，被段祺瑞、馮國璋等北洋一系的重臣們給擋駕了，他們聯名發表《北洋軍界公啟》，對王芝祥出任直隸總督「絕不承認」，希望直隸總督一職要由有資格、能負眾望的人擔任。袁世凱以軍隊反對為藉口，在國務總理唐紹儀拒絕副署的情況下，於 6 月 15 日擅自下令改任王芝祥「南京遣散民軍宣撫使」，並把委任狀交給了王芝祥。應當說，袁世凱的這種做法是有違《臨時約法》的有關總統發布命令必須由內閣副署的規定的，也正是在這個重大問題上，袁世凱和內閣總理唐紹儀產生了矛盾。唐紹儀根本不能忍受袁世凱專制武斷的行為，遂與其他幾位同盟會總長辭職，唐紹儀於 6 月 15 日出走天津，中華民國首屆內閣由此倒臺。

有書中這樣寫道：第一屆責任內閣成立後，袁世凱只將其視為手下的辦事機構，對唐紹儀則「如身使臂，如臂使指」，因而常常無視責任內閣之責任，干預其權力的實行。而唐紹儀就任後本有一番政治抱負，且又被所謂「責任內閣」的招牌所迷惑，「事事咸恪遵約法」，事事強調責任，遂與袁世凱的意見多有不容。為了壓制唐紹儀，袁世凱先是唆使內務總長趙秉鈞和陸軍總長段祺瑞對他進行抵制，使國務院的工作不能正常進行。[1]

這樣看來，唐紹儀還真的想在建立共和和推進共和事業上有所建樹，只是袁世凱和北洋一系的親信們在其中作梗，使其工作無法開展下去。從這個意義上說，這是一個「人」的問題，而不僅僅是一個「制度」的問題。此話怎講？本書認為，單從這件事情的本身說，是袁世凱的問題，是段祺瑞和馮國璋的問題，統而言之，是袁世凱、段祺瑞、馮國璋他們這些「人」的問題，而這些「人」的問題又表現為「制度」的問題。共和制度同專制制度相比，前者是進步的，就連段祺瑞也曾給袁世凱說過，共和制度是世界潮流所致，專制制度是沒有出路的（這話是後來袁世凱想稱帝時段給他說的，本書後面有關章節中還要說到）。但我們要說的是，要想真正推行民主共和制度，那是何等的困難啊！儘管你有象徵共和性質的《臨時約法》，但在實行的問題上是會打折扣的。我們分析這些問題的成因，不能不說中國專制勢力的頑固。

從袁世凱對於王芝祥任命這一個案可以給我們一些啟示，人的問題和制度的問題如何統一，它將是一個很長的話題！

就唐紹儀內閣的倒臺說，有兩個「導火線」在其中發揮作用，對於王芝祥的改任只是其中之一，另一個就是袁世凱政府向西方六國銀行的借款。有書中這樣說：「在向西方六國銀行借款的問題上，因唐不肯接受列強的苛刻條件而損害了袁與帝國主義之間的『友誼』，於是唐紹儀、袁世凱矛盾激化。」[2] 既然是共和制，不能沒有內閣，唐內閣倒臺後，袁世凱於 6 月 29 日任命外交部總長陸徵祥為國務院總理。

請看如下記述：

陸徵祥（1871—1949），自 1892 年始即長期在俄、荷等國任外交官，武昌起義爆發時，曾和其他中國公使從國外聯合通電，吁請清帝退位；宣統退位後，陸又電賀袁世凱，表示願受民國政府調遣；1912 年 3 月入唐內閣任外交總長。因當時黨派林立，政見不一，而陸徵祥無黨無派，袁便以「超然內閣」標榜這屆新內閣。但是出乎袁世凱的意料，由於同盟會閣員蔡元培、宋教仁等遵照同盟會決議以辭職拒絕入閣，共和黨、統一共和黨為爭入閣而憤憤不平，遂出現因陸徵祥發言失體未獲參議院透過及袁世凱所提名六閣員一律被否決的風潮。為壓制黨派勢力，袁世凱再次唆使軍人干政，於是先有北京軍警聯合會指責參議院「挾持黨見，故作艱難，破壞大局」繼而又有北洋派軍人紛紛通電，攻擊同盟會等黨派「只知有黨，不知有國」湖北四鎮統制鄧玉麟等甚至以武力相脅，表示「雖受破壞立法機關之痛罵，亦所不計」。在此情況下袁世凱第二次提出閣員補充名單。這一次，軍警界對參議院的干涉更加直接，更加露骨。參議院投票的前一日，毅軍總統薑桂題、拱衛軍司令段芝貴、直隸提督馬金敘和軍政執法處處長陸建章等軍警要人招待參議員及政界委員、新聞記者等，「勸告諸君捨內而對外，移緩以就急」。同盟會和共和黨雖然對軍警威脅參議院的醜惡行徑進行了一定的揭露和抵制，但該兩黨多數議員還是屈從了袁世凱的壓力，在第二次投票中投了贊成票，袁的目的達到，這場風潮才暫告平息。但陸徵祥無力提挈起全面事務，因而受到

失職的彈劾。他遂稱病住院，並一再請假，不理政事。9 月 22 日，袁世凱令準陸徵祥辭職，任命趙秉鈞為國務總理。

趙秉鈞（1859—1914），警務出身，清末曾受袁世凱委託創辦巡警，為袁所常識，保薦其任巡警部右侍郎。袁世凱被罷黜後，趙亦被免職。清廷被迫起用袁世凱組織責任內閣，趙任民政部大臣。南北和談期間，趙秉鈞曾代表袁世凱列席御前會議，為袁世凱逼宮起了重要作用，是袁世凱的忠實走卒。陸徵祥稱病離職期間，趙秉鈞奉袁世凱命代理。其間，趙秉鈞為騙取信任，竟加入同盟會，在參議院得以透過。屆時同盟會已改組為國民黨，趙秉鈞組閣後，袁世凱放出空氣說：趙秉鈞是國民黨黨員，國民黨所主張的政黨內閣已經實現了。而時人則評之為「臨時現湊的政黨內閣，不驢不馬，人多非笑之，謂此非『政黨內閣』乃『內閣政黨』。」[3]

由此可見，陸徵祥並不具備當總理的才能，有似一個「扶不起的阿鬥」。以唐紹儀為內閣總理的國務院班子，從 1912 年 3 月 13 日起到 6 月 15 日唐紹儀出走天津止，只有三個月的歷史；再由袁世凱提名陸徵祥到趙秉鈞，成為中間的過渡期，實際上陸徵祥並沒有主持過國務院的工作；趙秉鈞從 9 月 22 日被提名任國務院總理，到 1913 年 5 月 1 日趙秉鈞因刺殺宋教仁一案受牽連稱病辭職，段祺瑞被任命為國務院代總理，其間的歷史是非常複雜的：內政外交、政黨分合、戰後裁軍、財政空虛、善後借款、黨派紛爭、南方搗袁，等等，令人眼花繚亂、目不暇接。本書作者沒有敘事的妙筆生花，更無寫作這段歷史的駕馭才能，只能就此一些所感、所惑，用史料去說一些話，或言不由衷、或辭不達意、或張冠李戴、或郢書燕說、或隔靴搔癢、或掛一漏萬，總之，我且姑妄言之，諸位則姑妄聽之。又因本書主要是寫段祺瑞的軍政生涯的，所以在沒有對上述敘事的展開之前，且說一說段祺瑞任陸軍總長後的作為，權以補缺。

段祺瑞任陸軍總長後，提出了自己的施政方針，他對政府的工作指出五點：1. 削減軍隊，恢復地方秩序；2. 制定法律，軍官應為終身職；3. 培植陸軍人才，調整軍官資格，分別派往東西洋留學；4. 制定兵役制度；5. 設立兵工廠、被服廠、改良馬政等。

　　不能認為，段祺瑞作為陸軍總長所提出的有關軍隊建設方面的主張就是段本人的主張，應當視為以袁世凱為臨時大總統的北京政府的施政方略。南北未統一時，軍隊當然也不能統一，編制也比較混亂，步調不一，無法實施統一的調配與指揮。南北統一了，軍隊的統一當是首要的政府工作。而軍隊的統一則意味著縮減編制，編制一旦縮減，財政負擔當然也自可減輕。這實際上是一件利國利民的好事情，也是南北統一後的大勢所趨。有書中寫道，袁世凱當上了臨時大總統後，當務之急有兩件事情：第一著是裁軍，第二著是借債，這兩策又是連帶的關係。在南北未統一前，各省的革命軍，東也招募，西也招募，差不多有數十百萬，此時中央政府成立，南北已經統一了，還要這麼多軍隊有何益處？不過，袁世凱的裁軍是有重點的，他所裁去的一般說來不大可能是他和段祺瑞所統轄的北洋軍，而多的是北洋之外的雜牌軍，說得更為準確一點就是以南軍為主的軍隊。這樣看來，袁世凱的做法是有些「借公濟私」了（之所以把「借公濟私」用引號引住，無非是說這個「私」是「大私」）！但是要裁軍，必須先解決經費的問題，因為你把當兵的開銷回去了，他們得有一筆「轉業金」，這麼大的軍隊要裁減下去，你看光這筆經費得多少！孫中山所成立的南京臨時政府，那個時候也是沒有經費呀，要解決龐大的經費支出，只有一個辦法：借款。實際上孫中山先生在武昌起義時沒有在國內，他在海外活動，其中就有借款一項任務，不然的話，在南京臨時政府沒有成立前的經費就沒有著落。南京政府成立後，所需款項就更多了，怎麼辦？除了借外債，還要向國內的大企業主借貸。據資料記載，單這筆款項就多達五六百萬，而且是到手就開支光了，沒有辦法，又發行軍需公債票一個億，利息也不低。現在是南北統一了，原來南京政府所借之款項當然得由北京政府負擔。北京政府自己也不會「屙金尿銀」，袁世凱能有什麼比孫中山更高明的辦法？他無非也是借款，向誰借？當然是外國人，具體地說，是向西方的「四國銀行團」乞貸。

　　說到這個地方，我們得就四國銀行團說一點話了。四國銀行，即英國的匯豐銀行、法國的法蘭西銀行、德國的德華銀行、美國的花旗銀行。統而言之，這些銀行就是設立在舊中國（清末）的對中國政府借貸的國際金融組織。宣統二年，清政府欲改良幣制，以及振興東北實業，共向上述四國銀行借貸

一千萬鎊。這些銀行都是西方資本主義發達時代的產物，按照傳統的說法，它們向搞資本輸出，是使中國變成它們的殖民地的一種經濟侵略。它們既然有剩餘資本對外輸出，說明在資本市場中它們是佔有獨特的優勢的，當然透過資本輸出而大占中國的便宜。後來日、俄兩國看到其中有利可圖，也染指其中，這就是所謂的「六國銀行團」（在前文中所說的袁世凱與唐紹儀為「六國銀行團」之借貸而發生矛盾就是指此而言的）在給北京政府借貸上的是是非非，也由此導致唐內閣的垮台。這一個問題我們擱而不論。單說裁軍和借款，此二者是緊密地聯繫在一起的。

　　從國家利益論，身為中華民國臨時中央政府的陸軍總長，段祺瑞在執政後向參議院所發表的就職演講中提到「裁軍」一項，不管從哪個角度說，都是當務之急的頭等大事。至於說袁世凱在裁軍中以保存北洋實力而大量解散南軍，那則另當別論。從一方面說，這是國家行為，袁世凱身為中央政府總統，他當然有這個權力，他必須從有利於國家利益出發而裁軍，從另一方面說，他利用國家之裁軍而黨同伐異，這是為他的個人專制掃清道路的一個舉措。儘管如此，在本書認為，袁世凱和段祺瑞的裁軍措施並沒有多少可詬病的地方，縱觀中外古今，有哪一個政權不打擊異己呢？既然南北統一了，如果還存在一個兩大對立的政治和軍事集團，那樣行嗎？

　　據《馮國璋年譜》、《段祺瑞年譜》載，迫使首任內閣總理唐紹儀下臺，助推袁世凱專權獨斷與馮國璋、段祺瑞兩人有著密切的關係。這主要表現在以他們二人為主而發表的《北洋軍界公啟》中。可以想像，在袁世凱就職典禮上的就職演說：「民國建設造端百凡待治。世凱深願竭其能力，發揚共和之精神，滌蕩專制之瑕穢！」如此錚錚之誓詞，如果沒有北洋嫡系人物的鼎力支持，袁世凱個人恐怕不可能有這樣的底氣獨斷專行而逼迫唐紹儀出走。

　　北京政府從南京政府移植而來，內政是相當複雜的，伴隨著裁軍和借款，導致北京政府（從其軍隊組成上講，亦可稱北洋政府）在外交領域裡困難重重，人們常說「弱國無外交」，就是這個道理。在唐紹儀出走之後，北京政府又任命外交總長陸徵祥出任國務總理。有的書中說，袁世凱為了專制，把唐內閣和陸內閣一掃而去，本書的看法有所不同，至少對於陸內閣並不是這

樣，嚴格意義上說，陸徵祥對於國務總理一職是不能勝任的，而陸徵祥的倒臺，正是參議院不支持他的結果。

中華民國政府定都北京後，除了我們在上述中所說的那些情況外，在「政黨」的建設上也照樣面臨著許多困難和錯綜複雜的關係。中國社會在政治上、思想上的激烈動盪的背後表現為各階級、階層的利益衝突，而這些衝突的實際載體就是不同的政黨組織。

且看：

從武昌起義到袁世凱政權建立（1911 年 10 月至 1912 年 4 月）這一時期裡，大大小小的政團多達三百多個，出現了政黨林立的局面。其中著名的有四大政團：

（1）以黃興、宋教仁為首的「同盟會」。[4] 同盟會早在武昌起義前就出現了組織分裂和派別活動的現象，到推倒清廷，許多革命黨人的思想向右轉化，包括其重要領袖在內，對孫中山原提出的革命方略已拋棄，而熱衷於政黨政 7，使同盟會原來高擎的三民主義旗幟逐漸黯然無色。隨著革命運動的進展與深化，革命黨人遭到困難和挫折，再加上內外敵人的瓦解活動，使同盟會已經難以保持一個統一的組織形式。（2）由同盟會分裂出來的以章太炎為首的「中華民國聯合會」和以張謇為首的立憲派團體「預備立憲公會」聯合組成的「統一黨」。章太炎原為同盟會要人，辛亥革命前就曾與孫中山發生過矛盾，1910 年 2 月與陶成章在日本東京成立「光復會」總部，任會長，與同盟會公開分裂。南京臨時政府成立，章被任為總統府樞密顧問，但他卻與程德全、張謇、陳三立、趙鳳昌等舊官僚、立憲派於 1912 年 1 月 3 日在上海成立「中華民國聯合會」，擁戴黎元洪。「預備立憲公會」是辛亥革命前具有代表性的立憲團體，張謇、孟昭常分任正副會長，湯壽潛、許鼎霖、周廷弼等為其骨幹，曾為清政府的假預備立憲盡犬馬之勞。這兩個組織在 1912 年 1 月聯合後改稱「統一黨」，以張謇、章太炎、程德全、熊希齡等為理事，以「鞏固全國統一，建設中央政府，促進共和政治」的宗旨相標榜，實際上就是擁護由袁世凱統一全國。（3）由清末立憲政團憲友會主要成員孫洪伊、湯化龍發起的「共和建設討論會」。這是一個根據自己的利害為袁世

凱政權服務的御用組織。（4）以黎元洪為首的「民社」。1912年1月在上海成立，有黎元洪的親信，舊官僚、舊軍官張伯烈、孫發緒、譚延闓參加，並拉攏了同盟會會員孫武、藍天蔚、張振武、劉成禺等。孫武等人自恃在武昌首義中勞苦功高，卻未能在南京臨時政府中謀得職位，便打出「為民請命」的旗號，謀求個人升官發財。該組織標榜盧梭的《民約論》，針對孫中山的三民主義提出「瀹民智、正民德、儲民力為三大主義」，反對南京臨時政府，主張建都武昌，甚至擁護袁世凱取代孫中山為大總統並為之張目。「民社」成立後，積極擴展，其勢力主要集中在長江中下游地區，號稱「支部遍十餘省，黨員過萬人」。後因正、副社長黎元洪、孫武之間的矛盾及黨內分化，於4月取消原名，並入共和黨。

此外，能舉出名目的還有：「統一共和黨」（谷鐘秀、吳景濂等）、「國民共進會」（陳錦濤、王寵惠、徐謙）、「民國公黨」（岑春煊）、「共和實進會」（晏起、董之雲、許廉）、「國民協進會」（范源廉、黃遠庸、藍公武）、「國民公會」（黃群、籍忠寅）、「國民黨」（溫宗堯、潘鴻鼎，與同盟會改組成的國民黨不同）、「憲政黨」（梁啟超）以及「社會黨」、「共同俱進會」、「共和促進會」和「國會進政社」等等，此時期的黨團此消彼立，政見各異，如同千奇百怪、五光十色的萬花筒……

1912年4月，袁世凱政權建立後，參議院遷至北京，政黨活動進入另一階段，原有大小政團隨著政爭的激烈進行而逐漸分合。當時在北京參議院中有三個主要政黨：

（1）「共和黨」。1912年5月5日，「統一黨」為對抗「同盟會」起見，聯合「民社」、「國民協進會」、「國民公會」、「國民黨」和「國民共進會」等六個政團，組成「共和黨」。其組織成分有君主立憲派（如張謇、湯化龍）、舊官僚武人（如程德全、黎元洪）、同盟會分子（如章太炎、張伯烈）等，推黎元洪為首領。這是為袁世凱服務的政黨，後來在北京參議院中與「國民黨」並稱兩大政黨。共和黨的綱領是：保持國家統一，採取國家主義；以國家權力，扶持人民進步；應世界之大勢，以和平實利救國。共和黨擁護袁世凱集中權力……（2）「國民黨」。共和黨成立後，使同盟會受到一定影響，

同盟會中的負責人黃興、宋教仁等始終抱有「政黨政治」的幻想。1912年3月，袁世凱就任臨時大總統後的第一屆內閣，因有同盟會的蔡元培、宋教仁參加，加之國務總理唐紹儀也剛剛被拉入同盟會，便被稱為「同盟會內閣」。這就使他們更熱心於擴大組織，爭取席位，從而實現「責任內閣」，想在擁袁的前提下實現歐美式的資產階級政治制度。宋教仁所說：「為今之計，亟須組織完善政府，欲政府完善，須有政黨內閣」，「欲取內閣制，則捨建立政黨內閣無他途，故吾人第一主張即在內閣制也」，就是這一思想的代表。於是在「新舊合作」、「朝野合作」的口號下，聯合「統一共和黨」、「國民共進會」、「民國公黨」、「共和實進社」等政團，在1912年8月25日組成國民黨，推孫中山為理事長，但實權操在代理事長宋教仁手中……（3）「民主黨」。

　　這是一個由立憲派組成、被袁世凱用以與國民黨抗衡的政黨。其首腦梁啟超這時已成為圖謀權利的政客，為急於出山，便不計戊戌變法的舊怨，與袁世凱勾結，並幻想依附袁來實現自己的政治抱負。在袁的支持下，經梁氏策動，以湯化龍為首的「共和建設討論會」與「共和統一黨」、「共和俱進會」、「共和促進會」、「國民新政社」、「憲政黨」等於1912年11月組成「民主黨」，由湯化龍擔任理事長，骨幹有林長民、孫洪伊等，而以梁啟超為幕後首腦。民主黨的政綱是：普及政治教育；擁護法賦自由；建設強固政府；綜核行政改革；調和社會利益。[5]

　　北京政府實現了南北統一，它所面臨的局勢是嚴峻的。可以設想，即使袁世凱本人沒有後來稱帝的野心，他對於這些政黨紛爭應該怎麼辦？政黨林立，各吹各的號，各唱各的調，你說要向東，他偏在政黨的旗幟下揮旗向西，這本身就是一個問題，而且是一個大政方針的大問題。一個國家的大政方針如果不能得以推動和統一，那麼，它與統一前的南北分立又有什麼兩樣？既然是中華民國政府（北京政府），既然袁世凱被參議院選舉、任命為中華民國臨時大總統，他不能不行使他的權力，至於說這個權力是在《臨時約法》的範圍內還是範圍外去行使之，那是一個超越與不超越權限的問題。

　　且看1912年7月9日袁世凱通令勸告政黨書：

民國肇造，政黨勃興，民政治之思想，發達已有明徵，較諸從前帝政時代，人民不知參政權之寶貴者，何止一日千里。環球各國，皆恃政黨與政府相須為用，但黨派雖多，莫不以愛國為前提，而非參以各人之意見。政黨，方在萌芽，其發起之領袖，亦皆一時人傑，抱高尚之理想，本無絲毫利己之心，政見容有參差，心地皆類純潔。唯徒黨既盛，統系或歧，兩黨相持，言論不無激烈，深恐遷流所極，因個人之利害，忘國事之艱難。方今昔對比民國初興，尚未鞏固，倘有動搖，則國之不存，黨將焉附？無論何種政黨，均宜鏟除成見，專趨於國利民福之一途。若乃懷挾隱私，激成意氣，習非勝是，飛短流長，藐法令若弁髦，以國家為孤注，將使滅亡之禍，於共和時代而發生，揆諸經營締造之初心，其將何以自解？興言既此，憂從中來，凡民，務念閱牆禦侮之忠言，懷同室操戈之大戒，折衷真理，互相提攜，忍此小嫌，同扶大局，本大總統有厚望焉！[6]

作為一個統一大國的總統，袁世凱向各黨派發表這個通令，本無什麼不合適之處，他應當這樣通告。儘管如此，政黨之紛爭還是存在的。比如說改組後的國民黨成為當時的一個大黨，孫中山先生雖然是這個大黨的理事長，但宋教仁是這個大黨的實際操刀人！「國民黨為爭取未來國會選舉中的勝利而追求數量上的增加，這樣，國民黨在表面上規模擴大了，擴大到山西、陝西、江西、安徽、湖北、湖南、四川、廣西各省，從政黨關係看，都已經是國民黨的勢力；在 1912 年 12 月到 1913 年 2 月的國民選舉中，國民黨果居大多數席位，成了第一大黨。然而，這種濫事擴充，必然造成了國民黨內部成分的複雜，它包括有君主立憲派（如譚延闓）、舊官僚（如唐紹儀）與原同盟會成員（宋教仁、黃興）共容其中，而孫中山則被視為脫離實際的理想派而處於失勢地位。」[7] 當然，作為北京政府的臨時大總統，袁世凱是有其他方面的考慮的，這個「其他方面」就是他企圖利用這個契機，為將來復辟帝制而創造條件。但是，話又說回來，從現實的實際出發，他發布通令以告誡各黨，當以國家統一或者說為維護國家統一而努力，這一點本無可厚非。

因黨派紛爭，最終導致了「宋教仁案」[8] 的發生。

　　說罷黨派紛爭和袁世凱為平息黨爭而作的努力，再說關於軍隊的建設問題。裁軍是一個大的方面，在裁軍中最大限度地把軍權控制在北洋一系手中當是裁軍的關鍵所在。裁軍引起了非北洋一系的軍事將領們的不滿，為「二次革命」埋下了「伏筆」。

　　為了加強政權和軍隊建設，袁世凱對軍事將領們分別進行了官職的晉升。據吳廷燮《段祺瑞年譜》記：1911 年 9 月 7 日，令授黎元洪、黃興和段祺瑞三人為陸軍上將。第二天，公布制定陸軍官佐補官暫行章程。10 月 10 日即武昌起義一周年紀念日，令授孫中山、黎元洪大勛位；唐紹儀、伍廷芳勛一位；黃興、程德全、馮國璋、段祺瑞勛一位。原來南京政府時，陸軍總長是黃興，北京政府成立後，段祺瑞出任陸軍總長一職，黃興在南京留守處任職，著手改編南方軍隊，先後將駐蘇、皖、浙、閩的軍隊編為五個軍，第一軍至第五軍，其軍長依次為柏文蔚、徐寶山、王芝祥、姚雨平、朱瑞。在袁世凱的大裁軍的號令下，由於軍費短缺，無奈，黃興對於南方的軍隊進行了裁撤。之後，由於經費短缺和其他原因，黃興主動放棄了南京留守的任職，於 6 月 14 日通電解職，南京留守府由袁世凱所派程德全接收。

　　為鞏固南北統一，袁世凱向革命黨人發出邀請，讓他們到北京共商國是，被邀請的有孫中山、黃興、黎元洪等。因黎公開陷害張振武、方維而正受各方面的責難不敢進京。[9]

　　8 月 24 日，孫中山挈隨員十多人進京，受到了袁世凱的熱烈歡迎；9 月 11 日，黃興應在北京的孫中山的電邀，偕陳其美等八十多人到京。孫中山、黃興等在北京停留一個多月，與袁世凱先後會晤了十幾次，雙方都很滿意。孫中山評價袁世凱「雄才大略，當世無可與代之人」；袁世凱稱孫中山「光明正大，絕無私意，所恨相見之晚」。孫中山盡讓權力於袁世凱，自己承擔在全國修鐵路之工作。孫中山到後來還為袁世凱辯解，說殺害張振武和方維繫黎元洪所迫，並不是袁世凱的行業所為等。對此，有的書中認為，這是袁世凱善於偽裝把孫中山等人給「忽悠」了。是不是這樣，本書不加評判，諸位讀者自己思考吧！1913 年 3 月 20 日宋教仁案發生，革命黨人從本質上認識了袁世凱，孫中山、袁世凱的分裂已成定局。

以袁世凱為臨時大總統的北京政府從孫中山手中遷移過來，面臨的困難是多重的。袁世凱與孫中山的分裂當然有袁氏的獨裁在其中發揮了關鍵性的作用。為維護袁世凱的統治，他發表《勸告政黨書》以求統一的方略當無可厚非。正是由於袁世凱的專制獨裁，導致國民黨領袖宋教仁被刺，毋庸諱言，宋教仁遇刺，趙秉鈞是主謀，袁世凱是後臺老闆。

作為內閣總理的趙秉鈞因宋教仁案的牽連，不得不於 1913 年 5 月 1 日辭職。既然是中華民國政府，它不能沒有總理一職，這樣，身為民國政府軍事首領的段祺瑞，在革命黨人「二次革命」的醞釀中，接受袁世凱的任命出任代理總理。

註釋

[1] 來新夏：《北洋軍閥史》（上冊），南開大學出版社 2000 年 12 月第 1 版，第 231 頁

[2] 來新夏：《北洋軍閥史》（上冊），南開大學出版社 200 年 12 月第 1 版，第 231 頁

[3] 來新夏：《北洋軍閥史》（上冊），南開大學出版社 200 年 12 月第 1 版，第 22-24 頁

[4] 當時同盟會之名已為人所濫用。黃遠庸在《鑄黨論》中寫道：「其在湖南則有政界同盟會、平民同盟會之別；其在湖北則有官印同盟會、臺甫共和黨、別號統一共和黨之謠；其在四川則有統一同盟會、共和黨同盟會之團體。」見《民國經世文編》正編，政治三，第六冊，上海經世文編社 1914 年版。

[5] 來新夏：《北洋軍閥史》（上冊），南開大學出版社 2000 年 12 月第 1 版，第 237-22 頁

[6] 白蕉：《袁世凱與中華民國》，中華書局，2007 年 6 月北京第 1 版，第 46 頁。

[7] 來新夏：《北洋軍閥史》（上冊），南開大學出版社 2000 年 12 月第 1 版，第 21 頁。

[8] 1913 年 3 月 20 日晚 10 時，當宋教仁準備乘火車去南京時，突然在上海車站遇刺，就近送入靶子路滬寧鐵路醫院，當晚手術取出有毒的子彈，傷勢非常嚴重，於 22 日上午身亡，年 31 歲。袁世凱說，宋教仁之死係國民黨內部爭權的結果。正當袁世凱為如此輕易地除掉一個政敵而自以為得計之時，宋教仁案 V 手武士英（吳福銘）及謀殺犯應夔丞（應桂馨）被捕獲，並從應夔丞的家中搜獲了手槍、密電、函件等。宋教仁案的真相大白於天下。根據江蘇都督程德全、民政長應德閔後來公布的刺宋教仁兇手的鐵證，完全可以證實：殺人的主使者是大總統袁世凱，同謀者是國務總理趙秉鈞，擔任聯絡的是內務部祕書洪述祖，布置行兇的是上海大流取應桂馨，直接行兇的是失業軍癌武士英。

[9] 南京政府時，黎元洪是副總統；南北統一後，黎元洪是北京政府的副總統，但並未到京就職，仍留武昌，兼武昌都督。由於袁世凱大裁軍，全國尤其是南軍最為不滿，湖北是革命的發

源地，軍界更是不安，有幾處兵變，搞得黎元洪提心吊膽，格外小心。張振武是武昌起義的有功之臣，時任軍務司副司長，方維是團長，他們牽頭，準備譁變，這一消息被黎元洪及時獲取，北京方面有袁世凱和段祺瑞的支持，黎元洪在南方將張振武和方維除掉了。為此引起參議院不滿，此案也牽涉到時任總理的陸徵祥，故而有 1911 年 8 月 22 日的對陸徵祥、段祺瑞的彈劾。

第十四章 善後借款段祺瑞代袁受過湖口之敗孫中山流亡海外

　　袁世凱坐上了中華民國臨時大總統的寶座後，將孫中山和黃興等人邀請到京「共商國是」。

　　應當說，南北雙方此時應該說都是相當滿意的。孫中山的高興勁頭一上來，連把在袁世凱的授意下由在南北兩任政府中均任副總統的黎元洪實施的對革命黨人中的有功之臣張振武的謀殺一事也不予計較了。此時的黎元洪不僅是北京政府袁大總統府中的副總統，他同時還兼任湖北都督。就黎元洪本人論，在武昌起義勝利後，革命黨人把他這個滿清舊軍隊中的旅長（協統）推至革命的前沿，這本身就是革命黨人的一個過錯。可以想一想，張振武等可是革命的有功之臣，黎元洪也曾任革命政府的副總統，你如何去下這個手呢？有人認為，黎元洪就是袁世凱的傀儡，此說不無道理。

　　如果說在袁世凱的授意下殺了張振武等還可以被掩蓋過去的話，那麼，在 1913 年 3 月 20 日對宋教仁的暗殺，隨著宋案真相大白於天下，也就教育了革命黨人，令其覺悟，令其清醒，對於袁氏本不應抱什麼幻想，革命黨人下決心同袁世凱決裂！如何「決裂」，那就是用武力對付武力，用戰爭對付戰爭，以牙還牙，以血還血。

　　孫中山等革命黨人與袁大總統的決裂要有一個過程的。本來，革命黨人把一個中華民國交給袁世凱就有些不大放心，要麼，為什麼在袁氏就任臨時大總統之前南京臨時政府會有一個《中華民國臨時約法》的出臺呢？當然，《臨時約法》作為一個法律，從對西方資產階級革命的借鑑中，它是一個資產階級國家所必須具有的「憲法」性質的綱領性文件，如果不是袁世凱的北京政府成立，我們可以相信，孫中山的南京中華民國政府遲早會有一個正式的「中華民國憲法」出臺。但歷史是不能假設的，中華民國的歷史事實就是沒有一部正式的《中華民國憲法》。孫中山們想用這個《臨時約法》去限制袁氏的權力，去制約袁氏的個人專斷和權力獨裁，這個本意應當給以充分的

肯定。實踐證明，只有一個好的法律而沒有「人本身的道德約定」是不行的。中國古代就有名言：徒法不能自行！應當說，儘管唐紹儀同袁世凱個人的私交甚深，也是由袁世凱的推薦，唐紹儀才能當上北京政府的第一任國務總理的。從個人的關係、從「私」的角度而論，唐紹儀應當感謝袁世凱的舉賢，但從公而論，唐紹儀身為中華民國臨時政府的總理，他應該時時以《臨時約法》的強制性規定行事。他已經這樣做了，但是，可惜的是，對於袁世凱的專斷產生了「負面」作用，從一定意義上說，唐內閣的倒臺與此有莫大的關係。孫中山和黃興等革命黨人一開始並沒有意識到問題的嚴重程度，所以在袁世凱邀請他們北上的時候，孫先生還是很高興地接受了這一邀請。我們現在看來，在官場上，孫中山等是鬥不過袁世凱的。你看，孫先生北上了，袁世凱為歡迎孫中山等人而鋪擺的那個「排場」也足可以說明問題了，又有哪些好心人可以對於袁世凱的野心而「胡思亂想」呢？

且看這段文字：

1912 年 8 月 24 日，孫中山挈隨員十餘人到京，袁世凱以迎接總統的隆重禮儀相待，還使用了他自己所乘坐的金漆朱輪馬車。25 日，袁世凱宴請孫中山及其隨員，並邀京內文武官員作陪，頗極一時之盛。席間，袁世凱致辭說：「今次前大總統孫中山君來京，予以寸衷，不勝歡喜。值此好機，聽孫君偉大經綸，以補予施政之不足。孫君創立民國，功績赫赫，垂名後世，予不肖承乏其後，竊慮難堪其任，今夕相會，益當為民國努力，勿背孫君初志。」孫中山被袁世凱的口蜜腹劍所麻痺，一時失去了應有的警惕，即表示「自想國家永久之生命，富強之由來，唯鐵路是賴。既可發達產業，又可輸入文化，一旦有變，並可濟軍務之急。大總統出身武官，並於練兵有專門智慧，大總統若在位十年，五百萬精兵，予信可訓練成軍。予雖不肖，若使經營全國鐵路之任，假以十年之期，二十五萬里鐵路，定敷設完成，希諸君為國家發奮努力，與袁大總統共講富強之道。」嗣後，袁世凱派梁士詒每天赴孫處談鐵路事，並親與孫中山會談，談話時總是「諄諄以人民國家為念」，表面看孫、袁之間很投契，似乎以前的爭議都已雲消霧散。

孫中山、黃興在北京停留一個月，與袁世凱會晤了十三次，9 月 25 日，臨時大總統祕書廳通電公布了大總統與國民黨兩領袖孫中山、黃興經過會談後擬定的八大政綱（此處從略）。面對這種「安定」，國民黨人盲目地認為將與袁世凱進入一個和平合作的憲政時期，於是便更加積極地推行「政黨政治」的活動。[1]

　　也正是在這個問題上釀成了大案。這一大案以宋教仁付出生命為代價，這一大案使袁世凱的執政聲譽受到了極大的損失，這一大案導致孫、袁由互相讚頌到反目成仇，這一大案最終成為「二次革命」的引爆線！

　　1912 年 8 月 25 日組成的國民黨，儘管是以早年的同盟會為基礎聯合其他幾個政黨而組建的，但是它已經沒有了當年同盟會那樣的革命精神和革命色彩了，應當說已經混入了不少投機分子。這是問題的一個方面。另外，儘管推舉孫中山為國民黨的理事長，但實際操作則由宋教仁負責，孫中山已經成為該黨的不受信任的人物了，此時的孫先生真有點「超然於物外」之感。年輕的宋教仁非常熱衷於政黨政治活動，他上下奔走、演講，為袁世凱政府組成後企圖能在其中的幾個大黨中爭得議席的最多票而努力。實際上，宋教仁的活動是很有成效的，有數據表明，在參議院、眾議院兩院的議員中，國民黨所占的票席是最多的：國民黨 123 席，共和黨 55 席，統一黨 6 席，民主黨 8 席，跨黨者 38 席，無所屬者 44 席。在全部 870 個席位中，除去跨黨者以外，國民黨占 392 席，國民黨黨員占代表總數的 45% 強，也就是說，國民黨有絕對票數可以影響參議院、眾議院兩院。宋教仁對於這個結果是滿意的，他滿以為在未來的大選中，國民黨完全可以成為內閣中占絕對優勢控制權，有了這個控制權，那個國務院總理的職位不就「捨我其誰」了嘛。對於宋教仁的活動，袁世凱是非常不滿的。袁世凱認為，對於宋教仁的黨派活動透過合法的途徑是無法得到解決的，於是，對付宋教仁就只好另想辦法了。這個辦法就是暗殺！

　　對宋教仁的暗殺是成功的，但這個成功對於袁世凱政權說又帶來了什麼好的結果呢？沒有！它只能導致袁世凱在全國人民心目中地位的急劇下降。

　　請看這段文字：

　　宋案發生後，全國輿論大嘩，各地國民黨系統的報刊以大量篇幅連續報導事件的真相，揭露袁世凱指使部屬行刺國民黨領袖的內幕，揭露袁世凱調兵遣將，企圖以武力實現其獨裁的野心。其中以北京的《國風日報》、《國光新聞》、《民國報》，上海的《民立報》、《中華民報》，長沙的《長沙日報》等幾家報紙最為激烈。《民國報》在宋教仁遇刺的第二天，就明白指出：「擊宋君者非亡命之暴徒，乃吾人之政敵也。」《國風日報》發表社論，指責袁政府「謀叛，暗殺，賣國」。《國光新聞》在社論中，怒斥「政府殺人」，「政府暗殺人」。《民立報》從宋案發生的第二天起，每天都在要聞版以整版篇幅刊登有關宋案的報導，對宋案的經過、兇手的供詞、從兇手處搜獲的袁黨祕密策劃刺宋的往來函電，都作了詳細介紹，以確鑿的事實，證明袁世凱是刺宋的元兇。有文章深刻指出：「夫袁、趙之殺宋，志不僅在於殺宋也，所以去平民政治與政黨內閣之主張者，藉以放膽歷行專制，為變國體之張本也。」《中華民報》自稱「自出版以來，討袁之聲無日或斷」，所刊《叛逆之政府》、《利害拼一擲耳》、《我看還是違命好》等評論，對宋案前後袁世凱的倒行逆施作了進一步揭露。《長沙日報》發表孔昭綬等到人所撰的文章，詳盡地列舉了袁世凱的二十四大罪狀，昭告天下。此外還有廣州的《討袁報》，是以反袁為中心內容的專門報紙。汪兆銘、蔡元培、張繼、吳敬恆等撰述《公論》，代表了「民黨對於最近國事臨時所發布之意見」，每晚出鉛印四開一小張，隨《民國新聞》等幾個報紙免費分送。這些報紙都極力鼓吹武裝討袁，從而壯大了反袁聲勢，給各地反袁軍事行動以輿論上的聲援。

　　隨著宋案事實真相的逐漸暴露，全國斥責袁世凱罪惡行徑的輿論更加尖銳，以至其本人也覺得事態已嚴重到無以自解了，於是，他索性揭下偽裝的面具，積極準備對國民黨的戰爭。國民黨反袁的所謂「二次革命」已經是不可避免了。[2]

　　就在段祺瑞接任趙秉鈞代理國務總理的當月，南方各省反袁的準備已經就緒。袁世凱為爭取主動，於是乃先發制人。此時的段祺瑞還是陸軍總長，北洋勁旅陸續南下，袁世凱此時下令免去了江西李烈鈞、廣東胡漢民、安徽柏文蔚三人的都督職。5 月 24 日，《時報》載北京專電「袁總統令傳國民黨人」云：

現在看透孫、黃，除搗亂外無本領。左又是搗亂，右又是搗亂。我受四萬萬人民付托之重，不能以四萬萬人之財產生命，聽人搗亂！自信政治軍事經驗，外交信用，不下於人。若彼等能力代我，我亦未嘗不願，然今日誠未敢多讓。彼等若敢另行組織政府，我即敢舉兵征伐之！國民黨誠非盡是莠人，然其莠者，吾力未嘗不能平之。[3]

在 5 月 29 日的《時報》上，刊載有袁世凱與《大陸報》記者的訪談一則，對說明當時有關情況不無幫助，本書現抄錄於後：

日前《大陸報》訪員彌勒君訪袁總統於三海，問答之間，頗關緊要。而於政治一方面，尤為注意。彌君先詢治國政策，袁總統謂第一步須組織正式政府，使國家日見強盛，而以和平政策對付列強。又詢問主張何種政體？袁總統謂白以共和政體為主張！蓋共和既已告成，而又欲適用他種政體，其愚孰甚！彌君又問，近有人評論總統並不實心贊成共和，擬復君主舊制，有是事乎？袁總統謂予知此種謠傳，自不能免；然既為公僕，豈能逃誹謗乎！此種問題，當留之以待後人之解決。餘既為民國辦事，必當盡餘之能力，以求民國之成功！倘有破壞之危險，絕非自餘而生，必由於一般暴徒，以破壞國家為主義者也。彌君又問，有人謂總統欲仿效拿破侖信乎？袁笑謂餘欲為華盛頓，非拿破侖也！華盛頓為歷史中最有名人物，建造自由國，餘何故欲為拿破侖而不為華盛頓乎！彌君又詢問，現在中國最要之事為何？袁謂對內對外均以和平，此為最要之事。彌君又問，第一須改革者為何事？袁總統謂改良幣制，訂定賦稅規則，開拓國內富源，俾人民得以日見昌盛。人民昌盛是為立國之本。彌君又詢問，此次反對中央，欲為第二次革命之情形。袁謂此種人已有革命習慣，無建設思想，無實地經驗，不識中國大勢之真相。然人民必不助其所為。大概此種人可分為兩種：第一種已得政府酬報或官職而不滿意者；第二種尚未得政府酬報或官職者。彌君又詢問，總統對於全國之希望？袁總統謂國會議員，均由人民選舉，以助正式政府成立。餘甚願國會助餘早日建設政府雲。[4]

從袁世凱與記者的訪談中，我們並不能看到袁世凱欲對革命黨人大開殺戒的真實意圖。當然，我們也可以將這種情況理解為袁世凱的善於偽裝，而

事實上他已經在向南方調兵遣將了，同時，也把南方的三個省的都督予以撤職，這是袁世凱為應對革命黨人的「二次革命」做了策略上的準備。這是站在袁世凱政府對立面的立場上來說這番話的，我們也可以換一種思維方式來看袁世凱的這些話，來看袁世凱當了中華民國臨時大總統後的局勢，為袁世凱設身處地地作一個思考。

從現象上看，在南北統一的一年以後，袁世凱並沒有反對共和制的思想，既沒有這個思想，那麼所謂復辟舊制度一說就無從談起。在袁世凱時代，「公僕」一詞已經被袁世凱所用了，作為「公僕」，就得為國、為民盡自己的努力去辦事。他所考慮的首要問題就是國家的統一，天下和平，沒有戰爭，所謂「對內對外以和平，此為最要之事」，國強民富，「訂定賦稅規則，開拓國內富源，俾人民得以日見昌盛。人民昌盛是為立國之本」。之所以有人反對政府，袁世凱把反對政府的人又分為兩種情況：一種是在革命後得了某種利益，但對於所得之利益尚不滿意的，也就是說，他得了利益，但認為自己所得的並不夠多而反對政府；另一種情況是沒有在革命後得到利益。我們對於袁世凱的這種說法並不能完全持否定意見。至少可以說，在「二次革命」之前，袁世凱並沒有想廢除共和制度而自己當什麼皇帝。如果說在這個階段就認為袁世凱想當皇帝而把中國拉向倒退，這種認識並沒有多少根據。

南方政府解體後，的確有相當一部分革命黨人並沒有得到他們所應該得到的官職和地位，這也是事實。為什麼沒有得到，是因為南北議和了，如果南北沒有議和，孫中山的革命完全靠革命黨人的力量而成功了，這裡邊根本就不存在一個「二次革命」的問題。平心而論，在中國當時的情況下，單憑孫中山的革命，推翻清帝是相當困難的，把封建帝制從中國版圖上取消，袁世凱和段祺瑞等是有功勞的，這一點不能否認。如果不是孫中山所建立的南京政府堅持共和制，我們也可以說袁世凱是不主張在中國建立共和制的，而段祺瑞等力主共和於中國，我們認為這是段祺瑞等人的思想進步的一面，這一點也不能予以抹殺。但還有一點也是應當肯定，即袁世凱反對政黨林立的局面。

袁世凱當然不希望已經到手的權力讓革命黨人再「幸分一杯羹」。換言之，袁世凱是主張在他的總統權力不受任何限制的情況下，即在其獨裁專政下的實現國家和平、國家和人民的富強。從這個意義上說，他發布政論說孫中山、黃興「左又是搗亂，右又是搗亂」，並不是不可以這樣說。因為他是從以他為總統的北京政府的立場出發說這個話的。反過來，如果不是袁世凱任這個總統，換成另外一個什麼人來做這個總統，如果他也想獨裁的話，我們仍然可以肯定地說，他也會說出這樣的話。

　　在袁世凱當政的那個時代，使國家、人民富強起來，談何容易！袁世凱是在滿清帝制的廢墟上任中華民國臨時大總統的，當時的中國可以說是千瘡百孔、百廢待興。

　　蔡東藩所著《民國演義》中有這樣一段話：孫中山遵約辭職，不可謂非信義士，與老袁之處心積慮，全然不同，是固革命史中之翹楚也。或謂中山為遊說家，非政治家，自問才力不逮老袁，因此讓位，是說亦未必盡然。顧即如其言以論中山，中山亦可謂自知甚明，能度德，能量力，不肯喪萬姓之生命，爭一己之權位，亦一仁且智也。吾重其仁，吾尤愛其智。以千頭萬緒棼如亂絲之中國，欲廓清而平定之，談何容易？況財政奇窘，已達極點，各省方自顧不遑，中央則全無收入，即此一端，已是窮於應付，試觀袁、唐二人之借債，多少困難，外國銀行團又要挾，又多少嚴苛，袁又自稱快意，在局外人目之，實乏趣味，甫經上臺，全國債務，已集一身，與其為避債之周報，何若為辟谷之張良，故人謂中山之智，不若老袁，吾謂袁實愚者也，而中山真智士矣。

　　中國當時之千瘡百孔、百廢待興，這既不是孫中山所造成，也不是袁世凱所造成，而是中國社會進入半封建半殖民地後的歷史大勢。在這樣的國度裡，讓袁世凱去接了這個中華民國的臨時大總統，也真是給他出了一個大難題。但「人」這個東西是說不清楚的，他總是想要權，想做官，而且這個權越大、官越高越好，對於權、官，可以說是「韓信用兵——多多益善」！不要管他所管轄的那個地盤是如何的腐敗，如何的困窘。當然也有不少清高之

士，他並不想要這個權，要這個官，更不用說那個令人垂涎的皇帝了。但現在是袁世凱，而不是那些所謂「清高之士」！

袁世凱為了維護他的專制統治，他當然不願意讓宋教仁等出來以合法的議會形式與他分權，他又不能透過其他合法的手段不讓宋教仁去進行黨派的活動，怎麼辦？只好用暗殺的辦法來解決問題。應當說明的是，國民黨之前的同盟會也不是沒有採用過暗殺之類的手段而從事活動。只是袁世凱是一個大總統，他採用這樣的辦法來對付革命黨人，其實是太愚蠢了！

宋案一出，輿論大嘩，南北雙方劍拔弩張，「二次革命」的風暴到來了！「二次革命」風暴的到來，還有一個大的助推力——善後大貸款！

關於善後大借款，《辭海》的權威解釋是：1913年袁世凱為取得帝國主義支持，消滅國民黨控制的南方各省勢力，以辦理「善後」為名，指派國務總理趙秉鈞、外交總長陸徵祥、財政總長周學熙等為全權代表，向英、法、德、俄、日五國銀行團進行大借款。4月26日，未經國會同意，與五國銀行團代表在北京非法簽訂《善後大借款合同》二十一條，附件六號。借款總額二千五百萬英鎊，八四實交，年息五厘；以鹽稅、海關稅等為抵押；四十七年償清，本息共計六千七百八十九萬三千五百九十七英鎊。合同規定，鹽稅徵收須聘請外國人協助管理，鹽稅從此被外人控制。

這件事情非常複雜，頭緒也是相當的亂，且聽本書作者慢慢道來。

袁世凱出任中華民國北京政府臨時大總統之時，曾經因為財政極端困難而由國務總理唐紹儀、財政總長熊希齡、外交總長陸徵祥等出面同四國銀行團（英、法、德、美）、或六國銀行團（除前四國外再加日、俄）為急需用款而有過借款，但那次借款的數量沒有「善後大貸款」多，且錢一到手就開支無餘。同前次借款相比，這次「善後大借款」更是以出賣主權為代價的，因此成為「二次革命」引發的導火線。

蔡東藩在《民國演義》中把「善後大借款」演繹得有聲有色，本書依此為藍本將這件事情敘述如下：

「善後大借款」引起國會的不滿，起因於國民黨取勝後議長的「彈劾」。臨時政府成立時，不管是南京政府還是北京政府，那時都沒有「國會」，只有參、眾兩院。1912 年冬季，由袁世凱正式頒布召集令，選舉國會議員，這就有了 1913 年 4 月 8 日的國會召開。國會開幕式上，推選議員中年齡最長者的楊瓊為臨時主席，宣讀開幕辭。

辭曰：

維中華民國二年四月八日，為我正式國會第一次開院之辰。參議院眾議院各議員，集禮堂，舉盛典，謹為詞以致其忱曰：視聽自天，默定下民，億兆有與於天下，權輿不自於今人。帝制久敝，拂於民意，付托之重，乃及多士。眾好眾惡，多士赴之；眾志眾口，多士表之。張弛斂縱，為天下控；緩急疾徐，為天下樞。興欽廢欤，安欤危欤，禍福是共，功罪之屍，能無懼哉？嗚呼！多難興邦，惕屬蒙嘏，當茲締造，敢伸吾吁。願我一國，制其中權，願我五族，正其黨偏。大穰暘雨，農首稷先。士樂其業，賈安其廛，無政不舉，無隱不宣。章皇發越，吾言洋洋。迺聽遠謀，四鄰我藏。舊邦新命，悠久無疆。凡百君子，孰敢怠荒？

臨時主席用當時這艱澀難懂的古文宣讀罷開幕詞後，應當是由袁世凱總統宣讀其就職詞。但是，因為袁大總統本來就對國會這個在總統之上的「緊箍咒」不感興趣，這一天他並沒有到會，只派了祕書長梁士詒代他作頌詞宣。

其頌詞曰：

中華民國二年四月八日，我中華民國第一次國會，正式成立，此實四千餘年歷史上莫大之光榮，四萬萬人億萬年之幸福。世凱亦國民一分子，當與諸君子同深慶幸，念我共和民國，由於四萬萬人民之心理所締造，正式國會，亦本於四萬萬人民心理所結合。則國家主權，當然歸之國民全體。但自民國成立，迄今一年，所謂國民直接委任之機關，事實上尚未完備。今日國會諸議員，係由國民直接選舉，既係國民直接委任，從此共和國之實體，藉以表現，統治權之運用，亦賴以圓滿進行。諸君子皆識時俊傑，必能各抒讜論，為國忠謀，從此中華民國之邦基，益加鞏固，五大族人民之幸福，日見增進。

同心協力，以造成至強大之民國，使五色國旗，常照耀於中華大陸，是固世凱與諸君子所私心企禱者也。謹致頌日：「中華民國萬歲！民國國會萬歲！

　　梁士詒代袁世凱把頌詞讀罷，這個國會大典就算結束了。按照此前的《中華民國臨時約法》第二十八條之規定：「參議院以國會成立之日解散，其職權由國會行之。」這樣，原來參議院的議員們已經就此而結束了他們的政治使命，在國會中由幾個政黨中的占多數名額的國民黨控制了參議院的正、副議長的席位，議長是張繼，副議長是王正廷。

　　要說國會選舉是國家政治生活中的大事，就是這樣鄭重的大事，作為總統的袁世凱竟然不到會，這本身就意味著國會內暗存的危機。我們且不說這個危機，就說袁世凱不到會的動機是對於「善後大借款」的心虛和不安。

　　蔡東藩《民國演義》中說：

　　唯兩院競選議長的時候，袁總統趁他無暇，竟做了一種專制的事件，未經交議，驟行簽字，於是兩院議員，發生異議，議員與政府反對，膠膠擾擾，幾鬧得一塌糊塗。看官道是何事？原來就是銀行團的大借款。自倫敦借款貸入後，六國銀行團嘖有煩言，以鹽課已抵還前清庚子年賠款，不應再抵與倫敦新借款，嗣經外交部答覆，略言：「前清所抵賠款的鹽稅，彼時每年所收，只一千二百萬兩，現已增至四千七百五十萬兩，是除一千二百萬兩外，羨餘甚多。前為舊額，今為新增，兩無妨礙。」六國銀行團，乃再行磋商，袁總統正苦無錢，巴不得借款到來，可濟眉急。因囑財政總長周學熙，申議借款事宜，擬將原議六萬萬兩，減作二萬萬。銀行團復要求四事：一是從前墊款，暨現今大借款，應將中國全國鹽務抵押，聘用洋人管理，除還本付息外，倘有餘款，仍聽中國自由支用；二是中國政府應請借款銀行團指定洋員，在財政商辦處，期限五年，凡關財務歲入等事，須備政府顧問；三是中國政府應自行聘用洋人，與財務商辦處代表洋人，於取銀票面簽字，隨時取用借款，並聘用稽核專門洋人若干，稽核借款帳目，分別公布中外。又借款興辦實業，應用銀團所認為適當專門洋人，監理事業；四是銀行既代中國出售巨款債券，若券賣完，中國政府不得另借他款，以致市面牽動。這四條要請前來，周學

熙因他條件過嚴，特開國務院會議，自擬借款大綱五條，提交參議院議決（五條中均對於上述四條作了一定的修改，此處從略——引者）。[5]

這段文字所說的大借款，實際上並不是起於 1913 年 4 月，而在前一年 4 月就在同銀行團反覆的磋商中，到了開國會選舉時，已經一年過去了（但仍在磋商中）。袁世凱不敢出席會議，怕的就是在國會中提起大借款一案令他無法面對國會。

經過同五國銀行團（美國已從中退出）反覆磋商，最終達成的協議是：借款數目為 2500 萬英鎊；年息 5.95%，淨收額不下於 84%；年限為 47 年。借款的擔保有三項：（1）中國鹽務收入之全數；（2）關稅中除應付款項外的餘款；（3）直隸、山東、河南、江蘇四省所指定之中央稅款。從此，繼海關稅之後，中國的鹽稅也被銀行團控制。關稅和鹽稅一向是舊中國時代中國財政收入的大頭，這些大宗稅收至此它的支配管理權便落到了外國人之手！就這樣的借款協議，袁世凱還是在沒有經過國會同意的情況下，於 1913 年 4 月 2 日給外國銀行團簽訂了《中國政府善後借款》合同。

關於善後大借款所招惹的種種麻煩，實在是令袁世凱「心煩意亂」，隨著國務總理趙秉鈞的辭職，段祺瑞任代理國務總理，那麼，段代總理只好代袁受過了。有書中說道：段任陸軍總長，本與外交財政，不相干涉，至如簽字命令，更是沒有關係，不過已代任國務總理，無從趨避，只好出席答覆。眾議員當面責問，段言：「財政奇絀，無法可施，不得已變通辦理，還請諸君原諒。」各議員譁然道：「我等並非反對借款，實反對政府違法簽約，政府果可擅行，何需議院！何需我等！」段亦不便強辯，只淡淡地答道：「論起交議的手續，原是未完，論其財政的情形，實是困極，鄙人於借款問題，前不與聞，諸君不要怪我；如可通融辦理，也是諸君的美意，餘無他說了。」（書中對於段祺瑞的回答有一句短評：還是忠厚人的口吻！）我們說也是，段祺瑞是軍事首腦，他並不是財政總長，對於大借款一事，本不該拿段祺瑞是問，但是，此時的趙秉鈞已經離職而去，段代理了這個多難的國務總理，他不替人代過，又找何人呢？議員們不向他責問又向誰人責問呢？向袁世凱責問，他就是不出面，你又有何法子？據《段祺瑞年譜》可知：段從 1913

年 5 月 1 日代理國務總理，至 7 月 17 日由朱啟鈐暫代國務總理，段卸任代理總理。很有戲劇性的是，朱代總理只有兩天，即於 7 月 19 日，段祺瑞仍代理國務總理，但這次再代總理只有 11 天，即在 7 月 31 日，令熱河都統熊希齡為國務總理。

至此，我們可以結論，南方革命黨人決心發動「二次革命」有三大因素促成：宋案發其端，善後大借款為助推力，撤免李烈鈞（江西都督）、胡漢民（廣東都督）、柏文蔚（安徽都督）為導火線。

1913 年 6 月底，孫中山在上海召集軍事會議力促起兵倒袁，主要戰場集中在江西、南京一帶，因此「二次革命」又稱「贛寧之役」。7 月 8 日，李烈鈞到達湖口，部署起兵事宜，並在湖口建立了討袁軍司令部。11 日，李烈鈞提出具體作戰方案，將部隊分為左右兩翼，任命林虎為討袁軍左翼司令，指揮一、二、七團攻擊沙河、十里鋪一線敵軍；任命方聲濤為右翼司令，指揮三、九、十團攻擊九江城南金雞坡炮臺敵軍；任命何子奇為湖口守備司令。湖口之戰是「二次革命」的第一戰場。在李烈鈞到達湖口的當日（7 月 8 日），北軍前鋒李純部北洋第六師第十一混成旅抵達九江，占領了入贛的策略要地；11 日推進到沙河一帶，距贛軍第一旅林虎所部僅數裡之遙。繼之，袁又增派段芝貴、馮國璋率軍南攻。7 月 12 日上午，雙方在沙河鎮南交戰，各有勝負。15 日，黃興在南京強迫程德全宣布江蘇獨立，被推為江蘇討袁軍總司令。接著安徽、廣東、福建、湖南、四川各省及上海紛紛獨立。

南京是「二次革命」的第二戰場，駐南京的第八師是革命黨人手中所掌控的精銳之師，7 月 15 日，黃興在南京組織江蘇討袁軍，並親任總司令，此時黃興所面對的是北軍的馮國璋和張勳部。革命黨人由於兵力不抵北軍，又加之起兵倉促，所以面對馮國璋和張勳的強力攻勢，導致作戰失利，黃興於 7 月 29 日離寧赴滬……

贛寧之役是在突起中突落，從 7 月 12 日湖口起兵到 9 月 1 日南京失陷，前後不到兩個月，「二次革命」以失敗而告終（據胡曉《段祺瑞年譜》：9 月 14 日，熊克武在重慶失敗，討袁軍失去最後一個據點。可以認定，「二次革命」的失敗不能以 9 月 1 日南京失陷為截止期，應當順延至 9 月 14 日）。

孫中山所發動的「二次革命」，又稱討袁戰爭，為什麼會在這樣短的時間內失敗了呢？原因是多方面的，比如說政府的權力掌控在袁世凱手中，南方革命黨人失去了武昌起義時的號召優勢；舉兵倉促，雙方兵力懸殊（南軍居劣勢）；革命黨人此時沒有了當初革命時的進取精神，思想比較渙散；外國勢力對於袁世凱的支持；南軍不及北軍的訓練有素，不能小看當年袁世凱小站練兵的班底，等等，都可以成為解釋「二次革命」不成功的原因。我們借用蔡東藩在《民國演義》中的說法：斯時袁政府的真相未露，偽共和之局面猶存，徒以三數人之言論，鼓動億兆人之耳目，談何容易？說到底，本書認為，從政治謀略上說，孫中山他們跟袁世凱等相比，還是略遜一籌。

請看 1913 年 7 月 27 日《時報》上袁世凱發布的命令：

湖口、徐州（徐州第三師師長冷遹率兵前往南京接應革命軍，張勳亦在徐州方面同革命軍交戰，上文所說湖口起兵，當然也波及到徐州——引者）

等處暴徒倡亂，政府為整肅紀綱維持國本起見，不得不以兵力勘定，迭經先後布告。本大總統躬承國民付托之重，值此變出非常，蕩平內亂，責無旁貸。耿耿此心，當為民所共諒，各友邦所悉知。唯恐傳聞之異詞，或以方針之未定，國民以姑息養奸相責備，外商以性命財產為隱憂，若不明白宣告，使我全國人民咸知順逆從違之所在，各外商共悉鎮亂靖暴之有方，其何以靖人心而昭大信？為此通令，條舉三端：一、該暴徒等勾榜叛兵，借竊上地，擅行宣布獨立，破壞民國之統一，擾亂地方之治安，此等行為，實為亂黨，政府不得不依照國家法律，以後備警戒，是用兵定亂，為行使《約法》上之統治權，民國政府，當然有此責任……

又見 1913 年 8 月 2 日《時報》所載袁世凱總統之通令：

政黨行動，首重法律，近來贛、粵、滬、寧兇徒構亂，逆首黃興、陳其美、李烈鈞、陳炯明、柏文蔚，皆國民黨鬧事，從逆者亦多國民黨黨員，究竟該黨是否通謀，抑僅黃、陳、李、柏等私人行動，態度不明，人言嘖嘖。現值戒嚴時期，著警備地域司令官傳訊該黨鬧事人員，如果不予逆謀，限三日內自行宣布，並將籍該黨叛逆一律除名，政府自當照常保護，若其聲言助亂，或藉詞搪塞，是以政黨名義為內亂機關，法律具在，絕不能為該黨假借也。

「二次革命」失敗了。革命黨人的兩大主要領袖——孫中山、黃興，遭到袁世凱政府的通緝，他們只好流亡海外。

註釋

[1] 來新夏：《北洋軍閥史》（上冊），南開大學出版社 2000 年 12 月第 1 版，第 247-251 頁

[2] 來新夏：《北洋軍閥史》（上冊），南開大學出版社 200 年 12 月第 1 版，第 256-257 頁

[3] 白蕉：《袁世凱與中華民國》，中華書局，2007 年 6 月北京第 1 次印刷，第 50 頁。

[4] 白蕉：《袁世凱與中華民國》，中華書局，2007 年 6 月北京第 1 次印刷，第 50-51 頁。

[5] 蔡東藩：《民國演義》，第二十三回。

第十五章 從正式總統到洪憲皇帝由陸軍總長至引病開缺

「二次革命」失敗了。

孫中山和黃興多年經營的革命事業，到了武昌起義方顯出一點「英雄本色」，三鎮光復，旋即又同袁世凱達成了協議，把一個南京臨時政府的政權拱手讓給了袁大總統，滿心希望我們的袁大總統真心在共和體制下把中國的事情辦好。只要袁世凱能把中國的事情辦好，孫中山不當這個中華民國臨時大總統也是心甘情願的。袁世凱接任南京政府，用了一些手段把南京政府給「忽悠」了之後，袁先生又邀孫先生和黃先生等革命黨人的領袖們北上北京，共商國是。應當說，當時孫先生對於袁大總統真的是比較滿意的，甚至可以說是相當滿意的。不然的話，怎會有孫中山吹捧袁大總統「雄才大略，當世無可與代之人」[1]的話出現呢？

我們看孫先生，還有他當時南京政府的那一班子幕僚們，就說教育家蔡元培先生吧，我們今天到北京大學的未名湖畔可見蔡先生的雕像，他老人家是那樣的慈眉善目，不禁令我想起他和宋教仁、汪精衛一起受孫中山委託到北京請袁世凱南下就職中華民國臨時大總統時的情形。人家袁先生多年來所經營的大本營在北京，並不在南京，這一點孫先生們也是看得清清楚楚的。當然也正是孫先生們對於這一點看得十分清楚，才有意請袁先生到南京去就那個中華民國臨時大總統一職的，在革命黨人看來，這樣做可以更為有效地控制袁世凱。蔡先生那個老誠實在勁兒真是老誠得「到家」了，他居然能說，袁先生不願意到南京去就職，他是有他的計謀，但我們靠我們的「誠」去打動他！

蔡元培是一位深諳中國傳統哲學的著名學者，對於中國傳統文化有著相當深刻地研究，當然懂得中國傳統文化中「誠」的要義。但本書要說的是，作為一個深受中國傳統文化薰陶的知識分子，蔡先生是鬥不過袁先生的，不

僅蔡先生鬥不過袁先生，我可以說，真正熟悉和研究中國傳統文化的知識分子一般說來都是鬥不過那些政客的。

孫中山和袁世凱的交戰是一個個案，但這個個案有其普遍的意義。人家袁先生把你國民黨這個大黨中的領袖人物宋教仁給謀殺了，袁先生還下令要嚴查作案兇手，結果弄出了一個袁世凱是謀殺的主犯，一旦真相大白於天下後，孫先生們想，袁先生真不是個「玩意兒」。於是乎，開始再來一場革命吧！結果倒好，你的這場子革命非那場子革命，天地人心不同，政治氣候不同，時代變化不同，革命的對象不同，誠可謂「此一時也，彼一時也」。在兩個多月時間裡，落得一個大敗。用四川的話說，叫做「沒得辦法」，只好流亡海外，說好聽些，那是流亡，說得不好聽些，那是逃命啊！不然的話，袁先生利用手中的權力把你當成一個叛亂分子的首腦人物給治罪了，看你怎麼辦？這就是政治，但這也是遊戲，只不過這個遊戲不是小孩子們玩的那些什麼「石頭剪子布」之類的玩意兒，那是小遊戲，這是大遊戲。而大遊戲也叫做「政治遊戲」，實踐證明，孫先生們對於玩政治遊戲是不內行的，說實在話，袁先生在玩政治遊戲方面可真是行家裡手！

客觀上說，如果不是孫先生們來了一個「二次革命」的話，袁先生不太可能在較短的時間裡把那個臨時大總統的「臨時」二字去掉的。正是「二次革命」加速了中華民國正式大總統的產生！原來，有南方革命黨人的存在，袁先生們對於臨時政府的那個《臨時約法》還有點顧忌。這一次不同了，孫先生們失敗了，為了避免遭到通緝，為了保命，流亡到海外（日本）去了，剩下來的事情對於袁世凱來說可是好辦得多了。人家袁世凱政府開始「清黨」了，把國民黨來一個大收拾，什麼「政黨內閣」，那個東西有點「扯淡」。現在袁先生沒有對手了，下一步該如何辦呢？這就輪到把那個臨時政府的臨時總統改一下「名號」，把臨時政府變成正式政府，把臨時大總統變為正式大總統。這個時候，可以說袁先生打心裡高興。「選舉」起來就容易多了！

「選舉」袁先生當正式總統，這事也容易。時間不等人啊，袁先生當了正式總統後，還想著當皇帝呢！

有書這樣寫：「袁既消滅國民黨在各省之武力，以馮國璋駐南京，段祺瑞駐湖北，龍濟光駐廣東，監視各省；長江流域諸省，盡為北洋軍人所有，勢成統於一尊。」眉批——張勳曾云：餘平南京後，有崇文門監督何梭者說餘曰，君大功告成，盍請大總統為大皇帝。餘痛罵之而去，此袁所以去予而代以馮也。」[2] 張勳這個人物可真是一個對主子相當忠心的將領。早在武昌起義時，各省差不多都獨立了，但張勳並不這樣幹，他要效忠大清。到了大清完蛋後，張將軍又對袁世凱政府效忠得可以。孫先生們發動「二次革命」時，他又奉命率軍南下，去徐州、南京鎮壓革命軍，當他的隊伍開拔到徐州時，收到江蘇討袁軍總司令黃興寫給他的一封信。黃興給張勳的信，意思是讓老張歸順到革命黨一邊，不要替老袁賣命了，但他哪裡聽得進去。可見，張勳 X 對袁世凱的耿耿忠心。你就是再「忠」，因為你不了解袁大總統的內心，還是把你的防區劃歸馮國璋。

我們再把前文中張勳所說的話重複一遍：「餘平南京後，有崇文門監督何梭者說餘曰，君大功告成，盍請大總統為大皇帝。餘痛罵之而去，此袁所以去予而代以馮也。」這可以說是袁世凱要讓馮國璋前往南京代替張勳的真正原因了。袁世凱要當皇帝，有人向張勳說及此事，你張將軍為何把人家罵得「狗血噴頭」呢？本書前文已述，老袁給段祺瑞說，馮國璋不懂政治，他沒有揣測到袁的心理，帶兵在武昌打仗的時候，總想建功立業，想把革命軍一次性消滅掉。可以設想，你馮大將軍如果一次性把革命軍消滅了，老袁拿什麼當殺手鐧去向清廷討價還價呢？這個時候，張勳又犯下了在武昌肇變時馮國璋所犯下的「錯誤」。當然，張勳說這樣的話可能是出自於內心，並不是官場上的套話，孰料這事讓老袁獲悉了。儘管你張勳對袁世凱忠心耿耿，在「二次革命」中親率大軍先打徐州，再攻南京，把南京拿下了，因為你不懂袁先生的心理，所以老袁才把你從南京拿下來，讓馮國璋去接替你。這是一個教訓，可惜這個教訓到後來張勳才搞明白，但為時已晚。

同張勳相比，段祺瑞並不是沒有這樣的想法和說法。也就是說，段祺瑞也是反對老袁當皇帝的。《年譜》記：（1912 年）3 月 10 日，袁世凱在北京就任臨時大總統，蔡元培代表孫中山致賀詞。曾毓雋回憶：「袁就臨時大總統，事先派二十人籌備，我名列第十四。倪嗣衝對我說：『你替袁世凱籌

備臨時大總統不算完事。』我問他：『要做到什麼程度為止。』他低聲嚴肅地說：『要做到老袁登帝位為止。』我當時大吃一驚，將這個消息祕密報告段祺瑞，段立時變色，對我說：『我們首先通電請清帝退位，主張共和，而今天我幫助他，他來稱帝，我成了什麼人？將來果然有這事，我決定反對到底。』」（見《蔡元培傳》第 53 頁）後來的事實證明，段祺瑞就是這樣做了，但他採取的方略並不是在這裡所說的那樣，這是後話。

　　總之，袁先生是要做皇帝的，但要做皇帝得有一個時間的問題，這事不是一蹴而就的。人家革命黨人剛剛把一個臨時中華民國政府交給你袁先生，就是衝著你也主張共和政體的，不然的話，革命黨人寧肯戰鬥到底，也不會作出這樣的讓位決定。現在的問題是，因為「二次革命」的緣故，客觀上為袁世凱的皇帝夢的實現提供了特別有利的條件。但還要有一個過程，就是先把臨時大總統變成正式大總統後再說，但這個時間並不會太長的。

　　就在袁世凱準備為先做正式大總統而緊鑼密鼓地進行著的時候，誰知宋教仁則熱心於政黨政治，想透過國民黨的大多數選票而實現國民黨人在議會中的多數這一目的，他並不知道老袁正在盯著他呢！在宋先生被袁先生除掉後，正式國會得先召開，因為有了正式國會才有正式的大總統的產生嘛，這是一個「程序」。

　　史載：民國二年一月，袁遂發布正式國會召集令，所有當選之參議院眾議院議員，均限於三月以內，齊集北京。四月八日，兩院議員於眾議院行國會第一次開幕典禮。國務總理及外交、陸軍、海軍、司法、農林、交通各總長均蒞會。

　　國會既然成立了，那麼，就得根據一年前孫中山們在南京所制定的《臨時約法》來走一走過場。

　　且看這段文字：

　　國會既立，又依《臨時約法》所規定，於前時之參議員，同日行解散禮。五月一日，參眾兩院從事議長選舉：參議院選張繼為議長，王正廷為副議長；

眾議院選湯化龍為議長，陳國祥為副議長。由是而全國喁喁待望之第一次國會乃出現，然距元年三月公布《臨時約法》，已一年餘矣。

國會既開，先制憲法，以便依憲法而選舉正式大總統。然憲法產生，需時甚久，若長此無正式負責之元首，對內對外，均屬不便；遂有「先選總統，後定憲法」之說。二年九月十二日，開參眾兩院聯合會，議決由憲法起草委員會先制定憲法中《總統選舉法》一部，循各國通例，以憲法會議名義宣布。十月六日，由兩院組織選舉會，袁遣軍人到會，強迫投票，議員咸不得自由；院外有袁世凱左右所買囑號稱「公民團」者數萬人，整齊嚴肅如軍伍，包圍眾議院數十匝，迫即日選出所屬望之總統，否則斫選舉人不能出議院一步。選舉人不得不俯首聽命，忍餓終日，以行選舉。直至袁世凱當選之聲傳出，公民始高呼大總統萬歲，振旅而返。是日計投票三次，前兩次袁得票雖多，然不滿法定之數；第三次就第二次得票最多之袁世凱、黎元洪二人行決議，袁乃被選為中華民國第一任正式大總統。十月十日就職。[3]

看罷這段文字，不禁發笑，但又一想，根本不能笑。因為這種國家大事，豈以一個笑字了得！如果硬要一聲「笑」，我認為，這也是苦澀的笑，無奈的笑。你看，在中國歷史上，從來沒有聽說這種用「公民團」數萬人去「保護」會場的！可憐國會議員，都是有一定身分的人物，並非一般的平頭百姓，他去開會，去選舉總統，那可是一件非常「光榮」而又「神聖」的事情，怎麼能在那裡忍饑挨餓！真是滑天下之大稽！

袁世凱「當選」正式大總統後，有一就職宣言，全文太長，不便引用，為了敘說的方便，本書把它置換成易懂的話說出：袁先生一開始客氣了一番，說自己怎樣無才，但既然在這個位置上，就得對得起我們的國家和我們的人民。我們現依人民的意志，把專制政體推翻了，我們現在採用的是共和政體。「餘歷訪法美各國學問家，而得共和定義曰：共和政體者，采大眾意思，制定完全法律，而大眾嚴守之。若法律外之自由，則共恥之！」「又共和以人民為主體，人民大多數之公意，在安居樂業，改革以後，人民受種種刺激，言之慘然而餘曰望人民恢復元氣，不敢行一擾民之政，而無術以預防暴民，致良民不免受其荼毒，是餘所引為憾事者也。」這個話大概就是說孫中山、

黃興他們所發動的「二次革命」吧，因為自己「無術以預防暴民」，結果令良民百姓受其荼毒，這是我袁世凱的一大憾事啊！實在是對不起民眾，對不起人民對我的期望和重托。可能袁世凱在講到這個地方的時候，還伴隨一個雙手抱拳的動作，也未可知也！然後說到我們國家之所以不發達之原因有二：一是教育之幼稚，二是資本之缺少。說到法律，這是人民所共同遵守的，不僅是中國法律，還有外國法律，我們不能歧視外國人，這樣，「本大總統聲明：所有前清政府及中華民國臨時政府，與各外國政府所訂條約、協約、公約、必須恪守。又各外國人民，在中國按國際契約及國內法律並各項成案成例已享之權利並特權豁免各事，亦切實承認，以聯交誼而保和平。」袁世凱的這個話的意思無非是說，要我們把原來外國列強強加於我們的不平等條約等一律承認，不然的話，就得罪了外國列強，如果那樣的話，這個政權就得不到外國人的保護，人家也可能不借款給我們了。

史載：袁世凱在 1913 年 10 月 10 日 10 時 10 分，在清朝皇帝登基的太和殿舉行大總統就職儀式，袁世凱乘八人抬大彩轎，並有金盔藍服持戟的衛隊 240 人為前導，志得意滿地在侍從官的簇擁下登臺就職，儼然一副封建帝王的氣派。當天下午，袁世凱在段祺瑞、王士珍等北洋將領的陪同下登上天安門，舉行了有兩萬官兵組成的閱兵式，規模堪稱盛矣。

中華民國正式政府取代了在此之前的臨時政府，從政權建立和社會發展的角度講，它本身並沒有多少可非議的地方。因為一個中央政府總不能長此「臨時」下去。不過，這件事情放到袁世凱的身上，似乎就有說不完道不盡的話題。究其原因，我們認為，以袁世凱為總統的中華民國政府把孫中山等革命黨人的成果攫為己有，又把革命黨人以「亂黨」的名義打壓下去，逼得孫中山、黃興等人出走異鄉他國，又把國民黨這個大黨在國會中的席位給剝奪而去，連選舉自己為正式大總統的國會也不當成一回事兒，這大概就是人們常說的「竊國大盜袁世凱」的理由。本書認為，如果站在革命黨人的立場上來說這個話，「竊國大盜」並不是不可以說的。但是，如果站在國家的立場上來看待這個政治事件，說這樣的話是經不起推敲的。我們現在要問，什麼叫做「竊」，從法律的角度講，竊則是乘人不備而祕密地將他人的財產非法地占為己有。那麼，袁世凱是不是這樣做的呢？我們認為不是。

早在武昌起義時，是革命黨人對清廷發難，在很短的時間內把清帝趕下了臺。可以設想，如果不是孫中山革命，不是黃花崗起義等失敗在先，不是武昌起義在後，可以說，儘管滿清帝國已經走到了歷史的盡頭，但百足之蟲，死而不僵！它並沒有「僵」，它還是一個大清在那裡存在著。如果不是袁世凱另有所圖，他完全可以靠他培植的北洋軍實力把革命軍打壓下去，也就是說，只要袁世凱沒有自己的私心，他如果像馮國璋、張勳那樣對大清一片忠心，革命黨人能否取得政權，那只有天知道！而歷史的定格就是：袁世凱和南方革命黨人來一個南北議和，還有段祺瑞等一批前朝將領向清帝下「最後通牒」，清帝才十分不情願地退出了在中國長達267年（兩頭都算，是268年）的封建統治。

本書認為，滿清的下臺，是革命黨人和袁世凱、段祺瑞共同作用的結果（所說的段祺瑞「一造共和」，就是指這件事情）。既然是共同發揮作用，那麼又怎麼能說是袁世凱一人「竊」了國呢？要說他是竊了前清帝國的話，那只是他在前清「一不留神」的情況下，或暗殺、或宮廷政變而把它弄到手，那叫做「竊」，但事實上是由革命黨人向袁世凱提出了一定的條件，由袁世凱同清帝協商的結果。從協商的角度而論，這並不是袁世凱「竊」了前清，而是在保留前清一個「飯碗」的前提下，清帝才退位的，何「竊」之有？如果說是袁世凱「竊」了中華民國的話，那麼，只有在革命黨人「一不留神」的情況下把南京政府的權力給弄了過來。而事實是，孫中山等革命黨人同袁世凱講清楚，只要你把清帝趕下臺去，只要你在中國的這塊版圖上實行共和政體，我孫中山就把這個中華民國臨時大總統拱手讓位於你老袁。這是說清楚的話，袁世凱還是有些不放心，在反覆試探和落實的情況下，袁世凱才下定決心把清帝趕下臺。趕清帝下臺，袁世凱在清廷唱「白臉」，段祺瑞利用兵權在下邊唱「紅臉」，前提條件是孫中山答應在共和體制下把臨時大總統讓於袁世凱。這應當是歷史的真相。

實際上，袁世凱的「城府」是很深的，他縱然有心把清帝趕下臺去，但他還是在表面上不那麼張揚、張狂，還是由段祺瑞等把這個「不好說的話」給說出來了。段祺瑞的「說」實際上也是袁世凱的「說」，但袁世凱就是不「說」，這個話留待段祺瑞等前線將領們去「說」。一方面，達到了前清退

位的目的，另一方面，也實現了革命黨人所設想的計劃。孫中山們也沒有失信，把中華民國臨時政府讓給了袁世凱，袁世凱也沒有失信，還給清廷一個生存的空間。要說袁世凱的奸，就奸在他採用了非常手段，把革命黨人等不利於自己當正式大總統的所有「障礙」都一一清除了去。我們可以設想，如果不是「二次革命」的發生，袁世凱能這麼快就可以當上那個正式大總統嗎？從這個意義上說，袁世凱能夠很快地當上了中華民國正式大總統，客觀上是「二次革命」給他幫了大忙！總之，不論從哪個角度說，說袁世凱是「竊國大盜」並不是科學的說法。

同袁世凱相比，段祺瑞是一個性情耿直之軍人，他不像老袁那樣，有那麼多隱謀，有那麼深的城府，但和馮國璋相比，段似乎比馮的政治敏感度為高。在「北洋三傑」中，王士珍到後來似乎對於政治功名不太感興趣，段祺瑞、馮國璋似乎對於權位看得相當重，但段祺瑞、馮國璋二者也有差別，其差別即在於段祺瑞對於金錢的欲望並沒有馮國璋為重。

從段祺瑞的真實思想上看，他是擁護共和制的，在袁世凱還沒有下最終決心在趕清帝下臺後到底採用什麼政體時，段祺瑞已經把袁世凱的後路給切斷了，就是說他是最終促成袁世凱採用共和制的第一人！段祺瑞既然擁護共和制，那麼對於袁世凱到底是當臨時大總統還是當正式大總統都是沒有關係的，但相比較而言，既然是中華民國政府，既然是採用的共和政體，那個「臨時大總統」總不如「正式大總統」名正言順。從這個意義上說，袁世凱採用一些不正常的手段，把國民黨這個大黨的權力削弱下去，段祺瑞儘管沒有從決策方面給袁世凱提供多少智謀，但他將袁世凱的軍隊實權緊緊抓住，為袁世凱政權作了軍事上的堅強後盾，他對於袁世凱政權真的是出了大力的，他是第一功臣。在袁世凱開罷正式國會，選舉了正式大總統後，他又陪袁登上天安門，這些功績，這些行為，段祺瑞都是真心做的。

不僅如此，在平息「二次革命」、在剿滅「白朗起義」[4] 時，段祺瑞的功勞仍然是堪稱第一的。我們說段祺瑞對於袁世凱政權作出了堪稱第一的貢獻，是因為他是袁世凱政府的陸軍總長，我們且不說在此期間他曾幾代國務總理對於解袁世凱之困的貢獻，單就其任陸軍總長就足以可圈可點了。

在袁世凱被選為中華民國正式大總統後的第二天，國會又選舉黎元洪任中華民國的正式副總統。在此之後，由於法定的中華民國大總統的地位，才使得袁世凱最終下令解散國民黨，並取消國民黨籍國會議員資格。袁世凱之所以敢這樣做，還是因為軍隊在段祺瑞手中。

但還有一點不太周全，就是這個副總統黎元洪，老袁一直對他放心不下！要說黎元洪並沒有反袁的政治野心，或者說他在這個問題上也無所謂有沒有「野心」的問題，那麼，袁世凱為什麼就對他放心不下呢？

在武昌起義時，黎元洪在他的家鄉湖北掌控一定的兵權，革命黨人雖說一舉拿下了武昌三鎮，因為自己缺少政治底氣（此時孫中山在海外，黃興在上海，武昌起義的領頭人的軍銜太低，當起義後的首領恐怕不易服眾），在武昌光復後，就把黎元洪（清軍的協統）推向了前臺，讓他在湖北做了鄂軍大都督。接下來，革命黨人又把他選為大元帥（他和黃興到底誰是大元帥，誰是副元帥，在孫中山還沒有在南京就任臨時大總統時，還沒有最終確定），正在革命黨人為正、副元帥吵得不可開交時，孫中山從海外回來了，大家一致選舉孫中山為臨時大總統，此時無暇去說什麼大元帥的事情了。孫中山當選為南京政府臨時大總統，黎元洪被選為副總統，但他還是掌控住湖北的軍權。到了袁世凱當北京政府的臨時大總統時，黎元洪就當上了北京政府的副總統，但他還是在湖北，並沒有到北京就職（大概他已經預感到袁世凱這人怕靠不住，所以一直不丟自己的軍權，一直在湖北老家帶兵）。到了「二次革命」後（儘管黎也是支持袁世凱對抗「二次革命」的），黎元洪仍然在湖北做他的鄂軍都督。現在是袁世凱做了正式大總統了，把革命黨人的勢力打了下去，黎元洪又當了北京政府的正式副大總統了，但他還是在湖北經營他的事情。黎元洪並不是北洋嫡系，他一直在中華民國做他的副總統，不管從哪個方面說，袁世凱都對黎元洪不放心。

請看這段文字：

二次革命後，袁的勢力擴展到長江中下游地區，但尚不能及西南的川、黔、滇、粵、桂五省，但廣東都督龍濟光已投入袁的懷抱，並且對廣西的陸

榮廷形成牽制，而其他三省地處偏遠，雖鞭長莫及亦無可奈何。但對地處要衝的湖北尚未歸北洋所有，袁世凱覺得越發難以忍受了。

黎元洪也十分清楚，湖北是他的命根子。在湖北，他有地盤，有軍隊，又有「開國元勳」、「首造共和」的光環，政治地位和策略地位都十分重要。雖然黎元洪對袁世凱唯唯謹謹，未顯出不臣之心，但很難保一旦條件成熟會有異志，而且會有人借黎元洪的聲望來反袁世凱。這正是袁世凱最為擔心的，他決心要去掉這塊心病，調虎離山。為此，袁世凱動了不少腦筋，想把黎元洪調到北京來，但每次都被黎元洪巧妙地回絕了。

二次革命前，袁世凱曾打算讓段芝貴任湖北都督，以控制這策略要地，但黎元洪不來京，這一計劃無法實現。二次革命後，為了使黎元洪就範，袁世凱不惜以重金收買黎元洪的左右親信。袁世凱以二百萬元收買黎元洪的「文膽」饒漢祥，讓饒勸黎元洪早日進京，袁世凱還派自己的親信陳宧赴鄂勸說，都被黎元洪以無人接替或交接費時為由搪塞過去，不肯離鄂。

袁世凱見黎元洪軟的不吃，只好來硬的，袁世凱派自己的第一號大將段祺瑞親自出馬，來個「霸王硬上弓」。段祺瑞對此欣然接受，到武昌「迎接」黎京。

在段祺瑞到達武漢前，北洋第二師已開赴湖北，僅武漢就已有幾個團的兵力。（1913）12 月 8 日，陸軍總長段祺瑞親臨武漢，到都督府謁見黎元洪。黎元洪知道此次是在劫難逃了，但仍幻想能在日後返回湖北，讓都督府參謀長金永炎代行都督府中的事務。第二天，段祺瑞宣布北歸，黎元洪本來是送段祺瑞過江，可到火車站後，結果黎元洪被送上車，段祺瑞下車，偕金永炎返回都督府。黎元洪在陳宧等人的「護送」下北上了。就在黎元洪北上途中，袁世凱下達了以段祺瑞暫代湖北都督之命。黎元洪想再回湖北的路被堵死了。[5]

讀者應當注意，黎元洪不願意進京，並沒有反袁世凱的意思，但袁世凱本人則對黎元洪不放心，在用了各種手段無效的情況下，想讓段祺瑞前去湖北辦理此事。此時的袁大總統已經萌生了當皇帝的念頭，但他深知，這事段祺瑞不會贊同的。讓段祺瑞去「請」黎元洪進京，鄂都由段祺瑞代之。這一

計策，從袁世凱說，可謂「一石兩鳥」；從段祺瑞說，正好脫身。據胡曉《段祺瑞年譜》，（1913 年 12 月 8 日，段祺瑞）奉袁世凱之命，敦促黎元洪進京就職。曾毓雋回憶：「段笑著對我說：『你前些日子和我所談，我曾問過袁，袁指天發誓，否認帝制，馮國璋也曾以此事詢問過袁，袁也是以否認的態度答覆了馮國璋。現在他迎黎北上，用意何在，我已明白。現在又以金錢誘我，我南下迎黎，正是脫身的機會，你明天領款 30 萬元就夠了，不要多領。』我次日領得 30 萬元，不久隨段到了湖北。」這樣看來，袁世凱在當了正式總統後，是在為自己當皇帝而籌備了。

蔡東藩在《民國演義》中這樣寫道：

原來袁氏倚黎、段為左右手，黎長參謀，段長陸軍，遇事必內外籌商，謀定後動。黎、段亦矢忠矢慎，不敢有違，所以二次革命，黎為外護，段為中堅，終能指日蕩平，肅清半壁，袁總統得此奇捷，未免顧盼自豪，嘗語左右道：「我略用武裝，約叛黨相見，不到兩月，盡已平定，論起功力，不在拿翁（即法國拿破侖）下。唯拿翁自恃武功，覬覦大寶，改變民主，再行帝政，我雖很加羨慕，但不欲輕效拿翁，致蹈覆轍呢。」左右等唯唯如命，未敢妄贊一詞，就中有一位躍躍欲逞的貴公子，聽到此言，便迎機而入，婉進諷詞，老袁掀髯笑道：「汝欲我做皇帝嗎？但為事必三思後行，倘或騎梁不成，反輸一跌，豈不是欲巧反拙嗎？」於是這位貴公子垂首告退。看官道此人為誰？就是袁總統的長子克定。袁總統有一妻十五妾，子十五，女十四，唯長子克定，為正室於氏所出，機警不亞乃父，幼時除讀書外，輒好武事，及弱冠後出洋，赴德國留學，卒業陸軍學校，至是歸國已久，常思化家為國，一展所長（居然想做唐太宗）。湊巧民國成立，乃父得為總統，他便想趁此機會，勸父為帝，好把一座錦繡河山，據為袁氏私產，偏乃父不肯遽為，日日延挨過去，自思光隱易過，何時得達目的？躊躇再四，無可為計，猛然想到故友阮忠樞，與段祺瑞向稱莫逆，段握陸軍重任，倘得他鼓吹帝制，號召軍民，那時便容易成功了。當下著人去招阮忠樞，忠樞為袁氏門下士，素與克定往來，一聞傳召，立刻馳至。兩下相見，當由克定囑托一番，他即轉向國務院，見段在列，乘間密語。誰料段不待詞畢，便厲聲道：「休得妄言！休得妄言！」阮撞了一鼻子灰，返報克定，克定暗暗懷恨。段又出語人道：「項城屢次宣言，

誓不為帝，克定癡心妄想，一味瞎胡鬧，豈不可笑？」這數語傳入克定耳中，愈令懊惱，遂與袁乃寬密謀，擠排段氏。乃寬與克定，同姓不宗，不時殷勤趨奉，頗得老袁歡心，遂認老袁為叔父行，小袁為兄弟行。老袁屢加提擢，累任至陸軍次長，凡段氏一切行為，乃寬無不洞悉，所以吹毛求疵，得進讒言。老袁雖然聰明，怎奈一個令子、一個愛侄，日事絮聒，免不得將信將疑。段祺瑞素性坦率，未曾防著，只知效忠袁氏，有時袁總統與談湖北軍情，讚美黎元洪，祺瑞獨說黎仁柔有餘，剛斷不足，袁亦嘆為知言。既而袁克定以段不助己，變計聯黎，復遣人示意元洪，元洪不肯相從，所答論調，與段略同。克定乃密結爪牙，攛掇老袁，調黎入京，出段鎮鄂，一是軟禁元洪，緩緩地令他融化，一是驅開祺瑞，急急地撤他兵權……

照這樣看來，袁世凱對於段祺瑞的不信任起於他的長子袁克定的說三道四。我們認為，袁克定想當「太子」是肯定的，但是袁世凱想稱帝並不一定是他的長子袁克定所說使其然也！我們也見有的書中說，袁克定想當太子，就千方百計地用一些手段（比如說，把一些報紙的真相給隱去，另派人把那天的報紙改為假內容，說擁護老袁當皇帝，用這些改頭換面的假報紙糊弄老袁；在老袁所寵愛的六姨太那裡講情，等），讓老袁認為民意真是擁護他當皇帝，這樣老袁想當皇帝的意念就慢慢地產生了。我們認為，縱然你用多少假的東西來「欺騙」老袁，那個老袁並不是如此可以受欺騙的。也就是說，他想當皇帝是他自己的決定，小袁的「造假」起不了什麼決定作用！至於說那個六姨太洪女人的枕頭風問題，我們還真不能把它當作一樁小事而覷之。

史實當是，老袁聽了六姨太的「枕頭話」，再加上小袁當太子心切，老袁也就動了當皇帝的心了。但要有一個輿論上的準備才是，此時老袁的御用文人楊度起了作用。

卻說老袁稱帝之決心已定，消息傳出，段祺瑞將如何辦呢？據胡曉《段祺瑞年譜》所記：（1915 年）5 月 31 日，是時袁世凱已露稱帝野心，袁克定更是異常活躍。段祺瑞內心不悅，但身分特殊，不便公開抵制，只好稱病退隱。段祺瑞對帝制的抵制，促成了帝制的失敗，史稱段祺瑞「二造共和」。袁世凱令王士珍署陸軍總長，並就段祺瑞的「養病」下撫慰令。

甚可嘆，一代名將，追隨袁世凱南征北戰，立下了汗馬功勞，就為帝制一事而準其「引病開缺」，大有當年清廷為排除異己，那個無用的攝政王載灃令老袁「開缺養疴」之歷史重演。

　　那麼，段祺瑞是如何「養病」，袁世凱是如何登基的呢？

註釋

[1] 馬震東：《大中華民國史》，第 165 頁，轉引來新夏《北洋軍閥史》（上冊）第 248 頁。

[2] 白蕉：《袁世凱與中華民國》，中華書局，2007 年 6 月北京第 1 次印刷，第 52 頁。

[3] 白蕉：《袁世凱與中華民國》，中華書局，2007 年 6 月北京第 1 次印刷，第 59 頁。

[4] 胡曉著《段祺瑞年譜》：「1914 年 2 月 13 日，袁世凱令召張鎮芳回京，由段祺瑞兼領河南都督，後遷開封，負責督剿『豫匪』白朗。」又載：「2 月 22 日，段祺瑞指揮河南、安徽、湖北三省軍隊，在豫皖交界的六安、商城、固始等地，分兵駐扎，層層設防，欲將白朗軍聚殲於霍邱、霍山、葉家集之間……」

[5] 程舒偉、侯建明：《段祺瑞全傳》，黑龍江人民出版社 2003 年 10 月第 1 版，第 123-122 頁

第十六章 復辟帝制曇花一現三任內閣共和再造

袁世凱有稱帝之心，加上長公子袁克定當太子心切，又有老袁六姨太洪氏枕風勁吹，諸多因素疊加一起，搞得根基原本就不穩固的共和政體「命運多夕豐」。袁世凱為了當皇帝，把制止他的段祺瑞開缺，令他效仿自己當年的做法：歸籍養疴！所不同者，袁項城當年是歸籍於彰德，而段祺瑞並沒有回到安徽老家。

袁世凱和段祺瑞同有「養疴」之經歷，但考其背景二者可有質的不同：袁項城是在什麼樣的背景下「養疴」的？按照攝政王載灃的意思，根本不想讓袁世凱回家養疴，而是想把他幹掉以解他的心頭之恨。這事兒我們今天回想起來，也不能說那個滿族貴族心太狠，在政治的決鬥中，你不能「心太軟」在中國古代，那些操生殺之權的大人物，開一個殺戒也並不是一件非常為後世所唾罵的事情。你如果罵他殺人太過，他們幹的另類事情並不比殺人太過「慈善」多少。比如說發動一場戰爭，某個決策者心機一動，也就是說在其「一閃念」間，說不定有多少萬人死於非命！

載灃不殺袁世凱，並不是他不想報袁世凱「坑兒」的「一箭之仇」，而是從穩定大清基業考慮。但反過來說，你果斷地把老袁給除了，天能塌將下來？結果把一個大清的天下讓老袁先生給「忽悠」了！載灃讓袁先生「開缺養疴」，是在對於一個有著「坑兒之仇」的大仇人所行的作為！

載灃「開缺」老袁，令他「養疴」，當然與老袁讓段祺瑞「養疴」不同。段祺瑞到底有沒有「病」，我們且按下不論，權當他真的是「體有小恙」，你袁項城為什麼就不「挽留」一下呢？還好，袁世凱對於段祺瑞「養病」還下了一道撫慰令，其令文如下：

前據陸軍總長段祺瑞呈稱：自去冬患病，飲食頓減，夜不成寐。迨至今春，遂至咯血，多方診治時輕時重。醫言血虧氣郁，脾弱肺熱，亟當靜養服藥，方能有效。迄今四月有餘，方值國家多故，未敢言病，現大局稍事平定，

擬請開去差缺，俾得安心調理，冀獲速痊等情，當傳諭少給假期調養。茲據續請開去各項差缺，俾得安心調養，庶獲就痊等語。查自辛亥改革以來，該總長勛勞卓著，艱險備嘗，民國初建，憂患迭乘，數年經營，多資臂助，因而積勤致病，血衰氣弱，形容羸削。迭於會議之時，而該總長酌於一星期抽兩三日赴西山等處清靜地方調養休息，以期氣體復強，而該總長以國事為重，仍不肯稍就暇逸，盡瘁事國，殊堪嘉敬。茲據懇請開缺，情詞肫摯。本大總統為國家愛惜人才，未便聽其過勞，致增病勢，特著給假兩個月，並頒給人參四兩，醫藥費五千元，以資攝衛。該總長務以時局多艱為念，善自珍重，並慎延名醫，詳察病源，多方施治，切望早日就痊，立即銷假。其假期內如有軍務重要事件，仍著隨時入內會議，以抒嘉謨，而裨國計。[1]

據王楚卿回憶：「在段祺瑞最初稱病請假的時期，袁世凱倒是不斷派人往公館裡送東西。什麼雞汁、參湯呀，差不多見天就有人送過來。段的病假是請一回續一回。袁世凱的吃食是送一次又一次。可是大家都知道老袁的手段毒辣，國務總理趙秉鈞就死得不清不楚，不曉得他這些雞汁、參湯是不是下了毒，所以段祺瑞當然不敢吃，公館裡也沒有人敢吃，只有倒掉完事。當時又沒有經過化驗，其中是否下了毒藥，那就無從知道了。」「段祺瑞和袁世凱的關係越來越僵。起先張夫人和于夫人還不斷通電話，後來連電話也不通了，兩方面的關係幾乎斷絕了。」[2]

不管怎麼說，袁世凱對段祺瑞還是可以的。所說送去的雞汁、參湯之類的東西是不是放了毒，儘管段公館裡的服務人員在回憶中說得那樣「玄乎」，我們的看法是，就憑老袁和老段的交往，袁世凱即使再毒辣也不至於幹出毒死段祺瑞的事。不過，在政治鬥爭中，有些時候——不，不能說是有些時候——是沒有什麼親情、友情之類的東西可言的，這裡邊只有一個標準：是否在權力決鬥中有用！

段祺瑞真的「身有小恙」或者到了病至「咯血」的地步嗎？且看《年譜》中的這段記載：8月，段祺瑞隱居西山，召來徐樹錚和曾毓雋祕密商議，段說：「項城帝制自為之跡，已漸顯露，我當年曾發採取共和之電，如今又擁項城登基，國人其謂我何？且恐二十四史中，亦再找不出此等人物！所以論公，

我寧死亦不參與；論私，我從此只有退休，絕不多發一言。」徐樹錚也認為：
「第一，不論直接間接，積極消極，均反對帝制到底；第二，欲項城中途取
消帝制野心，已完全失望，所以合肥還是稱病不見為上。」[3]

這樣看來，段祺瑞的病是「心病」。這個心病使他處於「二難推理」之中，
論私，他和袁世凱是多年故交，如果沒有袁世凱，沒有袁世凱的小站練兵，
也不可能有段祺瑞的今天，再加上段祺瑞的夫人又是袁世凱的親戚，他此時
怎麼站出來公開給袁世凱唱對臺戲呢？論公，當年段祺瑞通電實行共和制，
被人們譽為「共和的締造者」，他現在怎能自食其言呢？在這個「二難推理」
中，不論從公從私所得的結論都是「悖論」，為了使其不成為悖論，只有隱
退是最上策。但隱退得有一個理由，只好說有病去職。袁世凱當然是「揣著
明白裝糊塗」，來一個「順水推舟」，為了把事情辦得更為遮掩，採取了一
個「掩耳盜鈴」的辦法，下了一道撫慰令。你說這不是政治遊戲又是什麼？
所以我說，遊戲這個玩意兒的確是很好玩的，有些時候，你不要把那個政治
看得很嚴肅，它其實就是一場遊戲，你如果不把它當作遊戲去玩，還真的是
「玩不轉」。一旦到了玩不轉的地步，你如果硬讓它去「轉」，弄不好就「轉
崩」，一切都完蛋了。就本案而言，無論從袁世凱方面說，或者從段祺瑞方
面說，這場政治遊戲還是「玩」得可以的。

這邊，段祺瑞暫時離開了那個政治決鬥場，他可以清閒一陣子了，至於
說他時時還在關心著「朝閣事」，那是他一個職業習慣，說到底還是放不下
對於老袁的個人感情。那邊，老袁可以放開手腳讓楊度等「六君子」去侍奉、
擺弄那個「籌安會」去。說到這個地方，還得給諸位說一下「籌安會」的問題。

1915 年 8 月 23 日，以楊度為首的為袁世凱稱帝製造輿論的政客組織「籌
安會」在北京成立，並由楊度親自起草《籌安會成立宣言》，其中這樣說：

辛亥革命之時，國中人民激於情感，但除種族之障礙，未計政治之進行，
倉促之中，制定共和政體，於國情之適否，不及三思，一議既倡，莫敢非難。
深識之士，雖明知隱患方長而不得不委曲附從，以免一時危亡之禍。故自清
室遜位，民國創始，絕續之際，以至臨時政府正式政府遞嬗之交，國家所歷
之危險，人民所感之痛苦，舉國上下，皆能言之，長此不圖，禍將未已。近

者南美、中美二洲共和各國，如巴西、阿根廷、祕魯、智利、猶魯衛、芬尼什拉等，莫不始於黨爭，終成戰禍。芬萄牙近改共和，亦釀大亂。其最擾攘者，莫如墨西哥，自爹亞士遜位之後，干戈迄無寧歲，各黨黨魁，擁兵互競，勝則據土，敗則焚城，劫掠屠戮，無所不至；卒至五總統並立，陷國家於無政府之慘相。亦東方新造之共和國家，以彼例我，豈非前車之鑒乎？

美國者，世界共和之先達也，美人之大政治學者古德諾博士，即言世界國體，君主實較民主為優，而中國則尤不能不用君主國體。此義非獨古博士言之也，各國明達之士，論者已多。而古博士以共和國民，而論共和政治之得失，自為深切著明，乃亦謂中、美情殊，不可強為移植。彼外人之軫念吾國者，且不惜大聲疾呼，以為我民忠告；而人士，乃反委心任遠，不思為根本解決之謀，甚或明知國勢之危，而以一身毀譽利害所關，瞻顧徘徊，憚於發議，將愛國之謂何？國民義務之謂何？我等身為中國人民，國家之存亡，即為身家之生死，豈忍苟安默視，坐待其亡？用特糾集同志，組成此會，以籌一國之治安，將於國勢之前途，及共和之利害，各據所見，以盡切磋之義，並以貢獻於國民。國中遠識之士，鑒其愚誠，惠然肯來，共相商榷，中國幸甚！

發起人：楊度、孫毓筠、嚴復、劉師培、李燮和、胡瑛。[4]

以楊度為首的六人，史稱「籌安六君子」，他們有的是立憲黨人，有的是革命黨人中的另類。他們的理論可以說是先從輿論上為袁世凱稱帝開一個先河。我想這事情也忒有意思，這個政治理論並不是空設的，它真的是所謂「上層建築」，它管的是「意識形態」領域裡的事情。我們不要說理論無用，那是沒有等到用它的時候，一旦到了用著它的時候，它自然就不是空的。像楊度等六君子的這個理論，就是很實用的，它不但有理論，還舉出了歐美等國的實際之例以說明在中國推行共和是行不通的。有人向袁世凱說到這個「籌安會」有問題（這些人也真是大實在人，他們根本就不知道這是袁先生的授意所為），可袁世凱怎麼回答呢？他說，自己根本沒有想當皇帝的意思，至於說那個「籌安會」，那是學術團體，我怎麼可以隨便干涉人家的言論自由呢？

勸袁稱帝者除了這個造輿論的「籌安會」外，還有兩類人物。一類是握有武裝實力的一些軍閥，段芝貴、倪嗣衝等十四省的將軍們對袁世凱稱帝事聯名通電，表示擁護。[5] 至於說那個張勳，壓根就不贊成共和，當然對於帝制就情有獨鐘了。需要說明的是，段祺瑞、馮國璋都是反對的，年輕時就同袁是好朋友的徐世昌嘴上不說什麼，心裡也不想讓老袁稱帝。馮國璋和徐世昌並不像段祺瑞那樣，公開稱病不出，要求「退休」養病。再一類是以「全國請願聯合會」名義進行活動的一些官僚，還有一些滿清的遺老們更是高興，這些人還以為老袁要讓前清再立起來呢！

非常值得提出來一說的是，袁世凱想稱帝還有一個日本帝國在背後支持。當然，這個支持是有條件的，那就是要袁世凱承認把中國變成它的殖民地的那個「二十一條」。我們還應當特別說明的是，段祺瑞對於老日的那個「二十一條」是特別反對的，他甚至主張對老日宣戰（說到這個地方，在人們的心目中，一般認為段祺瑞是「親日」的，此論有待商榷）。我們可以說，此時的段祺瑞是一個堅定的愛國主義者！但是，此時，他退隱了，對於老袁的倒行逆施，只有保持沉默。但我們也可以認為，段祺瑞的這種沉默是有限度的。一遇時機，這種沉默將以一種爆發的形式，成為力挽狂瀾的推動力。

對於以上所說這三類人物擁袁稱帝的公開活動，袁世凱此時是怎樣反應呢？

且看這段文字：

帝制的準備工作在緊鑼密鼓地進行之中，袁世凱卻又擔心操之過急而泄露天機，故意於（1915 年）11 月 23 日發表了一篇復辟運動懲治令：「……豈知現當國基未固，人心未靖之時，似茲謬說流傳，亂黨將益肆浮言，匪徒且因以煽惑，萬一蹈瑕抵隙，變生意外，勢必至妨害國家者。傾覆清室，不特為民國之公敵，全為清室之罪人，唯大總統與人以誠，不忍遽為誅心之論，除既往不咎外，須知民主共和，載在約法，邪詞惑眾，厥有常刑，嗣後如有造作謠言，或著書立說及開會集議，以紊亂國憲者，即照內亂罪，從嚴懲辦，以固國體，而遏亂萌。」此種作態明眼人一看便知，這不過是一出經過巧妙安排的政治雙簧而已。[6]

這件稱帝之「政治遊戲」屈指算來已經過去將近一個世紀了，今回首既往，本書作者不禁掩卷遐思：它既可稱是一出政治喜劇，也可以說是一出政治悲劇，更可以說是一出政治鬧劇。作為政治，它是嚴酷的；作為政治喜劇，它是熱烈的；作為政治悲劇，它是荒唐的；作為政治鬧劇，它是幽默的，不過此種幽默是苦澀的幽默。作為一個文人，一個政治「理論家」，楊度所扮演的角色是令人唾棄的，也是令人同情的。這是文人的無奈，也是文人的無聊！一個文人一旦淪為政客們的幫閒之時，也是此種境況更易出現之日。就楊度本人而論，他非常明白、非常清楚擁袁稱帝是不合時宜的，但他是袁世凱的御用文人，他也只好這樣做了。既然是一個文人，你當然得寫出像樣的文章以說明你的某種主張、某種觀點的可行性、正確性。

楊度就是這樣做的。我們檢閱了一下資料，看到此時楊先生為了讓袁世凱稱帝在理論上可以站得住腳，他先後寫了數篇文章，從不同角度論說帝制在中國的意義和必要。本書限於內容範圍，不便就此多說，只點出楊度的文章題目即可。他前後寫《君憲救國論》三篇大文，分為上、中、下。洋洋灑灑，蔚為大觀，文采飄逸，旁徵博引，或設問自答，或一問一答，縱橫捭闔，奇文共賞。

孰料偏偏有人給楊度過不去，他們也著奇文以駁之。我在寫作此書時，檢閱到了汪鳳瀛老先生的文章，曰：《致籌安會與楊度論國體書》，囿於篇幅，僅摘錄如下：

夫謂共和之不宜於中國者，以政體言也，今之新《約法》，總統有廣漠無垠之統治權，雖世界各國君主立憲之政體，罕與倫比，談歐化者）無矯枉過正之嫌？顧自此制實行後，中央之威信日彰，政治之進行較利，財政漸歸統一，各省皆極其服從，循而行之，苟無特別外患，中國猶可維持於不敝。茲貴會討論之結果，將仍採用新《約法》之開明專制乎？則今大總統已屬行之，天下並無非難，何必君主？如慮總統之權過重，欲更設內閣以對國會，使元首不負責乎？則有法國之先例在，亦何必君主？然則今之汲汲然主張君主立憲，而以共和為危險者，特一繼承問題而已。顧新《約法》已定總統任期為十年，且得連任，今大總統之得為終身總統，已無疑義；而繼任之總統，

又用堯薦舜，舜薦禹之成例，由大總統薦賢自代，自必妙選人才，允孚物望，藏名石室，則傾軋無所施，發表臨時，則運動所不及，國會選舉，只限此三人，則局外之希冀非望者自絕……竊恐家族之競爭，為禍尤甚於選舉！

　　中國積弱，對外無絲毫能力，入民國後，軍隊增多於前，而上次日本對我破壞中立，橫肆要求，我唯屏息吞聲，不敢稍與抵抗，情見勢絀，無可諱言。今我忽無事自擾，謀更國體，際此歐戰相持，愛我者或不遑東顧，而忌我者則虎視眈眈，唯恐之晏安無事，不先與謀，事必無幸，苟欲求其同意，非以重大權利相酬，足饜彼欲，殆不可得。無端大損中國以厚利外人，而謂中國人民對於此等行為，果皆翕然意滿乎？即不出此，彼或以國體相同之故，佯與贊成，觀釁而動，但使我於國體變更之際，地方稍有不靖，彼乃藉詞干涉，別有所挾，以兵力臨我，人心向背，正未可知，公等當此，將何以為計乎？……[7]

　　從這些文字中可以看出，作者對於袁世凱任正式大總統所修訂的新《約法》等還是滿意的，他認為，新《約法》中把總統的任期定為十年，且連選可以連任，這跟當皇帝又有多大區別？你還在那裡喋喋不休地講共和不適用於中國，到底是居何用心？難道把現在比較好的國體給搞鼓掉，讓外人再來干涉我們不成？這位汪先生真是被「蒙在鼓裡」，他是受騙了。他如果知道這是袁世凱的意思，那麼他將作何想法呢？

　　為復辟帝制而大打筆墨官司的，還有一個人物我們不能不說他，他就是大名鼎鼎的梁啟超！在我們檢閱史料時，發現梁先生有一篇長文，曰：《異哉所謂國體問題者》，茲摘錄於下：

　　吾當下筆之先，有二義當為讀者告：其一，當知鄙人原非如新進耳食家之心醉共和，故於共和國體，非有所偏愛，而於其他國體，非有所偏惡，鄙人十年來，夙所持論，可取之以與今日所論相對勘也。其二，當知鄙人又非如老輩墨守家之新新爭朝代，首陽蕨薇，魯連東海，此個人因其地位而謀所以自處之道則有然，若放眼以觀國家尊榮危亡之所由，則一姓之興替，豈有所擇？先辨此二義，以讀吾文，庶可以無蔽而邇於正鵠也。

……蓋國體之為物，既非政論家之所當問，尤非政論家之所能問……凡國體之由甲種變為乙種，或由乙種而復變為甲種，其驅運而旋轉之者，恆存乎政治以外之勢力……絕非緣政論家之贊成所能促進，其時機已至耶？又絕非政論家之反對所能制止；以政論家而容喙國體問題，實不自量之甚也……

夫共和之建，曾幾何時？而謀推翻共和者，乃以共和元勳為之主動，而其不識時務，猶稍致留戀於共和者，乃在疇昔反對共和之人。天下之怪事，蓋莫過是，天下之可哀，又莫過是也！

……謂共和必召亂，而君主即足以致治，天下寧有此理論！

……（眉批）：楊度往津，勸任公（梁啟超號任公——引者）毀其文，任公不允，斥之甚厲，面赤而退。[8]

由此可見，儘管梁啟超是擁護袁世凱為總統的中華民國政府的，但對於袁世凱改變國體則是持堅決反對的態度的。梁啟超的反對變更國體還是從政治理論的角度針對楊度等「六君子」所謂「籌安會」的政治理論進行反駁，這種反駁充其量不過是一種輿論的造勢。但是，就是這種輿論的造勢對於南方軍隊的反袁產生了一定的力量。這種力量，也可以說是精神的力量，我們不妨引一句名言：理論一旦掌握了群眾，即可變為物質的力量。

「護國戰爭」的爆發，則足以證明了這一點。

護國戰爭的主要領導人是蔡鍔。蔡鍔（1882—1916），原名艮寅，字松坡。青年時曾入長沙時務學堂，從梁啟超問業（也就是梁任公的弟子），受改良主義思想教育。「戊戌變法」後到日本留學，開始參加反清運動。武昌起義爆發後，在雲南獨立，被推為都督。應當說，那個時候的蔡松坡對於袁世凱真還抱有一種希望，這種希望是什麼？我們認為，大概也像孫中山們所想的那樣，把在中國實現共和的政治希冀寄託在袁世凱的身上。蔡鍔是一位青年將領，他不可能像老袁那樣在政治上是一個弄權的老手。如我們在前文中所說的那樣，他和孫中山一樣在權術方面也不是袁世凱的對手，也就是說論「玩」政治，他玩不過袁項城。而此時的袁世凱，對於不是自己北洋一系且又是響應「辛亥革命」的新派人物的蔡鍔在雲南手握重兵時時放心不下，

他生怕蔡鍔在「天高皇帝遠」的大西南惹出事來，所以在他坐上大總統的寶座後（1913 年），就生辦法把蔡鍔調入北京，放在自己的身邊，認為這樣才比較安全。

我們說，蔡松坡「玩」不過袁世凱，那是暫時的。正因為蔡松坡到北京後看到了袁世凱的野心而生辦法「忽悠」袁世凱，他裝出一副「玩世不恭」的姿態（和京城名妓小鳳仙的風流韻事），最終讓老袁對他放鬆了戒備而脫身，就在袁世凱稱帝搞得烏煙瘴氣時他潛赴天津，於 1915 年 12 月初，喬裝打扮東渡日本，幾經輾轉回到雲南，經過了一系列準備和組織工作，最終在雲南和當時掌握雲南軍政大權的唐繼堯聯起手來宣告獨立，其時是 1915 年 12 月 25 日。至此，代表著反袁的「護國戰爭」爆發。

所謂「護國」者，護共和制的中華民國也！蔡鍔將軍所率領的軍隊也因此定名為「護國軍」。

且看這段文字：

12 月 31 日，由唐繼堯等九人聯名發出的《聲討袁逆並宣布政見之通電》宣布了護國軍的政治主張，其中第一條即「與全國民戮力擁護共和國體，使帝制永不發生」。次日，蔡鍔等人又發出《誓告全國申明護國宗旨書》，宣布護國軍的宗旨，再次強調「國人職責，唯在討袁」。由於袁世凱的倒行逆施早已被人民所深惡，討袁鬥爭一開始立即得到人民群眾的廣泛支持。雲南宣布獨立後，整個昆明「全城懸旗結彩，爆竹之聲不絕於耳，士民則歡聲雷動，軍中則士氣奮騰」。1916 年元旦，護國軍在昆明校場誓師，發布討袁檄文，歷數袁世凱十九大罪狀，號召中華民國之國民「翊衛共和，誓除國賊」。軍容極為整肅，士氣十分高昂，「出征之將校皆預戒家屬，此行期必死，勿望生還」。群眾踴躍參軍，決心效死戰場，據當時報紙報導：「未編入出征軍者，多懇求出征，有泣求數次而不得者，有以去就爭者，亦足以覘士氣矣，此十日內退伍兵之紛紛投到者不下五六千人，後此尚源源而來。」孫中山在日本兩次發表了討袁檄文和宣言，指出：「袁賊妄稱天威神武之日，即吾民降作奴隸牛馬之時，此仁人志士所為仰天椎心，雖肝膽塗疆場、膏血潤原野而不辭也。」給了國內的鬥爭以有力的聲援。南洋華僑共和維持會、美國波

士頓中華公所、留日學生和華僑紛紛致電國內，聲討袁世凱。南洋華僑還捐集巨款給予物質支持。一場反對帝制的護國戰爭正式開始了。

……護國軍共分三軍，是在原僅有兩師一旅、兵力約兩萬人的滇軍基礎上擴充而成。由蔡鍔、戴戡、李烈鈞分統。分為三路：蔡軍攻四川，戴軍經貴州攻湘西，李軍經滇南攻廣州。與此同時，貴州的黔軍加入了武裝倒袁的行列。[9]

面對這種局面，老袁怎麼辦？看來他已經是騎虎難下了。但是，他既然「王八吃秤蛇——鐵了心」要稱帝，就決定應戰。一方面，他指令政事堂（1914年5月1日公布的《中華民國約法》把原來的《臨時約法》予以廢除，用「政事堂」取代「國務院」，原總理改為國務卿）、參政院、陸海軍大統率辦事處（914年6月8日成立，全國最高軍事機關，以便把軍權控制於總統手中）發布通電，鼓動北洋一系軍閥起來反對蔡、唐的「護國戰爭」，並開列出蔡、唐的不少「誣蔑元首」等罪狀；另一方面積極調兵遣將，準備和討袁軍開仗。

這場護國戰爭，打得十分激烈，老袁本來以為，像鎮壓「二次革命」那樣，可以把護國軍打下去的。結果則不是那樣。可謂此一時也，彼一時也。「二次革命」時，老袁的政治野心還沒有完全暴露，加之孫中山們的準備不足，「二次革命」失敗了。護國戰爭就不是那樣了。袁世凱復辟帝制的面目已暴露無遺。就連北洋嫡系段祺瑞和馮國璋都反對老袁稱帝，何況他人乎？老袁一開始想讓段祺瑞出山率部同護國軍對抗，但段祺瑞不能直說自己不去，而是像老袁當年「忽悠」大清的那種情況一樣，只說自己身體有病。讓馮國璋率部前往，馮國璋也是「稱病」[10]不出，老袁無奈，只好自己親自出馬指揮作戰了。

按照老袁的軍事策略部署，北軍也分為三路：第一路，由駐嶽州的曹錕第三師、駐南苑的張敬堯第七師、駐保定的李長泰第八師入川，作為正面攻滇的主力軍；第二路，由南昌調來馬繼曾的第六師、由奉天調來的范國璋的第二十師、由河南調來的唐天喜的第七混成旅入攻湘西；第三路，派粵軍第

一師師長龍覲光由廣西入貴州、派駐安徽倪毓棻所屬的安武軍由湘西入黔，從側面攻擊。三路大軍的前線總指揮是曹錕。

且看這段文字：

交戰伊始，護國軍聲威逼人，雖然袁世凱把這次戰爭的賭注全部壓在了北洋軍身上，北洋軍不僅在兵力上占絕對優勢，而且不斷封爵賞俸，補足給養；而護國軍人數不多，糧餉也不足，唐繼堯又不積極加以補充，但在困難中仍然獲得進展。1916 年 1 月 21 日，敘府（宜賓）護國軍第一梯團第一、二兩支隊在鄧泰中、楊蓁帶領下，浴血奮戰，攻克位於長江上游的川西南重鎮敘府，取得出師討袁的第一個重大勝利。2 月中旬，護國軍與敵軍在瀘州、納溪一帶進行了一場惡戰，給曹錕師吳佩孚旅等以重創。

由於兵力雙方懸殊，護國軍後備不繼，糧彈匱乏，使形勢數度出現危機……不久，形勢發生變化。由於軍閥內部的矛盾和全國形勢所趨，廣西軍閥陸榮廷於 3 月 15 日在柳州宣布廣西獨立討袁，改稱廣西都督兼兩廣護國軍總司令，任命梁啟超為總參謀。原來袁世凱企圖對川、滇、黔的護國軍採取包圍形勢，一面令曹、張等率大軍由川攻滇，令馬繼曾所部由湘入黔；一面令龍覲光率粵軍與桂聯合，由桂省的百色進攻滇南。沒料到陸榮廷、劉顯世等竟聯名宣告獨立，並迫使龍軍繳械投降。這不僅使袁的圍攻計劃破產，而且使雲南、貴州、廣西連成了一片，直接威脅著廣東、四川和湖南。護國軍聲勢較前為振，戰情出現轉機。這時候，以日本為主的列強對袁表示不支持和愛莫能助的態度。同時，本被袁世凱倚為心腹的一些地方軍閥如馮國璋、李純、靳雲鵬、朱瑞等出於各自利益又密電請取消帝制。這些地方實力派的反目，更使袁世凱陷於四面楚歌之中。[11]

我們不知道身為陸軍總長並在此之前兩任內閣總理的段祺瑞如果率軍出征能否將戰局扭轉，因為段祺瑞是真心反對帝制的，他當然不可能率軍出征。我們現在只能說是「如果」，但是，歷史不能有「如果」一說的。關於馮國璋等「請撤帝制」案，據胡曉《段祺瑞年譜》記：1916 年 3 月 21 日，江蘇將軍馮國璋聯絡江西將軍李純、長江巡閱使張勳、山東將軍靳雲鵬、浙江將軍朱瑞密電袁世凱，請其「撤銷帝制，以平滇黔之氣」。（《馮國璋年譜》）

又記：3 月 22 日，袁世凱下令撤銷「承認帝制案」，仍稱大總統。（《中華民國大事記》）；同日，袁世凱令徐世昌為國務卿；（次日）3 月 23 日，袁世凱令段祺瑞接任參謀總長。（《合肥執政年譜初稿》）；同日，袁世凱下令廢止「洪憲」年號，仍以本年為民國五年；3 月 30 日，四川將軍陳宧致電蔡鍔：「贊成倒袁，行聯邦制，舉馮國璋、段祺瑞、徐世昌中一人為總統。」（《馮國璋年譜》）；4 月 1 日，馮國璋致電徐世昌、段祺瑞、王士珍：「南軍希望甚奢，僅僅取消帝制，實不足以服其心，就國璋觀察，政府方面須於取消帝制而外，從速為根本解決。」（《馮國璋年譜》）；同日，黎元洪、徐世昌、段祺瑞致電唐繼堯、蔡鍔等，謂袁世凱「業經宣布取消帝制，諸君志願已達，尚望共濟時艱，和平解決」（《中華民國大事記》）；4 月 2 日，蔡鍔電復黎元洪、徐世昌、段祺瑞，力主袁世凱「潔身引退」。4 日，唐繼堯亦電復黎元洪等，袁倘「真誠悔禍」，即應「毅然引退」（《中華民國大事記》）；4 月 22 日，袁世凱令段祺瑞接徐世昌任國務卿。

從《段祺瑞年譜》、《馮國璋年譜》、《中華民國大事記》中的記載看，袁世凱復辟帝制是多麼的不得人心。河南有一句俗語說，「人一天三迷」，說的是即便一個非常聰明的人，一天也會犯三次「迷糊」，當他處於迷糊之時，他的一些行為是非常離譜的，是匪夷所思的，他的所思、所想、所行叫人看起來像是一個狂人。我們用這個話來說袁世凱的稱帝，還是比較合適的。相比較，段祺瑞和馮國璋等，儘管在小站練兵時就是袁的嫡系，加上王士珍，他們合稱為「北洋三傑」，他們對於時勢的看法遠高於袁世凱。從史料上看，王士珍對於功名這個玩意兒不太在心，而段祺瑞、馮國璋則有所不然。儘管如此，段祺瑞對於袁世凱的稱帝保持了一個政治家的清醒頭腦和堅定立場，他是北洋軍閥中的第二號人物，他的行為從某種意義上講，對於袁世凱政權起著舉足輕重的作用，袁世凱應當在大是大非問題上多同段祺瑞溝通，可惜的是，袁世凱專權已成固疾，已經無藥可醫了，以至於釀成一場帝制悲劇！

回首既往，在袁世凱從孫中山手中接過中華民國這個攤子後，孫先生們原本想把陸軍總長一職控制在革命黨人手中，但由於袁世凱堅持要讓自己的親信段祺瑞任此要職，南方政府也無可奈何。段祺瑞在這個軍權上面，真的是為袁世凱政權的建設和穩固出了大力，革命黨人的「二次革命」如果沒有

段祺瑞這個陸軍總長在位，說不定中華民國的天下是姓袁還是姓孫，則未可知也！在孫中山任臨時大總統和袁世凱任臨時大總統、正式大總統期間，黎元洪都是副總統，他並不是北洋一系之核心人物，能夠在這樣的政權中任此要職，應當說在某些方面也多多少少發揮了一個政治平衡的作用。但是，袁世凱對於黎氏是不太放心的，他一直坐陣武漢，不肯到北京就職，任你袁世凱怎樣辦，他就是不肯北上，這個比較棘手的政治問題還是得靠段祺瑞出面才可得以「擺平」！袁世凱的「選舉」，有了段祺瑞這把軍事利劍，袁才敢忘乎所以，才敢翻手為雲、覆手為雨！第三任國務院總理趙秉鈞因「刺宋案」而下臺，還是段祺瑞在這個關鍵時刻，臨危受命，出任代理國務總理，其時為 1913 年 5 月 1 日。可能是袁世凱怕段祺瑞的權力過重，對於自己不利（不光袁世凱作為「天下第一人」如此，縱觀歷史，概莫能外），在段祺瑞代理國務總理後的 7 月 8 日，袁世凱召集會議，討論改組內閣問題。據《中華民國大事記》，段祺瑞等主張任命徐世昌或熊希齡為國務總理，陸徵祥等主張仍由段祺瑞代理總理。時間過去不到十天（7 月 1 日），袁世凱令朱啟鈐代國務總理（《合肥執政年譜初稿》），弄不清楚到底為什麼，這個朱代總理僅代了兩天，於 7 月 19 日，袁世凱令段祺瑞仍代理國務總理，造成了中國歷史上恐怕是任時最短的總理，為後世留下了笑談（如果我們把江朝宗代理總理的大約只有一分鐘時間也算上的話，朱啟鈐的兩天總理時間也並不算短了——見本書第十九章）！

胡曉《段祺瑞年譜》記載：（1915 年）I2 月 19 日，蔡鍔等由日本經越南抵昆明，當即與唐繼堯、李烈鈞等商談起兵討袁計劃。王楚卿回憶：「蔡鍔離開北京的時候，是見過段才走的，陳宦到四川，臨行時也來見過段。他倆後來宣布獨立，反對帝制，都可能和段有關係。」（《段祺瑞公館見聞》）段祺瑞堅決反對帝制，這與他當初「一造共和」時的做法是一致的，共和制在袁世凱想稱帝的隱影下黯然失色，儘管段祺瑞「稱病引退」，但歷史已經證明，出來收拾這個袁世凱留下的殘局的還是段祺瑞！

段祺瑞復出後，袁世凱立馬任命他為參謀總長。在段祺瑞任參謀總長的前一天，袁世凱任命其世交好友徐世昌為國務卿。一個月後，即 1916 年 4

月 22 日，袁世凱又把國務卿一職交由段祺瑞代理。這樣算來，段祺瑞在袁世凱政權中已經是第三任代理國務總理了。

歷史的記載應當是：在袁世凱的北京政府中，段祺瑞三任代理總理；同時，歷史將記載，段祺瑞也是「再造共和」的主要人物。

註釋

[1] 胡曉：《段祺瑞年譜》，安徽大學出版社 2007 年 1 月第 1 版，第 91 頁。

[2] 《合肥執政年譜初稿》、《段祺瑞公館見聞》，轉引自胡曉《段祺瑞年譜》第 92 頁

[3] 胡曉：《段祺瑞年譜》，安徽大學出版社 2007 年 1 月第 1 版，第 92 頁，引《徐樹錚傳》等

[4] 白蕉：《袁世凱與中華民國》，中華書局，2007 年 6 月北京第 1 次印刷，第 154 頁。

[5] 擁護袁世凱稱帝的十四省將軍是：廣東龍濟光、湖北王占元、陝西陸建章、河南趙倜、山西閻錫山、雲南唐繼堯、浙江朱瑞、湖南湯薌銘、江西李純、安徽倪嗣衝、山東靳雲鵬、四川陳宦、吉林孟恩遠、黑龍江朱慶瀾。

[6] 來新夏：《北洋軍閥史》（上冊），南開大學出版社 2000 年 12 月第 1 版，第 362 頁。

[7] 白蕉：《袁世凱與中華民國》，中華書局，2007 年 6 月北京第 1 次印刷，第 183-187 頁。

[8] 白蕉：《袁世凱與中華民國》，中華書局，2007 年 6 月北京第 1 次印刷，第 188-209 頁。

[9] 來新夏：《北洋軍閥史》（上冊），南開大學出版社 2000 年 12 月第 1 版，第 373-374 頁

[10] 依胡曉《段祺瑞年譜》記《馮國璋年譜》：191 年 12 月 1 日，馮國璋托詞「害病」，拒不進京就任參謀總長一職。和段祺瑞一樣，對帝制亦採取消極態度。再看袁世凱所部的三路進攻南軍的將領，沒有馮國璋的名字。據此，我們認為，老袁派不動馮國璋，馮此時和段一樣，不願意同南軍作戰。

[11] 來新夏：《北洋軍閥史》（上冊），南開大學出版社 2000 年 12 月第 1 版，第 375-378 頁。

第十七章 遭眾惡袁世凱退位組內閣段祺瑞掌印

　　段祺瑞反對帝制是一貫的。早在「一造共和」時，他利用自己的軍權在握之機，不失時機地向清廷實行了「兵諫」，對於清帝的退位發揮了至關重要的作用，可比那個老謀深算的袁世凱在清帝面前演奏「戲法」來得直接。在袁世凱準備稱帝時，鑒於自己同袁世凱有著多年的關係而沒有辦法從正面和老袁發生直接衝突，那只好稱病不出了。我們認為，這是段祺瑞的明智之所在。

　　有人認為，段祺瑞之所以反對袁世凱稱帝，是因為如果他不稱帝，還做他的中華民國大總統，一旦他這一任卸了，論資歷，段祺瑞足可以當大總統，因而他反對袁項城稱帝的。我們認為，這個說法是站不住腳的。段祺瑞首先沒有這樣的老謀深算，他並不是和老袁處在同一個類型的政治人物，他同老袁相比較，多的是性情，多的是理智，比如他說：「項城帝制自為之跡，已漸顯露，我當年曾發採取共和之電，如今又擁項城登基，國人其謂我何？且二十四史中，亦再找不出此等人物！」像這樣的話，我們應當認為是發自於段祺瑞的內心，而絕不是把它當做表面文章去解讀。至於說他有可能當未來的大總統，我們認為，此時的老段並沒有這樣的考慮，至少可以說在這種特定的情況下，他根本沒有思考的空間。至於說馮國璋和徐世昌也有類似的想法，本書認為，這也只不過是一相情願罷了。而歷史的事實是，在袁世凱稱帝的這個大是大非問題上，段祺瑞和馮國璋的做法是沒有問題的，此時的王士珍已經回老家過他的「寓公」生活了，我們就不去多說了。

　　值得說的是徐世昌。徐世昌認識袁世凱要比段祺瑞、馮國璋為早，而且，徐世昌早年家庭經濟不好，自己在二十幾歲時，雲遊四方，在袁世凱的老家淮陽那裡同比他小四歲的袁世凱結為莫逆，那可是拜過「八字」的。那時的袁項城家中富裕，給老徐進京趕考提供了一筆不菲的銀子，這事兒不管放在誰的頭上，也會一輩子感恩不盡的。正是因為這樣的關係，老徐明知老袁稱帝不妥，但也不好多加指責，這也是在情理之中的事情。再加上老徐個人的

性格不同於段祺瑞，他天生儒雅，頗有「儒者之風」，對於老袁倒行逆施只好聽之任之了。他在此時也沒有考慮到老袁如果一直推行共和制說不定什麼時候可以輪到自己頭上當那個大總統的。至於說後來他真的當了大總統，那是老袁身後之事，與此並無太大之關聯。

總之，從當時的實際情況出發，我們認為，同老袁比較親近的四個人物——徐世昌、王士珍、馮國璋、段祺瑞，在對待袁世凱稱帝問題上可以分為四個類型：

王士珍——逍遙派；馮國璋——溫和的反對派；段祺瑞——公開的反對派；徐世昌——溫和的追隨者（把自己的不同意見藏諸於胸）。

這裡要說一說王士珍了。我們為什麼要說他呢？他在袁世凱政權建立後，基本上已經隱退了，怎麼在段祺瑞「稱病」後又復出接替段祺瑞的陸軍總長一職呢？這是不是有意與自己的老朋友段祺瑞過不去呢？我們認為，對這件事情不能如此簡單地看待。

蔡東藩在《民國演義》中有一段生動的描寫：

看官，你道王聘卿是何等人物？他名叫士珍，與段同為北洋武備學生，唯段籍安徽，王籍直隸，籍貫不同，派系遂因之互異。前清時，士珍官階，高出段上，嗣與段先後任江北提督，有王龍段虎的名稱。唯當小站練兵時，王、段二人同為老袁幫辦，因此與袁世凱亦有舊誼。至清帝退位後，士珍卻無意為官，避居不出。此次克定奉命，徑乘了專車，至正定縣中，向王宅投刺，執子姪禮，謁見士珍。士珍不意克定猝至，本擬擋駕，轉思克定遠道馳至，定有要公，不能不坦懷相見。克定抱膝請安，士珍殷勤答禮，彼此坐定，先敘寒暄，繼及國事。尋由克定傳述父命，請他即日至京，就任陸軍總長。士珍忙謝道：「芝泉任職有年，閱歷已深，必能勝任。若鄙人自民國以來，四載家居，無心問世，且年力亦日就衰頹，不堪任事，還乞公子轉達令尊，善為我辭。」（王士珍老先生在這個地方並不知道請他出山正是克定的意思——引者）克定道：「芝泉先生，現因多病，日求退職，家父挽留不住，只得請公出代，為恐公不屑就，特命小姪來此勸駕，萬望勿辭。（蔡注：段未有疾，克定偏會說謊，想是從乃父處學來。）士珍只是不從，克定再三勸迫，一請

一拒，談論多時。士珍復出酒肴相待，興酣耳熱，克定重申父命，定要士珍偕行。士珍道：「非我敢違尊翁意，但自問老朽，不堪受職，與其日後曠官，辜負尊翁，何如今日卻情，尚可藏拙。」克定喟然道：「公今不肯枉駕，想是小姪來意未誠，此次回京，再由家父手書敦請便了。」未幾席散，克定遂告別返都，歸白老袁，又由老袁親自作書，說得勤勤懇懇，務要他出來相助。克定休息一宵，次日早起，復齎了父書，再行就道，往至士珍家。士珍素尚和平，聞克定又復到來，不敢固拒，重複出見。克定施禮畢，即恭恭敬敬地呈上父書，由士珍展閱，閱畢後，仍語克定道：「尊翁雅意，很是感激，我當作書答覆，說明鄙意，免使公子為難。克定不待說畢，即突然離座，竟向士珍跪下（蔡注：前跪洪姨，此跪士珍，袁公子雙膝，未免太忙），急得士珍慌忙攙扶，尚是扯他不起，便道：「老朽不堪當此重禮，請公子快快起來！克定佯作泣容道：「家父有命，此番若不能勸駕，定要譴責小姪。況國事如麻，待治甚急，公即不為小姪計，不為家父計，亦當垂念民生，一為援手呢。」說著時，幾乎要流下淚來。士珍見此情狀，不好再執己意，只得婉言道：「且請公子起來，再行商議。克定道：「老伯若再不承認，小姪情願長跪階前。」於是士珍方說一「諾」字，喜得克定舞蹈起來，忙即拜謝，起身後，士珍乃與訂定行期，克定即回京復命。越日，即由老袁下令，免段祺瑞陸軍總長職，以王士珍代任。

　　這件事情，蔡書在回末處有記，說：「王聘卿退歸原籍，家居不出，是民國中一個自愛人物，偏袁公子一再固請，至於情不能卻，再出為陸軍總長。似為友誼起見，不應加咎，但泄柳閉門，干木逾垣，隱士風徽，何等高尚。若徒徇私誼，轉違公理，毋乃所謂不揣其本而齊其末者？馮婦下車，難免士笑，王聘老殆有遺憾歟？」本書認為，蔡評相當到位。我所要說的是，王士珍儘管沒有說出段祺瑞為什麼「有病」，他已經清楚官場上的「遊戲規則」了，如果王士珍把這件事情追問到底的話，那實在是沒有意思。現在他不追問，對於段祺瑞是非常好交代的，對於老袁又不失其往年之情誼。這本來是一個「二難推理」的棘手事情，但在王先生這裡把它做得恰到好處。我們說，不愧在小站時，大家奉王先生為「龍」。龍者，其時隱也，其時現也！何時隱之，何時現之，必有其一定之套路。這是問題的一方面，另一方面，畢竟還是小

站練兵的嫡系之所在，在老袁正處於孤注一擲之時，還是王士珍為老袁解除了後顧之憂。不然的話，那麼一支北洋大軍，老袁可怎麼辦呢？

說實在話，王士珍任陸軍總長，從軍資方面說，他不如段祺瑞，但是，此時並不是讓王老先生去指揮軍隊，而是要他出來在這裡有一個北洋的牌位即可。

這不，一旦帝制破產，不還是段祺瑞承擔起了袁世凱政府中的重要軍職嗎？我們現在且不說段祺瑞在袁世凱宣布取消「洪憲」帝號後三代總理事，還把前事稱帝風波敘將起來。本書在前章中似有簡略處，未能給諸位讀者一個較為清晰明白的交代。老袁一心稱帝，自己總是羞羞答答地不好把事情說得太直白。這時就有「御用文人」為其先從理論上打開一個缺口。誰知如此一來，更激起了以著名學者梁啟超為代表的反對帝制的人的發文攻擊。竊查當時所發之文、電，是非常之多的。本書囿於篇幅，恕不能一一記述。因此，在前章中僅將梁文作摘要說。

除此之外，還有不少名目的荒唐活動：

……不到數天，請願團又次第發生，除籌安會及公民請願團外，還有商會請願團。北京商會的發起人，叫做馮麟霈，上海商會的發起人，叫做周晉鑣，教育會請願團，自北京梅寶璣、馬為瓏等發起，北京社政進行會，自揮毓鼎、李毓如發起，甚至北京人力車夫，及沿途乞丐，也居然舉出代表，上書請願，這真是想入非非，無奇不有。又有一個婦女請願團，發起人乃是安女士靜生，雌風又大振了。這安女士是何等名媛，也來趕熱鬧場？小子事後調查，她是山東嶧縣人氏，表字叫做茲紅，幼讀詩書，粗通筆墨，及長，頗有志交游，不論巾幗須眉，統與她往來晉接。而且姿色秀媚，言態雍和，所有聞名慕色的人物，一通馨效，無不傾倒，並替她極力揄揚，由是安名日噪。當民國創造時，她嘗高談革命，鼓吹共和。如平權自由等名詞，都是她的口頭禪。她又自言曾游歷外洋，吸入新智識，將來女權發達，定當為國效勞，可惜今尚有待，無所展才雲雲。倉人聽到此言，愈覺驚羨。未幾，北上到京，充任某女校校長，至帝制發生，她以為時機可乘，也擬邀合京中女校學生，組織一婦女請願團。有人詰她忽言民主，忽言君主，前後懸殊，不無可鄙。

她卻嫣然一笑道：「我等身當新舊過渡時代，斷不能與世界潮流，倒行逆施。我有時贊成民主，有時贊成君主，實是另具一番眼光，隨時判斷，能識時務，方為俊傑，迂腐曉得什麼呢？」當下遂至交民巷中，覓了一間古屋，懸出一塊木牌，上寫中國婦女請願會七字，並刊行一篇小啟，頗說得娓娓動聽。究竟是她手筆，抑不知是誰捉刀，小子也不必細查（小啟內容從略——引者）。

自這小啟傳布後，倒也有十數個女士，聯翩趨集，當擬定一篇請願書，呈入參政院。唯婦女手續，未免少緩，因此請願亦稍落人後了。接連又有妓女請願團出現，為首的叫做花元春。花元春是京中闊妓，與袁大公子為嚙臂交，大公子嘗語元春道：「他日我父踐天子位，我當為東宮太子，將選汝入宮，充作貴人，比諸淪跡風塵，操這神女生涯，諒應好得多哩。」元春微哂道：「妾係路柳牆花，怎得當貴人重選？但大公子既為大阿哥，如蒙不棄賤陋，得充一個灶下婢，也光榮得多了。」大公子甚喜。[1]

我們也曾說到了蔡鍔將軍在京遇小鳳仙之故事。蔡鍔真英雄也！為了避開老袁安插在身邊的眾多耳目，蔡鍔多與京城名妓小鳳仙接觸，並與蔡夫人故意引起爭吵，以造成夫妻不和之假象，讓蔡夫人得從京城脫身。小鳳仙乃女中豪傑，蔡鍔則男中丈夫，此為後話，我們按下不表。

我們也發現了段祺瑞因反對老袁稱帝遇刺一事：

原來段祺瑞解職閒居，因恐為袁所忌，仍然留住都門，蟄伏不出。他素性向喜奕棋，除晝餐夜寢外，唯與一二知己，圍棋消遣。某夕風雨淒清，旅居岑寂，他在書齋中兀坐，未免鬱悶，隨手就書架上，檢出一本棋譜，借著燈光，留神展閱。約有一二小時，不覺疲倦起來，正思斂書就寢，忽聽窗外的風聲，愈加猛烈，燈焰也搖搖不定，幾乎有吹滅形狀，那門簾也無緣無故地揭起一角，彷彿有一條黑影，從隙竄入。說時遲，那時快，他身邊正備著手槍，急忙取出，對著這條黑影，噗的一響，這黑影兒卻閃過一邊，接連又是一響，那黑影竟向床下進去了。他至此反覺驚疑，亟捻大燈光，從門外呼進僕役，入室搜尋，四覓無人。又由他自掌洋燈，從床下一照，不瞧猶可，瞧著後，不禁驚呼道：「有賊在此！僕役等便七手八腳，向床下牽扯，好容易拖了出來，卻是一個熱血模糊的死屍，大家紛亂叫道：「怪極！怪極！再

從屍身上一搜，只有手槍一支，餘無別物。祺瑞亦親自過目，勉強按定了神，躊躇半晌，才語僕役道：「拖出去罷，明晨去掩埋便了。僕役不知就裡，各絮語道：「這個死屍，不是刺客，便是大盜，正宜報明軍警，徹底查究為是。祺瑞道：「你們曉得什麼？現在的時勢，多一事不如少一事，這死屍是為了金錢，甘心捨命，我今日還算大幸，不遭毒手。明晨找口棺木，把他掩埋，自然沒事，倘有人問及，但說我家死了一僕，便好了結。大家各守祕密，格外加謹，此後有面生的人物，不許入門。如違我命，立加懲處，莫謂我無主僕情。」[2]

蔡東藩先生在該回的末尾處批注說：「段祺瑞為袁氏心腹，相知有年，徒以帝制之反抗，至欲置諸死地，刺客之遣，非袁氏使之，誰使之歟？本回所述，雖未明言主使，而寓意自在言中，段氏之不遭毒手，正老天之使袁自省耳！」

關於袁世凱對蔡鍔的處置辦法，蔡東藩在此處也有解說：「袁氏不悟，復忌之蔡鍔，殺之不能，乃欲羈之，羈之不足，乃更寵之。曾亦思自古英雄，豈寵羈所得羈縻乎？徒見其心勞日拙而已。然蔡鍔之身處旋渦，不惜自汙，以求有濟，亦可謂苦心孤詣，而小鳳仙之附名而顯，尤足為紅粉生色。巾幗中有是人，已為難得，妓寮中有是人，尤覺罕聞。」

就說段祺瑞與袁世凱的關係，本書認為，不管從公論或是從私論，老袁不至於對老段下此毒手。段祺瑞只是沒有為袁氏之帝制鼓吹而已，但段氏並沒有用力去公開與袁氏對抗。人家只是閉門讀書，同友人下棋而已。犯不著你袁世凱對老友下此毒手！要說派刺客對段祺瑞下此毒手，如果同袁氏稱帝聯繫起來看，與其說是袁世凱所為，毋寧說係袁克定所為！因為此公子沒有其他本事，只有「不知天高地厚」的能耐！相比較而言，在行刺一事上，段祺瑞則是表現出了一個大將軍的宏大胸懷和氣度，他不讓將此事聲張開來，這對於顧全老袁的面子是非常必要的。

總之，老袁欲稱帝，真的是已經騎虎難下了。在這種情況下，全國鬧得沸沸揚揚，你如果不走下去又將如何呢？俗語說得好：開弓沒有回頭箭。在老袁看來，只有將錯就錯，索性一意孤行到底，哪怕前面是萬丈深淵，也要

走下去，這符合老袁的性格。我們從老袁的多年從政經驗看，在他走過的政治道路中，真的還沒有多少令他慘敗的地方。

袁項城決計要特立獨行了。你段祺瑞不是不想讓老袁我當皇帝嗎！我要當一當讓這位陸軍總長看一看。你不要以為你稱病不出，那個陸軍總長就空將下來了。你不幹，還有他人幹呢！這不，「北洋三傑」之「龍」王士珍出山了！

我們沒有檢閱到有關段祺瑞對於王士珍出山的反對資料，我們寧肯相信，老段對於老王的出山並不反對，他奉行的是「君子之交」的儒家信條，與朋友斷絕關係並不說朋友的壞話，所謂「君子絕交而不出惡言」者也！從道德人品上說，本書認為，老段絕對在老袁之上。

應當看到，袁世凱意欲稱帝並不單純在於他個人的興趣，還有外來勢力的作用於其中。有書中寫道：1914 年秋天，第一次世界大戰爆發了。日本帝國主義藉口對德國宣戰，派兵在山東登陸，占領了德國租借的膠州灣和膠濟鐵路沿線各地。袁世凱為了取得日本帝國主義對他復辟帝制的支持，對這種侵略行為竟然毫無反抗表示。日本帝國主義知道袁世凱急於想當皇帝，就乘機進行要挾。日本駐華公使日置益奉日本政府的命令，在 1915 年 1 月向袁世凱提出了滅亡中國的「二十一條」要求，以支持袁世凱當皇帝作為交換條件。日置益毫不含糊地對袁世凱說：「如果接受這些條件，則日本希望袁大總統再高升一步。」言外之意是：你袁世凱不是想當皇帝嗎，日本是贊成的，但必須承認「二十一條」。袁世凱毫無拒絕的樣子，只是說，要和外交總長商議以後再作答覆。最終的結果是，袁世凱接受了「二十一條」。但後來看到了以蔡鍔將軍為代表的討袁戰爭，日本也有些動搖了，準備對袁氏稱帝一事進行「勸告」。還有英、美、德等為了各自的在華利益而在袁氏稱帝問題上多有一些不同的表示。總體上講，以日本為首的帝國主義剛開始對於袁氏稱帝是取支持的態度的，由於形勢的變化，國內反袁勢力的日益高漲，帝國主義也改變了各自的態度。在這些因素的綜合作用下，使袁氏稱帝一波三折！

傳統的說法是袁氏稱帝最終只是有一個「八十三天的皇帝夢」（1916 年 1 月 1 日？3 月 22 日，但是，本書認為，不能說是八十三天，這是一個歷史

的誤記,準確地說,是八十二天),是段祺瑞再造共和的功績。我們的看法是,段祺瑞對於共和制是首尾一貫的,袁氏稱帝的失敗當然與段祺瑞的不支持有關,當然也有如前文中所說的他對於蔡鍔將軍的談話有關。但是,我們在這裡要大樹一筆,蔡鍔將軍的雲南討袁是再造共和的偉大動力和直接結果!

袁世凱一旦宣布撤銷帝制案,段祺瑞還是樂意出山為袁氏政權效力的,由此可見段祺瑞對於袁世凱個人的態度。他對於袁世凱的恩怨並不是「個人的」,而是「公家的」。有人認為,段祺瑞是袁世凱政權的御用者,我們的看法是,這種說法未必準確,與其說段祺瑞對於袁世凱有著一種個人情感上的親合性,不如說段祺瑞的這種親合性是制度的,而不是個人的!

史載,在袁世凱宣布撤銷帝制後的第二天,任命段祺瑞接任參謀總長。段祺瑞是接受了這一任命的。形勢的發展已經不在於袁氏宣布撤銷帝制就不再倒袁、反袁了。據《馮國璋年譜》記:1916 年 3 月 30 日,四川將軍陳宧致電蔡鍔:「贊成倒袁,行聯邦制,舉馮國璋、段祺瑞、徐世昌中一人為總統。」4 月 1 日,馮國璋致電徐世昌、段祺瑞、王士珍:「南軍希望甚奢,僅僅取消帝制,實不足以服其心,就國璋觀察,政府方面須於取消帝制而外,從速為根本解決。」這裡邊就已經看出了問題,四川將軍給蔡鍔的電文,已經不承認袁世凱再任總統了,縱然你取消了帝制,也別想賴在大總統的位置上,你還是下臺為好,免得我們還得用武力把你趕下臺去,你自己主動退去大總統的位,還是光彩一點!馮國璋的電文中所說的「從速為根本解決」,儘管語言比較含蓄,但明眼人一看便知,老袁不要再在這個總統的位置上了,免得人們看上來不太順眼,有點礙手礙腳的。當然,馮國璋有自己的一點「想法」,這個想法一時也不便直說,我們不妨在這裡略作一點演繹:馮國璋要麼就任這個大總統算了!對於南方軍人的態度,我們可看 4 月 1 日黎元洪、徐世昌、段祺瑞三巨頭給唐繼堯、蔡鍔的電文,謂袁世凱「業經宣布取消帝制,諸君志願已達,尚望共濟時艱,和平解決」。我們根據黎、徐、段之口氣可知,此三人對於袁氏還是可以的,把他視為老朋友,不要一棍子將他打死。我們的看法是,老徐和老段可能是出於真心,對於老袁有一定的真情實感,至於說黎副總統是不是這樣考慮的,一時還不好說得清楚。

但蔡鍔並不買這個帳。胡曉的《段祺瑞年譜》中引《中華民國大事記》說：4月2日，蔡鍔電復黎元洪、徐世昌、段祺瑞，力主袁世凱「潔身引退」。4日，唐繼堯亦電復黎元洪等，袁倘「真誠悔禍」，即應「毅然引退」。看來，袁世凱想著取消了帝制後再當他的大總統已經是「明日黃花」了，頗有五代時唐後主李煜「獨自莫憑欄，無限江山。別時容易見時難。流水落花春去也，天上人間」的遺風了！

嗚呼哀哉！皇帝寶座業已「丟失」，大總統的位置也岌岌可危！老袁的政治遊戲玩得有點太過了。這能怨誰呢？成語曰：咎由自取，此之謂也！

不管怎麼說，段祺瑞還真是對得起袁世凱的，你讓人家段祺瑞出任參謀總長，人家老段任了此職，你老袁讓老徐出任國務卿，你想老徐能勝任嗎？我們從老徐的性格和個人資歷上看，任這個國務卿他有點像「小蟲（小麻雀）吃蠶豆──夠戧」這不，果然不出所料，徐老先生在國務卿的任上只堅持了一個月，就把這個組織內閣的大權交給了段祺瑞。

關於袁世凱宣布撤銷帝制，想請段祺瑞出山任職一事，有書中對此作了演繹性的描寫：

國內討袁的聲浪越來越高，繼雲南獨立後，貴州、廣西也宣布響應。3月中旬，在全國人民的支持下，護國軍不斷取勝，中華革命黨（二次革命失敗後，孫中山又組建的政黨──引者）人的反袁活動遍及福建、湖北、四川、安徽等地。外交上的失敗尤令袁世凱氣惱，他本以為與日本簽訂「二十一條」後，日本會全力支持他稱帝，沒想到日本竟然翻臉不認帳，對他不抱任何希望，不僅拒絕贈勛特使赴日，而且還正式通知袁政府，責備袁世凱「斷行帝制，無視友邦勸告……日本政府當然不能承認」。尤其令袁傷心的是，3月中旬，駐日公使傳來消息：日本大隈首相與各大臣、元老舉行御前會議，計劃以保護東亞為由，乘機出兵中國。聽到這個消息後，袁當晚就病倒了。

段祺瑞不願出來幫助他，袁世凱又央求起徐世昌，要再任徐為國務卿，主持同護國軍的議和工作。徐對帝制也不贊成，自帝制醞釀後，徐即於去年10月下旬借故辭職，離開了是非之地的北京城，跑到天津躲起來，國務卿由陸徵祥擔任。袁克定常背後罵徐世昌是「活曹操」。徐平素喜怒不形於色，

雲南起義後，徐不禁破顏一笑說：「快失敗了。」徐聞袁世凱請他再度出山，便推三阻四，去函給袁，勸他取消帝制，說：「及今尚可轉寰，失此將無餘地」。

但經不起袁的哀懇：「這時候老朋友都不幫忙，誰來幫忙？」徐無話可說，只好勉強接受。

能得到徐世昌這位北洋元老的幫助，袁非常高興，立即派人赴天津將徐接進北京，這一天是 3 月 18 日。當天到京後，徐即赴中南海，面見病中的袁世凱。二人就取消帝制的問題進行了長談。徐對袁說：「此事關係重大，須約芝泉共同商辦，才有力量。」

這話捅到了袁的痛處，心想：自從接受帝制後就沒有停過請段來救駕，但芝泉一次也沒給面子，這次能答應嗎？袁對此毫無把握，長嘆道：「芝泉一直生我的氣，不見得能幫忙啊！

「芝火直，但我看他是只反對帝制，不反對總統。如取消帝制，芝泉會答應的。都是自家人，幾十年的關係了，他不會太在意的。」徐世昌耐心地講著。

「芝泉能出山，那最好了！袁又嘆了口氣。

徐世昌走後，袁世凱讓於夫人給段府的張夫人打電話，說是總統病重，非常思念芝泉，希望段能拋棄前嫌，來見一見袁世凱，還說：「總統病了，芝泉總該來看看吧！

張夫人把此意轉達給段祺瑞後，段深思良久。他已經看出：目前的形勢下，袁世凱的帝制實在是支撐不下去了，或許袁真的想取消帝制，果真如此，也是該出山的時候了。於是表示可以見袁。張夫人立即給袁府去電話，告訴段的態度，袁世凱得知後，興奮得一夜未睡好。

為了表示鄭重，第二天袁特派專人持自己的親筆函赴段公館正式邀請，言辭極為懇切，希望段能念在多年交情的分上，能發駕前往，看一看病中的老友。話說到這個地步，段怎好再推辭。但段對一向狡猾的袁世凱也不放心，說他是真病還是裝病，特派略通醫術的曾毓雋隨同前往，以便探個虛實。

段祺瑞先到政事堂，見過等到在那裡的徐世昌，然後一同前往袁公府。段已經有好幾個月未登袁府了。袁世凱正躺在病榻上，見到段祺瑞走進來，彷彿剛充足了電，來了精神，從病榻上坐了起來，大談特談「思念芝泉」，段也上前詢問了袁的病情。站在一旁的曾毓雋見袁面色紅潤、說話力氣照常，知道他的病情並不重。袁親切地拉住段的手說：「芝泉啊，我老了，且患病。悔不聽你的話，致有今日糾紛，若取消帝制，你肯幫助我嗎？」

段答道：「芝泉當竭力相助！不過請我與東海（徐世昌）再商議。」

「一切聽憑你們的。袁答得痛快。[3]

不管怎麼說，嫡系還是嫡系，段祺瑞在同袁氏稱帝的鬥爭中，有剛有柔，可謂剛柔相濟，恰到好處。不管袁世凱對於段祺瑞是怎樣的態度，在段祺瑞一方，始終沒有對袁世凱落井下石，不像北洋一系之外的其他將軍們，他們對於老袁形同路人，當然這裡邊有一個政治立場問題。段祺瑞在袁世凱稱帝失敗之後，並沒有像其他軍閥那樣，將袁氏趕下臺去，我們並不說段祺瑞的這種做法就是對的，事實上，外地的將軍們讓袁氏下臺不一定就是錯的。在這個問題上，本書的看法是，他們無所謂對或錯，對於這個政治事件，或者說用政治遊戲一說去說它也未嘗不可，在這裡只有一個遊戲的適當與不適當的問題，並無對錯之分。從人性上說，段祺瑞在其出山後對於老袁地位的維持，並沒有多少值得詬病之處。

但在袁世凱一方，情況可是有所不同。據有關史料說，段祺瑞接徐世昌任國務卿，段不像老徐那樣是一個和事佬，是一個老好好先生。這也難怪老徐，他是文官出身，早在段祺瑞之前就在清朝考取了功名，段祺瑞他們在小站練兵時，老徐一直為官於朝中，長期的朝廷中的為官習慣，養就了老徐的文人的謹慎。在這些方面，段祺瑞和徐世昌不能用同一個標準去度量。如果老徐也和段祺瑞一樣，是一個性情耿直的武將，那麼我們可以設想，在老袁稱帝處於四面楚歌中，老徐能堅持下去嗎？顯然不能！話又說回來了，老徐在那段時間裡任國務卿，基本上沒有自己的獨立決斷的機會，因為那個政事堂本來就在老袁的掌控之中，要不，老袁為什麼要把內閣改為政事堂呢？這不僅是一個名稱的問題，而是一個實際的問題。現在徐世昌下去了，他不能

應對當時這種複雜的政治局面，南方的革 M 力一刻也沒有放鬆對老袁的驅逐，時時刻刻都想把老袁趕下臺去。在這個時候，作為內政的首腦，只有段祺瑞堪當此任。

我們見胡曉《段祺瑞年譜》中說：段上任後，不願做一個有職無權的傀儡，他效仿袁世凱當年對付清室的老辦法，不僅要求掌握國務院實權，而且要求直接控制軍隊。他建議裁撤大元帥統率辦事處，將該處所管事務歸入陸軍部辦理，又請求由陸軍部接收模范團 [4] 和拱衛軍。但袁疑忌重重，不僅不交出軍權，也不給段以用人權，段十分不悅，並感到自身的危險，遂急調陸軍第二十師到京護衛，以防范袁的突襲。[5]

註釋

[1] 蔡東藩：《民國演義》，第四十九回

[2] 蔡東藩：《民國演義》，第五十一回

[3] 程舒偉、侯建明：《段祺瑞全傳》，黑龍江人民出版社 2003 年 10 月第 1 版，第 160~163 頁

[4] 1914 年 10 月，袁世凱決定成立一個模范團，準備把它建成軍官訓練班的擴大組織，並在此基礎上逐步改造北洋軍。這件事體現出袁世凱對小站的舊將已不信任。老袁想讓自己的長子袁克定當這個模范團團長，但遭到了段祺瑞的強烈反對。袁世凱只好自己兼任這個模范團團長一職，但到了第二期時，袁就把這個模范團團長讓給袁克定了。

[5] 見陶菊隱著《袁世凱演義》第 527-531 頁。

第十八章 袁世凱之死服了「二陳湯」段祺瑞下臺緣於「府院爭」

　　袁世凱認為，把那個舉國上下一致反對的帝制給取消了，應當平靜下來了，還照樣做他的中華民國大總統，不就相安無事了嘛。孰料，全國人民（確切地說，是滇軍將領蔡鍔、唐繼堯等）並不買他的帳，非讓他徹底退下去不可！實際上，在段祺瑞接替徐世昌任國務卿後，段祺瑞的本意也想讓老袁繼續當中華民國大總統。我們說這個話的主要證據是：4月1日，黎元洪、徐世昌、段祺瑞致電唐繼堯、蔡鍔等，謂袁世凱「業經宣布取消帝制，諸君志願已達，尚望共濟時艱，和平解決」。[1]「和平解決」四字的蘊意是比較深的，從簡一點說，就是帝制風波已平，老袁也認識到那樣做是不合時宜的，你們起兵討他，他已經認錯了，餘下的事情是「和平解決」，沒有必要讓老袁再「難看」了，你們硬要逼他下臺，別說是一個大總統，就是一介平民，那面子的問題還是很重要的嘛（孰不知，在玩政治遊戲方面，沒有什麼面子的問題，有的只是隱謀和手段）！但是，事情已經惹起來了，政治遊戲玩大了，不好收場。

　　實際上，老袁在取消帝制時，讓徐世昌任國務卿，讓段祺瑞任參謀總長，一文一武，攜手登臺，自有其用意所在，就是讓他們共同調停南北矛盾。再加上原來的副總統黎元洪，他們一起給南方發電，希望「和平解決」。誰知這個電文發出後，南方並無反應，如石沉大海。恰在此時，又接到了江蘇將軍馮國璋的來電，其電文曰：「撤銷帝制，係現時救急良法，嗣後長江一帶，可保無虞。」徐世昌、段祺瑞心想，馮國璋這樣說了，且他在南方掌控一省之軍權，可以與滇軍等暫時形成一種軍事上的制衡，這樣也算是稍稍得安。他們又一想，在此之前，曾有康有為書於老袁，曾勸其取消帝制，現在老袁已經把人們所討厭的這個帝制給取消了，正好可以利用康有為同梁啟超的關係，請康有為給梁啟超通一下氣，把梁任公也爭取過來，因為這些文人都是頗有影響的社會名流，把他們納入「彀中」，對於推行我們的政治主張有利，

而且，梁啟超和蔡鍔又是師生關係，可以讓老師去說服學生就此息兵罷戰，豈不是一箭雙雕？

老徐和老段等商量擬了一個和平解決六條：其一，滇、黔、桂三省，取消獨立；其二，責令三省維持治安；其三，省添募新兵，一律解散；其四，三省戰地所有兵，退至原駐地點；其五，即日為始，三省兵不準與官兵交戰；其六，三省各派代表一人來京籌商善後。這六條和議，傳至粵東，康有為將電文交給梁啟超，梁啟超又把電文交給自己的學生蔡鍔。當時，蔡鍔正進兵敘州，與西醫湯根、魯特，磋商停戰事宜。湯、魯二人，係由四川將軍陳宧囑托，浼他調停。蔡允停戰一星期，嗣接到議和轉電，不願相從，乃徑電黎、徐、段三人道：

北京黎副總統、徐國務卿、段總長鑒：奉來電，敬念起居無恙，良慰遠系。邇者國家不幸，至肇兵戎，門庭嗓血，言之病心。比聞項城悔禍，撤銷帝制，足副喁望，遂聽下風，曷勝欽感。唯國是飄搖，人心罔定，禍源不靖，亂終靡已。默察全國形勢，人民心理，尚未能為項城曲諒，凜已往之玄黃乍變，慮日後之覆雨翻雲，已失之人心難復，既墮之威信難挽。若項城本悲天憫人之懷，為潔身引退之計，國人轉念前勞，感懷大德，馨香崇奉，豈有涯量？公等為國柱石，係海內人望，知必有以奠定國家，造福生民也。臨電無任惶悚景企之至。鍔叩。[2]

段祺瑞等真乃是殫精竭慮，既為袁氏政權，也為自己，本想把這次稱帝風波壓將下去算了，動用了各方關係，把「戊戌變法」時的名人宿將都搬了出來，結果蔡鍔將軍也不吃這一套，力主老袁「潔身引退」。蔡東藩在《民國演義》寫道：

徐、段等接到此電，料他未肯就緒，再電令龍濟光與陸榮廷婉商。龍正為粵東一帶，黨人蜂起，防不勝防，又聞桂軍逼粵，焦急得很。一奉中央命令，當即電告陸榮廷，說得非常懇切，並挽陸出作調人。陸本無和意，不得已轉告滇、黔，滇督唐繼堯，黔督劉顯世，均不肯照允，且言：「如欲求和，應由中央承認六大條件（與段等所提，也是六條，可謂針鋒相對——引者）。」這六大條件，卻非常嚴厲，由小子開述如下：其一，袁世凱於一定期限內退位，

可貸其一死，但須驅逐至國外；其二，依雲南起義時之要求，誅戮附逆之楊度、段芝貴等十三人，以謝天下；其三，關於帝制之籌備費及此次軍費約六千萬，應抄沒袁世凱及附逆十三人家產賠償；其四，袁世凱之子孫，三世剝奪公權；其五，袁世凱退位後，即按照約法，以黎副總統元洪繼任；其六，文武官吏，除國務員外，一律仍舊供職，但軍隊駐扎地點，須聽護國軍都督之指命。

看官！你想這六條要求，與中央開出的六條款約，簡直是南轅北轍，相差甚遠，有什麼和議可言？還有最要的聲明，說是：「袁氏一日不退位，和議一日不就範」雲雲。那老袁取消帝制，已是著末一出，若還要他辭去總統，就使護國軍人入逼京畿，他也是不肯承認的（蔡注：天下事有進無退，老袁退了一步，便要驅他入甕，正不出大公子所料）。滇、黔既協商定議，遂電復陸榮廷，陸即電龍，龍即電北京。徐、段入報老袁，老袁又吃了一大驚，連忙轉問徐、段，再用何法維持。徐、段沉吟一會兒，想不出什麼良策，只好虛言勸慰，說了幾句通套話，告別出來。老袁暗暗著急，想了一夜，復從無法中想出兩法，一是囑參政院院長溥倫，要他運動參政，合詞挽留；一是再派阮忠樞南下，運動馮（國璋）、張（勳），要他聯合各省，一體擁護。誰料溥倫奉了密令，去向各參政商量，各參政多半搖頭，不肯再蹈前轍。阮忠樞到了江寧，與馮密商，馮國璋也是推諉，轉身跑到徐州，張辮帥頗肯效力，奈電詢各省，只有朱家寶、倪嗣衝兩人復電照允，他省是不置一詞。於是，袁氏兩策，盡歸失敗（蔡注：葫蘆裡的法兒，只可一用，第二次便無效了）。老袁焦急得很，又召集那班帝制元勛，解決最後問題。帝制派人，復提出撻伐主義，要老袁繼續用兵，一面聯絡倪嗣衝、段芝貴等，教他上書決戰，自請出師。那老袁又膽壯起來，密電總司令曹錕等：

蔡（鍔）、唐（繼堯）、陸（榮廷）、劉（顯世）、梁（啟超），迫予退位，予念各將士隨予多年，富貴與共，自問相待不薄，望各激發天良，共圖生存。萬一不幸，予之地位，不能維持，爾等身家俱將不保。現時亂軍要求甚苛，政府均未承認，各將士慎勿輕信謠傳，墮人術中，務必準備軍務，猛奮進攻，切切！特囑。

這密電方拍發出去，外面又來了好幾條密電，一電是四川將軍陳宧發來，一電是湖南將軍湯薌銘發來，統是主和不主戰。至是馮國璋一電，比湯、陳二人所說，更進一層。略云：南軍希望甚奢，僅僅取消帝制，實不足以服其心，就國璋愚見，政府方面，須於取消而外從速為根本的解決。從前帝制發生，國璋已信其必釀亂階，始終反對，唯間於讒邪之口，言不見用，且恐獨抒己見，疑為煽動。望政府回想往事，立即再進一步，以救現局。

馮國璋的電文中所說的「再進一步」，是什麼意思？我們聯繫到前文中所說的「從速為根本解決」（《馮國璋年譜》）一語，可知，這叫做「禿子頭上的虱子——明擺著」！只是馮國璋沒有直接說出你老袁先生乾脆把你的中華民國大總統的位子也讓出來拉倒，不然的話，南軍是不會就此收兵的！

寫到這個地方，可以就老袁當年小站練兵時的「北洋三傑」再說一點話了。我們已經說過，王士珍對於功名利祿並不太在乎，袁當了臨時大總統後，人家就回到了老家河北正定去怡養天年了，後來不是袁大公子給老袁出主意說，段祺瑞不支持帝制，他裝病不出，我們還可以把王士珍請來接替老段的陸軍總長一職，否則王士珍真的可以自由自在地在家過他的田園生活了。這就是說，王「龍」不同於段祺瑞、馮國璋。馮國璋在「北洋三傑」中稱為「狗」（有的地方稱其為「豹」），我們想，就說這個「狗」，有點像漢代劉邦所說的「功狗」之「狗」，他的意思無非是說，對於主子的旨意一般說來是順從的，所謂「狗」的寓意是「忠誠」之意。在袁氏稱帝過程中，儘管他也是不贊成的，但馮國璋的態度和段祺瑞還是有區別的，他是一個溫和的反對派，還在袁氏政權中任職，而段祺瑞則明顯地不同於前二位「三傑」人物，你就是有什麼「暗殺」之類的威脅也無所謂！由此可見段祺瑞的氣節和骨氣，我們說老段性情耿直，是有其道理的。但是，段祺瑞在老袁又重新起用他時，他還是盡力為老袁辦事的。在這次讓老袁退位的問題上，馮國璋能夠看到老袁的下臺是大勢所趨，他能夠順應這一歷史潮流，而段祺瑞則力主維持老袁的地位，可見段祺瑞的「忠」根本不比馮國璋差，甚至還在馮之上。

在袁世凱看來，時局已經成了這個樣子，南方黨人和軍隊逼他下臺是在意料之中的事情，不想在此危難之際，馮國璋也電請老袁「從速為根本解

決」。這件事情，我們並沒有掌握到史料方面老袁對於馮國璋的回應情況，但我想，不論怎麼說老袁也多少有些傷心。

再說段祺瑞對於時局的「擺平」所做的努力。段祺瑞既然來收拾這個「爛攤子」，他得有自己的決斷權，他不願意做「有職無權的傀儡」。關於這件事情，有書中這樣寫道：

段祺瑞組閣後，原想有一番作為，替袁世凱擺平時局。組閣後不久，段曾致電護國軍方面的頭腦，提出派代表入京，商議解決時局的辦法。為了消除南方對新組建內閣的疑慮，段還特作解釋：（一）確係過渡性質，並非軍樞性質；（二）對各方均負責，非專對總統負責；（三）既負完全責任，又有特別政權，並不受總統及他方面的牽掣；（四）並非拋棄國會，只為國會未能倉促成立；（五）南方要人不肯來京，暫由在京人員遴選。但袁世凱根本不能讓他「負冗全責任」。

段祺瑞主張和平解決時局。5月6日，四川局部地區第一期停戰期滿後，段提出再續延一個月，以便和談的進行，得到了西南護國軍方面的同意。但和談的首要問題是袁世凱能否退位。西南方面堅定不移地要求袁世凱引退，認為這個問題不解決，其他事情無從談起。全國要求袁世凱退位的呼聲也越來越高。《十九省公民否認袁世凱冒稱總統書》指出，「袁逆不死，大禍不止」，號召人們「再接再厲，撲滅此獠」海外華僑紛紛通電，要求將袁世凱執行國法；孫中山發表《第二次討袁宣言》，表示要「除惡務盡」，「絕不肯使謀危民生者復生於國內」以馮國璋為首的一批北洋將領們也紛紛通電勸袁引退⋯⋯

在這種形勢下，段祺瑞堅持主張和談。可是袁世凱對他卻放心不下，派人處處掣肘，甚至時時監視，這使得他對袁保留總統之事不再積極，對應付南方反袁潮流之事也不願盡力，很有些聽任其發展之勢。段祺瑞的和談計劃毫無進展，袁更加懷疑段與西南方面有默契，操縱北方一些將領掀起主戰的聲浪，他們聲言將不惜一戰。但段祺瑞的主意已定，堅決反對用兵。袁對段的猜忌更深了。

5月上旬的一天，袁世凱將段祺瑞召至總統府，詢問時局進展情況。段愛理不理地應付了幾句。袁世凱有點不耐煩了，對段說道：「和又和不了，戰又不想戰，這到底要幹什麼？」

　　「如果總統堅持用兵，就請自便。」段祺瑞覺得還不夠勁，用威脅的口吻說：「那樣我就只好辭職了！」

　　「那你就辭吧！辭吧！」袁世凱氣得渾身發抖。

　　段回去後，果然立即遞交了辭呈。袁沒想到段還動真格的，真是又恨又惱了。批准辭職，顯然是風險太大，加上左右的勸阻，袁只好同意作罷。[3]

　　在這種形勢下，正是南北雙方騎虎難下，段祺瑞因老袁的猜忌心理而產生了一種心理上的逆反，你老袁不聽我的，硬要一意孤行，那你就自己用兵去吧。我們在前文中業已說到，他召集幕僚們開了一個「諸葛亮會」，那幫子人主張戰。但此時的戰，與段祺瑞的主張和是對立的，段祺瑞又與老袁鬧了一些意氣，怎麼辦？老袁只好再次親自出馬了（前一次是段還沒有出山，南方戰起，老袁親自布置了三軍以對抗南軍，令曹錕任總司令）。實際上，這次再戰從根本上說，袁氏政權的軍隊並不占據優勢，北洋一系中各有心事。比如說，在南北對峙下，馮國璋可是軍事實力派，也是北洋一系的老資格，他就給老袁電，要求「從速為根本解決」，何況他人乎？在這種情況下，已經有不少省獨立了，馮國璋、張勛、倪嗣衝等召集一些尚未獨立的省份的將軍們於5月18日召開了南京會議。從表面上看，他們這些效忠老袁的將領們還是挺關心老袁的去向的。但在這樣的非常情況下，馮、張、倪三巨頭則各有自己的心事：馮國璋想利用這個會議給自己造成一種可以操縱於南北之間的政治勢力；張勛想做這個會議的盟主，為復辟清室創造條件；倪嗣衝則完全是效忠於老袁的。由於各懷心態，會議當然沒有什麼好的結果出現，有的只是你爭我吵。

　　一方面，西南方面的討袁軍攻勢不減，非令老袁把大總統的位子讓出不可，叫老袁心如亂麻，另一方面，段祺瑞又與他鬧起了意氣，令老袁長嘆不已！至於南京會議方面，因各方牽制而沒有什麼好的結果，要說有一些什麼政治動向，毋寧說有人在覬覦老袁的那個位置而已！這個時候，已經有不少

省份獨立了，你老袁的皇帝是不做了，但對於大中華民國的大總統說，各省的獨立又意味著什麼呢？所以我們說，此時的老袁真可謂「亂蜂蜇頭」最終導致他亡命的是什麼呢？我們只好用本章題目的話——袁世凱之死，服了「二陳湯」。

諸位，「二陳湯」本是中藥的一個湯頭，其處方組成是：半夏、橘紅、白茯苓、炙甘草、生薑、烏梅。它的功效乃燥濕化痰，理氣和中。主治：濕痰證，咳嗽痰多，噁心嘔吐，肢體困重，頭眩心悸。中醫診斷用望、聞、問、切。望者，乃觀其外表形象；聞者，聞患者之氣味也；問者，乃詢問患者之情況；切者，就是把脈。從這個湯頭的組方上看，它主要是走肺經的，肺者主表，無論有病與否，服了二陳湯並無大的妨礙。

袁大總統並無此類毛病，他怎麼去服用這個「二陳湯」？這就另有說辭了。在袁世凱剛從「洪憲」帝的位子上退下來時，有人曾給老袁的得病情況開出了兩個處方，除「二陳湯」外，還有一個處方，叫做「六君子」湯。六君子湯的處方組成是：人參、白朮、茯苓、炙甘草、陳皮、半夏，計六味中藥。其功效是益氣健脾，燥濕化痰，主治脾胃氣虛，兼除痰濕。這兩個處方都不對老袁的病症，為什麼偏偏開出這兩個方子呢？一句話，取其名而非取其也！

我們先說「六君子」湯。本書前文中已經說過，鼓吹老袁稱帝者乃「籌安會」的「六君子」，他們是：楊度、孫毓筠、嚴復、劉師培、李燮和、胡瑛。此六君子是老袁的「病因」——稱帝！到了老袁「病重」以至於要他的命時，在於服了「二陳湯」。二陳湯者：三個督軍的姓也。他們是四川督軍陳宦、陝西督軍陳樹藩、湖南督軍湯薌銘。

現在該說一說「二陳湯」的問題了。我們已經說過，段祺瑞接任國務卿後，並不想當一個傀儡，他要真的幹一番事業，為國為袁為自己都應當這樣做。但老袁就是對他有些放心不下，處處給段祺瑞設置一點小小的障礙，令他心中老大不高興。那一邊是西南軍人的步步相逼，這一邊是老袁拿不定主意，讓老段決斷，而段祺瑞對於老袁的不放心是有意見的。在這種情況下，老袁聽他手下的那一班子迂腐遺老們的意見，決定對南方再度用兵。他滿以

為有這些干將們在後邊支撐著他，他就電令曹錕再給南方軍一點顏色看看。在他的給曹錕的密電發出後不久，便收到了「二陳湯」方面的電文。

為了敘述的方便，本書再將他人現成的文字「竊」來，以饗讀者：

這密電方拍發出去（指袁世凱給曹錕的——引者），外面又來了好幾條密電，一電是四川將軍陳宧發來，一電是湖南將軍湯薌銘發來，統是主和不主戰。至是馮國璋一電，比湯、陳二電所說，更進一層（即本書前文中所說的馮讓「從速為根本之解決」——引者）。

老袁迭閱各電，料想武力難持，沒奈何再電馮、陳，囑他極力調停。馮電尚未復音，忽接到龍濟光電文，乃是請命獨立。看官，獨立二字，是反抗政府的代名詞，哪裡有宣布獨立，還要請命中央，這真是奇怪得很呢。我也稱奇。看官不必驚異，由小子敘述出來，便曉得龍郡王獨立的苦心。原來粵東方面，是革命黨的生長地，前時陳炯明攻入惠州，被龍軍擊退，他哪裡就肯＃休，索性把新加坡總機關內的人物，盡行運出，來攻粵東，名目亦叫做護國軍，總司令推戴黃興。還有一派革命軍，乃是孫文手下的老同志，也乘著熱鬧，進攻粵境。兩派分道長驅，你占一城，我奪一邑，幾把那粵東省中，割得四分五裂，就中最著名的約有數路，除陳炯明外，有徐勤軍，有魏邦屏軍，有林虎軍，有朱執信軍，有鄧鏗軍，有葉夏聲軍，有何海鳴軍，有李耀漢、陸蘭卿軍，有梁德、李華、劉少廷、梁廷桂、陳少懷、何克夫、林丁材、周其英、劉華良、葉謹各軍，真是雲集影從，數不勝數。既而團長莫擎宇，獨立潮、汕，鎮守使隆世儲，道尹馮相榮，獨立欽、廉，四面八方，陸續趨集，把一個夭矯不群的老龍王，逼得死守孤城，好像個甕中之鱉、罐裡之鰍，還有陸榮廷率師壓境，急得老龍王無法擺布，只好哀告陸榮廷，求他念顧姻親，放條生路。陸榮廷也覺不忍，但叫他脫離中央，速即獨立，包管保全位置，並一族的生命財產。龍乃與鴉片專賣局長蔡乃煌熟商，暫行獨立。這蔡乃煌係老袁私人，老袁曾派為蘇、贛、粵專賣鴉片委員，籌款運動帝制（是民國四年四月中事），此時又囑他監制老龍，他就替老龍想出一法，令向老袁處請訓，一面由龍、蔡聯街，密請老袁速派勁旅，來粵協防。老袁得了請命獨立的電文，頗也驚疑，轉思龍濟光定有隱情，逕批了「獨立擁護中央」六字。[4]

　　諸位，你看老袁稱了83（當為82天）天帝，惹下了多少亂子！我們且不說這個龍濟光的獨立是被他人逼出來的，他自己並不想真心獨立，他跟老袁的關係是極深的。但迫於形勢，他也不能不這樣做！老袁也知道他定有隱情，也就順水推舟地批准他獨立，這種情況應當說是比較荒唐的，好像當年老袁逼清帝退位那樣，清帝也來了一個任命老袁組閣一樣的荒唐。這種事情儘管是一個政治遊戲，但你玩遊戲也得遵循一個遊戲規則不是，在這個地方，老袁連遊戲規則也不要了，更是荒唐！我們且不說這種荒唐。「二陳湯」中的一陳、一湯都是老袁的心腹，他們居然也獨立了，這著實讓老袁吃驚不小，要知道他是剛剛給曹錕下了一道對南軍作戰的戰令的，在這種情況下，老湯、老陳分別在湖南、四川獨立將意味著什麼！

　　我們還得說「二陳湯」中的那一個「陳」——陳樹藩。陳樹藩本是陝西鎮守使，陝西將軍是陸建章。陸是老袁的嫡系，但他被陳樹藩給「撬」了。這到底是怎麼一回事兒？且聽我慢慢說來：

　　據《段祺瑞年譜》記：1916年5月2日，陳宧被迫宣布四川獨立。章太炎稱：「袁公甚信參謀次長陳宧，北洋宿將皆下之。宧雅多奇策，餘曰：『人以袁公方孟德，是子則為司馬宣王矣；僕袁氏者，必是人也。』」（《章太炎先生自定年譜》）章太炎在這裡對袁和陳的評價也可能比較得體，陳既然為袁所寵信，在袁氏正用人之際，陳氏宣布獨立，不管是怎樣的「被迫」，在本書看來，都是不合適的，你至少得像「龍王」那樣，讓老袁看得出其中的難言之隱才是。這一獨立「不打緊」，讓老袁的病加重了幾分！二陳湯開始發揮作用了。到了5月29日，湖南督軍湯薌銘又被迫宣布獨立。這是二陳湯中的第二副「中藥」，老袁服下後，病情又有所加重。病情是有所加重，但還沒有達到斃命的程度，不過已經離斃命的時間日漸臨近了。

　　且看這段文字：

　　不意陝西來一急電，乃是將軍陸建章，及鎮守使陳樹藩聯銜，略說是：

　　秦人反對帝制甚烈，數月以來，討袁討逆各軍，風起雲湧，樹藩因欲縮短中原戰禍，減少陝西破壞區域，業於九日以陝西護國軍名義，宣言獨立，一面請求建章改稱都督，與中央脫離關係。建章念總統廿載相知之雅，則斷

不敢贊同，念陝西八百萬生命所關，則又不忍反對。現擬各行其是，由樹藩以都督兼民政長名義，擔負全省治安，建章即當趲返都門，束身待罪，以明心跡。

　　老袁瞧到此處，把電稿拋置案上，恨恨道：「樹藩謀逆，建章逃生，都是一班忘恩負義的人物，還要把這等電文，敷衍搪塞，真正令人氣極了。」嗣是憂憤交迫，漸漸地生起病來。小子且把陝西獨立，交代清楚，再敘那袁皇帝的病症。原來陝西將軍陸建章，本是袁皇帝的心腹，他受命到陝，殘暴兇橫，常借清鄉為名，騷擾裡閭，見有煙土，非但沒收，還要重罰，自己卻私運魯、豫，販售得值，統飽私囊。陝人素來嗜煙，控知情弊，無不怨恨。四月初旬，鄰陽、韓城間，忽有刀客百餘名，呼聚攻城，未克而去，既而黨人王義山、曹士英、郭堅、楊介、焦子靜等，據有朝邑、宜川、白水、富平、同官、宜君、洛川等處，招集土豪，部勒軍法，舉李歧山為司令，豎起討袁旗來，陝西大震。陸建章聞報。亟飭陝北鎮守使陳樹藩往討。樹藩本陝人，辛亥舉義，他與張鏐獨立關中，響應鄂師。民國成立，受任陝南鎮守使，駐扎漢中。至滇、黔事起，陸建章恐他生變，調任陝北，另派賈耀漢代任陝南。樹藩已逆知陸意，移駐榆林，已是怏怏不樂，此次奉了陸檄，出兵三原，部下多係刀客，勸他反正。樹藩因即允許，乃自稱陝西護國軍總司令，倒戈南向，進攻安。

　　陸建章又派兵兩營，命子承武統帶，迎擊樹藩，甫到富平，樹藩前隊，已見到來，兩下交鋒，約互擊了一小時，陝軍紛紛敗退。樹藩驅兵大進，追擊至十餘裡，方收兵回營。承武收集敗兵，暫就中途安歇一宵，另遣幹員乘夜回省，乞請援軍。哪知時至夜半，營外槍聲四起，嚇得全營股栗，大眾逃命要緊，還管什麼陸公子。陸承武從睡夢中驚醒，慌忙起來，見營中已似山倒，你也逃，我也竄，他也只好拚命出來，走了他娘。偏偏事不湊巧，才出營門，正碰著樹藩部下的胡營長，一聲喝住，那承武的雙腳，好似釘住模樣，眼見得束手就擒，被胡營長麾下的營弁活捉了去，當下牽回大營。陳樹藩尚顧念友誼，好意款待，只陸建章得著消息，驚惶的了不得，老牛舐犢。急遣得力軍官，往陳處乞和，但教家人父子，生命財產，保全無礙，情願把將軍位置，讓於樹藩……[5]

可以想一想，在那種風雨如晦的年代裡，大家都看得清楚，老袁的那個位子怕是坐不了幾天的。陸建章是老袁的心腹，但在陳樹藩的威逼下，把他的愛子都給弄了去，你說在這種關頭，老陸是要兒子呢還是效忠老袁？他如果取後者，到頭來，弄不好是雞飛蛋打，兒子也保不住，仕途也將隨老袁的失勢而完蛋！我們說陸建章的選擇是無可非議的。這樣，在老袁接到陳、陸的電文後，他的病情當然又加重了幾分。

後來，這些人又不斷地給老袁發來電文，要他退位，不僅退了皇帝位，還要他把大總統的位子也讓出來，不然的話，哪肯罷休！時人有一副對聯，非常形象，那是說老袁的：

起病六君子送命二陳湯據說，袁世凱原來得了尿毒癥，由大總統到籌備稱帝，病情本來就在日益加重，這樣左一折騰，右一折騰，他哪得安生？滇、黔起兵，則是意料之中的事情，不想連自己的親信們也在這緊急關頭，你一封來電迫其退位，他一封來電要他讓位，老袁的心怎能不寒？誠如蔡東藩在《民國演義》中所說：「看官！你想陳宦、湯薌銘兩人，受袁之恩，算得深重，至此盡反唇相譏，恩將仇報，哪得不氣煞老袁？老袁所染尿毒癥，至此復變成屎毒癥，每屆飯後，必腹痛甚劇，起初下濁物如泥，繼即便血，延西醫診視，說他臟腑有毒，啖以藥水，似覺稍寬。越日，病恙復作，腹如刀刺，老袁痛不可耐，連呼西醫誤我（蔡注：隆裕發腹疾致死，老袁亦以腹疾亡身，莫謂無報應也），乃另聘中醫入治。中醫謂是癥乃尿毒蔓延，仍當從治尿毒入手，老袁頗以為然，亟命開方煎藥。服了下去，腸中亂鳴，亟欲大解，忙令人扶掖至廁，才行蹲坐，忽覺一陣頭暈，支持不住，一個倒栽蔥，竟墮入廁中……至扶入寢室後，精神萎頓不堪，閉目靜臥，似寐非寐。但覺光緒帝與隆裕太后，立在面前，怒容可怖；倏忽間，變作戊戌六君子；又倏忽間，變作宋教仁、應桂馨、武士英、趙秉鈞等；又倏忽間，變作林述慶、徐寶山、陳其美等；後來有無數鬼魂，面血模糊，統要向他索命的模樣……」蔡著接下來寫道：「旋聽老袁復直聲叫道：『楊度，楊度，誤我，誤我。』兩語說畢，痰已壅上，把嘴巴張翕兩次，撒手去了。時正六月六日巳刻，享壽五十八歲。」

據胡曉《段祺瑞年譜》所記：（1916年）6月6日，袁世凱病逝。袁死後，退位問題不復存在，但南北雙方又為總統繼任問題發生爭執。北方自然希望由北洋派領袖繼任總統，在徐世昌、段祺瑞、馮國璋三人中推戴一人，尤其是段祺瑞、馮國璋都具有爭奪總統的實力。但他們不得不考慮：第一，西南護國軍早已提出袁退黎（元洪）繼為南北議和的先決條件，無論段祺瑞、馮國璋誰繼任總統，護國軍都不會答應，則南北統一無法實現。第二，段和馮在北洋派中的威望，均遠不及袁，無論誰繼任總統，都很可能會引起北洋派的內訌。因此，段祺瑞決定：把袁世凱時期的總統獨裁制改為責任內閣制，由黎元洪繼任總統，自己出任內閣總理，掌握軍政實權。

據張國淦回憶，袁將死時，「段曾召集幕僚整整開了一夜會，商討要不要讓副總統黎元洪繼任總統。段拿了筆，考慮了一夜，想不出好主意，最後把筆向地上一甩說：『好吧！去接他來吧！』」這樣做也基本符合袁世凱的遺願，據說打開袁預備的金匱石室，取出事先寫好的嘉禾金簡，上書袁世凱選定的三個接班人姓名，依次為：黎元洪、徐世昌、段祺瑞。

不管怎麼說，南方軍人的要求是符合《臨時約法》的規定的：「臨時副總統於臨時大總統因故去職，或不能視事時，得代行其職權。」（第四十二條）就是依袁世凱所制定的《中華民國約法》的規定：「大總統因故去職或不能視事時，副總統代行其職權。」（第二十九條）袁世凱所書「遺詔」都是不能算的。

歷史的事實是，在袁世凱之後，黎元洪當了大總統，段祺瑞當了內閣總理，馮國璋任副總統（注：馮就職時間為1916年11月8日）。黎總統和段總理他們是如何治理這個中華民國的呢？在說黎總統和段總理治理中華民國時，不能不說黎、段的「不和諧」之處，請看這段文字：

現在北京政府的主角是總統府的黎元洪和國務院的段祺瑞，按照段祺瑞原來的設想，總統府只不過是個擺設，而他的國務院才是權力的真正實施者。

段祺瑞不把黎元洪放在眼裡，有許多歷史原因。

　　黎元洪比段祺瑞年長一歲，1883 年入天津北洋水師學堂學習，1888 年到海軍服役。甲午戰爭時，從廣州北上增援威海衛，在渤海口遭遇日艦，所乘戰艦被擊沉，黎投海逃生，在海上漂流了十小時，後在大連附近獲救。後來，黎元洪轉投陸軍，在兩江總督張之洞門下供職，1896 年隨張之洞到湖北，後曾三次赴日本考察陸軍教育與訓練。1905 年 12 月，張之洞遵照練兵處章程，改編湖北常備軍為兩鎮，黎元洪任第二鎮第三協統領官兼護第二鎮統制官。翌年，第二鎮改名為第二十混成協，黎元洪任協統。總之，黎元洪在清末的任職比段祺瑞要低得多。

　　在清末新軍中張之洞的南洋新軍和袁世凱的北洋新軍是兩大系統，相互間門戶之見頗深。北洋軍人瞧不起南洋新軍的人，是很普遍的現象。武昌起義爆發後，黎元洪出任軍政府大都督，段祺瑞接替馮國璋到武漢任鎮壓革命的主帥時，黎元洪正在對立陣營裡掛帥，二人實際均是敵對陣營的主將。不過，在軍事行動中，北洋軍占了上風，段祺瑞又據此認為黎元洪不過是自己的手下敗將。

　　清室退位後，南北議和成功，黎元洪作為一種平衡當上了副總統，但他遲遲不肯赴京。民國二年，黎元洪被段祺瑞「迎請」入京，段祺瑞不費吹灰之力就去了袁世凱的一塊心病。黎元洪赴京後，別說沒有什麼作為，就連行動都處在袁世凱的嚴密監視之下。在段祺瑞看來，黎元洪不過是個唯唯諾諾、沒有主見的人，這種人最適合當個傀儡。所以在袁世凱死後，段祺瑞同意讓黎元洪當大總統，主要就是看中了這一點。段祺瑞認為，憑自己在官場上這麼多年的經驗，以及對共和的功績而獲得的威望，擺弄一個沒有實力的黎元洪，應該是易如反掌。

　　雖然內閣各部的總長來自各個方面，但其他大小部門的官員都是北洋勢力的舊班底，國務院是段的一統天下，任國務院祕書長的徐樹錚是段祺瑞最為信任的親信，段對他幾乎到了言聽計從的地步，人稱徐是段的「小扇子軍師」。這位徐祕書長盛氣凌人，根本不把大總統放在眼裡。段祺瑞看不起黎元洪，是在心裡，表面上還留有面子。徐樹錚則不然，他對黎元洪的態度，讓這位大總統實在惱怒。

一天，國務院將要發布的福建三個廳長的任命命令送到總統府蓋印，按當時的手續規定，內閣享有行政全權，但在程序上需要總統府的簽準蓋印。黎元洪在批准蓋印前，向徐樹錚隨口問起這幾個人的情況，不想徐樹錚不耐煩地說：「大總統問這些幹什麼？請快點蓋印！我忙得很。」目無黎大總統到了肆無忌憚的地步，黎元洪受到這般頂撞，氣得鼓鼓的，也沒有辦法。這位傲慢得目中無人的徐樹錚，是府院關係惡化的一副加速劑。

……府院矛盾的根子是段祺瑞想獨攬大權，而黎元洪並不甘心做傀儡，這個矛盾不解決，一遇到事，麻煩還是接踵而至。[6]

這裡所說的麻煩，不僅僅表現在用人問題上的爭執，還有一件政治上的大事——xt 德絕交和宣戰。

1917 年 2 月 1 日，德國為挽回其在第一次世界大戰中的敗局，宣布實行無限制潛艇策略。這種對交戰國和中立國船只不事區別、一並攻擊的政策，使一直處於中立國地位的貿易大國美國的海上貿易受到嚴重威脅。2 月 3 日，美國以德國違背國際公法、踐躪人道為理由，宣布對德絕交，同時照會包括中國在內的中立各國，要求它們與其採取一致行動。次日，美國駐華公使芮恩斯即秉承本國政府的訓令，向北京政府外交部遞交照會，勸中國仿美國之例，與德國絕交。遠離戰爭硝煙與紛擾的中國於是卷入了這一場帝國主義戰爭的。

北京政府接到美國的照會後，立即召集特別國務會議，商討對策。與會者除全體閣員外，還特邀了陸徵祥、王寵惠、梁啟超等深諳外交的名流參加討論。2 月 9 日午後 6 時，北京政府外交部即根據連日來特別國務會議和公府聯席會議的決 ' ，向德國提出嚴重抗議。同時，北京政府還電令駐日本公使章宗祥先期通知日本，日本則望中國同德國絕交並進一步加入聯合戰團對德宣戰。

在對德宣戰的問題上黎元洪和段祺瑞產生了分歧。這種分歧始終與美、日的背後操縱有直接關係。美國當初是拉攏中國同它步調一致，對德絕交並希望中國參戰，以擺脫日本的控制。「當時段祺瑞也想對德宣戰，企圖利用參戰勾結日本，借款練軍，擴充實力。日本也表示支持中國對德宣戰。後美

國發現中國對德宣戰將有助於日本擴張在華勢力，乃又轉而指使黎元洪抵制中國參戰。黎元洪也怕段祺瑞在參戰名義下壯大實力對己不利，於是接受美國要求，反對對德絕交宣戰。黎、段各自的態度反映了美、日帝國主義的不同要求。3月3日，段祺瑞在日本支持下，操縱內閣透過對德絕交案。4日，段率內閣成員到總統府，要黎元洪在對德絕交咨文上蓋印交國會透過，並電令駐協約國公使，向駐在國政府磋商對德絕交後的條件。黎元洪接受美國要求，拒絕簽發。當晚，段祺瑞上書辭職，出走天津，以示反抗。後經馮國璋調停，約定今後內閣確定的外交方針，總統不再反對。由於黎元洪讓步，段祺瑞在3月6日復職。接著，段密電各省及駐外公使，說明黎元洪已同意內閣的對德外交方針。不久，眾參兩院分別透過對德絕交案。」「對德絕交案公布後，段祺瑞積極準備對德宣戰，以乘機擴充武力。對此全國各方面人士紛紛通電反對。但段一意孤行，召集各省督軍到北京開會，組織「督軍團」，說明參戰的目的在於取得日本的借款與軍械，以加強北洋派實力。段的外交方針獲得督軍們的支持。5月1日，國務會議透過對德宣戰案。7日，對德宣戰提交國會。10日，國會開會審議參戰案。段為迫使國會透過參戰案，採取偽造民意的辦法，用錢雇來北京城內的軍人、警察、乞丐、扛夫和失業游民三千人，組成各種名目的請願團，在陸軍部人員的指揮下，手執小旗，散發傳單，包圍國會達10小時之久，當場毆打議員，打傷20多人，脅迫議員立即透過宣戰案。議員們十分氣憤，宣布停止開會。段的目的沒有達到，便決定解散國會，改制憲法。國會則呈請黎元洪免去段的國務總理職務。黎元洪利用人民反段的要求，在美國支持下，23日下令免去段祺瑞國務總理兼陸軍總長職。[7]

「府院之爭」，內幕複雜。既有內因，又有外因。內因外因，交相為用，導致段祺瑞下臺，但正是由於段祺瑞的下臺，又引出了更為複雜的政治局面來……

註釋

[1] 胡曉：《段祺瑞年譜》，安徽大學出版社2007年1月第1版，第94頁

[2] 蔡東藩：《民國演義》，第六十八回

[3] 程舒偉、侯建明：《段祺瑞全傳》，黑龍江人民出版社 2003 年 10 月第 1 版，第 175~176 頁。

[4] 蔡東藩：《民國演義》，第六十八回

[5] 蔡東藩：《民國演義》，第七十一回

[6] 周俊旗：《百年家族段祺瑞》，河北教育出版社 2006 年 1 月第 1 版，第 109-111 頁。

[7] 白壽弈總主編：《中國通史》第 12 卷，上海人民出版社 1179-1180 頁。

第十九章 辮帥入京乃張勳復辟三造共和則芝泉起兵

1917 年 5 月 23 日，段祺瑞因力主對德宣戰，被免去他的國務院總理兼陸軍總長職。免職後，段祺瑞退居天津，國務總理由外交總長伍廷芳代理。5 月 28 日，令李經羲為國務總理。7 月 2 日，令準李經羲辭職，仍由段祺瑞為總理。（在此之前，還有江朝宗的「一分鐘」代總理），在段祺瑞，已經是他本人第四次出任國務總理了。

「府院之爭」最終導致段祺瑞總理下臺，但這一下臺是短暫的，很快段祺瑞就重掌院印。這中間的內在契機就是「張勳復辟」。

張勳乃何其人也？本書在前邊相關文字中多次說到此人，但並沒有詳說，本章予以補說。

張勳（1854—1923），字紹軒，又作少軒，江西奉新縣人。小商販（主要是販布）出身，早年曾在綠林謀生。1884 年在長沙投軍，後轉入廣西提督蘇元春部，歷任都司、把總、守備、游擊、參將等職。895 年轉而投靠袁世凱，任新建陸軍中軍官兼工程隊幫帶。1899 年隨袁赴山東鎮壓義和團，充武衛右軍先鋒隊頭等先鋒官兼巡防營管帶。1802 年奉命赴陝西迎請、護送慈禧太后與光緒帝回京，之後即率所部宿衛紫禁城端門。1906 年調任奉天巡防翼長，嗣又改授雲南提督、甘肅提督，均未赴任。1910 年，接任江防大臣，統率江防營；次年 8 月又升任江南提督。辛亥革命爆發後，張率部在南京負隅頑抗，曾在雨花臺與前來攻城的革命軍展開激戰，潰敗後竄逃至徐州。清廷嘉獎其「孤軍奮戰」之功，擢拔他為江蘇巡撫兼署兩江總督、南洋大臣等顯職。進入民國後，張勳雖在袁世凱的卵翼下繼續做民國的官，但內心卻念念不忘「故主之恩」。老慈禧和光緒死，他像孝子賢孫一樣在那裡日夜守靈，在他（她）們活著時，他每次晉見叩拜就與眾不同，把那個頭磕得著地咚咚響，有時連帽子都磕掉了。雖說是民國了，但他和他的軍隊一直留著代表清朝統治意識的長辮子，人稱「辮子軍」，他本人的上將軍頭銜也被「張大辮子」、「辮帥」

的諢號所取代。這人天生一副「衛道士」的相，不但平時見客要行前清的跪拜大禮，而且提倡「尊孔讀經」（對此應當作辯證看），和康有為一樣，主張定孔教為國教，並自任孔教會總幹事。1912 年春張率所部移駐兗州後，又專門派兵守衛曲阜聖地（這一點似無可厚非，此舉對於保護中華民族文化遺產有一定的意義）。他本不是北洋嫡系，但由於他的天生的復古意識和行為，客觀上對於當年袁世凱復辟帝制發揮了推波助瀾的作用。他對於袁世凱的復辟帝制的失敗有過相當深刻的研究。在他看來，袁氏之所以稱帝失敗，在於他沒有把北馮（國璋）南陸（榮廷）爭取過來，後來他們通電讓袁世凱退位而最終使袁世凱成為稱帝的失敗者。

袁世凱是死掉了，但他的歷史教訓不能不吸取。黎元洪當了大總統，段祺瑞當了內閣總理，這已經是後袁世凱時代，那個帝制的東西按理說已經過去了，但在張勛看來，復辟帝制還是有可能的。為此，張辮帥一直沒有停止這個方面的活動和努力。

且看這段文字：

袁世凱死後，北洋集團因內部的權力紛爭而迅速趨於分裂。北洋元老徐世昌，實權人物馮國璋、段祺瑞等人，無不想繼承袁的地位，並把攘權希望寄托於「復辟」這一點上。還在袁氏輿櫬運回彰德時，一些北洋軍閥的頭面人物即借前往致祭的機會，在徐世昌的主持下密議了此事。當時馮國璋自恃年資最高，以為能接替袁的地位，故也積極參與其間。他不僅草擬了鼓動張勛復辟的密電說：「項城長逝，中原無主，義旗北指，此正其時，公若鋒車先發，弟當布置所部以繼其後」而且還表示對徐州會議（為研究復辟之事，張勛曾召集各督軍先後四次在徐州開會，公推張勛為盟主——引者）的復辟活動「尤深贊許」，使張勛感到「吾道不孤」。段祺瑞雖然對復辟心存疑慮，對一心想充當北洋盟主的張勛更無好感，但隨著他與總統黎元洪及國民黨占多數議席的國會間矛盾衝突的日益激烈，他覺得張勛尚有利用價值，因此對張勛等人的復辟活動也採取了姑息、縱容的態度。張作霖則出於往關內擴張勢力的考慮，對張勛等人的復辟活動更是抱積極支持的態度。當參議院議員趙炳麟因提出「請政府明令禁止武人干涉議院建議案」而招致張勛、倪嗣衝

等人通電詬斥時，張作霖即致電黎元洪，表示對張勛的通電「深為贊同」，給了正在組織復辟力量的張勛以輿論上的聲援。[1]

張勛作為復辟的盟主的種種努力，在黎元洪和段祺瑞的爭鬥中派上了用場。其實，張勛的復辟活動並不是他個人的一時心血來潮，而是經過了理智的分析，同時也有各省督軍作其堅強的後盾。在此之前，張勛為了討好馮國璋，就把自己的機要祕書潘博派給馮國璋，企圖把馮國璋拉到自己的一邊，成為自己復辟的支持者和同盟軍，同時，他採用一些辦法也從陸榮廷那裡得到一些支持復辟的訊息。

關於張勛復辟一事，曾有四次徐州會議為鑒。1916 年 6 月 9 日，張勛特邀北方各省的軍事將領們到他的大本營徐州開會，會議由張勛主持，有決議大綱 10 條，其一是優待前清皇室各項條件；其二是保全袁大總統家屬生命財產及身後一切榮譽……這次會議並沒有直接言明「復辟」，但從張勛的高談闊論中已經窺測到復辟的氣息。這算是第一次徐州會議。1916 年 9 月 21 日，張勛又邀請魯、奉、吉、黑、豫、直、浙、蘇、鄂、贛、綏、察、熱等省區督軍代表至徐州開會，會議制定了章程 12 條，並成立了一個「十三省區聯合會」的組織，公推張勛為盟主，會議的主旨在於組織一個軍事性的攻守同盟，從而為日後的復辟和干政打下基礎。是謂第二次徐州會議。1917 年 1 月 9 日，張勛、倪嗣衝又借各省紛紛派代表赴南京給馮國璋（馮此時是副總統兼江蘇督軍）祝壽的機會（1 月 3 日為馮的六十壽辰），在徐州召集了第三次徐州會議。會議目的是統一北方各省的思想，為「還政清室」做準備。段祺瑞的親信徐樹錚、靳雲鵬參加了這次會議。同時，會議還討論了「府院衝突」的問題，並議決了五項解決辦法，其中有「取締國會」、「擁護段總理」兩項內容。1917 年 4 月 25 日，段祺瑞在北京召集了意在威逼總統和國會贊同對德宣戰的督軍團會議，段邀張勛參加會議，但張勛不願為段祺瑞出力而不出席會議，段派人去徐州請張勛，他為了顧及面子只派了代表前來參會。他的目的是想靜觀黎、段的鬥爭變化，以尋找時機從中得手。這個機會終於等到了，5 月 21 日，參加督軍團會議的督軍及代表二十多人，因強行透過對德宣戰案的計劃受挫而於當晚一起去徐州，找張勛商討對策。在張勛的主持下，眾督軍及其代表在徐州召開會議。此謂第四次徐州會議。

第四次徐州會議，段祺瑞的代表曾毓雋和馮國璋的代表胡嗣瑗也參加了會議。眾督軍剛到徐州時，要求張勳和他們採取一致行動：「解散國會，維持段閣」。但張勳顯然有自己的如意算盤，他實際上是希望段祺瑞下臺的，但口頭上又不好直說，故而找事由推倭。5 月 23 日，段被免職的消息傳到了徐州，張勳卻說：「芝泉既倒，實無維持之必要，且亦不易挽回，此時唯有請東海出山組織內閣，吾輩自當協力贊助。」（《申報》1917 年 5 月 30 日）當晚，倪嗣衝、朱家寶等人被免職的種種謠傳如雪片般飛來，眾督軍既驚且怒，大家一致表示要張勳出面「調停」，這樣便正式商定了一個計劃，大致分作三步進行：第一步，解散國會；第二步，迫黎元洪退位；第三步，復辟。

經過一番準備，1917 年 6 月 7 日，張勳帶領辮子軍計 10 營約五千人，由徐州北上。8 日晨，張勳一行抵達天津。讓黎元洪大感意外和震驚的是，張勳抵津後不但沒有立即入京「調停」，[2] 反而發來了限三天內解散國會的通牒，聲稱「如不即發明令，即行通電卸責，各省軍隊，自由行動，勢難約束」。黎遭此「棒喝」，方如夢初醒，意識到自己招引來的並不是什麼「調停人」，而是一個復辟狂。但此時他除了吞咽自釀的苦酒，聽任張勳的訛詐與要挾外，已經別無選擇。12 日，黎在伍廷芳、李經羲、王士珍等人都不願副署的情況下，竟讓步軍統領江朝宗以代理國務總理的名義行使副署權，發布了解散國會令。於是，在民國成立後的短短六年間，國會遭致了第二次被解散的厄運。

這裡該說一說江朝宗代理國務院總理大約一分鐘的事情了。在我寫這部書的時候，正好看到了《大河文摘報》（2010 年 4 月 29 日？ 5 月 5 日）上一篇文章：《江朝宗：總理任期一分鐘》。現摘要如下：

……後來，黎元洪在反動勢力支持下，罷免了段祺瑞，改由伍廷芳重新組閣。段祺瑞不甘失敗，避居天津後，唆使長江巡閱使、辮帥張勳率兵北上進京，要求復辟大清王朝。張勳武力脅迫黎元洪解散國會，黎元洪只得照辦。但按當時的法律，總統簽署的命令，必須有國務總理的簽章才行，否則無效，而伍廷芳又堅決反對，黎元洪乾著急沒有辦法。

有人給黎元洪獻計，既然伍廷芳不肯署名蓋章，張勳又威逼太甚，不如另找個閣員代替伍廷芳總理職務並簽章。但是，因為復辟封建王朝是件遭千古唾罵的事，所以誰也不肯出面承擔。這時，江朝宗卻挺身而出，他對黎元洪說：「我來給總統解這個圍吧。」黎元洪一聽喜出望外，立即命令江朝宗代理國務總理，讓伍廷芳交出政府印信。

江朝宗做官心切，也不顧及官場慣例，隨即來到伍廷芳宅院索要總理大印。伍廷芳一聽氣得說不出話來，吩咐閉門不見，有事明天去國務院辦理。江朝宗吃了閉門羹仍不死心，他就把軍隊的樂隊調來，列隊示威，軍號軍鼓響個不停，然後又派騎兵圍著伍宅奔跑，吵得裡邊根本無法入睡。快到天明時，他又叫人在門外堆積木柴，點起了一堆大火。火光衝天，聲稱再不開門交印就要縱火燒宅子了。伍廷芳的家人見這種情形，就勸伍廷芳說：現在是秀才遇見兵，有理說不清，和江朝宗這樣的人，無理可講，把印給他算了。伍廷芳一夜未眠，已被折騰得精疲力竭，就叫其子打開門把國務院的大印扔了出去。江朝宗一下子撲了過去，抱上大印，登車直奔總統府，此時天已大亮。

在總統的辦公桌上，解散議會的命令已經簽署完畢，只等國務總理簽章了。江朝宗到達後，立即履行總理職責，在總統的命令上，加蓋了國務院的大印，簽上了「江朝宗」三個大字。這時，黎元洪站起來和江朝宗親切握手，再次表示謝意。江朝宗本以為下面就是讓他考慮如何擔當總理的事了，沒想到黎元洪卻命令他把總理印信立即交到國務院。因為新的內閣即將成立，國務總理另有人選。算來江朝宗履行總理職務，從蓋印到簽署，總共用時只有一分鐘。

應當說，張勳是達到了解散國會的目的了，其餘的事情應該好辦了。請看：

14 日，達到了解散國會目的的張勳終於由津抵京。但是，他並沒有真正擔負起黎元洪委托的調停責任，而是明目張膽地進行復辟活動。入京後次日，他就變本加厲地向黎提出了「實行責任內閣制」、「另議憲法」、「國會改為一院制」、「清室優待條件列入憲法」、「懲辦公府僉壬」等要求，意在

為復辟掃清道路。16 日，他又以兩江總督職銜入宮謁見溥儀，以國體改共和後「政治蕪穢，變亂數起，國勢飄搖，民不聊生」為言，奏請溥儀「憫生靈之愁苦，復親大政，以救中國」。麇集在張勳周圍的復辟分子萬繩栻、胡嗣瑗等更是幕前幕後加緊活動 .. 與此同時，天津、上海等地的復辟分子也趁時而動，紛紛致函或致電張勳，敦促其當機立斷，早定大計。張則信誓旦旦地表示：「俟中外部署略已就緒，便當徑入正文，絕不敢稍涉因循，致舉國拳拳責望。」並派陳曾壽專程赴滬，邀請沈曾植、康有為、鄭孝胥、李季高、沈瑜慶等滬上復辟分子赴京共商大計。[3]

這裡得說一說我們大家都特別熟悉的一個人——康有為。早在戊戌變法時，康有為的思想是激進的，但變法失敗後，他逃亡到日本去了，後來他的思想逐漸落後於形勢，最終變成了「保皇派」，由戊戌變法的主角淪為復辟狂。這不，他在張勳復辟中成為張的軍師，一段時間以來，他一直在徐州張勳那裡居住，他和張勳，一文一武，當時稱為復辟的文武二聖人。在張勳率兵入京時，他於 6 月 28 日以一個農民打扮，頭戴一頂破草帽，灰頭土臉的，乘火車到了北京，做復辟的運籌工作。復辟這場大戲的序幕在張勳和康有為的到來拉開了。又經過十幾天的運作籌劃，終於在 1917 年 7 月 1 日凌晨，一個復辟的代表性的鏡頭出現了。請看時人對於這件事情的描述：

轉眼間已是雞聲報曉，天將黎明了，張勳已命廚役辦好酒肴，即令搬出，勸大家飽餐一頓。未幾，即有侍從入報，定武軍統已報到，聽候明令。張勳躍起道：「我等就同往清宮，去請宣統帝復辟便了。」說著，左右已取過朝服朝冠，共有數十套，張勳先自穿戴，並令大眾照服，出門登車，招呼部兵，一齊同行。到了清宮門首，門尚未啟，由定武軍叩門徑入。張勳也即下車，招呼王士珍等，徒步偕行。清宮中的人員，不知何因，統嚇得一身冷汗，分頭亂跑，裡面去報知瑾、瑜兩太妃，外面去報知清太保世續。兩太妃與世續諸人，並皆驚起，出問緣由。張勳朗聲道：「今日復辟，請少主即刻登殿。」世續戰聲道：「這是何人主張？」張勳獰笑道：「由我老張作主，公怕什麼？」世續道：「復辟原是好事，唯中外人情，曾否願意？」張勳道：「願意不願意，請君不必多問，但請少主登殿，便沒事了。世續尚不肯依，只眼睜睜地望著兩太妃。兩太妃徐語張勳道：「事須斟酌，三思後行。」張勳不禁動惱道：「老

臣受先帝厚恩，不敢忘報，所以乘機復辟，再造清室，難道兩太妃反不願重興嗎？」瑜太妃嗚咽道：「將軍幸勿錯怪！萬一不成，反恐害我全族。」張勳道：「有老臣在，盡請勿憂！兩太妃仍然遲疑，且至淚下。世續亦躊躇不答。俄而定武軍嘩噪起來，統請宣統帝登殿。張勳亦忍耐不住，屬聲問世續道：「究竟願復辟否？」（注：弊主退位，我所習聞，弊主復辟，卻是罕見，這未始非張辮帥之孤忠。）世續恐不從張勳，反有意外情事，乃與兩太妃熟商，只好請宣統帝出來。兩太妃乃返身入內，世續亦即隨入，領出十三歲的小皇帝，扶他登座。此番卻不哭了。張勳便拜倒殿上，高呼萬歲。王士珍等也只得跪下，隨口歡呼。朝賀已畢，即由康有為齎呈草詔，即刻頒布。詔云：

朕不幸，以四齡繼承大業，煢煢在疚，未堪多難。辛亥變起，我孝定景皇后至德深仁，不忍生民塗炭，毅然以祖宗創垂之重，億兆生靈之命，付托前閣臣袁世凱，設臨時政府，推讓政權，公諸天下，冀以息爭弭亂，民得安居。乃國體自改革共和以來，紛爭無已，迭起干戈，強劫暴斂，賄賂公行，歲入增至四萬萬，而仍患不足，外債增出十餘萬萬，有加無已，海內囂然，喪其樂生之氣，使我孝定景皇后不得已遜政恤民之舉，轉以重困吾民。此誠我孝定景皇后初衷所不及料，在天之靈，惻痛而難安者。而朕深居宮禁，日夜禱天，彷徨飲泣，不知所出者也。今者復以黨爭，激成兵禍，天下洶洶，久莫能定，共和解體，補救已窮。據張勳、馮國璋、陸榮廷等，以國體動搖，人心思舊，合詞奏請復辟，以拯生靈。[4]

這草詔出自康有為之手，他同時還趁此宣讀了其他幾份詔書。好多事情都是憑空捏造的，並無事實。不過，這不要大緊，主要是出於政治的需要，有些東西是可以捏造和變通的，這一點我們大家心中都是有數的，故而不必在此對我們的康聖人和張辮帥有過多的指責。因為是復辟清制，首先得有一個外表上的象徵性東西——前清的服飾和大辮子等，如魯迅《風波》的話：辮子是非常重要的，因為它是清帝再坐龍庭的象徵。

我們現在就看因張勳把大辮子放下來北京城裡的反應情況：人們紛紛到店鋪裡去購買前清遺留下來的東西，像服飾、假辮子之類，有的人因搶購不到而生法子把壽衣店裡的這些物什也給弄來了，你看那個瘋狂勁兒到了何種

程度！不管怎麼說，張勳還真的把復辟這一檔子事給搗鼓起來了，你看荒唐不荒唐！

張勳把這件事情給搗鼓起來就真的能堅持下去嗎？這是一個問題，而且是一個關乎到中華民族前途命運的大問題，難道當時的那些政界精英人物們就這樣聽任讓張勳一個人在那裡「瞎掰」嗎？我們的回答是，那不可能，那絕對不可能！按照有些學者的說法，張勳原本想復辟不假，但他得遇到一個合適的機會。而黎元洪和段祺瑞的「府院之爭」，對於張勳來說的確是一個不可多得的「天賜良機」。黎元洪不比段祺瑞，他手中並無什麼軍隊，軍權全操在段祺瑞手中。本來，段就想把黎當作一個政治上的擺設，讓他蓋一蓋章子就算完事了，不料黎元洪也真的把他那個大總統當成了一回事兒，更利用國會當作自己的「護身符」。在段祺瑞對德宣戰的問題上，黎元洪一是不蓋那個章子，就是蓋了又要交給國會去「研究研究」，這樣一研究「不打緊」，研究出大問題了。這一大問題即是：導致國會的最終被解散；導致段總理的被免職；導致黎總統的「引狼入室」，把張勳從徐州弄到北京了。有人說這好比東漢末年把董卓從西北引入漢之京城洛陽一樣，「請神容易送神難」，人家不走了；導致黎總統最終也狼狽下臺；導致張勳也狼狽地下臺；導致復辟事業成為中國歷史上的一幕「幽默的荒誕劇」。而以上諸問題的終結的契機在於段祺瑞的「馬廠起兵」。

且讀以下文字：

黎總統既派人南下，復與府中心腹商量救急辦法，大眾齊聲道：「現在京中勢力，全在張勳一人手中，總統既不允所請，他必用激烈手段，對付總統，不如急圖自救，暫避兇威，徐待外援到來，再作後圖。黎總統沉吟道：「教我到何處去？」大眾道：「事已萬急，只好求助外人了。黎總統尚未能決，半晌又問道：「我若一走，便不成為總統了，這事將如何處置？」大眾聽了，還道黎總統尚戀職位，只得出言勸慰道：「這有何慮？外援一到，總統自然復位了。黎總統慨然道：「我已決意辭職，不願再幹此事，唯一時無從交卸，徒為避匿辦法，將來維持危局，究靠何人主張？罷！罷！我記得約法中，總統有故障時，副總統得代行職權，看來只好交與馮副總統罷。大眾又道：「馮

副總統遠在江南，如何交去？」黎總統也覺為難。為了這條問題，又勞黎總統想了一宵。大眾逐漸散去，各去收拾物件，準備逃生……

到了晌午，風聲已加緊了，午後竟有定武軍持械前來，聲勢洶洶，強令總統府衛隊，一律撤換，並即日交出三海，不得遲延。陸軍中將唐仲寅，為總統府統領，無法抵推，亟入報黎總統，速請解決。黎總統本疑李經羲與勳同謀，不願與議，至此急不暇擇，便令祕書劉鐘秀，往邀經羲，劉奉命欲行，可巧外面遞入李經羲辭職呈文，並報稱經羲已赴天津。黎總統長嘆道：「我也顧不得許多了，看來只有仍煩老段吧。便命劉鐘秀草定兩令，一是準李經羲免職，仍任段祺瑞為國務總理；一是請馮國璋職權，所有大總統印信，暫交國務總理段祺瑞攝護，令他設法呈轉。兩令草就，蓋過了印，即將印信封固，派人齎送天津，交給段祺瑞，自己隨取了一些銀幣，帶著唐仲寅、劉鐘秀二人，及僕從一名，潛出府門，竟往東交民巷，投入法國醫院中。

……黎大總統一行於七月二日午後九時半，不預先通知，突至日本使館域內之使領武隨員齋藤少將官捨，懇其保護身命……

總統避去，民國垂危，馮國璋遠處江南，鞭長莫及，只有段祺瑞留寓天津，聞得京中政變，惹動雄心，即欲出討張勳。可巧前司法總長梁啟超，亦在津門，兩下會議，由祺瑞表明己意，啟超一力慫恿，決主興兵。適陳光遠在津駐扎，手下兵卻有數千，段、梁遂相偕至光遠營，商議討張。光遠卻也贊同。又值李經羲到津，致書祺瑞，請他挽回大局，就是黎元洪所派遣的親吏，亦齎送印信到津，交與祺瑞。祺瑞閱過來文，越覺名正言順，當即囑托梁啟超，草擬通電數道，陸續拍發。

.. 自數電拍發後，馮國璋的討逆電，陸榮廷的辯證捏名電，及＝鴻禧的表明心跡電，陸續布聞。還有岑春煊也來湊興，聲請討逆，並致電與清太保世續，及陳寶琛、梁鼎芬兩人，諷勸清室毋墮奸媒。此外如浙江、江西、湖南、湖北等省，一致反對復辟，聲討張勳。段祺瑞見眾心憤激，料必有成，遂自稱共和軍總司令，親臨馬廠，慷慨誓師，隨即把梁任公（啟超）第二道草檄，電告天下。大致說是：

共和軍總司令段祺瑞，謹痛哭流涕，申大義於天下曰：嗚呼！天降鞠兇，國生奇變，逆賊張勳，以兇狡之資，乘時盜柄，竟有本月一日之事，顛覆國命，震擾京師，天宇晦霾，神人同憤……[5]

梁啟超在其草擬的討張檄文中，把張勳的罪列為八大項。這一招，特別有效，令張勳一時招架不住。蔡東藩在其文中繼續寫道：

馮國璋、段祺瑞相聯，聲威猛振，浙江督軍楊善德，直隸督軍曹錕，第十六混成旅司令馮玉祥等，亦均電告出師，公舉段祺瑞為討逆軍總司令。祺瑞乃改稱共和軍為討逆軍，就在天津造幣總廠，設立總司令部，並派段芝貴為東路司令，曹錕為西路司令，分道進攻，一面就國務總理職任，設立國務院辦公處，也權借津門地點，作為機關。就是副總統馮國璋，因段祺瑞轉達黎電，請他代理總統職權，他因特發布告，略言：「黎大總統不能執行職務，國璋依大總統選舉法第五條第二項，謹行代理，即於七月六日就職」雲雲。還有外交總長伍廷芳，亦攜帶印信至滬，暫寓上海交涉公署辦公，即日電告副總統及各省公署，並令駐滬特派交涉員朱兆莘，電致駐洋各埠領事，聲明北京偽外交部文電，統作無效，應概置不理為是。

於是，除京城外，統是不服張勳的命令，張勳已成孤立。

…小子有詩詠張辮帥道：

莽將無謀想用奇，

欺人反致受人欺。

須知附和同聲日，

便是請君入甕時。

我們當說，蔡東藩詠張勳復辟的詩，很有意味。其實，張勳也特別感到自己委屈，是被別人利用了。

此話怎講？原初商談復辟一事，並不是張勳一人的主意，他時時想著復辟，這是真的，但是單靠張勳一人去搞復辟，談何容易！我們可以設想，僅張勳一人他有這樣的能量、能耐嗎？這件事情實際上是一個潮流的問題。這

種所謂的潮流就在於北洋一系對於黎元洪輕易當了大總統有些不服氣。本來段祺瑞認為想把黎元洪當作一個「總統花瓶」，那是一個擺設，實權在段祺瑞、馮國璋一方。誰知黎元洪還真的把這個總統當作一回事兒，先是在國務院祕書長一人的當選上，府院即有一些不快。段祺瑞手下的那個「小扇子軍師」徐樹錚可是一個人物，因為段祺瑞對黎元洪有些看不上，所以「小徐」也當然不把黎大總統放在眼裡，當徐祕書長往總統府裡去為任職事項蓋章子時，黎總統想問一下情況，徐祕書長就有些不耐煩。我們可以想一想，人家是國家元首，難道對於國務院的人事權不當過問一下嗎？再後來還是因為人事的問題終把事情鬧僵了，黎、段雙方各做了一點讓步，把「小徐」的祕書長給免了，才得以短暫的相容。但這終不是長久之計，黎總統和段總理還是面和心不和。最終在對德宣戰的問題上，因黎總統不願這樣做而引發了矛盾的白熱化、公開化。黎總統可「強硬」了一次，把段總理的職務免了，這可「捅了馬蜂窩」，結果引來張勛這隻毒蜂把黎總統「蜇」得無可奈何，差點丟了性（！

在張勛被北洋一系推為「盟主」時，在北洋系看來，就是想利用這個復辟狂把黎趕下臺去，但在張勛一方，其復辟是老早的想法，但要想把這件事情做成、做好、做圓滿，離不開段祺瑞、馮國璋、陸榮廷等實權人物的支持。所以在黎、段矛盾達到一定程度的時候，有人主張讓張勛出面調停就在情理之中。開始，張勛還想再等一等，讓黎、段的矛盾再得以發展，果然後來發展到相當程度，連黎元洪也認為讓張勛出面調停是最合適的了。這樣才有張勛帶辮子軍進京的一幕。

本來，張勛就想利用黎元洪把段祺瑞打壓下去，他來調停自有他的用意所在，他就利用這個機會順勢把小皇帝扶上臺來，再生辦法把黎元洪擠走。因此，在張勛到京後，就以大盟主身分自居，在京開始對各省督軍們發號施令起來。

他張勛怎麼會有這個膽量呢？這裡邊有一個小祕密，就是在以張勛為盟主在徐州開會時，張勛就怕這些實權在握的人物反悔，事先準備一大塊黃綢緞，讓參加會議的各督軍和他們的代理人分別在上面簽名，同時還有不少督

軍給張勳有往來密信，大多是磋商如何復辟的問題。他認為，這就是他的「尚方寶劍」，在這個黃綢緞上，當然也有馮國璋和段祺瑞的簽名（不過，段的簽名是由徐樹錚代，並不是段本人的筆跡）。當時就有人給張勳提醒，但他聽不進去，有人給住在天津的張勳的太太說明了這件事情。張太太認為，復辟之事斷不可行。張勳到天津時，他的太太給他建議，他還是不聽，他的太太沒辦法只好跪下求情，但張勳是「王八吃秤砣——鐵了心」，不容改變。讀者可能要問，張勳的太太一個婦道人家，大門不出，二門不邁，她怎麼能堅決跪勸其夫不能復辟呢？這裡面還有一個「說辭」：徐州會議時，張勳的司令官張文生招待各路督軍，喝醉了酒，順勢躺在客廳的沙發上，似睡非睡，但聽到段祺瑞的親信人物徐樹錚給別人說，就是想利用張勳把黎元洪趕下臺去，餘事別有商量，並不是真心要搞什麼復辟那一套。張勳的司令官張文生聽後嚇出一身冷汗。於是便有向張勳道說這一機密之事，便有向張勳太太道說此事的過程（可讀下章）。

看來，這裡邊有一個隱謀，張勳和北洋一系之間，只能是一個短暫的利用和被利用的關係，並不是真正的合作伙伴。在北洋一系看來，黎元洪一旦真的操了總統實權，而不是一個「總統花瓶」，他今天敢把段祺瑞的總理職免去，他說不定明天還會把誰的督軍或其他什麼職務給免去，哪怎麼能行？這樣，就慫恿張勳入京去調停。一旦張勳這把「利刃」插到北京黎元洪的心臟時，達到了驅逐黎元洪的目的後，段祺瑞當然要動起來的。

現在的情勢是，段總理又官復原職了，且由自己的北洋一系的鐵哥們——四哥馮國璋代理總統（王士珍在此之前，被張勳硬拉上去請小皇帝登基復辟，王士珍是「老丈人死了哭爹——隨著來」，他並不反對段祺瑞、馮國璋，應當說，「北洋三傑」還是北洋三傑），倒張（勳）正逢其時。當張勳得知段祺瑞發兵討逆時，急著給各相關人士通電，但這些曾經在一起共同簽名的人物一個個不買他的帳，氣得張辮帥大怒、大罵，但為時已晚。他原帶到京城的十營辮子軍，也有六營被段祺瑞所收買，只有四個營的兵力一千多人在蘇錫麟的指揮下作戰，試想他能打得贏嗎？正在這個時候，張勳留守在徐州的司令官張文生也把大辮子剪下投降了，消息傳來，張勳的隊伍頓時大亂。張勳此時想到了大家共同簽名的那塊可以成為救命象徵的黃綾子，急問身邊的

祕書長萬繩栻。萬繩栻說，恐怕把那個東西帶在身上不便，把它放在天津了，大帥若要它，我可以立即去天津把它取來。他說是去天津取那個大家簽名的黃綾子，誰知這個萬祕書長——「鞋底子上抹油——溜了」、「天津狗不理包子打狗——有去無回」！

張勳走到這一步，在一片喊打聲中，他在北足一手拿槍，一手還拿著有馮國璋等人的往來信函而發呆。口稱：完了，完了！儘管張辮帥把事情做得近乎天衣無縫，但最終還是玩不過段祺瑞，讓段祺瑞、馮國璋們給「忽悠」了！

在這場政治遊戲中，張勳輸了。這場遊戲，如果從 7 月 1 日他們到清室讓小皇帝登基算起，到 12 日失敗，遊戲只進行了 12 天，便匆匆結束，張勳和他的二太太兩人逃入了荷蘭使館。

段祺瑞和馮國璋們勝利了。黎元洪大總統從此下野了，張辮帥後來也沒有被追究，只是那些幫閒文人可就有些遭殃了。

由此，段總理當然也就贏得了「三造共和」的美名！

註釋

[1] 來新夏：《北洋軍閥史》（上冊），南開大學出版社 2000 年 12 月第 1 版，第 460-461 頁。

[2] 因段祺瑞被免職，不少省督軍要麼獨立，要麼叛亂，黎元洪如坐針毯，在這種形勢下，張勳心中有數，向黎發電表示願意出面調停，黎正走投無路，便答應張勳來京調停。結果上當了。

[3] 來新夏：《北洋軍閥史》（上冊），南開大學出版社 2000 年 12 月第 1 版，第 470 頁。

[4] 蔡東藩：《民國演義》，第八十四回。

[5] 蔡東藩：《民國演義》，第八十六回。

第二十章 馮國璋入都代理總統段祺瑞 復職重組內閣

卻說辮帥張勳因復辟失敗而藏身於荷蘭使館，他一手握槍，一手緊緊握住在他任督軍盟主時大家往來之信札等有關復辟證據的《復辟實錄》，計82件，其中有許多鮮為人知的軍政要人同張勳過從密切的復辟策劃內容，大呼上當、受騙。被人愚弄的張勳，大概只有在這種情況下才如夢方醒，但歷史是匆匆之過客，他的那些作為一經成為歷史的記錄，便成為永遠的定格。

我們現在要說的是，你張大帥在起事之前為什麼就聽不進別人的勸言呢？說張大帥聽不進他人的勸言，當有明顯的兩點：其一，當他的司令官張文生替大帥招待各省的大員時，因喝多了酒而醉臥於客廳的沙發上，在朦朧之中，聽到了段祺瑞的代理人即「小扇子軍師」徐樹錚同別人談話的內容：我們先利用張勳把黎元洪趕下臺去，之後，我們再用計把張勳弄下去，這樣我們的目的就達到了。張文生聽到這番話，酒勁已經消去了大半，他急忙把他所聽到的內容轉告給蘇錫麟，蘇將軍聽罷，急忙去找張勳，可是，此時的張勳正在興頭上，正在同各省督軍一起在黃綢緞子上簽名呢！蘇錫麟如何說得？其二，1917年6月14日，當張勳的復辟大軍開赴至天津時，有一名軍官來不及脫卜戎裝，便急匆匆地來到張勳在天津的府中，找張勳的大太太曹夫人匯報此事（這位將軍大概就是蘇錫麟），曹夫人聽罷，以死相爭，勸說張勳不能這樣做，如果他一意孤行，將會落下千古罵名的。張勳此時如果聽了大太太的話，怎麼會有這樣的結果呢？可惜的是，已經把復辟當成自己生命的張勳，他又怎麼可能聽得進這樣的忠言呢？他不顧大太太的「苦諫」，並惡狠狠地說，你若再阻攔，我斃了你！

結果是一失足成千古恨，到頭來落下一個復辟的千古罪人的名聲！張勳還是不服氣，他一直在尋找那塊有眾人簽名的黃綾子，問他的祕書長萬繩栻（因為這塊黃綢緞一直由萬保存）。此時已經是兵敗如山倒的時候了，留守在徐州的張文生已經交械投降了，京都方面張勳的部將——指揮作戰的蘇錫麟眼看著也堅持不下去了，萬繩栻也想生辦法逃走，苦於沒有機會，在張勳

問及簽名的黃綾緞時，萬祕書長靈機一動說，那東西怎敢帶在身上，我把它放在天津了，現在大帥既然還要它，我這就去天津取它來也！這樣，萬祕書長也從張勳身邊而去，從此再也見不到萬祕書長的身影了！據說後來張勳一直對這塊黃綾魂牽夢縈，他就是鬧不明白它究竟被弄到何處去了，據說是馮大總統用了二十萬大洋買了去！你張勳又到何處找它呢？

後來，段祺瑞官復原職，馮國璋當了代總統，當然要對這一班子復辟狂下手了。怎麼個下手法呢？先下令通緝康有為、萬繩栻、胡嗣瑗等，在全國一片喊打聲中，張勳也在其中。因為，他是復辟的主倡人，能沒有他嗎？但誰也拿他張勳沒有辦法，據說，當捕人到荷蘭使館去弄張勳的時候，張勳手持《復辟實錄》之證據82件，其中還有馮國璋的不少手書，人們一看這事不好辦，也不敢動張勳。此事也就不了了之。遊戲玩到這一步時，並不是「該出手時就出手」，而是「該收手時就收手」，如果再繼續追查下去，豈不是引火燒身了嗎？遊戲是絕對不能這樣玩的！

在政治博弈中我們「可愛的辮帥」失敗了，他先被段祺瑞政府免職，接著就是被通緝，哪還有出頭之日呢！此時，張辮帥憤憤說：「去他娘的，老子大不了還去幹自己早年的老本行——經商。」張勳終於想通了，自己原本就是小商販出身，不如還去幹這個行當。不過，此時再幹這個行當不比從前所幹的這個行當，兩相比較，相去天壤。他把自己當軍閥多年的積蓄弄將出來，投身於工商、金融業，據說成了一個超級大款。此乃後話，按下不表。

本章要說的是，段祺瑞重就總理任，馮國璋代理總統一案。

我們先不說段總理的復職，且說馮國璋代理總統。我們知道，在段祺瑞討逆時，黎大總統已經逃生去了。但逃生歸逃生，他還是中華民國的總統，這個職務並沒有誰下文給他免去。他黎元洪還是總統，馮國璋就沒有辦法就任總統，你說是吧。現在的問題是，馮國璋既然任代理總統，那麼，黎元洪總得就此事有一個交代才是。

且看這段文字：

七月十二日傍晚，由討逆軍收復京城，當即馳電天津，向段祺瑞處告捷。祺瑞便擬乘車入都，適值徐世昌過訪，密語祺瑞道：「此次復辟，本非清室本心，幸勿借此加罪清室。張勳甘為禍首，原是一個莽夫，但須念同袍舊誼，不為已甚。窮寇莫追，請君注意。」祺瑞答道：「優待清室條件，理應盡力保存，若少軒（張勳）亦未必就逮。即無公言，我也不忍加害哩。」世昌乃拱手與別。越日，祺瑞入都，都中已定，因即到院視事，表面上不得不發一命令，緝拿張勳，一面派步兵統領江朝宗，詣日本公使館營捨中，迎黎元洪回府。

黎元洪已受過艱辛，當然不肯再來；唯寓居他人籬下，終非久計，乃謝過日本公使，及齋藤少將，遷回東廠胡同舊宅，即日通電全國，宣告去職。第一電是：

天相民國，賴馮總統、段總理，及前敵將士之力，奠定京畿，元洪已於本日移居東廠胡同，擬即赴津宅養疴。此次因故去職，負疚孔多，以後息影家園，不聞政治，恐勞遠系，特此事聞。

越日，又發出第二電，詳述去職情由（電文頗長，不便引用，概其大意，無非是民國以來的艱辛，共和再造、三造，段祺瑞功勞大矣，馮總統功勞大矣，張勳早有復辟之野心，今被滅，也是大家的心願，自己本無甚能力，云云——引者）。

黎元洪雖連電辭職，馮國璋總須帶有三分客氣，未便驟然登臺，當時有一篇通電，謂：「現在京師收復，應即迎歸黎大總統，入居舊府，照前統理。國璋即將代理職權，奉還黎大總統，方為名正言順」等語。黎元洪如何再肯接受，仍然固辭……[1]

可以想一想，你黎元洪本人縱然是有三頭六臂，還再敢來當你的中華民國大總統嗎？前面的教訓是夠深刻的了。說到底，你不是北洋一系的人物，武昌起義，清朝在武昌的統治一夜之間完蛋了，才把你推上了這個位置，那是當時沒有這樣的合適人選之故。現在是什麼時候了？孫中山先生們已經從這個舞臺上暫時退去，在那裡一會兒「二次革命」，一會兒「護國討逆」，一會兒「護法運動」，但終沒有搞到控制中央的實權！留下一個黎元洪，在

孫中山那裡是副總統，到了袁世凱那裡還是副總統，這二任副總統實際上只是一個虛銜，要不是袁氏稱帝失敗，黎元洪不可能當這個多事之秋的中華民國總統的。我們可以設想一下，如果黎元洪還像以前那樣，當一個有職無權的總統，恐怕不可能鬧出這檔子復辟之事由出來。人常說，事非經過不知難。這次，黎大總統算是領教過了這個事情的艱難了。你手中本無軍事上的實權，沒有這個「槍桿子」，你哪能想「出」你的「政權」呢？「槍桿子裡面出政權」，這話真個是顛撲不破！

據史載，馮國璋是在段祺瑞發兵討逆的過程中就任中華民國代理大總統的（時為 1917 年 7 月 6 日），但未到位。待段祺瑞從天津到京後，到他的國務院去「視事」，段總理請黎元洪到他的總統府就職。黎元洪哪有這個膽量，就在這種情況下通電辭職下野，要回天津去「養疴」。這段時間，實際上只有段祺瑞一人在執掌中華民國的一切。但必須得有一個總統啊，不然的話就不合《中華民國臨時約法》（就是後來袁世凱搞的那部《中華民國約法》也是要有大總統的，且大總統的權力比《臨時約法》可大多了）的規定了，因此，在這期間，段祺瑞數次去電催促馮國璋到任。馮國璋起程赴京的時間為 1917 年 7 月 26 日。

馮國璋不急於入京就職，當另有「隱情」：

據曾毓雋回憶：「段迭電催馮入京，而馮卻遲遲其來。外間推測甚多，其實係彼時馮與蘇紳張謇等勾結英商，以制藥為名，將存滬之煙一千六百餘箱，用六年公債一萬餘元購買，制藥者少數耳，實有官商伙謀圖利之舉。」財政總長曹汝霖卷入其中，並企圖拉曾毓雋、徐樹錚入股，「合肥聞之微笑，遲約半晌，乃曰：我與馮舊交，此君有錢癖，固所深知，但以今日環境論，我絕不能反對，致感情破裂，因小失大。且係蘇省官紳合辦事，彼既未明白徵我同意，只好裝作聾聵。汝兩人萬不便有所沾染，但須力任疏通而不受酬。將來我晤馮時一字不提，汝從中示意，請其獨行獨斷，不強人以所難而已。此事即其遲遲來京之真因」。這樣說來，馮國璋不急於到京就職的「隱情」是有一筆可以賺大錢的生意還沒有最終拍妥。

馮國璋就任中華民國代理總統並不是沒有反對的聲音。據胡曉《段祺瑞年譜》：此時孫中山的護法運動已經開始，南方各省陸續發表通電，表示擁護黎元洪復職，反對馮國璋代理。馮國璋有些猶豫不決，而此刻靳雲鵬等乘迎馮專車已抵達浦口，靳與馮密謀甚久，表示今日北洋派只可進，不可退，而西南的反對，不過是一部分人的主張，「萬一決裂，即採用段總理之主張，以兵力對付之」。

　　7 月 16 日，黎元洪發布赴津養病電後，即命家人收拾行裝準備出發，突然在私宅花園遭到侍衛排長王得祿刺殺未遂。據說此案係陸軍次長傅良佐指使，主要是擔心黎出走後被南方陣營利用，對北洋派不利。兇案發生後，段祺瑞建議黎到團城居住，以便於「加意保護」，黎不肯接受，遂搬到法國醫院居住。黎在法國醫院看到許多復辟派在這裡避難，殊覺不便，便提出要到青島「避署」。段未準，並將黎的衛隊解散，另派軍警「保護」，實為監禁。

　　種種情況表明，黎元洪下臺是他的高明所在，否則，他如果依舊貪戀那個總統位，說不定在哪一天敢把小命給搭上了。

　　要說是共和民主國家，它的主要代表是什麼？無非一是民主，二是法律。按這樣的標準來批評時政，黎元洪是退職了，但他的退職還要交國會去審議才是。但話又說回來了，此時哪裡還有什麼國會？國會已經被張勛要挾黎大總統給解散了。當非常時期，黎元洪是堅絕不幹那個總統了，任你怎麼說，他就是不幹！你有何法？讓馮國璋代理總統，既有前總統的推舉，又有國務院總理的電函同意並屢促其到任，更何況馮國璋原本就是副總統，在總統有缺時，他代理總統是唯一的選擇。

　　說罷馮國璋從江蘇督軍任（時為副總統）到北京就代理總統一職後，該說一說段祺瑞重組內閣一事了。

　　段祺瑞回到北京後，立即著手自己政權內閣的組建，在 7 月 17 日，即發布了內閣組成名單。

　　關於段祺瑞內閣，在《中華民國史事日志》中有這樣一段說明：7 月 17 日，令準教育總長兼署內務總長范源濂辭職，以湯化龍為內務總長；令免李經羲

財政總長，梁啟超繼任；令準署司法總長江庸辭職，林長民為司法總長；令張國淦為農商總長，曹汝霖為交通總長。段閣新閣員主要由北洋派、研究系、新交通系組成，南方陣營未有人入選，當與護法運動有關。

應當說，在袁世凱死後，由於歷史的原因，黎元洪得以就任中華民國總統，而段祺瑞則是當然的實權派人物，當然更是核心人物。如果黎元洪還像以前那樣，對於總統的實際職權採取「不作為」的態度，可能會和段內閣相安無事，正是黎元洪當總統還想真的像總統的樣子，就是得有總統之所以為總統者，他不想僅蓋個章子就萬事大吉了，這樣則引起了黎、段的「府院之爭」。要說黎元洪在府院之爭中暫時取勝，不想半路「殺出了一個程咬金」——張勛，使形勢急轉直下，段祺瑞成為勝利者。段總理趁此重組內閣，內閣一班人馬大多係北洋一系者，還有一個更為有利的條件，就是黎下臺而馮上臺。馮國璋和段祺瑞一樣，本是北洋一系的重量級人物，早在袁世凱時代，段祺瑞和馮國璋就是「鐵哥兒們」，此時，他們兄弟二人終於把持了中華民國的大權，再也沒有他人掣肘了。

馮國璋、段祺瑞聯手，一件當辦理的大事就數原來黎元洪任大總統時尚未辦成的那件事情——X 對德宣戰。據《馮國璋年譜》：117 年 8 月 3 日，馮國璋訪段祺瑞於私宅，商談對德宣戰手續問題，飯後，偕段訪徐世昌、王士珍。北洋一系早年的人物又聚首了。

按理，既為北洋系，應團結得像兄弟一般，但是，馮國璋與段祺瑞各有自己的小算盤：就在馮國璋還沒有從南方到京就代理總統之前的 7 月 18 日，段祺瑞「再電南京，催促馮國璋北上就職。據說：在段祺瑞的左右，如徐樹錚、倪嗣衝等，當時顧慮到馮國璋是有野心的人物，手中還握有兵權，比黎元洪手無寸鐵更難對付，段祺瑞在天津時曾祕密討論此事，正在醞釀對策中，北方各軍閥紛紛通電擁護馮國璋代總統。當時，段祺瑞亦認為不讓馮國璋代總統，可能引起北洋派的分裂，使西南更有隙可乘，將馮調來北京代理總統，比在南京有兵權、有地盤，反易對付。」[2] 同時，在用人問題上，馮段各有自己的打算。照此說，馮國璋、段祺瑞之聯手執政，終有出現像段同黎一樣的「府院之爭」的那一天。此是後話。

不管怎麼說，馮國璋和段祺瑞共掌中華民國，在對德宣戰的大問題上，已經形成了共識，馮國璋以總統的身分，行文布告天下，對德宣戰。其文曰：

　　我中華民國政府，前以德國施行潛水艇計劃，違背國際公法，危害中立國人民生命財產，曾於本年二月九日，向德政府提出抗議，並聲明萬一抗議無效，不得已將與德國斷絕外交關係等語。不意抗議之後，其潛水艇計劃，曾不少變，中立國之船只，交戰國之商船，橫被炸毀，日增其數，人民之被害者，亦復甚眾。政府不能不視抗議之無效，雖欲忍痛偷安，非唯無以對尚義知恥之國人，亦且無以謝當仁不讓之與國。中外共憤，詢謀僉同，遂於三月十四日，向德政府宣告斷絕外交關係，並將經過情形，宣示中外。我中華民國政府，所希冀者和平，所尊重者公法，所保護者我本國人民之生命財產，初非有仇於德國。設令德政府有悔禍之心，怵於公憤，改為策略，實我政府之所之所禱企，不忍遽視為公敵者也。乃自絕交之後，已歷五月，潛艇之攻擊如故。非特德國而已，即與德國取同一政策之奧，亦始終未改其度。既背公法，復傷害吾人民，我政府責善之深心，至是實已絕望，爰自中華民國六年八月十四日上午十時起，對德、奧國，宣告立於戰爭地位，所有以前與德、奧兩國訂立之條約，及其他國際條款、國際協議，屬於中德、中奧之關係者，悉依據國際公法及慣例，一律廢止。我中華民國政府，仍遵守海牙和平會條約，及其他國際協約，關於戰時文明行動之條款，罔敢逾越。宣戰主旨，在乎阻遏戰禍，促進和局，凡民，宜喻此意。當此國變初平，瘡痍未復，遭逢不幸，有此釁端，本大總統眷念民生，能無心惻，非當萬無苟免之機，絕不為是一息爭存之舉。公法之莊嚴，不能自我失之，國際之地位，不能自我圮之，世界友邦之平和幸福，更不能自我而遲誤之。所願舉國人民，奮發泮厲，同履艱貞，為我中華民國保此悠久無疆之國命而光大之，以立於國際團體之中，共享其樂利也。布告遐邇，咸其聞知！[3]

　　關於「黎、段府院之爭」最大導火線的「對德宣戰案」至此總算有了一個交代，至於說中國方面是否出兵歐洲，那則是另外一回事兒，（當時的中國內憂外患，怎麼出兵呢）。現在擺在馮國璋和段祺瑞面前的最大問題是「南北關係」。

且看如下的一段文字：

督軍團叛亂與張勳復辟事件的觸發，使得原本就已貌合神離的南北關係更惡化為公開的對抗。當時，孫中山以其鮮明的民主主義立場，對督軍團叛亂與張勳復辟進行了堅決鬥爭。1917 年 6 月 6 日，孫中山鑒於北洋各省督軍在段祺瑞唆使下紛紛叛離中央的嚴峻形勢，致電兩廣巡閱使陸榮廷、雲南督軍唐繼堯等，吁請他們「共起討逆救國」。6 月 8 日，他又致電西南各省督軍、省長及省議會，略謂「國會為民國中心，憲法為立國大本，公等既忠誠愛國擁護中央，即應以擁護國會與憲法為唯一任務。今日法律已失制裁之力，非以武力聲罪致討殲滅群逆，不足以清亂源、定大局」，希望他們「主持大義，克日誓師，救此危局，作民保障」。7 月 4 日，張勳復辟的消息傳至上海後，他又立即邀請唐紹儀、孫洪伊、章炳麟、薩鎮冰等人商討對策，議決迎請黎元洪南下繼續行使總統職權，督促全國討逆；並發表沉痛宣言說：「此次討逆，匪特為國民爭生存，且為全國民族反抗武力之奮鬥」。鑒於上海方面外交牽制過多，孫中山於 7 月 6 日偕朱執信、章炳麟、陳炯明等人離開上海，赴廣東開闢護法根據地。

對於孫中山「討逆救國」的主張，西南軍閥很快便作出了反應。6 月 9 日，雲南督軍唐繼堯致電黎元洪等人，規勸各方一致主張，速就時局作正當之解決，並警告說：「若必弁置國家大局於不顧，妄逞武力，肆意橫行，則繼堯唯有傾此行忱，貫徹初旨。大義所在，性命以之。」6 月 11 日，李烈鈞與廣東督軍陳炳焜、廣西督軍譚浩明聯名致電黎元洪、馮國璋，宣布將聯合西南各軍「興師討逆」，如果叛國者怙惡不悛，肆意脅迫，則只要一息尚存，決難坐視，「唯有效命疆場，以求最後之解決」。陳炳焜甚至還與廣東省長朱慶瀾商定了出師北伐的具體部署，即「由江西、湖南、福建三路出兵，張開儒率滇軍十營向江西前進，莫榮新率桂軍十營向福建前進，方聲濤鎮守贛南，以為策應」。6 月 12 日，也即黎元洪被迫宣布解散國會的當天，駐粵滇軍第三師師長兼韶連鎮守使張開儒發表誓保國會通電，表示堅決「擁護國會，誅討禍首」。6 月 22 日，陳炳焜、譚浩明在兩廣巡閱使陸榮廷授意下，通電宣布兩粵「自主」，「在國會未恢復前，兩粵軍民政務悉行自主，其重大事件徑秉承總統辦理，不受非法內閣干涉」。7 月 3 日，唐繼堯發表聲罪致討張

勛復辟的通電，宣稱已將所部編成「靖國軍」，即日揮師北上，「誓將掃清妖孽，還我共和」。嗣後，貴州督軍兼省長劉顯世、陳炳焜、譚浩明、潮梅鎮守使莫擎宇等也紛紛發表通電，反對復辟，倡言北伐。湖南督軍譚延闓更是明令湘軍第二師北進，兵鋒直逼嶽州。南北間的戰事若箭在弦上，大有一觸即發之勢。[4]

根據上述史料可知，「南北關係」並非只是段祺瑞、馮國璋執政的北洋軍閥政府與南方（西南）軍閥的緊張與對立，還有他們與孫中山先生的緊張和對立。

但是，這種複雜的南北關係，也有它們的統一之時，這種所謂的統一就在於對於張勛復辟一案上。對於張勛復辟，儘管南北雙方的「反覆辟」是一致的，但也要作具體分析。

先說孫中山，正如來新夏先生所說，「當時，孫中山以其鮮明的民主主義立場，對督軍團叛亂與張勛復辟進行了堅決鬥爭」，孫先生是站在民主主義的立場上真心地反覆辟，而南方軍閥儘管對於孫中山的「討逆救國」的主張立馬作出了積極的反應，但本書認為，他們不可能像孫中山那樣是站在民主主義的立場上而進行反覆辟的鬥爭的。簡單地說，這是由於他們的軍閥身分所決定的。軍閥是什麼？是軍事割據，是稱霸一方，一旦時機成熟，他們將透過武力解決問題，甚至得天下。此時的天下是段祺瑞和馮國璋他們的，南方軍閥並沒有在其中得到什麼，他們沒有從北洋軍閥政府那裡分得「一杯羹」，他們對於段祺瑞和馮國璋的北洋軍閥政府是不服氣的。借助於孫中山的號召，他們能及時地作出積極討伐的反應，從本質上說，他們的討伐與孫中山的「討逆救國」並不是同一性質的。換言之，孫先生的討逆，是為民族計，為共和計；西南軍閥們的討逆，是想借此機會擴張自己的地盤。

至於說段祺瑞的馬廠起兵，開始時用的名稱是「共和軍」，其意無非是捍衛共和，這是孫中山們革命的目的所在，孫先生之所以能把中華民國臨時大總統一職讓於袁世凱，就是希望袁世凱把「共和」的旗幟打起來。孰料袁先生一旦得到了大總統的職位，另有所想，另有所圖，為達到其目的，袁先生運用了不少手段打擊和排斥異己，這才有孫中山的「二次革命」等一系列

的軍事舉動，苦於自己手中沒有軍權，只好「借雞下蛋」，同西南的軍閥們聯起了手來。歷史證明，孫先生的願望是好的，但並沒有達到自己的目的，最終落了個「竹籃子打水……一場空」。段祺瑞應當說是非常聰明的，他把討伐張勳的軍隊起名為「共和軍」，孫中山們應當是認可的。後來段祺瑞又把這支討伐張勳的軍隊改名為「討逆軍」，實質上與「共和軍」是一個意思，只是更加突出了「討」的分量。

這是還有一個不可忽視的問題，就是南方軍閥們在孫中山的號召下，都已經和正在行動起來，率兵北上應當是水到渠成之事，但為什麼最終沒有成為現實呢？這裡邊就有一個非常有趣的「遊戲」了。並不是西南軍閥們只說不動，而是他們聽信了段祺瑞的話而最終沒有出師北伐。段先生是怎麼說的呢？簡單一點，就是段總理說打一個張勳，殺雞焉用牛刀，一個小小的張勳，我段某人一人就把他給收拾了，根本用不著勞你們西南諸位的大駕，讓你們千里勞師，實在是劃不來。這樣，西南軍閥們也就按兵不動了。這一不動，最終成就了段祺瑞的一個「三造共和」的英名。

現在的問題是，張勳復辟一檔子事算是掀過去了，但這並不能說明西南軍閥和孫中山們就真心擁護馮國璋和段祺瑞為首的北洋政府了。段祺瑞新組閣的政府內閣成員中，根本就沒有西南軍閥的一席之地，再者，人家黎元洪應該是法定的大總統，那是經過國會認可的，現在你們把黎先生趕下去，讓你們北洋一系的馮先生來出任大總統，儘管是代理的，但不管怎麼說，這也不合規定。大家可以想一想，像這種局面，南方軍閥和孫中山們能同意嗎？這樣看來，段祺瑞政府想和西南軍閥和平共處恐怕只是一相情願之事。

看來，「南北關係」仍然是一件非常棘手的問題。

說罷南方軍閥們不服從馮國璋和段祺瑞的中央政府一段書，我們再說一說原黎總統在任時被迫解散的國會（可稱舊國會）議員們對中央的態度。

請看這段文字：

至若新近解散的國會議員，曾列國民黨名籍中，都不贊成段總理。且段復任後，又不肯將議員一律召回，反提起從前組織約法的參議員，擬為召集，

所以一班解散的議員，陸續赴粵，在粵東自行集會，稱為非常會議，特借廣州城外省議會議場，會議時事，否認中央政府，另組出一個軍政府來。當下投票公決，選舉民國第一任總統孫文為大元帥。孫文閒居無事，就趁那選舉的機會，再出就職。就職以後，免不得有一篇通告，無非指斥段祺瑞、倪嗣衝、梁啟超、湯化龍等，違法黨私，背叛民國，應該興師北討，伐罪吊民等語。段祺瑞聞到此信，恐怕別省聞聲響應，引入旋渦，將來東一省、西一省，依次發難，豈不是釀成大患，不可收拾嗎？左思右想，除用武力解決外，苦無良策。但欲用武力，必須先籌軍餉，國庫早一空如洗，各省賦稅，又不能源源進來，就是有些報解，常尚不夠應用，怎能騰挪巨款，接濟軍需？當下與小徐等商量，小徐等主張借款，暫救眉急。段祺瑞到了此時，也顧不得國家擔負，便邀入財政總長梁啟超，密商借債事宜。梁也知借債行軍，利少弊多，無如段總理決意用武，自己方依段氏肘下，不好有違，唯將這副借債的擔子卸與財政次長李思浩，叫他出去張羅。李思浩素善籌款，接到密令，即與英、法、俄、日四國銀行團，商借一千萬元，名目上不便提出軍需二字，只好仍稱善後借款。銀行團含糊答應，但英、法、俄三國，與德、奧連年交兵，耗費不可勝計，也未能捨己蕓人。獨日本遠居亞東，雖是列入協約國內，反對德、奧，究不曾出多少兵船，用過多少軍費，所以四國銀行團中，只日本肯認借款。日本正金銀行理事小田切萬壽，出作日本銀行團代表，願借一千萬元……[5]

這些事情，都是段祺瑞一人所辦理，並沒有同馮國璋充分協商一致。我們結合上下文分析，段祺瑞為什麼要借款？是因為要同南方交戰。為什麼要同南方交戰？因為南方（應為西南）軍人在孫中山的支持下，大家都不贊成段的政府而起來反段，段祺瑞想用武力解決之，但動用軍隊得有軍餉，可是國庫已經空虛，只好向外國人借款了。同時，不僅只是軍人反對段祺瑞政府，還有原國會的議員們也反對段政府。這就是前文中所提到的召開「非常國會」之事。這個「非常國會」，當然是在孫中山的支持下召開的，所說孫中山「閒居無事」，就趁那選舉的機會再出來任職，這話有點戲說的成分。孫中山並非「閒居無事」，而是他有自己的政治主張，要把中華民國建設成一個資產階級性質的自由民主的國家，我們且不說孫中山先生的這一想法是否與中國

的實際國情相符合，單就他的這一想法的付諸實施，就是很困難的。這個困難主要表現在他手中沒有軍隊，面對北京政府的強大軍隊，他的這一想法甚至可以說近於空想。要想讓這近於空想的決策付諸實現，就得利用西南軍閥們起來和自己一起幹。這個「一起幹」，還得有一個理由去支持，也就是說必須能從理論上說明自己主張的正確性。這樣，孫中山就打出了「護法」的旗幟，所護之「法」乃《中華民國臨時約法》的「法」。因為按照《約法》所規定，馮國璋、段祺瑞的北京政府是非法的。這些因素綜合起來看，我們並不難弄清楚為什麼西南軍閥唐繼堯們敢公開站出來與馮國璋、段祺瑞的北京中央政府對抗的內在原因了。要護法，就得把國會議員們召集起來開會，研究對抗北京政府的辦法。說到這裡，我們說蔡東藩所說的「一班解散的議員，在粵東自行集會」一語並不準確，那肯定是有組織、有計劃的政治活動。

請讀這段文字：

北京政府拒絕恢復舊國會……立即遭到孫中山等國民黨人士的強烈反對。7 月 17 日，孫中山一行抵達廣州。在當晚廣州各界於黃埔公園舉行的歡迎會上，孫中山發表慷慨激昂的演說，對段祺瑞等「執共和國政之人，以假共和之面孔，行真專制之手段也」的卑劣行徑，進行了徹底揭露與嚴厲抨擊，並明確指出：「今日變亂，非帝政與民政之爭，非新舊潮流之爭，非南北意見之爭，實真共和與假共和之爭。」19 日，孫中山致電段祺瑞，以「總理一職，既無同意，亦無副署，實為非法任命」為言，反對段出任國務總理。當天，他又透過上海、天津的各大報館向舊國會議員們發出邀請，動員他們南下護法。他在電文中揭露北洋軍閥間的紛爭是「以叛討叛，以賊滅賊」，約請廣大議員「自行集會於粵、滇、湘各省，擇其適當之地，以開議會，而行民國統治之權。如人數不足，開緊急會議亦可」，並派專人北上迎接。24 日，孫中山致電兩廣巡閱使陸榮廷，指出段祺瑞等的所作所為實際上是「以偽共和易真復辟，其名則美，其實尤窘」，國會維繫著民國的命脈，「彼數人既不利於國會，我護法者必當擁護之」，敦請陸「協力主持」。同一天，孫在另一則給西南各省將領的電文中，也向他們發出了協力「靖國護法」的呼籲。[6]

我們認為，這一政治活動的主導人應當是孫中山先生。1917 年 8 月 25 日，國會非常會議在廣州正式開幕，國會議員有 150 餘人出席會議。會議於 29 日透過《國會非常會議組織大綱》，31 日透過《中華民國軍政府組織大綱》，9 月 1 日選舉孫中山為大元帥，選唐繼堯、陸榮廷為元帥。依這兩個組織大綱的規定，非常國會至內亂勘定、《臨時約法》的效力完全恢復時為止，在此之前，特組織軍政府，由非常國會選舉出大元帥代表中華民國。這樣，以孫中山為大元帥的軍政府就同馮國璋、段祺瑞的北京政府相對立，兩個政府，分庭抗禮！

我們如果用正統的觀點去看待「兩個政府」這一問題，一個國家只能有一個政府，不能有兩個政府同時存在，那對於一個完整的國家來說，從邏輯上是講不通的。對於段祺瑞的北京政府而言，他可以說南方的軍政府是非法的；對於南方的軍政府而言，孫中山可以說段祺瑞的北京政府是非法的。我們認為，他們從各自的立場出發以說對方的非法，都可以說得過去。正因為對於這一問題能夠從理論上說得過去，那麼，在實踐中則導致了南北戰爭的爆發。最終吃虧的還是中國，是中國的百姓，這到底誰對誰錯？

對於南北戰爭的問題，應當說馮國璋和段祺瑞的北京政府的內部存在一定的分歧。簡單地說，以段祺瑞為代表的國務院是主戰派，主張對西南軍閥們用兵，而以馮國璋為代表的總統府是主和派，或者說是傾向於「和」的。在這個問題上又形成了新的「府院之爭」。

歷史常常有驚人的相似之處，第一次「府院之爭」，導致了段祺瑞總理被免職；第二次「府院之爭」，將會給馮國璋、段祺瑞帶來什麼樣的結果呢？

註釋

[1] 蔡東藩：《民國演義》，第八十七回。

[2] 胡曉：《段祺瑞年譜》，安徽大學出版社 2007 年 1 月第 1 版，第 134 頁

[3] 蔡東藩：《民國演義》，第八十八回。

[4] 來新夏：《北洋軍閥史》（上冊），南開大學出版社 2000 年 12 月第 1 版，第 480-482 頁

[5] 蔡東藩：《民國演義》，第八十九回。

[6] 來新夏：《北洋軍閥史》（上冊），南開大學出版社 200 年 12 月第 1 版，第 484 頁

第二十一章 忽戰忽和是南北之戰孰是孰非乃府院二爭

　　北洋軍閥時期中華民國的國務院總理更換頻繁應當說是中國歷史上少見的。有學者統計，自袁世凱繼孫中山任中華民國總統後，到蔣介石在南京建立中華民國政府，前後計 17 年。在這段時間裡，「內閣」就更換了四十多屆，最短的總理任期只有兩天（還不包括江朝宗那個一分鐘代理總理）！

　　且說段祺瑞本人第五次出任國務總理，此時的中華民國總統（代理）乃是北洋一系的馮國璋。這就是說，在中華民國，段祺瑞已經在三任總統（袁世凱、黎元洪、馮國璋）中均任職國務總理（當然還有陸軍總長一職），從這些任職情況說，段祺瑞應當是袁世凱之後的第一個中華民國核心人物！令人匪夷所思的是，段祺瑞這一國務總理兼陸軍總長竟然又被自己的北洋一系的「鐵哥兒們」——四哥馮國璋代理總統給免了，黎、段時期的「府院之爭」在馮國璋、段祺瑞時又上演了。為什麼？還得從孫中山的「護法運動」說起：我們得先明確一下概念，「護法運動」中的核心概念是「法」，這個「法」就是武昌起義成功後，孫中山主持制定的《中華民國臨時約法》的「法」。《中華民國臨時約法》共七章五十六條，相當於中華民國的憲法。在袁世凱當政的時候，老袁就對這個《臨時約法》看不上眼。他看不上眼，並不是別的什麼意思，主要是它對於大總統的約束力太厲害了。不說別的條款，單說第四章對於「臨時大總統、副總統」的規定，就令總統受到不少牽制。第二十九條：臨時大總統、副總統由參議院選舉之，以總員四分三以上出席，得票滿投票總數三分二以上當選。第三十三條：臨時大總統得制定官制、官規，但須提交參議院議決。第三十四條：臨時大總統任免文武職員，但任命國務員及外交大使、公使，須得參議院之同意。第四十一條：臨時大總統受參議院彈劾後，由最高法院全院審判官互選九人，組織特別法庭審判之。這些規定，等於給老袁頭上套一個緊箍咒。你這個「孫猴子」想一家伙跳十萬八千里，但最終還跳不出「如來佛」的手掌！

這樣，老袁後來又整出一個《中華民國約法》，把那個「臨時」二字給整丟了，但說得名正言順，且看第三章關於「大總統」的規定。第十四條：

大總統為國之元首，總攬統治權。第二十一條：大總統制定官制官規；大總統任免文武職官。第二十三條：大總統為陸海軍大元帥，統率全國陸海軍。第六十二條：國民會議由大總統召集並解散之。這些規定，比《臨時約法》中對大總統權力的規定大多了，集中得多了。對此，南方革命黨人是不滿意的。但不滿意歸不滿意，人家袁世凱當權，你又當如何呢？說句在袁氏法律的範圍內的話，袁世凱所頒布的《中華民國約法》，那是以國家的行為頒布的，孫中山們就是反對，那也只能說是「民意」。

眼看著袁世凱政府把孫中山們給「忽悠」了，但對於孫中山等革命黨人說，那也是無奈的事情，因為你已經把治理國家的大權拱手讓給了老袁。在這場政治遊戲中，老袁是勝出者，孫先生們則是失敗者。

說話不及，老袁的那個時代過去了。本來孫先生們認為，黎元洪接任了中華民國的總統，黎還是革命派推舉出來的，在孫先生仕中華民國臨時大總統時，黎元洪就是孫先生的副手嘛，這次應該說是可以的了。誰知讓段祺瑞利用張勛這把「雙面刃」把黎總統給「割」了！孫中山先生他們那個氣呀，真是氣得忍無可忍。

在段祺瑞、馮國璋當政時，孫先生就想到該有些動作出現了。說是張勛把國會解散了，也說是段祺瑞把國會給解散了，不管他倆是誰的主意，反正不是黎元洪的主意。說不是黎元洪的主意，但畢竟是黎總統下的解散令，從法理上說，應當把解散國會的歷史責任推在黎總統的肩上，儘管黎元洪是在人家的大刀下簽署的解散國會的命令的。現在沒有了國會，馮總統和段總理行起事來就比較「方便」一些了。

國會被解散，對於孫中山的革命而言，是一個永遠的「痛」。人家革命的目的就是要建立一個在法律上比較完善的資產階級專政的民主國家。到了現在這個份兒上，你們北洋一系的大佬們把人家孫先生所開創的中華民國基業鼓搗得一無是處。這怎麼能不讓孫先生們感到憤怒呢！

於是乎，以孫中山為首的「護法運動」在南方（西南地區）就生出來了。孫先生有自己的難處，他手中並沒有什麼軍隊，在那樣的年代裡，「有槍便是草頭王」！說一千，道一萬，你手中沒有這個過硬的「傢伙三」，又會有誰聽從你的指揮呢？此時，在孫中山手中唯一有利的一點就是，他在南京就職臨時大總統時所召開的國會（史稱「舊國會」。國會中有一批議員，在袁世凱時代是吃了苦頭的（曾為選舉總統而被袁世凱「困」過，後來又被解散，黎元洪在他人威逼下解散國會）。在這個時候，由孫先生們振臂一呼，說是要「護法」，護我中華民國之《臨時約法》，要有國會，要有議員，不然的話，任憑他們一幫子專制者們在那裡搞下去，哪怎麼成？這就是孫先生的「護法運動」的背景。

其實，在段祺瑞又到京出任國務總理，把馮國璋從江蘇督軍（時任副總統）的職上請回北京後，馮國璋、段祺瑞政府也已經考慮關於國會的恢復問題。

請看這段文字：

當時，南北各方雖都認為「共和」復活後「少不得要一個國會」，但在如何產生國會的問題上卻存在嚴重分歧。孫中山等人從捍衛《臨時約法》的民主主義立場出發，堅決主張恢復在張勳復辟中遭非法解散的國會即舊國會；西南軍閥和不少舊國會議員出於維持自身權利的考慮，也贊同孫中山的主張，要求恢復舊國會。而段祺瑞皖系軍閥則意在推行獨裁統治，對恢復不受其擺布的舊國會不感興趣。因在平定張勳復辟一役中給段祺瑞以大力支持而獲段青睞，有多數成員被羅致入閣的研究系，[1] 一則與皖系軍閥有共同的利害關係，再則想借機實現「政黨政治」也即操縱國會、左右政局的政治目的，因此，也不希望恢復國民黨占多數議席的舊國會，而提出了重起爐灶改造國會的建議。這一解決國會問題的方案，既符合研究系的黨派利益，更滿足了段祺瑞皖系軍閥製造御用國會、實行獨裁統治的政治野心，因此，在皖系與研究系把持的內閣會議上很快獲得了透過。9 月 21 日，北京政府由馮國璋以代理大總統的名義發布參議院組織令。於是，新國會的改造開始進入正式實施的階段。[2]

這樣一種情況，在孫中山和舊國會議員們看來，那是不行的，這就有了本書在前文中說到的孫中山一行到廣州從事「護法運動」的事情。在「護法」問題上，因為孫中山手中並無兵力，他當然要靠西南的那些手握重兵的督軍們的支持，他也向這些軍閥們發了通電，這些人的反應倒是挺積極的。

請看這段文字：

對於孫中山的護法主張，西南軍閥以其大有政治利用價值而表示支持。7月1日，雲南督軍唐繼堯率先發表通電，拒不承認段祺瑞內閣的合法地位，認為張勳復辟「即由段氏所釀而成，事實上安能再居總理之位。黎總統以非法解散國會，又誤引張勳入都，以致復辟，業已違法失職；且在孑然一身，顛沛游離之際，遽下命令以任命總理，在法律上尤難認其有效」。8月11日，唐又通電宣布擁護舊約法、舊國會，否認非法內閣，指出「在憲法未成立之前，《約法》為民國唯一之根本法」「國會非法解散，不能認為有效，應即召集國會」，「國務員非得國會同意，由總統任命，不能認為適法」。兩廣巡閱使陸榮廷也一再致電馮國璋，表示若不速定國會問題，則其對於西南各省無法調停。廣東督軍陳炳焜、省長朱慶瀾則更是與孫中山頻繁接洽，具體商討「護法」事宜。

除西南軍閥外，不少舊國會議員也積極響應孫中山的「護法」號召。7月14日，在上海的舊國會議員聯名發表宣言，昭告中外：「段祺瑞雖自稱政府，於我立國之根本大法及諸友邦承認家之原則，全然相反。譬如盜賊之竊據堂奧，不過一時強力所侵奪。所有段祺瑞偽政府一切對內對外之行動，譬如強盜處分事主之財產，吾人誓死不能承認。」嗣後，各地的舊國會議員即紛紛南下「護法」。與此同時，駐滬海軍第一艦隊眾將士也在孫中山的感召下，鮮明地表明了誓以鐵血擁護共和的立場。7月21日，海軍總長程璧光、第一艦隊司令林葆懌率第一艦隊由吳淞開赴廣東，並發表慷慨激昂的宣言說：「夫我海軍將士，既以鐵血構造共和，即以鐵血擁護之……必使已僵之約法，回其效力；已散之國會。復其原狀，元惡大憝為國蠹賊者，依法懲治，然後解甲。自約法失效、國會解散之日起，一切命令無所根據，當然無效；發此命令之政府，當然否認。」[3]

馮國璋、段祺瑞的中華民國政府和南方孫中山所成立的中華民國軍政府，它們之間只有一字之別，就是孫中山的政府多了一個「軍」字，這也昭示著孫中山決心用西南的軍閥勢力來對抗北京政府。那麼，北京政府將對此有何反應呢？也就是在這個關鍵問題上，馮國璋總統和段祺瑞總理產生了矛盾。這一矛盾相當複雜，我們如果用簡單的話說，就是對於西南的問題，馮國璋態度是以「和」為主，而段祺瑞則主張以武力平之。

我們先不說馮國璋的主張，單說段祺瑞的以武力解決南北分庭的問題，首先得有經費的支持。民國到這個份兒上，國庫已經相當空了，這就需要向外國人借款以支持這場戰爭。我們在前文中也說到了這一問題，因借款一事，使段祺瑞內閣惹來了不少詬病。估計在向外人借款的問題上，馮代總統也是有自己的看法的，只是馮國璋、段祺瑞政府成立之初，馮國璋不便得罪段祺瑞，其態度則有些消極。

請讀這段文字：

以上各種命令，統是段祺瑞一人主張，代任總統馮國璋，無非以言傳令，簽名蓋印罷了。當時馮總統尚有一段悲情，乃是總統夫人周氏，得病甚重，竟於九月十日晚間，在總統府中逝世。周夫人就是周道如女士，前在袁總統府充當女教員，由袁總統作撮合山，配與馮河間為繼室。五旬左右的武夫，得了四旬左右的淑女，正是伉儷言歡，非常恩愛。無如罡花命薄，晚菊香消，自從民國三年一月結婚，至民國六年九月病歿，先後只閱三年有奇。看官試想，這一再悼亡的馮河間，能不悲從中來，泣涕漣漣嗎？……且說馮總統國璋，自悼亡後，免不得見物懷人，猶留餘痛。偏這位好大喜功的段總理，時來絮聒，今日借款，明日調兵，說得天花亂墜，儼然有踏平南方的狀態。馮總統本無心主戰，不過礙著情面，未便齟齬，所以段說一件，馮依他一件，段說兩件，馮依他兩件，表面上似乎融洽，其實馮忌段，段亦忌馮，彼此各懷意見，暗地生嫌；再加近畿一帶，水災迭見，永定河決口，南運河又決口，天津、保定低洼等處，盡成澤國；津浦鐵路北段，被水衝毀，火車不能通行，還有山東、山西，亦均報水溢，索款賑濟。[4]

我們不能認為，馮總統像三國時的袁紹那樣，胸無大志，袁紹的兒子有病，他明知有很好的戰機也不去開仗，最終成不了大氣候。但在馮總統之周夫人新喪之際，心裡本來就存有一種悲傷之情，這對於向南方用兵的情緒不能不受到一定的影響。加上他本來就不主張對南方開戰，段總理一再堅持，他也就不好去多加干涉了。

　　關於馮國璋悲情，我們按下不表，且說段總理是如何對南方用兵的。

　　段祺瑞的對南方軍閥開戰的軍事策略部署是這樣的：一是對湖南用兵以制兩廣，二是對四川用兵以制滇、黔。8月6日，段祺瑞派出自己的嫡系傅良佐取代湖南督軍譚延闓，以作制兩廣的軍事部署；派其內弟吳光新為長江上游總司令兼四川查辦使。9月9日，傅良佐率北洋軍到湖南後，即下令免除原同盟會會員、零陵鎮守使劉建藩和駐衡陽湘軍旅長林修梅的職務。18日，劉、林二人聯名通電，宣告「自主」，與海軍和西南護法各省一致行動。西南護法各省將湘督易人看作是北洋派進軍西南的信號，桂系軍閥決定派出桂、粵聯軍八十個營的兵力馳援湖南。10月3日孫中山正式下令討伐段祺瑞。湖南省護法軍組成以程潛為首的湘南總司令部，粵、桂、湘三省護法軍的總目標是會攻長沙。此時，段祺瑞也向北洋軍下達了討伐令，傅良佐任命第八師師長王汝賢（本屬馮國璋的直系）為湘南司令、第二十師師長范國璋（也是馮國璋部）為副司令，兵分三路討伐湘南。10月6日，北洋軍和湘南護法軍在湘潭西悅鋪接上了火。至此，護法戰爭正式打響。南北兩軍在汀湘南激戰了一個多月。11月14日，在馮國璋指使下，王汝賢、范國璋兩位直系將領率先在湘南前線發表了主和通電，呼籲南北停戰息爭，並沒有等到北京政府的同意，二將軍便自行停戰撤兵。王、范二將的擅自決定，打亂了段祺瑞「對湖南用兵以制兩廣」的作戰方案和策略部署，被派去湖南任督軍的傅良佐和省長周肇祥見局勢難以控制，倉皇逃離長沙。這樣，湘南的北洋軍因群龍無首，而如風潰敗，真可謂「風聲鶴唳，草木皆兵」，僅短短兩三天，寶慶、衡山、衡陽、湘潭等地相繼為湘桂聯軍所攻占。至20日，因傅良佐等撤離長沙使護法軍輕取長沙。這就是說，段祺瑞原設計的對「湖南用兵以制兩廣」的作戰計劃落空了。

　　再說段祺瑞「對四川用兵以制滇、黔」的計劃：由於粵桂湘護法聯軍在湖南的勝利，大大激勵了唐繼堯，以唐為首的滇系為對抗吳光新所率的入川北洋軍，也組成滇黔聯軍，與孫中山派往四川的中華革命黨（不同於國民黨的政黨）組織的四川國民軍（後改稱四川靖國軍）相配合，與北洋軍交戰，於 12 月 3 日攻占重慶，趕走了段祺瑞新任命的四川督軍周道剛和四川查辦使吳光新。在其他各省，由中華革命黨人和國民黨人領導組建的護法武裝也相繼而起，紛紛宣布與西南各省一致行動。規模較大的有湖北襄鄖鎮守使、鄂軍第九師師長黎天才等組織的「湖北靖國軍」，在襄陽宣布「自主」；前陝西警備軍統領郭堅組織的「陝西護法軍」，在鳳翔宣布「獨立」。此外，在山東、河南、浙江、江蘇、安徽、福建、甘肅、乃至東北等省區，都先後組織了「護法軍」、「靖國軍」，宣布「獨立」或「自主」，護法戰爭的烽煙席卷了中國大部分省區。

　　這種形勢令孫中山十分興奮，對於段祺瑞政府說，形勢相當嚴峻。在孫中山方面，他多次召集軍事會議，制定了護法北伐的進兵策略：令桂、滇兩軍肅清湘、川的北洋軍，出師合擊武漢，其他各路護法軍、靖國軍也與桂、滇軍會師武漢，然後東進南京，大舉北伐，會攻北京。

　　對此，段祺瑞、馮國璋是如何應對的呢？

　　先說馮國璋的態度。本來馮總統並不願意對南方用兵，他是主張以和為主的應對策略的。他之所以這樣做，有學者認為，是馮國璋出於自身利益的考慮，而不是出於北洋一系的整體利益的考慮。出於自己本身利益的考慮是，他一直想與段祺瑞爭奪北洋一系的正統領導地位，從不同方面限制段祺瑞的軍事實力和其地盤的擴張，在對南方用兵中，他也不太願意段祺瑞老拿他的軍隊去打頭陣，像王汝賢和范國璋，他們本是直系一派，你段祺瑞為什麼老把我的嫡系派到前方一線上去，是不是想讓我的兵力有大的消耗而助長你皖系一派的軍事實力呢？這樣一思考，馮國璋就暗中指使王汝賢、范國璋在前線通電停戰。可以設想，如果沒有馮總統的支持，作為傅良佐的部將，王汝賢和范國璋敢擅自下令通電停戰嗎？而且在沒有得到傅良佐的指示，在連北京政府的總指揮段祺瑞都不知情的情況下，前方戰將竟敢擅自決策？這件事

情，公正地說，這是馮總統辦事不周。你即便真心不願對南方用兵，你可以就此同段祺瑞經過充分協商才是，你不應該在前線出現了勝利在望的情況下，突然讓王、范停戰！段祺瑞就是有再高的指揮作戰的軍事才能，也擋不住你從中給他「使絆」，他的「討伐軍」不敗那才是不正常的。在這種情況下，傅良佐他們只好逃跑，把長沙、湖南讓給了護法軍、靖國軍。

對於段祺瑞而言，他的心中肯定有很大的委屈。趕走了黎元洪，是段祺瑞力主讓馮國璋出任代理總統的。這件政治大事，段祺瑞是擔了很大的政治風險的，就連此次南軍提出「護法」、「靖國」實際上在很大程度上也是衝著段祺瑞來的，對於馮國璋則是次之。也就是說，在這個第二次的「南北戰爭」中，南方軍閥包括孫中山在內都是把鬥爭的矛頭對準段祺瑞的。按理說，馮國璋只是坐了一個所謂的「清閒總統」的位子，段祺瑞苦撐這個危局，你是「四哥」，應該多給老弟一些支持才是。不管從哪個角度說，馮國璋不應該給段祺瑞「使絆子」。這樣一使絆子，也就拉開了直、皖二系的分裂「序幕」。

段祺瑞能多說什麼呢？他不能多說什麼。他能夠做的就是：辭職。史載，1917 年 11 月 15 日，段祺瑞十分生氣地向馮國璋遞交了辭呈，當然，對於段祺瑞說，他的辭職並不是出於真心，他只是生氣，除了生氣之外還是生氣。他那個氣呀！不想自己的一番良苦用心，連同自己一起打天下幾十年的「鐵哥兒們」——四哥就不理解我老段，還有何人明白我的一番苦心呢？他只是想給他的四哥一個顏色看一看，從內心深處看，段祺瑞還是在認真處理前方戰事的。也就是在他向馮總統遞交了辭呈的次日，即 11 月 16 日，他給前線指揮官王汝賢、范國璋發去了一封大加責斥的通電（「銑電」），指責他們的通電主和是「為虎作倀，飲鴆而甘」，並且痛論北洋派的分裂所導致的危害：「環顧國內，唯有我北方軍人實力，可以護國護法。果能一心同德，何圖不成？何力不就？辛亥、癸丑之間，我北方軍人人數不及今日三之一，地利不及今日三之一，所以能統一國家者，心志一而是非明也……北方軍人分裂，即為中國分裂之先聲；我北方實力滅亡，即為中國滅亡之徵兆。」

在對王、范電斥後，同日，段祺瑞通電各省，表示自己仍「照常任事」。（據上海《中華新報》1917 年 11 月 20 日）18 日，段祺瑞為扭轉湖南戰場上的不利局面，很不情願地頒布二道命令：一是將擅離職守的傅良佐、周肇祥撤職查辦；二是命王汝賢以湖南總司令代行湖南督軍職務，督同范國璋負責長沙防務，並告誡說：「王汝賢等當深體中央棄瑕錄用之意，嚴申約束，激勵將士，將在湘逆軍迅予驅除，以贖前愆，倘再退縮畏葸，貽誤戎機，軍法俱在，懍之慎之。」[5]

但是，王汝賢等直系將領不但不體諒段祺瑞的這一份苦心，反而掀起了更大的波瀾。就在段頒布上述命令的當天，王汝賢拱手將長沙讓給了湘桂聯軍，而且直隸督軍曹錕、江蘇督軍李純、湖北督軍王占元、江西督軍陳光遠四位直系主將則聯名發表通電，要求從即日起停戰撤兵，並聲稱願充當調停人。段祺瑞的「武力統一」政策於是又被逼進了死胡同，他自己也不得不於 20 日再度提出辭職請求。[6]

這一次段祺瑞的辭職請求與第一次的辭職請求只相差四天時間。在段祺瑞的第一次辭職請求時，馮國璋還是真心在挽留他，據說是日本政府公開站在段祺瑞的一邊，聲稱「歐戰未定之前，希望中國政局不見屢屢之變動」；同時，北洋元老派人物徐世昌怕北洋集團統一體分裂，也認為不能聽任段祺瑞內閣的瓦解。在這種內外壓力下，馮國璋不得不以支持武力統一政策為條件，不準段祺瑞辭職。這個第二次的情況就不同第一次了，時間僅僅過去了四天，馮國璋就改變了主意，準段祺瑞辭職。史載，馮國璋於 1917 年 11 月 22 日，下令免去了段祺瑞的國務院總理一職，任命外交總長汪大燮兼代國務總理。

這樣，南北之戰因段祺瑞被免職而由「主和派」在北京政府內部一度占了上風。本書一再說，在北洋政府中，國務院總理一職真的是更換得過於頻繁了。如果把汪大燮的代理總理算作是第十三任的話，那麼在一個星期之後的 11 月 30 日，馮國璋特任其直隸同鄉的北洋元老派人物（「北洋三傑」之「龍」）王士珍為署國務總理，在中華民國說來，就是第十四任總理了（需要說明的是，在黎元洪時，請王士珍出任總理，王說什麼也不幹，而此時是

馮國璋請他，他當然要幹了。簡單地說，黎不是馮，可謂此一時也，彼一時也）。

此時，馮國璋之所以起用王士珍，這個用意當是不言而喻的。因為王士珍這個人物性格與段祺瑞有所不同，他的政治主見一貫比較平和，他一般不太主張採用過激的政策。說其柔也，其中有剛；說其剛也，其中有柔。此時令王士珍署國務總理，應當說，對於馮總統的「主和」思想，形成了決策方面的一致性。在段祺瑞任總理時，馮國璋處於相對被動的領導地位，在王士珍任總理時，馮國璋處於相對主動的領導地位。這一被動與主動的位置更換，對於「南北之爭」的大局決策將有著重要的意義。

此時，馮國璋開始實施他的「南北議和」的策略方案了。且看這段文字：

為了便於議和的進行，馮還對西南方面作了一定程度的讓步，於 12 月 7 日重新任命譚延闓出任湖南督軍一職；同時又私下授意江蘇督軍李純具體主持與西南的議和活動。對此，西南的滇、桂系軍閥很快便作出了積極反應。西南軍閥本無護法的誠意（這就說明，孫中山利用他們同北京政府對抗，孫先生是上當了——引者），也缺乏與北洋軍持久抗衡的勇氣，因而在爭得了一些有限的政治、軍事權益後，便急於透過和平途徑解決爭端，以穩固其在西南地區已有的統治地位。於是，唐繼堯、陸榮廷、譚浩明等紛紛背棄孫中山的護法主張，或表示聽命中央，或飭令所部停戰，準備與北京政府謀求妥協。馮國璋滿以為「和平統一」的大功偉業可望告成，遂於 12 月 25 日發布弭戰布告，略謂：「政見不同，各國恆例。然苟有他道焉可以息爭，則寧避武力而平和……國璋夙以平和為主旨，久擬警告同胞，早弭戰禍，徒以荊、襄忽又自主，潮、汕攻擊不休，以故遲尚未發。近日上將軍陸榮廷、雲南督軍唐繼堯、廣西督軍譚浩明等，均有遵飭所屬各軍停止戰爭之表，陸榮廷且有勸告桂粵取消自主之宣言。此天心厭亂之機，即人事昭蘇之會，中央與各省均應表示同情，深願察納勸告，解息紛紜，於軍事上既得各方之結束，於政事上乃徐圖統一之進行。」但這一所謂的弭戰布告並未能真正消弭南北間的戰禍。由於馮國璋在議和問題上缺乏誠意，特別是段祺瑞主戰派的極力阻撓與破壞，使得南北議和根本不可能有任何實質性的進展。

　　馮國璋雖獨樹一幟，提出「和平統一」的主張，但這只是他用以抵制段祺瑞「武力統一」政策的手段，並不意味他真的想透過和平途徑解決南北爭端。「以調停為手段，以擊破段派雄視北部、中部，控制全國為目的，此馮派最初之計劃也。」既然議和只不過是一種政治手段，也就談不上什麼誠意了。實際上，馮國璋在和戰問題上採取的是忽而主和忽而主戰、對南言和對北言戰的投機態度。一方面他命江蘇督軍李純出任調停人，並力邀「素主和平」

　　的王士珍出任國務總理，擺出準備與西南議和的姿態；但另一方面又認為議和必須以武力作後盾，「必能戰而後能和」，並於 11 月 17 日發表通電（「筱電」，斥責王汝賢、范國璋兩人通電主和是「不顧羞恥」，使「我軍人面皮喪盡矣」，宣稱「願自帶一旅之師，親自督戰，先我士卒，以雪此羞」。而且在王士珍內閣中還兼容了「在段內閣中最以主戰名者」的曹汝霖。這種依違兩可、搖擺不定的態度，對南北議和所造成的消極影響是可想而知的。[7]

　　照這樣說，馮國璋並不是純粹的主和派，是戰是和這一切決策都以是否有利於他排斥段祺瑞的皖系一派為轉移。這樣的話，事情真的就不太好辦了。本來是北洋一系的，本應在大局方針上精誠團結，南方的反抗政府勢力不愁打不下去，你們「北洋三傑」在那裡互相掣肘，你的勁兒往東使，他的勁兒偏往西使，那怎麼成？

　　同馮國璋的忽戰忽和的作戰方針相比，段祺瑞始終沒有改變自己對南方「武力統一」的主張。馮總統縱然是把段的總理一職給免了，但是，段祺瑞並沒有閒住，他並不管你馮總統是主戰也好，主和也罷，在這個問題上，段祺瑞的態度一直是堅定不移的主戰派的總代表。來新夏主編的《北洋軍閥史》在寫了上述內容後，繼續寫道：

　　段祺瑞此時雖已下臺，但仍隱身幕後發縱指使，密為布置，以圖東山再起，繼續推行「武力統一」政策。其心腹幹將徐樹錚、靳雲鵬、曾毓雋等人更是走南串北，播煽戰火。在徐樹錚看來，段祺瑞的被罷免非但不是壞事，反而「正是大好進取之機。相蕩相磨，必有佳兆」，大可不必為此扼腕長嘆。經其多方活動，1917 年 12 月 3 日，直隸督軍曹錕、山東督軍張懷芝和奉天、

黑龍江、陝西、山西、河南、福建、浙江諸省及熱河、察哈爾、綏遠三特別區、上海護軍使等各省區的代表在天津集會。這實際上是徐州會議後督軍團的復活，而陣容和聲勢比徐州會議要大得多，除「長江三督」外，北洋軍閥控制下的各省區幾乎都派代表參加了會議。會議名義上是商議段祺瑞下野後的國內政治軍事形勢，而真正用意實是對西南軍閥的武力恫嚇及對馮國璋「和平統一」政策的抗議示威，因此，與會代表很快就在主戰與支持段祺瑞等問題上達成了一致意見。會議期間，馮國璋曾兩度派段芝貴、一度派田文烈赴津疏通，既對曹、張等的行動表示贊同，譽之為「有備無患」又解釋其對西南的方略是「先禮後兵」，而不是一味乞和，以示他與主戰派之間尚有共同語言，並許諾「將來如有借重之處，必以曹、張為司令」。但主戰派根本不予理睬。12 月 6 日，曹錕、張懷芝、張作霖、倪嗣衝、閻錫山、陳樹藩、趙倜、楊善德、盧永祥、張敬堯又聯名致電北京政府，要求立即頒發討伐西南的命令。在主戰派的威逼下，馮國璋不得不於 12 月 16 日以參謀部、陸軍部名義發布出兵命令，任命曹錕為第一路軍總司令、張懷芝為第二路軍總司令，各率所部「援應鄂、贛兩防」。18 日，又任命段祺瑞為參戰督辦，段芝貴為陸軍總長。

這樣看來，馮總統還是離不開段祺瑞的，也真是有點意思，我們寧肯相信「北洋三傑」在此時雖說已經出現了皖、直不同系別的分差，但在對付孫中山的反抗這一問題上還算是總體一致的。

馮國璋以參謀部和陸軍部的名義下發了作戰令，南北之爭的形勢驟然間出現了戰局的變化：

1918 年 1 月 14 日，吳光新率北洋軍攻占荊、襄。桂系與湘軍看到直系最終服從了主戰派的皖系，也向嶽陽發動進攻。1 月 27 日，護法聯軍攻克嶽陽（這就是說，西南軍閥並不是「吃素的」，他們也要給北軍一點顏色看看，但西南軍閥一直在打自己的小算盤——保其地盤，沒有按孫中山的指令行動，最後還是不行的），如果說西南聯軍趁著北軍兵力集中於荊、襄時而以最快的行軍速度直搗武漢的話，北軍將有一場惡戰。正是因為西南聯軍為了保全

實力，以保其湘地為滿足，就此按兵不動，最終喪失了孫中山在軍事會議上擬定的「會師武漢，占領南京，會攻北京」的作戰方案的推行。

北洋軍失其嶽陽，並沒有「氣餒」，反而主戰情緒更為高漲，也由此促使馮國璋於1月30日下達對整個西南的討伐令，命曹錕、張懷芝和張敬堯統率所部分路推進。2月中旬，各路北洋軍約十餘萬人分別向湘鄂、湘贛邊界進軍。3月18日，北洋軍的後起之秀、署理第三師師長吳佩孚率部攻占嶽陽。

終於在3月23日，馮國璋重啟段祺瑞為國務總理（就段祺瑞本人應當是第六任總理）。這將預示著北洋軍將對於南軍有一個大的動作。果不出所料，段重掌院印，對於北洋軍的調遣力度更大，對南軍的強力進攻由此展開。3月26日，吳佩孚占領長沙。北洋政府旋即任命張敬堯為湖南督軍兼省長，命吳佩孚等部分左、中、右三路向湘南進軍。4月24日，吳佩孚率中路軍占領衡陽，湖南大部地區在北洋軍掌控之中。

如果戰局如此發展下去，結果很快即可見分曉。但由於段祺瑞對某些官職的任用而引起前方某些戰將的不滿，最終導致事態的一波三折。有記載說，進攻湖南的第一路軍總司令曹錕及其部下——署第三師師長吳佩孚本為直系軍人，揮師南下後連克嶽陽、長沙、衡陽，戰功最大，而段祺瑞政府竟把湘督兼省長一職授予皖派嫡系張敬堯，這件事情令曹錕和吳佩孚極為不滿，由此引發了直、皖之間矛盾的再度激化。為了發洩這種不滿情緒，曹錕授意吳佩孚在占領衡陽後按兵不動。接下來，曹錕於5月底擅自回師天津，也就是說，曹錕這個前方主帥在沒有接到任何撤軍命令的情況下把自己的部隊從南方前線撤回他原來駐防的天津，他怕他的後院失火。吳佩孚不但按兵不動，反而還與湘軍譚延闓、趙恆惕的代表祕密談判，在段祺瑞並不知情的情況下於6月15日擅自簽訂了停戰協定。

請看這段文字：

與此同時，吳佩孚還發起了一個通電請罷戰的「和平運動」。8月7日，吳佩孚致電李純，公然指責（他的老師）段祺瑞的「武力統一」政策是一種亡國政策；21日，他又通電全國，吁請息爭禦侮，並要求馮國璋「頒布通國

一體罷戰之明令」。吳佩孚作為一名晚輩學生、區區師長，竟敢違抗中央命令，並痛批前輩師尊、內閣總理段祺瑞的逆鱗，使段大為震怒。8 月 22 日，張宗昌從湘南前線致電北京政府，密報吳佩孚與湘軍簽訂停戰協定事，「段祺瑞閱電大憤，開參陸臨時會議商議辦法，北方重要軍官多列席，相視無語」。8 月 24 日，段致電吳予以申飭道：「該師長軍人也，當恪守軍人應盡服從之天職，不然爾將何以馭下！」並以老師的身分教訓說：「爾從吾有年，教育或有末周，餘當自責，嗣後勿再妄談政治也。」與此同時，張敬堯、倪嗣衝、張作霖等人也紛紛發表通電，對吳佩孚大加指責。但吳佩孚毫不示弱，據理力爭，與主戰派展開了一場火藥味極濃的電報戰。在 8 月 24 日的通電中，吳斥責張敬堯等人「是有意窮兵黷武」，威脅要把前線各軍迅速撤歸本省，湖南防務則交由湘督自行派軍隊接管。26 日，吳又通電反駁了段祺瑞的責難，並反唇相訊道：「學生此舉，乃仿效我師在孝感時通電共和之宣布也，實係由我師教育而來，並非節外生枝。」[8]

　　吳佩孚的行為，直接導致了三個結果：其一，打亂了段祺瑞的「武力統一」的整體方案；其二，使西南各軍閥保存了自己的地盤，並為後來孫中山被排擠創下了條件；其三，使孫中山的會師武漢，占領南京，會攻北京的「護法運動」流產。

註釋

[1] 研究系是由進步黨脫胎的一個政治派系。得名於 1916 年在北京成立的「憲法研究會」，其領袖人物是梁啟超、湯化龍，其骨幹分子是在 1906 的「君主立憲」運動中曾經跟梁合作過的一批官僚士紳，主張改良主義。在政治上先依靠袁世凱。現段祺瑞內閣中有他們的勢力。

[2] 來新夏：《北洋軍閥史》（上冊），南開大學出版社 200 年 12 月第 1 版，第 481 頁。

[3] 來新夏：《北洋軍閥史》（上冊），南開大學出版社 2000 年 12 月第 1 版，第 485 頁

[4] 蔡東藩：《民國演義》第八十九回

[5] 吳廷燮：《合肥執政年譜初稿》，來新夏主編《中國近代史資料叢刊．北洋軍閥》（五），上海人民出版社 1993 年版，第 153 頁。

[6] 上述內容可見來新夏主編的《北洋軍閥史》（上冊），南開大學出版社 200 年 12 月第 11，第 491 頁。

[7] 來新夏：《北洋軍閥史》（上冊），南開大學出版社 2000 年 12 月第 1 版，第 492-493 頁

[8] 來新夏：《北洋軍閥史》（上冊），南開大學出版社 2000 年 12 月第 1 版，第 499-500 頁

第二十二章 兄弟鬩於牆兩敗俱傷府院易其主漁翁得利

　　馮國璋和段祺瑞本不是同胞兄弟，但卻勝似兄弟。既為兄弟，免不了有「鬩於牆」之時。有學者認為，馮國璋、段祺瑞兄弟的鬩於牆早在武昌起義時就已經初現端倪，說的是他們兄弟二人在袁世凱出山後指揮對革命軍作戰時，馮國璋不顧袁世凱的「良苦用心」而一味地對革命軍大加打殺，弄得袁世凱想跟清廷就革命軍這張牌而討價還價即不太好辦，還是段祺瑞能夠揣摩到袁世凱的心思，替老袁解了圍。從那個時候起，直、皖之分野已經有所徵兆。

　　本書的看法是，馮國璋、段祺瑞不可能在那個時候即有「鬩牆」之虞。

　　隨著時間的推移，政局的變遷，馮國璋、段祺瑞鬩於牆還是出現了，只是這一出現的時間則在袁世凱稱帝前後。我們知道，在袁氏醉心稱帝時，有些「性情中人」的段祺瑞不與老袁合作則是公開的。而馮國璋則有所不同，儘管他也反對袁氏稱帝，但他還在老袁的旗幟下幹他應當幹的事業，並沒有對老袁表示出公開的對抗。他對於老袁並不是沒有對抗，只是這個對抗出現在老袁無法支撐的時候，所謂「牆倒眾人推」之時。既然大家都去推這堵欲倒之牆，馮國璋再加上一把力又有何妨。就是說，馮國璋不加這一把力，老袁的這堵牆也是要倒的。「雄雞不叫天也明」，天終究是要明的，只是雄雞在天明之前必會叫。在這個時候，馮國璋是馮國璋，段祺瑞是段祺瑞，他們兄弟二人並沒有鬩牆之爭。相反，在黎總統倒臺之後，段祺瑞在中央政府內比馮國璋在江蘇督軍的位上要重要一些，儘管此時的馮國璋是黎元洪時代的副總統。此時的段總理力挺馮國璋，讓他的這位四哥出任代總統，據有關回憶說，段祺瑞給馮國璋的電報，催他到北京就代理總統一職，電文只有四個字：「四哥快來！」[1] 可見馮國璋、段祺瑞關係之一斑。

　　當段祺瑞從天津殺回京都後，他首先想到的是他的四哥馮國璋，只有讓四哥出來接替代理總統位，段祺瑞心中方可踏實。為什麼呢？因為兄弟倆畢竟在一起共事多年，在袁世凱時代，他們兄弟倆可以說是袁氏的左膀右臂。

　　此時的王士珍已經離開了政治和官場，回到老家河北正定去當他的寓公了。我們可以設想一下，要不是老袁稱帝心切、袁大公子克定想當太子心切，在段祺瑞稱病不出，那個陸軍總長沒有合適人選的情況下，袁大公子定要去正定給王士珍跪請，我們寧肯相信，「北洋三傑」之「龍」大概、可能、也許在家怡養天年了。

　　政治這個玩意兒有時是不太好說的，你一旦染指其中，可能就會有點「老鱉爬（趴）到醋壇子上──蓋（概）不由己」了。我們看王士珍就是這樣，應當說，他是比較穩妥的人物，在袁世凱要稱帝時，他礙於情面，出來為老袁幫了忙。老袁死後，在段祺瑞的決策下，讓黎元洪繼任了總統（當然這也是《約法》所規定的），王士珍並沒有這樣的武斷。張勳復辟時，段祺瑞已經在天津「閒居」，張勳所作出的荒唐決定──去紫禁城請小皇帝登基，王士珍難道不知道這個舉措荒唐嗎？他肯定是清楚的，但仍然礙於情面，又不得不陪同張勳一起去演這個荒唐鬧劇，他也和張勳一樣，在那個過了時的小皇帝面前行叩拜之禮！在段祺瑞看來，北洋三傑也可以稱為北洋三兄弟，我們並不知道他們三兄弟是否「拜過八字」，但可以說，在袁世凱時代，北洋三傑在他們三人之中，是可以稱兄道弟的。既然是三兄弟，他們當然也有閱牆之時。但是，在歷史的關鍵時刻，段祺瑞想到了他的四哥馮國璋，要由其四哥馮國璋出來當這個中華民國第四任總統（儘管是代理）。

　　馮國璋來了，他是在段祺瑞的反覆電催後才來的，來之姍姍，意之遲遲，為什麼來得遲了一些呢？據說是為了一筆生意，為了多弄幾個錢。僅這一點，段祺瑞還是給足了他的四哥的面子，不讓部下去說這一事情，段祺瑞本人也就此事裝聾作啞。

　　馮國璋到任後，也的確和段祺瑞配合默契，兄弟倆步調一致，把對德宣戰的棘手問題給解決了。[2] 要知道，他們所面對的困難並不僅僅是一個對德宣戰的問題，而是還有更大的問題或者說更大的困難在等待著他們兄弟

俩——總統和總理——去解決。這就是更為棘手的西南軍閥獨立和孫中山先生的「護法運動」！馮國璋、段祺瑞鬩於牆之事則由此而起！

要說馮國璋和段祺瑞兄弟間的不快，我看他們二人各有其責。

就段總理說，他要堅持對南方用兵，要用武力統一中國。而論武力，就得有大筆的軍費開支，當時，那個千瘡百孔的中國哪有這筆大錢去用於南北戰爭啊！但這個仗還必須得打，得打這個仗就得用錢，這是一個鐵的定律，那就只好去借款了。向何人去借？當時只有日本和美國兩家可以支持段政府的借款。但是，此時的美國因其他一些原因而不願幫老段的這個忙，這樣，剩下的只有日本一家了。傳統的說法認為，段祺瑞是親日派，是日本人的走狗。本書對於這個傳統的觀點則有一些不同的看法。任何一個國家，在任何時代都是比較注意邦交正常化的，誰都不可能把自己置身於外國的敵對狀態之中。就當時的中國說，內憂外患都有，可謂「亂蜂蜇頭」，你是顧得了頭而顧不了腚。要想公道，打個顛倒。若站在段祺瑞這個總理的立場上，我們可以設身處地地去想一想，如果這個總理換給你，你作何處理？當然，段祺瑞向日本人借款，有些的確是犧牲了中國的利益的，這些方面，在本書看來，段總理所得詬病也是在所難免，他應當承擔這些責任，他應當聽這些罵聲！我們不妨向前推一點，看一下清末的重臣李鴻章與日本所簽訂的《辛丑條約》，賠款四萬萬五千萬兩；准許各國在北京的東交民巷設立使館；拆除大沽炮臺和從大沽到北京沿線全部炮臺，准許各國軍隊駐扎在京榆鐵路沿線的山海關等十二個策略重地等，這些條款把原本苦難的中國再度推向了更加苦難的境地。但這是李鴻章本人所願意的嗎？他在此之前也是千方百計想迴避這個做法，但老慈禧非讓他去履行這個「義務」，他自知自己將由此在中國歷史上落下千古罵名，但他也只能去直面承擔！他在與日本人的周旋中，盡量減少中國的損失，說到動情處，李大人竟然說再減少一點賠款，也算是你們給我一點回程的路費，好嗎？但小日本就是不答應！在簽訂這樣的喪權辱國的條約後，他憂慮致疾，不多久便吐血身死。再看段祺的這些借款之舉，都是為了「武力統一」而所為。在北洋軍閥統治時期，段祺瑞算得上一個自身清廉的高官，人稱「六不總理」（不抽、不喝、不嫖、不賭、不貪、不占）。可以設想，這樣一位大權在握的人物，能夠「廉潔自律」，即使在任何時代

都是可貴的。也有學者認為，作為一個統治者，關鍵的問題並不是在這一點上，而是看他的大政方針。我們同意這個觀點，但我們認為，從儒家的「修、齊、治、平」的傳統觀念看，段祺瑞還算是一個舊時代的對於儒家思想的踐履者，這是毋庸諱言的。但是，從另一方面看，段祺瑞與馮國璋的鬩牆糾紛，也不能不從其向日本人大借款說起，因為，段祺瑞的借款是為支持他的武力統一中國政策服務的。而恰在這個問題上，馮國璋不同意段祺瑞的主張，這是馮國璋、段祺瑞鬩於牆的根本由起。

還有不得不說的是，段祺瑞的另一個失誤不能不說是由於他的「小扇子軍師」徐樹錚在不少時候為老段的錯誤發揮了推波助瀾的作用。毋庸諱言，小徐在不少時候為老段幫了忙（在老段看來，那是正忙，並非倒忙），但我們不能不說這些所謂的「正忙」為段祺瑞這個歷史人物的塑造發揮了一種歷史定論式的永久定格。比如說：

1918 年 2 月 25 日，徐樹錚運動張作霖所部奉軍在秦皇島截劫了北京政府從日本購置的軍械。次日，張作霖通電解釋截劫軍械的原委說：「討伐令下，敝軍亟應南征，只因缺乏軍械未能早發，呈請則需時日，運京而復運奉更費周旋，不得已留用而後呈報。」（這種解釋甚是荒唐一引者）其實，截械是徐樹錚與張作霖之間達成的一筆交易。這批軍械原係段祺瑞任總理時以參戰名義向日本訂購的，共有步槍兩萬七千餘支，除一部分應撥歸山西、陝西兩省外，其餘的將分批運京，由參陸辦公處會同陸軍部調配。徐樹錚擔心這批軍械運京後，馮國璋、王士珍會劃撥給直系軍隊，故圖謀中途截劫，考慮到自身力量有限，他遂運動奉系軍閥張作霖，聯合在秦皇島製造了這起截械事件。徐樹錚給張作霖開列的條件與要求是：「奉軍本有六旅人在關內，還可以讓奉軍再進來六旅，截得之軍械，四分之三給奉天，徐得四分之一。奉軍則由孫烈臣率領沿京奉路到天津廊坊一帶威脅現政府。張作霖久有擴軍打算，唯苦於軍械匱乏；同時經過多年的經營，他已基本確立了在關外的一統地位，極欲將勢力伸進關內，因此，在截械問題上與徐樹錚一拍即合。秦皇島截械後，張作霖一方面積極擴編軍隊，先後增編了一個師（暫編第一師）和五個混成旅；另一方面，又以南下「討伐」為藉口，大舉揮師入關，並密布兵力於天津廊坊及北京豐臺一帶，對北京政府形成直接威脅之勢。3 月 12 日，更

在軍糧城設立奉軍總司令部，張自任總司令，徐樹錚為副司令，代行總司令職權。[3]

像這樣的大事情，段祺瑞未必詳知其情。恐怕是「小扇子軍師」徐樹錚一人所為，從其主觀願望上說，是為段祺瑞的皖系幫忙，以打擊馮國璋的直系，他怕馮國璋得到這批軍械後用以擴充他的軍隊，但這一行為的後果將是把「東北虎」引入到了關內，形成奉系覬覦中央政權的惡劣後果，同時，也為馮國璋、段祺瑞的「鬩於牆」增添了「加速劑」。類似這種情況，不光段祺瑞一方有，馮國璋一方也有。堡壘最容易從內部攻破，馮國璋、段祺瑞之裂隙當從這些方面而緣起。但這些裂隙從另一方面看，也為段祺瑞復出任國務總理創造了條件。

他們兄弟二人，一個多重於「情」，一個偏重於「理」。段祺瑞之重情，有一股子英雄之氣，自己一旦拿定了主意，就是唯我獨尊，老子天下第一！他能幹成一番大事，成就一個大業，天大的事，在他段祺瑞這裡，他獨擔之，他寧折不彎，寧死不屈。而在馮國璋，他的主事則過於優柔，他的「柔」則大於他的「剛」。但並不是絕對的，比如在袁世凱時代，在鎮壓武昌起義的戰爭中，馮國璋當然也有他的純剛的一面，而那時的段祺瑞則過多地表現出他的理性，他能夠審時度勢，知道在與清、革命黨人、老袁這三方勢力的周旋中自己如何妥善處之。也正是在這種情況下，老袁對段祺瑞的評價高於馮國璋。至此，我們只能說，此一時也，彼一時也。

不管怎麼說，馮國璋和段祺瑞二人在他們的性格特徵上是迥然不同的。這種不同，最終導致他們兄弟二人的「鬩牆之爭」，導致了段祺瑞總理的被免職。但是，最富戲劇性的是，在段祺瑞被免職後的一段時日裡，馮國璋的主和政策並沒有多少大的起色。從表面上看，西南的桂、滇兩系軍閥的思想和馮國璋的主和政策是一致的，但是，如果對西南軍閥的主和思想略作一點分析，不難看出，此中大有玄機。概而言之，他們想就此和馮國璋所倡導的主和聯起手來，把孫中山排擠出去，使孫中山的「護法運動」無法繼續下去。

1918 年 1 月，由桂系軍閥發起，成立護法各省聯合會議，試圖成為與孫中山所成立的軍政府相抗衡的另一政權機構。2 月，又由國民黨穩健派人士

出面，正式提出改組軍政府的主張，並擬定《中華民國軍政府組織大綱修正案》七條，其中心用意在於改大元帥單獨首領制為若干總裁合議制，以排擠孫中山。4月10日，滇系軍閥唐繼堯率先通電西南各省支持這一主張，提出護法各省現宜遙戴黎元洪或馮國璋為大總統，至於孫中山，「則宜游歷各國，辦理外交」。5月4日，在學政系及益友社（和下文中所說到的「政學會」等，都是民初的企圖從「學理」上解釋時政的政治派別，其成員有一些參與國會議員）的操縱下，不顧孫中山和中華革命黨議員的堅決反對，非常國會竟強行透過了《修正軍政府組織法案》。當日孫中山即向非常國會提出辭呈，並發表大元帥辭職通電。他在電文中回顧護法以來的艱難歷程，憤然指出：「顧吾國之大患，莫大於武人之爭雄，南與北如一丘之貉。雖號稱護法之省，亦莫肯俯首於法律及民意之下。」實際上，在孫中山會同西南軍閥成立護法軍政府時，由於孫中山自己被選為軍政府大元帥，而唐繼堯和陸榮廷為元帥，他們的心中本來就不服氣。認為你孫中山手中並無軍隊這個「殺手鐧」、「硬頭貨」，你怎麼就可以當大元帥，我們則只可當大元帥下的元帥（意為小元帥），他們始終就沒有到任。這種結果是可想而知的。早晚有一天，他們會起來把孫中山趕跑，這不，果不出所料。改組後的軍政府完全由桂、滇軍閥及其附庸政學會所控制，護法也就成了空名。孫中山看透了西南實力派名為護法，實為爭奪地盤的面目，認識到依靠軍閥不可能達到護法救國的目的，遂離開廣州前往上海，護法運動宣告失敗。

也就是說，北京政府即馮國璋所主張的和平安撫政策也是失敗的，這個失敗並不是說它助就了孫中山的護法運動的失敗，而是它為西南軍閥打下了一個足可與北京政府抗衡的另一政府——軍政府！這既是西南軍閥們的「成功」，也是孫中山的失敗，但這也不能不說是馮國璋的主和政策的失敗，因為它並沒有使西南軍閥服從中央的統一大局。

說罷西南局勢這一段，再回過頭來說馮國璋讓段祺瑞重出就職國務總理一事。

我們在前文中已經說過，由於段總理手下的「小扇子軍師」徐樹錚和東北的軍閥張作霖達成協議，結果把「東北王」引入關內，奉系軍閥從此開始

了對北京政府爭權奪利的活動。這種局勢並非段祺瑞的本意，更不是馮國璋所希望的，這一結果的出現，全由於徐樹錚怕從日本回來的那批軍械被直系瓜分而擅自所為。奉系介入，馮國璋本人當然無力化解這一矛盾，此時接替段祺瑞任國務總理的王士珍也沒有更好的辦法解決這一棘手的大問題，此事是「禿子頭上的虱子——明擺著」，必須讓段祺瑞出來收拾這個局面。

在段祺瑞再任總理之前，馮國璋已經改變了自己對西南的策略，他又對西南宣戰了，只是段祺瑞再出任總理後，這種對西南用兵的力度加大了。段再次出山後，北洋軍僅在短短的一個月內，又一路陷長沙，克衡山，占衡陽，大有直搗軍政府所在地廣東之勢。段祺瑞為此信心十足地與倪嗣衝談起其誓將收復廣東的決心道：「粵亂不平，則政府無由存在，故無論如何困難，必先勘定粵省，一息尚存，此志不渝。」徐樹錚更是聲稱不打到廣州，絕不罷兵；並制定了三路攻粵的軍事計劃，即以張懷芝為中路司令、李厚基為左路司令、吳佩孚為右路司令，分別率部由江西、福建、湖南三路進攻廣東。[4] 但這一主戰派蓬勃發展的勢頭並沒有堅持多久，又因直系將領們的各懷心態而停頓了下來，這就回到了我們在前文中說到的段祺瑞的學生吳佩孚與其師的電文紛爭上。

此時的段祺瑞對於馮國璋及其部將們的這種忽戰忽和已經沒有多少興趣了。在小扇子軍師徐樹錚等人的圖謀下（當然也少不了協助段祺瑞「三造共和」的大文豪梁啟超出謀劃策），想另闢溪徑——製造新國會，另立新總統。

這就說到了「安福俱樂部」的事件上了。

本書已經說過，袁世凱想稱帝，先有一個思想政治方面的輿論在前，那就是以楊度為首的所謂「六君子」所辦的「籌安會」，寫了不少文章，為袁氏稱帝作準備。而「安福俱樂部」也有這個方面的意義，所不同的是並不是鼓動讓某某復辟稱帝，而是為選舉一個讓段祺瑞政府滿意的新總統，以取代馮代總統的地位，因為馮代總統總不能長此代理下去，總得有一個正式總統的選舉才合民國的共和制。而選舉總統按照民國約法得有一個國會的產生，由國會中的議員投票選舉。過去的那個舊國會已經被宣布取消了（張勛復辟時逼黎元洪總統下令取消的，有說這是段祺瑞的指示所為，本書認為此說不

太準確，固然舊國會對於段祺瑞政府有些礙手礙腳的，但那畢竟是張勳所開列的條件）。我們在前文中已經說到馮代總統想辭職，但無處可辭，說的就是這個問題。安福俱樂部（又稱「安福國會」）就是為先產生議員而後開國會以選舉總統而成立的。議員也是一個大問題，不是說共和制國家嘛，議員們要從不同的黨派中產生出來。哪一個黨派的議員人數多，哪個黨派即可控制國會，所選出的總統當然可以代表這個黨派的意志。從這個意義上說，議員的數量也是相當重要的。安福俱樂部就是要造就某一黨派的議員多數以便控制國會。確切地說，安福俱樂部是段祺瑞的皖系軍閥為操縱國會、把持政權而組建的御用政黨。其正式成立的時間是 1918 年 3 月，而醞釀籌備早就著手了。

請看這段文字：

1917 年 11 月臨時參議院在北京開會期間，皖系政客王揖唐、曾毓雋、光雲錦等人為了招待各地到京的參議員，並便於各方面有關人員的聯絡接洽，在西單安福胡同租賃了一所較寬大的房捨，名曰梁宅（梁式堂宅）。起初，梁宅聚會並無專人召集、主持，不過參加的這些人在晚間無事的時候，隨便到那裡坐坐，或三五人，或十數人，彼此閒談，有時也涉及政治問題，但沒有任何會議形式，僅僅是同仁交換政見，聯絡感情而已。後來參加者日多，娛樂器具也隨之添設，如棋類，麻雀牌等，於是在一般的聚會之外，又兼具俱樂部的性質。但那時對外仍只用安福胡同梁宅名義，因而政治意味並不很濃，在社會上也沒引起多大的注意。及至 1918 年 2 月修正國會組織法及參眾兩院議員選舉法公布之後，為了商討有關國會選舉的問題，皖系及親皖系的官僚、政客在梁宅的聚會次數越來越頻繁，人數也越來越多，於是安福胡同內，車如流水馬如龍，人如蟻赴門如市，極一時之盛，儼然一黨之機關部。3 月 7 日晚，王揖唐、曾毓雋、王印川、光雲錦、鄭萬瞻等人又在梁宅開會。大家一致認為日後到各地方去經營選舉，必須有一個足資號召的具有政黨性質的組織，方好開展工作。但考慮到黨派名目在當時很為人們所不齒，已成為爭權逐利的代名詞，所以，經反覆商議，他們決定不採用黨名，將這一組織名為安福俱樂部，並將 3 月 8 日作為正式成立日。[5]

關於「安福國會」操縱選舉一事，可見這樣記述與評說：

安福俱樂部成立後，即派遣骨幹分赴各省活動，全力投入國會的選舉。為了達到包攬選舉的目的，徐樹錚從「財神」梁士詒處籌措了三百萬元巨款，並利用自己身任奉軍副司令職務的便利，挪用奉軍軍餉二百餘萬元，全部交給王揖唐支配使用；而且，他還在緊張地運籌對南方戰事的同時，親自指揮了這一場另一種意義上的「戰事」，除與山西督軍閻錫山、陝西督軍陳樹藩等人頻頻密電往來籌商有關對策外，還親手擬定了參眾兩院議員候選人的名單。

……除竭力排斥國民黨人當選外，徐樹錚還一再告誡各地的親信黨羽，要他們在選舉中嚴密監視曾一度是皖系軍閥政治盟友的研究系的活動，以防該黨成員滲入……在徐樹錚等人的指使下，各地的安福系黨徒隨即活動起來，採取官憲干預、高價買票、抽幫換底、移花接木等非法手段，上演了一幕幕令人作嘔的選舉醜劇……

江蘇省為直系軍閥的地盤，馮國璋經營既久，預示了在該省的選舉中他所支持的研究系與安福系之間必有一番激烈的較量。眾議院議員選舉結果，安福系稍占上風，在淮揚、滬海、蘇常、徐海、金道陵諸道中共占 14 個名額，而研究系僅占 7 名。安福系首戰告捷，急欲在參議院議員選舉中一鼓作氣擊敗研究系，因而特派段書雲攜帶巨款，赴該省活動。研究系則不甘示弱，也派健將藍公武坐鎮該省，指揮一切，以圖挽回不利局面。雙方各施隱謀，各顯神通，競爭異常激烈。參議院議員初選之日，擔任監督的江寧知事孫某受各方面運動，故意將天字匭、地字匭、玄字匭等票匭設置一處，由於票匭未能顯加區別，再加上管理員、監察員維持不力，致使投票時連連發生錯投和哄搶選票的現象，場中秩序因此大亂，叫罵聲響成一片。管理員見狀不妙，趕緊棄匭逃避，選票遂灑落滿地，票匭也在混亂中被搗毀……

至 7 月底，選舉結果全部揭曉，共選出參議員 147 名，眾議員 325 名，兩院合得 472 名（根據臨時參議院議決的《修正中華民國國會組織法》，此屆國會參眾兩院議員總額為 576 名，但因西南護法各省抵制選舉，故實際選出者不足此數）。其中安福系獨占鰲頭，議員總數達 330 餘名，成為唯一能

左右國會的多數黨；新舊交通系次之，共有議員100多名；研究系則慘遭失敗，僅占 20 餘名。[6]

　　國會議員的選舉塵埃落定，隨後便進行參眾兩院的正副議長的選舉。舊交通系的梁士詒、朱啟鈐分別當選為參議院正副議長，安福系的王揖唐、劉恩格則分別當選為眾議院正副議長。這個國會自命是賡續「第一屆國會」，而被稱為「第二屆國會」，但由於它是在安福系一手包辦製造而成的，安福系議員在國會中又占絕對多數，因此，人們戲稱其為「安福國會」。下一步就是正式總統的選舉了。

　　請讀這段文字：

　　參眾兩院正副議長選定後，總統選舉問題便提上了議事日程。段祺瑞等組織安福俱樂部、製造安福國會的最直接的政治目的，無非是利用馮國璋代理大總統任期即將屆滿的機會，另選總統為根本倒馮之計，以便於「武力統一」政策的推行。因此，國會開幕不久，安福系議員便鼓動進行新一任總統的選舉。當時有資望作為總統候選人的，有馮國璋、段祺瑞、徐世昌三人。馮國璋被認為是對連任「最具熱心」之人。但當他看到段祺瑞等已透過安福俱樂部把持了國會，自己決無「扶正」希望後，便打消了競選的念頭。並於8月12日國會開幕的當天通電表白自己的告退決心道：「今距就職代理之日，已逾一年，而求所謂統一和平，乃如夢幻泡影之杳無把握。推原其故，則國璋一人，實屍其咎……所足以自白於天下者，唯是自知之明，自責之切，速避高位，以待能者而已。今者攝職之期，業將屆滿，國會開議，即在目前。所冀國會議員，各本良心上之主張，公舉一德望兼備，足以復統一而造平和者，以副《約法》精神之所在，則國本以固，隱患以消……若謂國璋有意戀棧，且以競爭選舉相疑，此乃局外人之流言，豈知局中之負疚？蓋國璋渴望國會之速成，以求時局之大定，則有之，其他絲毫權力之心，固已洗滌淨盡矣。」從電文中不難看出，馮國璋宣布不參加總統競選是以繼任總統應是「足以復統一而造平和者」為前提條件的，這實際上是明擺著在跟段祺瑞叫關：他若不想當總統，段也休想做總統夢；他若告退，段也必須同時下野。

段祺瑞一方雖一致主張驅馮下臺，但在舉誰為繼任總統的問題上，意見卻並不一致。一種意見主張擁戴段祺瑞出任總統，認為「我們費盡氣力，辦成新國會，應當選舉我們的首領當大總統；而且想要搞政治，就得親自去搞，不能假手他人」。另一種意見則提議迎請徐世昌出山主持大局，理由是：「北洋派已經分為直、皖兩系，現在直系首領馮國璋以副總統代理總統職務，假如舉段不舉馮，勢必迫使兩系之分裂益形變化；徐世昌為北洋元老，無人反對，他既有實力，而又接近我們，必能為我們所用。」段祺瑞自己雖無躍登權力極峰之意，但由於擔心與馮國璋直系軍閥的矛盾會因此而進一步加劇，甚至過早地發生火並；更重要的是他當政後因一意孤行地推行窮兵黷武、賣國媚外的政策而大遭輿論攻擊，民心盡失，因而不能不有所顧忌；加上他「對於政治重在權不在位」，「私以為徐為總統，己為總理，必能合作大行其志」，因此，權衡再三，他決定採納後一種意見，退出總統競選，而一意推舉徐世昌出任總統。

徐世昌作為北洋元老，資歷尤在馮國璋、段祺瑞之上，其對總統之位也早有覬覦之心，而且「其部下之活動亦殊強烈」。但老奸巨猾、善於玩弄權術的徐此時卻玩起了欲擒故縱的把戲，表面上對總統問題裝出一副極為冷淡的態度，即使馮國璋、段祺瑞兩人均有讓賢之表示，他也推三阻四，不肯爽快答應。其實，徐並非不想出山，也不是有意謙讓，而是不願意接受段祺瑞等為他安排的傀儡總統的角色……在各方面的一致敦請促駕下，徐世昌遂提出了既能不當傀儡總統又可緩和馮國璋、段祺瑞衝突的所謂出山條件：「馮段同時下臺，馮段兩派的人也同時去職。」段祺瑞既遭馮國璋逼迫於先，又受徐世昌要挾於後，也就不好再作戀棧之想了。8 月 31 日，他通電宣布願意辭職……[7]

1918 年 10 月 10 日，徐世昌在京宣誓就任中華民國大總統，同時與馮國璋行新舊總統交接典禮。當天，徐世昌發表上任後的第一道命令：準予免去段祺瑞內閣總理職務，由內務總長錢能訓暫行代理。這樣，北京政府最終實現了馮國璋和段祺瑞同時下野，徐世昌上臺主政的局面。

　　馮國璋與段祺瑞「兄弟鬩於牆」的結果，《北洋軍閥史》的評論說：馮在事實上困倒了段，段在法理上擊敗了馮，可謂兩敗俱傷，而一直處於清客地位的徐世昌則坐收漁人之利，唾手取得了大總統職位。

　　古語說：兄弟鬩於牆，夕卜御其侮。但在馮國璋、段祺瑞兄弟之爭中，語已黯然失色；古語又說：鷸蚌相爭，漁人得利。本語在徐世昌就任總統中得以應驗。

　　馮國璋和段祺瑞這對多年兄弟親手導演的這出「政治鬧劇」，最終導致兄弟雙雙下野的結局，我們將作何感想呢……

註釋

[1] 文斐編：《我所知道的「北洋三傑」》，中國文史出版社 2004 年 1 月第 1 版，第 212 頁。

[2] 對德宣戰，中國方面並沒有出兵，僅僅是派出了二十萬勞工。關於對德宣戰一事，比較複雜些，之所以比較複雜，背後各有帝國主義的支持。在當時的國情下，我們不可以輕易說某某軍閥是某某帝國主義的走狗之類的話，軍閥們各依附不同的帝國主義是有原因的。就馮國璋和段祺瑞而論，說馮依靠的是英、美，段依靠的是老日。但從另一方面看，馮國璋並沒有給英、美辦多少事，段祺瑞充其量從日本人那裡借了款，在後來的中日戰爭中，段祺瑞並沒有把中國出賣給老日，相反，他倒是積極主張抗日的。

[3] 來新夏：《北洋軍閥史》（上冊），南開大學出版社 2000 年 12 月第 1 期，第 496-497 頁。

[4] 來新夏：《北洋軍閥史》（上冊），南開大學出版社 2000 年 12 月第 1 期，第 498 頁。

[5] 來新夏：《北洋軍閥史》（上冊），南開大學出版社 2000 年 12 月第 1 期，第 534-535 頁。

[6] 來新夏：《北洋軍閥史》（上冊），南開大學出版社 2000 年 12 月第 1 期，第 537-541 頁。

[7] 來新夏：《北洋軍閥史》（上冊），南開大學出版社 2000 年 12 月第 1 期，第 543-546 頁。

第二十三章 徐總統頒發和平令段督辦組建國防軍

　　馮國璋、段祺瑞因政見不同而水火不容，最終導致徐世昌坐上了中華民國大總統的第一把交椅。馮國璋、段祺瑞自袁世凱小站練兵就在一起磨爬滾打的兄弟從此天各一方。一年以後，即 1919 年 12 月 28 日，被段祺瑞老稱四哥的馮前（代）總統病逝於北京，享年 61 歲。四哥已逝，不可再來與他論爭對西南軍閥是戰是和的是是非非的問題了。

　　根據馮國璋之子馮家邁的回憶資料，可知馮國璋、段祺瑞兄弟之感情非同一般，現摘錄於後：

　　我父親和王士珍、段祺瑞三個號稱「北洋三傑」。從天津的北洋武備學堂起，就是同學，並且還成了結義兄弟（我父親居長，王居次，段最小）。後來，袁世凱在「小站練兵」，他們又開始在一起做事。因此，他們之間的感情，向來是親密融洽的。他們三個人中間，我父親和王士珍始終保持著良好的友誼關係，在我父親就任代理總統以前和段祺瑞也還是友好無間的。例如：在袁世凱升任山東巡撫以後，他們三個人都隨同著到了山東。那時他們白天在一起辦公，下了班，就經常一同回到我們家裡來談天說地。這期間我們家有一個家塾，由我三伯父琥璋擔任塾師。在家塾就讀的學生，除了我大哥、二哥、三哥以外，還有吳光新（段祺瑞的內弟——引者）、段宏業（段祺瑞的長子 -- 引者）和段的三兄弟等一共六人。當時，段祺瑞對待我的哥哥們的學業，是和對待他的子弟們同樣重視的。並且，我的哥哥們也還由於學習得不好，受過他的申斥甚至責打。當我父親有病時，醫生所開的藥方，有時就需要經過段的同意以後，才能煎給我父親吃。

　　當張勛復辟失敗後，黎元洪不肯出來復職時，我父親正以副總統的地位駐在南京，自應由我父親依法代理。當時，我父親和他左右的人們對於這一問題有著兩種意見：一種是，先在南京就職。理由是，由段祺瑞惹起的和黎元洪的府院之爭，或者不至於在我父親身上重演；另一種意見是到北京就職。

正在這個時候，段給我父親打來了一個親擬的電報，電文是乾乾脆脆的四個字：四哥快來！我父親接到這個電報以後，一方面拿在手裡指給在他身邊的一些人看，一方面又以得意、慶幸的神情和大家說：「你們看，芝泉這個粗！芝泉這個粗！」不久，我父親便動身前往北京去了。

我父親到了北京，就任了代理總統。可是，第二次的府院之爭卻從此開始。這一次的政爭，不但貫串於我父親的整個在職期間，同時，段對我父親的私人感情，也由於政見不和幾乎破裂。這是我父親所領料不到的。後來，他曾經說過：「以我老大哥的地位，以段對我向來唯命是從的那種態度，為了北洋的大局，當時我認為，我是可以說服段，做到府院合作的。」他還說過：當時既是責任內閣制，所以他決定了「人事不參加」。例如：陸軍次長出缺了，張聯棻（曾任北洋政府參謀本部第三局局長）和熊炳琦（曾任北洋政府昌威將軍）都有意給師景雲謀幹一下，向我父親說：「嵐峰（師景雲字嵐峰）祠候您這麼多年了，現在陸軍次長出了缺，是否可以提拔他一下？」我父親聽了以後，便向著張聯棻說：「嵐峰要去，我看還不如你去。可是我覺得你也不去的好，內閣裡，咱們還是不加入的為是。」我父親的意思是，自己避免了這一個最易於引起紛爭的問題，估計不至於再會發生什麼其他問題的。但是，段的看法卻不是這樣，他認為只要你馮國璋一切聽我段祺瑞的，你可以永遠做你的大總統。段的這種做法，連那有著「菩薩」之稱的黎元洪都感到不能忍受，當然我父親也同樣難於忍受了。[1]

政見不同，的確可以影響到人與人之間的兄弟般的情感，這個方面的例子是舉不勝舉的，馮國璋和段祺瑞兄弟般情感的破裂也大致不能例外。不管怎麼說，作為段祺瑞的四哥的馮國璋永遠地去了，而段祺瑞還在繼續著馮前（代）總統給他留下的工作——管理將軍府和督辦參戰事務。這兩個職務，是在徐世昌任總統把他的總理職免除後留下的。這個話還得從馮國璋、段祺瑞府院之爭說起。

不管從哪個角度以看段祺瑞，我們不能不說他是一位好戰派的首領。在黎元洪時代，就是因為段總理主張對德宣戰而黎不同意所引起的府院之爭，又由於他過於聽信徐樹錚的話而釀就了「張勳復辟」，爾後出師對張勳大加

討伐。他把馮國璋請回京代理總統，總算把對德宣戰這一頁揭過去了。要說，馮國璋對於段祺瑞的主張是尊重的，而且在盡可能的情況下盡量滿足他的要求。但在馮國璋看來，有些政策決策也不能任由段總理執意而行，像對待西南軍閥的用兵問題，從大局看，馮國璋的意見是合時宜的。在那種情形下，北洋政府所面臨的對手不是一個，並不只是西南軍閥對於中央政權的覬覦問題，更為重要的還有孫中山的革命派一方，對於袁世凱時代的專制獨裁早有抵制，像「二次革命」就是這一抵制的總爆發。這種抵制，中經黎元洪，再到馮國璋一直沒有了結。在馮國璋還沒有北上北京就職代理總統時，段祺瑞的所作所為就足以令孫中山們感到憤慨。爭論的焦點則圍繞著國會問題而展開。

孫中山們南下廣州組建軍政府，同北京政府相抗禮。從社會發展的角度說，孫中山們的做法是符合時代進步的要求的，但恕我直言，北京政府既然存在，你再另立一個「中華民國軍政府」，這樣，一個完整的國家就有兩個政府，這合適嗎？當然，孫中山由於手中並無兵權而不得不借助於西南諸軍閥的勢力，這樣一來，不管孫中山的考慮如何正確，客觀上引起了南北兩政府的兵戎相見，對此我們將怎樣評價，這不能不算是一個問題。又由於西南軍閥們為自己的地盤而考慮以排擠孫中山，使得事態弄得更加複雜化了，這又將如何評價？

我們可以這樣說，縱使馮國璋的和平統一政策也未必可以消弭南方的戰火，但從理性的認識出發，和平統一要比武力統一更為適時一些。實踐證明，段祺瑞的武力統一並沒有起到理想的效果。在這種情況下，馮國璋為了求得一個南北的平衡，在一片厭戰聲中，行使總統職權，把段祺瑞的總理免了（準確地說，並不是馮總統「免」段總理，而是段總理請辭），不能說是馮國璋的錯。

從馮國璋、段祺瑞二人的私人關係說，我們寧肯相信，馮國璋從內心說並不願意這樣做，他之所以這樣做，只能解釋為「迫於形勢需要」的一種無奈！但是，段祺瑞是忍受不了這個氣的。要知道，在袁世凱之後，中國政局中的最有實力的軍閥派系應當算得上段祺瑞所經營的皖系。段祺瑞手中有的

是軍權，有的是兵力，更有「小扇子軍師」徐樹錚在其中上下聯絡，左右逢源，段祺瑞雖然離開了總理這個位子，他照樣可以在中國政壇上呼風喚雨。

還是出於對政局的考慮，馮國璋在免除（令準請辭）段祺瑞總理後不到一個月，於 1917 年 12 月 18 日，重新起用段祺瑞，任命他擔任「參戰督辦」，全權負責有關參戰的各項事務。當然，馮國璋之所以這樣做，並不僅僅是出於兄弟情誼的私人著想，而是更兼有從大局出發的一種理性的選擇。這種選擇，一可以緩和直、皖之矛盾，二可以對於南方有一個合乎邏輯的交代，三可以自保和平的主張，使南方對於北京政府有一個可以忍耐的「寬容」。儘管如此，馮國璋的這種任命，還是招致了南方的反詰。我們無從知道段祺瑞能否體諒馮國璋的這一番良苦用心。

從表面上看，參戰督辦的權力有限，但段祺瑞對於這一職務則有自己的看法：第一，參戰督辦看似權力不大，但由於他不隸屬內閣，而參戰事務又涉及到政府的各個部門，這就使得他實際上擁有可隨意向內閣各部下達指令的權力，對內可以發號施令調動軍隊，對外可以插手外交，取得外援，這些權力一旦運用得好，就可以把內閣玩於股掌之上，從而可以達到左右政局的目的。第二，更為重要的是，可以利用參戰督辦的合法身分，以編練參戰軍為由，發展和擴充自己的嫡系軍隊。

馮國璋和段祺瑞在徐世昌上任中華民國總統後雙雙下野，但嚴格意義上說，馮國璋是退下來了，而段祺瑞並沒有真正地從軍事實權上退下來，他有的是自己的嫡系將領和軍隊，對於徐世昌時代的政局仍然是舉足輕重的。

1918 年 2 月 25 日，北京政府公布督辦參戰事務處組織令，內容共有七條：第一條，參戰督辦直隸於大總統綜理國際參戰事務。第二條，本處置參謀長一人，承督辦之命佐理一切事務。第三條，本處酌置參議，由督辦分別聘委。第四條，本處設左例各處：參謀處、軍備處、機要處。除參謀處由參謀長兼領外，各處設處長一人，由督辦遴派，掌理應辦事宜。第五條，本處酌設處員，由督辦遴派，承長官之命，分長各處事務。第六條，本處設副長官一人，視事務之繁簡設副官。第七條，本處辦事細則由督辦另定之。[2]

這裡所說的「參戰事務」的「參戰」並不是指北京政府與西南軍閥和孫中山軍政府的戰爭，而是在第一次世界大戰期間中國作為「協約國」一方對「同盟國」的戰爭。我們已經說過，在對於同盟國的態度上，段祺瑞是力主對德宣戰的（當然這個所謂「宣戰」是「宣而不戰」，中方並沒有出兵參與歐洲戰爭），從某種意義上說，我們寧肯認為這個所謂的「參戰」即是北京政府對於西南軍閥的「宣戰」，但這一宣戰是「戰而不宣」。

既然有了這麼一個機構，就要為這個機構而付出代價。此時的段祺瑞已經不是總理了，但可以說他不是總理卻勝過總理。這個時候的總理是王士珍，可以設想，此時的總統是馮國璋，總理是王士珍，參戰督辦是段祺瑞，這不是清一色的「北洋三傑」嗎？從其三人的性格上看，段祺瑞應當是說一不二的人物，馮國璋一般情況下是不駁他的「棱兒」的，至於王士珍就更不用說了，此人比較圓滑（但不可理解為「奸詐」，可以理解為「圓融」），連總統都要對段祺瑞禮讓三分，他王士珍又何嘗不能對段祺瑞這位小老弟禮讓一點呢？

段祺瑞利用「參戰事務處」督辦的特殊身分，主要做了兩大方面的工作，其一是為擴建軍隊向日本人借款，其二委任他的小扇子軍師小徐去督辦編練「參戰軍」的工作。經過一段時間的努力，到 1919 年 1 月，參戰軍終於正式成立，共編為三個師：第一師師長曲同豐，駐軍北京北苑；第二師師長馬良，駐軍山東濟南；第三師師長陳文運，駐軍北京南苑。

徐樹錚於 1918 年 10 月 20 日「奉令設西北邊防籌備處，籌備新隊」。他遂即派員到河南淮陽、商水、西華、上蔡、新鄭、舞陽、襄城、禹縣、沈邱等處及安徽渦陽、蒙城、太和、鳳臺、壽、亳等縣招募新兵；並對已劃歸參戰處的四個奉軍補充旅重新加以整編，除原駐信陽的第一旅改編為第二十四混成旅由旅長王永泉帶往福建應援閩浙聯軍外，餘皆歸入新編之軍，組建成共有四個混成旅的西北邊防軍，即邊防軍第一混成旅（駐兗州），旅長宋邦翰；邊防軍第二混成旅（駐天津），旅長宋子揚；邊防軍第三混成旅（駐庫倫），旅長褚其祥；邊防軍第四混成旅（駐洛陽），旅長張鼎勛。1920 年 2 月，又成立了邊防軍第五混成旅（駐南京），旅長李如璋。1919 年 6 月 13

日，北京政府特任徐樹錚為西北籌邊使；24 日，又命其兼任西北邊防軍總司令。手擁重兵的徐樹錚於是在西北蒙疆找到了新的政治出路，也為皖系軍閥開闢了一塊新的地盤。

可以肯定地說，早在馮代總統時期，段祺瑞雖然被馮總統迫於大勢而不得不將段祺瑞的總理一職免除，但馮國璋所給予段祺瑞的軍權則並沒有因其被免總理而減少。當然，在時間不長的幾個月之後，馮代總統又任命段祺瑞為總理（1918 年 3 月 23 日），可見段祺瑞的軍事實力和其本身的政治地位，遠遠超過當時接替段祺瑞而任國務總理的王士珍。在對於時局的控制方面，馮國璋已經看到王士珍內閣不如段祺瑞內閣，否則的話，馮國璋不可能將內閣閣魁再由王而易段！

後來，段祺瑞看到馮國璋終不是用武力統一天下的總統，就在馮代理總統將屆滿之前，生辦法透過「安福俱樂部」以控制新國會這把「雙面刃」把馮總統趕下去。我們說那個「安福俱樂部」是一把「雙面刃」，它一邊可以把馮代總統給「割」將下去，而另一邊弄不好也有可能把自己也給「割」了。而事實是，最終段總理也被「割」了（1918 年 10 月 10 日，徐世昌就任大總統，同日準段祺瑞辭國務總理職）。

中華民國的歷史上，由於馮國璋、段祺瑞兄弟的鬩於牆而導致了當時人們號稱的「文治」總統——徐世昌（人稱「老徐」，以別於徐樹錚的「小徐」「東海漁翁得利」。老徐上任，當然首要的任務就是要解決馮國璋、段祺瑞時代所不能解決的問題（其實也是袁世凱就任總統以後與孫中山們所形成的由來已久的政治隔閡，是不是真正的「民國」問題，即是不是真正的「共和」問題）。

徐世昌是 1918 年 10 月 10 日就職中華民國總統的，上午 10 時，便由新總統所委任的祕書長代讀其就職宣言，其辭曰：

世昌不敏，從政數十年矣。憂患餘生，備經世變，近年閉門養拙，不復與聞時政，而當國是糾紛，群情隔閡之際，猶將竭其忠告，思所以匡持之。蓋平日憂國之抱，不異時賢，唯不願以衰老之年，再居政柄，耿耿此衷，當能共見。乃值改選總統之期，為國會一致推選，屢貢悃忱，固辭不獲，念國

人付托之重，責望之殷，已於本日依法就職。唯是事變紛紜，趨於極軌，民之所企望者，亦冀能解決時局，促進治平耳。而昌之所慮，不在弭亂之近功，而在經邦之本計，不僅囿於國家自身之計劃，而必具有將來世界之眼光。敢以至誠極懇之意，為民正告之：

今民心目之所注意，僉曰南北統一。求統一之方法，固宜尊重和平，和平所不能達，則不得不訴諸武力。乃溯其以往之跡，兩者皆有困難。當日國人果能一1心一德，以赴時機，亦何至擾攘頻年，重傷國脈？世昌以救民救國為前提，竊願以誠心謀統一之進行，以毅力達和平之主旨。果使鬩牆之悟，休養可期，民國前途，庶幾。否則息爭弭亂，徒托空言，或虞詐之相尋，致兵戎之再現，邦人既然有苦兵之嘆，友邦且生厭亂之心。推原事變，必有屍其咎者，此不能不先為全國告也。雖然，此第解決一時之大局耳，非根本立國炎圖也。立於世界而成國，必有特殊之性質，與其運用之機能。戶口繁殖，而生計日即凋殘，物產蕃滋，而工商仍居幼稚，是必適用民生主義，悉力擴張實業，乃為目前根本之計。蓋欲使國家之長治，必先使人人有以資生，而欲國家漸躋富強，以與列邦相提挈，尤必使全國實業，日以發展。況地沃宜農，原料無虞不給，果能懋集財力，佐以外資，墾政普興，工廠林立，課其優劣，加之片牖導；更以國力所及，振興教育，使國人漸有國家之觀念，與夫科學之智慧，則利用厚生，事半功倍，十年之後，必有可觀。此立國要計，凡百有司，暨全國商民，所應出全力以圖之者。

立國之主要既如上述，但揆計目前之狀，土匪滋擾，戶口流亡，商業凋零，財源枯竭，匪唯驟難語此，抑且適得其反，是必先去其障礙，以嚴剿盜匪，慎選有司，為入手之辦法。然後調劑計政，振導金融，次第而整理之，障礙既去，而後可為，此又必經之階級，當先事籌措者也。內政之設施，尚可視國內之能力，以為緩急之序。其最為重要關係，而為世界所注目者，則為歐戰後國際上之問題。自歐戰發生以來，已成合縱之勢，參戰義務所在，唯力是視，詎可因循？而戰備邊防，同時並舉，兵力財力，實有未敷，因應稍疏，動關大局，然此猶第就目前情勢言之也。歐戰已將結束，世界大勢，當有變遷，姑無論他人之對我何如，而當此旋渦，要當求所以自立之道。逆料兵爭既終，商戰方始，東西片壤，殆必為企業者集目之地。我則民業未振，內政

不修，長此因仍，勢成坐困，其為危險，什百於今。故必有統治之實力，而後國家之權力，乃能發展，國際之地位，乃能保持。否則委蛇其間，一籌莫展，國基且殆，又安有外交之可言乎？此國家存亡之關鍵，我全國之官吏商民，不可不深長思也。至於民德墮落，國紀凌夷，風氣所趨，匪伊朝夕，欲挽回而振勵之，當自昌始。是必發安敬律己，以誠信待人，以克勤克儉，為立身之則，以去貪去偽，為制事之方。凡有損於國，有害於民者，必竭力驅除之。能使社會稍息頹風，即為國家默培元氣。而猶要在尊重法律，扶持道德，一切權利之見，意氣之爭，皆無所用其紛擾。賞罰必信，是非乃公。

昌一日在職，必本此以為推行，硁硁之性，始終以之。冀以刷新國政，振拔末俗，凡民，亟應共勉。昌之所以告國民者，此其大略也。蓋今日之國家，譬彼久病之人，善醫者須審其正氣之所在，而護調之。庶幾正氣之虧，由漸而復，假今培補未終，繼以損伐，是自戕也，醫者何預焉？愛國猶如愛身，昌敢以最誠摯親愛之意，申告於國民！[3]

本書作者在抄錄罷徐世昌的就職宣言後，不禁掩卷遐思：徐總統的就職宣言，就是在今天看來，也不失其為一篇有真知灼見、高瞻遠矚的偉大的施政綱領！可嘆，徐世昌乃生不逢時，在他生活的年代裡，不可能把他的施政宏圖變為現實。

更令徐世昌感到棘手的是，南方的孫中山和那些各懷心態的軍閥們對北京政府的挑戰。章太炎說：「至十月，正式國會已集番禺，而北方偽國會亦選出世昌。抵家，見同志之深基世昌者，西南群帥，且屈意與和好。因念帝制復辟僭立，皆此一人為主。自袁氏死，黎公繼任，海內粗安。其間交構府院，使成大釁者，亦世昌也。二年以來，亂遍禹域，則世昌為始禍，馮國璋其次也，段祺瑞又其次也。唐紹儀以私交故，獨推世昌為文治之主，變亂白黑，舉國信之，何哉！」[4] 這一點，本書自有看法，章太炎的看法過於偏激，原因是他站在革命黨人的立場上以看徐氏政權，本身即帶有一定的政治偏見。

徐世昌總統是如何面對當時的局面呢？據史載，他在就職總統後，按照他的就職宣言中的話，開始做第一步的工作——頒發和平令。徐世昌自有他的道理，當時在選舉了總統後，並沒有立馬選舉副總統。本來是應該選舉副

總統的，在此之前，段祺瑞所控制的安福國會已經對此有所考慮：安福國會在王揖唐主持下，再度進行副總統選舉。此前段祺瑞專門委託徐樹錚出席安福俱樂部會議說明推舉曹錕為副總統理由。但由於國會中舊交通系領袖梁士詒、周自齊等秉承徐世昌「虛副總統一席以待南方領袖」的意旨，不與段派合作，選舉會又因法定人數不足而流產。[5]

照這樣看，徐世昌的確是一個「和平主義」者，他既不像袁世凱那樣的不合時宜，也不像段祺瑞那樣的「唯武主義」，更與馮國璋有所不同（不過，馮國璋的主和與徐世昌的主和畢竟有相通的一面）。

南方軍閥和孫中山等所組建的「非常國會」以及在這種國會下所產生的非常政府（軍政府），儘管對徐世昌這個中華民國大總統不予承認，但在徐世昌看來，這是無關宏旨的，他就任總統也並不是以南方的承認與否為轉移的。你不承認，那是南方軍政府的事情，作為徐總統，他還是從中華民國的大局出發而思考問題，他並沒有任由段祺瑞的主張而行事，他沒有讓段祺瑞所推舉的副總統候選人曹錕當選為副總統，他的意思是想緩和南北雙方的矛盾，把那個副總統讓於南方的代表。應當說，徐世昌的用心是良苦的，是出於雙方的利益而考慮的，這種考慮，不能不說是徐世昌的明智和理性。

徐世昌站在人文主義的立場上，突出其「文治」的一面，將「武治」放在其次，他對南方軍政府的反對充耳不聞，視若不見，他開始下和平令了。有人認為，這是徐世昌的諳於世故，本書不予苟同。我們認為，徐世昌是從中華民族的根本利益出發，站在一個更高的層次上看問題，他可以把是與非、非與是統一到他的建設大中華的構想之中，他決心要使南北爭端得以解決，我們且不論徐世昌執政的客觀效果，單從其所設計的和平方案論，其執政應當是溫和的。

據胡曉編《段祺瑞年譜》：11 月 15 日，徐世昌在京召集督軍會商和議，曹錕（直隸）、張作霖（奉天）、盧永祥（淞滬護軍軍使）、倪嗣衝（安徽）、王占元（湖北）、陳光遠（江西）、閻錫山（山西）及各省區代表蒞會，段祺瑞亦應邀參加。段懾於大勢，同意南北議和，但稱會議南北不可對等，議事不可涉及國會。諸督軍多不肯犧牲自己軍隊力量於戰爭泥淖中，唯礙於段

之情面，多應以模棱兩可之語。最後，在英、美、法、意、日五國勸告下，達成「服從總統」、「贊成和平」共識，各國亦同時對南方進行和議勸告。（見《年譜》第 160 頁）

同時記載：11 月 16 日，徐世昌發布停戰令；22 日，廣東軍政府也下令停戰。雙方商定在上海舉行南北議和談判。又記：12 月 3 日，徐世昌召集段祺瑞、曹錕、張作霖、張懷芝、王占元、倪嗣衝、孟恩遠（吉林督軍）及全體閣員，在總統府舉行特別會議，皖系及督軍團在內外壓力下，表示服從總統和平令，南北議和遂次第展開。

南北雙方各派代表於 1919 年 2 月 20 日在上海開始議和。北方總代表：朱啟鈐，分代表：吳鼎昌等 9 人；南方總代表唐紹儀，分代表：章士釗、胡漢民等 9 人。

當南北雙方代表正為議和而躊躇滿志時，不和諧的「音符」出現了：南方代表唐紹儀首先提出陝西問題，要求撤換督軍陳樹藩。

事情之由起是：1918 年年初胡景翼等在陝西宣告獨立，擁護「護法」；孫中山即派於右任率部入陝宣慰，被推舉為陝西靖國軍總司令。段祺瑞即派軍也入陝，圍攻於右任的靖國軍。徐世昌出任總統後下令雙方停戰。但屬於段祺瑞部的陳樹藩不聽徐總統的，他還要打，但名稱變為「剿匪」，而不是打南軍。這件事情，令南方代表相當生氣，今就此機會向北方代表提出，請撤換陳樹藩。北方代表朱啟鈐的回復是：當地真相不明（他說是在剿匪，並不是在打南方軍隊，到底如何有待澄清）。之後，雙方代表就大家都很關心的「國會」問題展開了磋商。我們知道，孫中山在南京政府時，就有中華民國的國會（史稱「舊國會」，後來在黎元洪時代，國會因張勳復辟而被迫解散（黎元洪無奈，張勳的兵諫所致），馮國璋代總統時，段祺瑞內閣並無國會，但是，既然是中華民國，是共和政體，沒有國會將如何辦？也就是如何用變通的辦法以解決這個共和制下象徵性的東西，這就有梁啟超、湯化龍等出主意所組織的「臨時參議院」以代替之，就不再產生國會了。這件事情一直是孫中山們的一個「結」，再後來，有「安福國會」，其實權控制在段祺瑞的

皖系一派手中，南方軍政府更是不同意。也在議和的時刻，把這一問題提出，成為一個議和的主要題目。

但對於國會問題，南方軍政府自有「非常國會」，他們並不迴避這個問題，而在北方代表這裡，這正是一個棘手的大問題。南方代表堅持要恢復舊國會，他們不承認新國會（即安福系之國會），北方代表對此當然無法接受。為什麼？如果一接受這個問題，就預示著徐世昌總統的選舉不合法，它的前提是安福國會所選舉產生的總統，這對於徐世昌說不能接受，對於段祺瑞說也不能接受，因為這個新國會的大部分議員都在安福一系所掌控之中。南方提出這個問題，客觀上把徐世昌的和平政策和段祺瑞一向主張的「唯武主義」統一起來了。

5月10日，南方總代表唐紹儀在和會上提出幾點主張，除說到恢復舊國會外，另有：裁廢參戰軍、國防軍；撤換督軍省長；不承認歐洲和會所定山東問題辦法；宣布一切中日密約無效，並嚴懲關係人；認徐世昌為臨時總統，至國會選舉正式總統為止。這中間，由於徐樹錚（他的權力不可小覷）對朱啟鈐的責難，弄得朱總代表沒有辦法而辭職，隨後，南方總代表唐紹儀也辭了職。這次議和，從1919年2月20日始到5月14日南北代表雙雙辭職，前後雖說堅持了幾個月，但並沒有解決根本性問題，因雙方代表的辭職使議和失敗。

當然，這中間有一個「巴黎和會」以及與此相關的學潮（五四運動）導致徐世昌總統沒有實質性的解決辦法而通電各省辭總統職的大問題。徐總統沒能真正辭去總統，關鍵在於段祺瑞的真心挽留。徐世昌沒有辭去總統，內閣總理錢能訓倒是因「五四」愛國運動而遭到段祺瑞的訓斥辭去了總理一職，以財政總長龔心湛暫代總理。

中華民國的南北軍閥們的和談沒有結果，第一次世界大戰後的「巴黎和會」（戰勝國的分贓會議）倒是有了結果，中國本也算是戰勝國一方，但是，「和會」中的列強們無視中國的利益，拒絕中國代表提出的取消列強在華的特權、廢除「二十一條」、收回山東主權等合法、合理的要求，蠻橫地將德

國在山東和青島的各種權利交給日本繼承，要求中國代表在和約上簽字。這一消息傳回國內，中國人民怒不可遏，終於爆發了著名的「五四」愛國運動。

且看這段文字：

當時，北京大學、高等師範、農業、工業、政法專門五校及私立中國大學三千餘人，聚集天安門開示威大會，高呼「還我山東」、「懲辦國賊」等口號，排隊至總統府，並至東交民巷，意在向英、美、法各使館表示中國民眾對日本強占山東之憤激。行至東交民巷西口，為巡捕阻攔，大眾遂折回往東城趙家樓找章宗祥。學生們砸爛曹汝霖的家，痛打陸宗輿的情形，曾在曹家當了三四十年差的李靜庭是這樣描述的：

愛國的青年學生在天安門舉行了第一次大規模的群眾大會，浩浩蕩蕩走向趙家樓來找曹汝霖……曹汝霖在這一天上午，已經聽到一些風聲，「學生們要鬧事」。他很早就悄悄地溜了回來，把汽車開到住宅東邊的小便門，溜進了房裡。隨後，警察總監吳炳湘就來了，另一個賣國賊章宗祥也來了，還有一個日本人叫做中江丑吉也來了。在客廳裡，這幾個人湊到一塊兒，細聲細氣，鬼鬼祟祟地議論著。愛國群眾擁到趙家樓以後，曹、章兩人首先臉色大變，面面相覷。吳炳湘一看形勢嚴重，主張立刻打電話把軍警叫來鎮壓，曹汝霖還故作鎮靜地說：「幾個孩子，就讓他們鬧一鬧吧，沒有什麼了不起的。」群眾擠到院裡以後，叫罵聲音一陣一陣清楚傳到後院，曹汝霖再也沉不住氣了。又悄悄從屋裡溜了出來，溜出小屋門，直奔廚房。在廚房繞了一個彎兒，看見廚房裡掛著有打雜穿的灰大褂，這時他也不嫌骯髒了，連忙穿在身上，又揀了小廚子的一頂帽子，扣在頭上，深深地扣到眉部，這就出了廚房往東，向東邊的小便門走去。汽車就停在小便門門口，他上了汽車便開往東交民巷法國醫院躲藏起來了。

這時章宗祥還留在他的客廳，神魂不定地等著曹汝霖回來，共商一個應付辦法，久等不來，才知道曹汝霖已經溜之大吉了。這一來章宗祥更慌了，也想溜出去，剛剛走出客廳就被群眾發現，大家也認不清這幾個賣國賊的面貌，有人就說：「這就是曹汝霖。」大家一擁上前，你一拳，我一腳，把章宗祥打倒在地，章連喊「饒命」。這時日本人中江丑吉在客廳裡面遠遠看見

事情不妙，連忙跑過來救駕，趴在章宗祥的身上掩護著他，這才僥倖留下了他一條性命。群眾的熊熊怒火，無法發洩，就把曹汝霖的家砸毀，還放了一把火，這才三三兩兩陸續散去。[6]

「五四」愛國運動，最終阻止了中國代表在巴黎和約上的簽字。

這一運動，導致錢能訓的總理被免，由龔心湛代理總理。諸事稍定，上海的和談問題被再度提到了議事日程上了。徐樹錚的意見是另派一個總代表以接替朱啟鈐。經老徐批准，派安福系的王揖唐充任此職，結果是南方代表不認這個帳，弄得王揖唐很尷尬，他只好灰溜溜地又回到了北京。此事按下不說。

有讀者可能會問，段祺瑞既不是國務總理，又不是陸軍總長，徐世昌總統為什麼時時受老段的掣肘，唯段的話是聽呢？這個問題我們實際上在本章的前半部分已經作了回答，即在馮國璋時代任命他的「參戰督辦」一職。到「五四」時期，第一次世界大戰已經結束，所謂「參戰」已經是名不副實了，但這個職務實在是太重要了，段祺瑞不能把它丟棄。怎麼辦？只有一個辦法，把「參戰督辦」改名為「邊防督辦」（「國防督辦」），以督辦西北邊防軍事事務。我們也已經說過，小徐（樹錚）已經為此打了前站，他在那裡的工作富有成效，編練了幾個師，為皖系勢力的擴充建立了大功，要不是這個方面的功績，小徐也不敢對北方議和總代表說出那樣強硬的話，也不敢向老徐提出更換總代表的意見。就是說，小徐在西北編練「參戰軍」，因歐戰結束，「參戰軍」實沒有繼續存在下去的必要，本當結束，段祺瑞的「參戰督辦」自然也在被撤銷之列。可是，當把「參戰軍」改為「邊防軍」時，徐世昌即於1919年6月24日令徐樹錚兼西北邊防軍司令，授以節制內蒙、新疆、甘肅、陝西邊境各軍隊之全權。此時的段祺瑞也不甘清閒，應當對小徐的邊防軍再行「督辦」。

據胡曉《段祺瑞年譜》，1919年7月18日，徐世昌公布西北籌邊使官制。令曰：「西北籌邊使由大總統特派，籌辦西北各地方交通、墾牧、林礦、硝鹽、商業、教育、兵衛事宜，所有派駐該地各軍隊，統歸節制指揮。」徐樹錚在北方的權力膨脹，引起曹錕和張作霖的不安，遂啟直、奉聯手制皖之局。

這樣看來，問題又複雜化了。

註釋

[1] 文斐編：《我所知道的「北洋三傑」》，中國文史出版社 2004 年 1 月第 1 版，第 211~213 頁

[2] 來新夏：《北洋軍閥史》（上冊），南開大學出版社 2000 年 12 月第 1 期，第 551 頁。

[3] 引自蔡東藩著《民國演義》，第九十九回

[4] 胡曉：《段祺瑞年譜》引，《中華民國史事日志》《太炎先生自定年譜》，安徽大學出版社 2007 年 1 月第 1 版，第 159 頁。

[5] 胡曉：《段祺瑞年譜》，安徽大學出版社 2007 年 1 月第 1 版，第 159 頁。

[6] 李勇、周波：《北洋虎將段祺瑞》，百花文藝出版社 2007 年 6 月第 1 版，第 148-150 頁

第二十四章 直皖戰爭老段受累內外交惡小徐遭克

冰凍三尺，非一日之寒，卻說直皖之爭，由來已久。我們的話題不得不向前推。

直系一派，馮國璋為其首領。馮本直隸河間人，有稱馮國璋為馮河間者，因此這一派軍閥就稱為直系；皖系一派，段祺瑞為其首領，段籍安徽合肥，有稱段為段合肥者，因此這一派軍閥就稱為皖系。直、皖二系並不是在馮國璋、段祺瑞開始帶兵時就已經注定為直系、皖系，在袁世凱主持小站練兵時，並沒有這個稱謂。馮國璋、段祺瑞兩位兄弟和王士珍一起，為北洋軍閥的建立和發展立下了汗馬功勞，王士珍後來一直沒有在前線帶兵，所以王士珍就沒有派系之稱。袁世凱在世時，軍閥的派系（主要指北方，即北洋軍閥）並不明顯。北洋軍閥的派系形成比較明顯的區別和對立，起於袁世凱死後。有學者認為，在袁氏死後，北方軍閥主要有三大派系：張作霖的奉系（因張作霖是奉天人，其軍系稱「奉」、馮國璋的直系、段祺瑞的皖系。嚴格意義上說，奉系軍閥並不是袁世凱的嫡系（當屬北洋軍閥之旁系），屬於袁世凱嫡系的軍隊就是直、皖二系。

張勳復辟失敗後，段祺瑞組建討逆軍。當時，段的手中並沒有就近可用之兵，天津馬廠駐軍李長泰的第八師（蔡東藩在《民國演義》第八十五回說，段祺瑞當時用的兵是駐津軍陳光遠部）、駐防保定的馮玉祥第十六混成旅、另有曹錕的第三師，經段祺瑞、梁啟超和湯化龍等說教、動員，三支勁軍聯合成為討逆軍，應當說明的是，這三支軍隊都不是皖系一派的。但是，從反覆辟的大義出發，段祺瑞用了這支軍隊，自任討逆軍總司令，結果大事成矣！段祺瑞即有了「三造共和」的美名。如果說，在那個時候，直、皖之間就有明顯的派系裂痕的話，這場討逆戰爭也未必可以打得起來。

段祺瑞「三造共和」後，黎元洪隨即下了臺。段祺瑞因討逆之功復任國務總理。馮國璋本來就是黎元洪時代的副總統，按照約法之規定，當總統出

缺時，副總統當代行總統之職，而此時的馮國璋尚在江蘇督軍的位置上。他在那裡經營他的天地，有軍隊方面的實權，比單獨在北京任那個副總統要強得多。段祺瑞身為總理，他不能把總統一職也攬下來，於是就屢次電催馮國璋到京就任代理總統一職，這個時候，段祺瑞還是對馮國璋相當親熱，去電催馮國璋到京，也只是在電文中寫下「四哥快來」四個字。這個時候，直系和皖系的界限並不明朗，退而言之，直、皖就是分明了也沒有什麼大的矛盾。

段祺瑞和馮國璋的矛盾公開化，應當是以第二次「府院之爭」作為分界線。這一爭，主要是馮國璋、段祺瑞雙方對於全國的統一上的政見不同而又互不相讓為緣由的，當然也有人事安排上原因。從這個時候起，段祺瑞已經充分地認識到他將與四哥分手了。這一分手，在段祺瑞一方說，從政治上，他支持王揖唐和徐樹錚操縱「安福國會」，從軍事上說，除了他部下的那幾支軍隊外，他主要依靠小徐去組建「參戰軍」。有學者認為，皖系勢力的強大，就在於這兩張「王牌」。而這兩張王牌也為段氏同奉系和直系的矛盾加深發揮了一種「催化」的作用，同時也加大了西南軍閥和孫中山對於段祺瑞的矛盾。

不過，矛盾歸矛盾，段祺瑞和馮國璋畢竟還是從袁氏集團這個「母體」中產生出來的一對「孿生兄弟」，儘管段祺瑞一方所操縱的安福國會給馮國璋的下臺發揮了一個助推的作用，但安福國會這把「雙面刃」也把段祺瑞從中央政權中給「割」了下來。馮國璋下野了，而段祺瑞還有「參戰軍」和「安福國會」這兩張王牌，他雖然從中央核心層退了出來，但實際上段祺瑞的軍權並沒有因此而削弱。

歷史往往常會給世人開一些不可逆轉的玩笑。馮國璋從權力的頂峰退了下來，時間不久即因病而逝，而段祺瑞此時的操縱軍隊和國府的權力則越來越明顯，越來越不可小覷。馮國璋去世了，直系一派軍閥的曹錕和吳佩孚又成為該派的掌門人。要說，直系的這兩個人物，段祺瑞還是有所考慮的，他曾經一度想讓曹錕繼任徐世昌總統時代的副總統，但這個時候，段祺瑞的手下人特別是小徐就不必對於老段的話再言聽計從了，他所把持的那個「安福國會」對於選舉曹錕這個副總統沒有太多的興趣。關鍵問題是老徐對於曹錕

任副總統一案自有看法，他並不說不想讓曹錕出任這一職務，而是說有意把這一職位留給南方黨人，對於南北統一要有一定的益處。這樣一來，段祺瑞本想讓曹錕當副總統的計劃落空了。對於吳佩孚，段祺瑞認為，他是自己的學生，他現在的資歷還沒有達到足以操縱直系的地步。

不料，就是在這些問題上，段祺瑞有些失策，在後來的直皖戰爭中，因吳佩孚的作用才使得段祺瑞慘敗。其實，段祺瑞應當對此有所意料，比如說在吳佩孚出兵南方以實現段祺瑞的「武力統一」的計劃時，吳佩孚竟敢擅自罷戰言和，當他的老師段祺瑞在電文中對他進行教訓時，他竟敢頂撞老師。

同時還效法老師「一造共和」時的做法，以子之矛，還子之盾，弄得段祺瑞大為光火。

不管怎麼說，直、皖兩系的矛盾在馮國璋死後越發對立化、尖銳化了。兩系之間的戰爭到了一觸即發的地步。當然，直、皖的矛盾並不是單一的，其中還有奉系的作用在其中。

且看這段文字：

在北洋軍閥集團漸趨分裂，直、皖兩大軍閥派系相與爭鋒的過程中，關外的奉系軍閥異軍突起，成為北洋集團中與關內直、皖兩系鼎足而立的重要派系。奉系軍閥首領張作霖（1875—1928 年），字雨亭，奉天海城人。早年曾寄身草莽，後受清政府撫安，成為東北舊軍軍官。1907 年清廷任命徐世昌為欽差大臣、東三省總督兼管三省將軍事務。奉天、吉林、黑龍江三省各設巡撫，以唐紹儀為奉天巡撫，朱家寶為吉林巡撫，段芝貴以道員賞布政使銜署理黑龍江巡撫。督、撫四人皆北洋集團中人，東三省遂成為北洋軍閥的勢力天下。徐世昌赴任時隨帶北洋第三鎮出關，並以該鎮為基礎擴建東北新軍。至清末，東北新軍的兵力在吉林有一鎮，黑龍江有一混成協，在奉天有一鎮和一混成協。辛亥革命以後，袁世凱的黨羽張錫鑾、段芝貴兩人相繼擔任奉天都督，又進一步擴充了東北新軍，同時將由張作霖、馮德麟、吳俊陞、馬龍潭等人統領的東北舊軍計八路四十營也改為新軍編制。張作霖所部舊軍改編為陸軍第二十七師，仍駐防奉天，張親任師長。從此，張作霖以這支軍隊為資本，在東北的勢力日增，奠定了割據東北三省的基礎。因此，東北地區

的軍隊從歷史發展的淵源上來看，應當算作是北洋軍閥系統下的一支武裝力量。[1]

　　照這樣說，奉系也當屬北洋軍閥的嫡系。此時，由於直、皖的矛盾升級，奉系也將趁機染指其中。關於奉系的染指，說起來也不是一兩句話可以結束的。我們在前文中也曾經說過，徐樹錚和張作霖私下裡瓜分從日本運回來的軍械問題。從這件事情上看，奉軍和皖軍並無大的矛盾，他們甚至還在聯合。當然，在這件事情中，張作霖是沾了光的，你想嘛，這批軍械共有兩萬七千多支槍，其中的四分之三給了張作霖，徐樹錚僅得四分之一。儘管如此，小徐認為還是值得的，如果他不把這批軍械截留下來，這批軍械運到北京後，有可能會被馮國璋劃撥給直系，自己就得不到什麼了。他這樣做，一方面讓直系一桿槍也得不到，再者，他利用這一個問題把自己同奉軍的距離拉近了。

　　這樣一來，奉軍在關內的勢力也有擴張，徐樹錚借此事件又當上了奉軍的副總司令，在張作霖坐鎮東北而不能前來時，設在天津的奉軍司令部的徐樹錚副司令就是司令。小徐此時不僅是皖系的實力派人物，又身兼奉系的副司令，其權力應當說達到了其他同輩人所不可達到的地步。在這個問題上，要說是段祺瑞對於直系有所得罪，毋寧說是小徐代表老段把直系給得罪了。正是在這種情況下，作為代理總統的馮國璋才令準王士珍辭去總理，復任段祺瑞為國務總理的。直、皖矛盾的進一步加大，間接上也造成了奉、直之間矛盾的加大，皖、奉之間倒是拉近了距離。但是，隨著徐樹錚出任參戰軍編練使，把手伸到了大西北，他的勢力的極度膨脹，又引起了奉、直對皖系的不滿。

　　皖派同奉系的矛盾大多是由徐樹錚調起的。比如說，小徐竟敢在奉軍設在天津的司令部裡把直系將領陸建章給槍斃了（可見下文），這件事情徐樹錚並沒有徵得張作霖的同意。張作霖得知這個訊息後，大為光火，心想，任其下去，說不定小徐還會幹出更令他氣惱的事情來的，不如借此機會把這個副司令給開銷了算了。正在這個時候，張作霖居然發現這個副司令挪用奉軍軍費數百萬元。在這種情況下，張作霖斷然解除了徐樹錚奉軍副司令之職，

也同時把設在天津的奉軍司令部給撤了。張作霖這樣做，也就加深了他與徐樹錚的盾。

請看這段文字：

徐樹錚亦恨張作霖，主要為爭奪入關後的新編六旅。因為開始招編時，段祺瑞按當時的具體情況，批示張作霖四個旅，徐樹錚兩個旅。徐樹錚為此大感不平，鬧個不休。但最終因為有段的批示，也沒了辦法。此外，還有一件事讓徐樹錚更加記恨張作霖：他們雙方在秦皇島截得的軍械，張作霖只給徐兩旅半，徐這時有五旅人，他不答應。曾毓雋勸他說：「你不要和他爭了，現在段老總正當國，兩旅半軍械，在政府還不是好想法子的嗎？」徐只好作罷，但心中更恨張。有一次，曾毓雋請張、徐吃飯，陪坐的有楊宇霆等人，曾的意思是為張、徐兩人作和事佬，沒想到酒正喝到一半，徐樹錚忽然對張作霖說：「大哥汝現在既有地盤，又有兵力，汝不要逞強。我現在兵力單薄，不能征服汝；我如實在不行，將來總有一天帶日本兵打汝。」徐樹錚的一番話，令滿座失色。張作霖當時態度很冷靜，忙舉杯對徐樹錚說：「老弟，何至你徐樹錚當著張作霖的面，說出這樣的大話，能讓張大帥放心嗎？張作霖能是「吃素」的主兒？俗話說，禍從口出，此語不假，總有一天張作霖要收拾你小徐的！

再說徐樹錚在張作霖的司令部裡槍殺陸建章一案。

事情的起因大概是這樣的：在馮國璋任總統時，因馮國璋、段祺瑞二人對南方軍閥的主張不同，最終因段祺瑞的強硬態度迫使馮總統簽發了對南軍作戰的命令，段祺瑞當即調兵遣將，其中包括南調的馮玉祥的第十六混成旅。馮玉祥部原駐廊坊，但馮玉祥的軍隊開至前線在浦口布防後按兵不動，打破了段祺瑞的作戰計劃。傳統的看法是，馮軍之所以不動，是李純在背後的支持（因為李、馮均屬直系，作為直系的首領的馮國璋本不願用武力，李、馮也就按兵不動了），但實際上是陸建章的影響。陸建章早年跟隨袁世凱，是小站時的將領。在袁世凱做總統時，陸建章一直是被重用的。在袁氏時代，陸曾任第七師師長，兼豫、陝、甘剿匪督辦。由於鎮壓白朗起義有功，升任陝西都督。他是北洋系的前輩。1916 年，陸建章被部下陳樹藩驅逐離陝。陳

樹藩是段祺瑞的學生，他取代陸建章做了陝西都督後一直得到段祺瑞的關照。為此，陸建章對段祺瑞一直不滿。袁氏以後，陸建章做了馮國璋總統府裡的高級顧問，這樣他就成了馮國璋之直系一派的智囊人物。陸建章是馮玉祥的長輩（有的書中說他是馮玉祥的舅父——妻舅；或說是馮的姑父）。馮玉祥從軍後，一直得到陸建章的提攜。

也就是這些恩恩怨怨，徐樹錚認為，馮玉祥破壞了段祺瑞的武力統一的政策而把氣惱都集到了陸建章的身上。這樣徐樹錚就找了一個機會，把陸建章誘騙至自己的防地給「結果」了。

這不就是徐樹錚又在為段祺瑞樹敵嗎？把馮玉祥這支軍隊又推給了別人，馮玉祥儘管也是皖籍人，他沒有加入皖系，那是段祺瑞沒有重用他，這倒沒有什麼，只是小徐把人家的長輩陸建章殺了，這個大仇不能不報。俗語曰：君子報仇，十年不晚。

徐樹錚借助段祺瑞這個靠山，真是為所欲為，對於直、奉，他得罪了不少人，就是皖派一系的人，他只要看著不順眼，也毫無顧忌，不是排擠打擊，就是譏諷挖苦。

據曾毓雋言，「段祺瑞身邊軍人中有兩個最得寵：一為靳雲鵬，一為徐樹錚」。靳雲鵬，字翼青，山東人。「士兵出身，由段祺瑞在前清考選送入隨營學堂。文化雖然不高，但好學而聰明。畢業後，粗通文字。辛亥以前，由段祺瑞保薦給李經羲在雲南充任總參議。光復後，靳任陸軍第五師師長，駐山東，民國二年，以靳雲鵬代理山東都督，因得段的賞識，幾年間，靳即扶搖直上」，他又出任了參戰軍訓練處督練、陸軍總長等職。徐樹錚追隨老段，亦是炙手可熱，紅極一時。在段祺瑞看來，徐樹錚政治背景單純，自己就是其唯一靠山，加上他才能過人，擅長謀劃，所以，段祺瑞深為賞識和信任他。而靳雲鵬政治關係複雜，同各派千絲萬縷：他和段是師生關係，和馮國璋是同學同事，和曹錕是把兄弟，和張作霖是兒女親家，故而，段祺瑞對他是有戒心的。此外，「論文學才華，徐在靳之上，徐樹錚以秀才出身，文武兼長，在當時段的心目中，徐樹錚和靳雲鵬之間，段未嘗沒有偏徐而抑靳的傾向。因為兩人都是受段一手提攜。在靳雲鵬，總以為本人身為士卒，受

段早年的特達之知，早在徐樹錚之前，視徐樹錚是後生晚輩。而徐樹錚以文采自豪，認為靳雲鵬出身行伍……不足重視。所以，靳、徐二人，在民國初年之間，為了在段祺瑞左右爭寵，彼此不和，但在權力上的矛盾還不十分明顯。」

　　先打破「平衡」的還是好權爭利的徐樹錚。1919 年 2 月，總統徐世昌利用西方外交團要求北京政府取消參戰軍的機會，要求徐樹錚把參戰軍移交陸軍部轄制，時任陸軍總長的靳雲鵬自然積極響應該主張。徐樹錚怎捨得把他一手編練的軍隊拱手交出，他慫恿段祺瑞出面反對。幾經交涉，段祺瑞和徐世昌達成協議，參戰軍改邊防軍，小徐又謀得西北籌邊使兼西北邊防軍總司令的職務，掌握了邊防軍的指揮權。該軍兵力共三個師四個混成旅，段祺瑞自此擁有了一支裝備精良的嫡系部隊。之後，他又設法說服外蒙活佛冊封專使的名義，在庫倫主持了冊封活佛典禮。當他從庫倫返回北京時，段祺瑞專門搞了一個北洋軍官參加的歡迎會，嘉獎徐樹錚的「安邊」功勞，並且，「段以徐建不世奇功，自是愈重徐」。此時的徐樹錚可謂春風得意，權焰侵天。他藉口蒙古需要馬隊，把邊防軍中陳文運的馬隊旅調至西北，又把原駐在張家口的褚其祥的步兵混成旅調到西北擴充自己的實力。因為靳雲鵬在參戰軍中一直掌握著督練編制權，小徐的行徑顯然觸犯靳的利益，兩人開始交惡。靳非小徐的對手，因為小徐還控制著安福國會，作為政治上的武器。靳便思圖從別處尋找力量來對付徐。[2]

　　靳雲鵬找到了一個比較合適的人選來對付小徐，這個人名叫張志潭，在張勛復辟失敗後，他曾做過段祺瑞內閣的祕書長。但為了一些別的事情，張和小徐產生了矛盾，到 1918 年 3 月，段祺瑞再度出任國務總理時，段仍然讓張志潭任他的祕書長，此時的小徐手中已經有了兵權，他準備對張進行一番「教訓」，他本想把張也像對待陸建章那樣給「解決」了，但張不是老陸，他對於小徐的「教訓」唯唯稱是，弄得小徐也不好對他怎樣。結果，張志潭從小徐那裡回來後，也不給老段說什麼，就向段總理遞交了辭呈（時為 1918年 5 月 2 日）。對於小徐這樣的「侮辱」，張志潭豈能咽下這口「鳥氣」！他當然也要瞅準機會給小徐一個報復。正在這個時候，由於靳雲鵬的出現，使張志潭的報復計劃有了一個著落。張志潭就到徐世昌總統那裡橫說小徐的

不是，而總統老徐對於小徐的飛揚跋扈早就看不慣，老徐便和張志潭商量，既整小徐，又倒老段。在這樣一種背景下，老徐決定讓靳雲鵬出任總理，以取代錢能訓去職後龔心湛的代總理。

靳雲鵬已任總理（因為靳同北洋政府中的一些要人都有聯繫，如前文所說，他的政治背景複雜，這樣，老徐提出讓靳任總理，很容易就透過了。1919 年 9 月 24 日，龔心湛辭去總理職，由陸軍總長靳雲鵬代，至 11 月 15 日靳正式出任總理），在人事安排上靳又與小徐發生了矛盾，這樣，新矛盾加著舊矛盾，可謂風助火勢，火借風威，一波未平，一波又起。小徐所樹之敵，由派系外轉入派系內，內外交惡，可有小徐「吃螞蚱」的那一天！

還需要補充說明的是，南北議和的不成功，議而不和，小徐秉承老段的旨意肆意「擺弄」議和代表（如他堅持把朱啟鈐撤回而以王揖唐代之，王因各方面反對而灰溜溜地逃回），一方面得罪了主和派的直系和總統徐世昌，另一方面也引起了南方代表的不滿。我們在前文中也已經說過，吳佩孚擅作主張，在前線罷戰，他同時向西南方面提出了簽訂一項旨在共同對付皖系的軍事密約，得致函西南方面的贊同。「在吳佩孚和南方軍政府互通款曲的同時，曹錕與張作霖也密為接觸，謀劃反皖。約在 1919 年秋冬之間，直系四督（直督曹錕、蘇督李純、贛督陳光遠、鄂督王占元）與奉系三督（奉督張作霖、吉督鮑貴卿、黑督孫烈臣）就結成了七省反皖同盟，但他們因段祺瑞資深望重不欲直接反段以留有餘地，遂採用封建時代的『清君側』，集矢於徐樹錚。但是，段祺瑞絕不因外來壓力而棄置徐樹錚。因為段、徐之間不僅是主幕關係、嫡系親信關係、上下級隸屬關係的結合，而且更重要的是政治得失、權勢地位、個人野心的結合。段祺瑞新編『邊防軍』三師四混成旅的兵力，是徐樹錚一手建立起來的『段家鷹犬'而在幕後牽線操縱安福國會的，實際上也是徐樹錚。段如果失去徐，等於失去了足以控制軍隊和安福國會的得力助手，因此徐樹錚的去留實際上成為直、皖戰爭的導火線。段祺瑞不能接受七省同盟的共同要求——『清君側』，即剪除作為段祺瑞羽翼的徐樹錚，於是局勢就惡化到不可收拾的地步——七省同盟由反皖言論發展到倒皖行動。」[3]

總之，段祺瑞寵愛小徐，小徐給老段捅婁子、扒壅子。一方面，由於小徐為老段編練邊防軍，增強了段的軍事力量，使老段有實力與直、奉抗衡，另一方面，由於皖派與奉、直之間的矛盾上升而最終不得不訴諸武力。

　　直皖之戰迫在眉睫！且看：

　　直院戰前，直、院、奉三系軍閥，文電交馳，互相攻訐，展開了一場互揭隱私、爭取輿論的電報戰。這也可說是直皖戰爭的序曲。這些電文洋洋灑灑，冠冕堂皇，無非是暴人之短，揚己之長。這是過去所沒有的紛爭方式，也是辛亥革命後民主觀念深入人心的另一種表現，以致連封建軍閥也不得不假借民意粉飾本派行為以騙取視聽。其中具有代表性的是 1920 年 6 月間由吳佩孚操縱發布的兩個文電，即《直軍全體將士宣布徐樹錚六大罪狀檄》和《直軍全體將士為驅除徐樹錚解散安福系致邊防軍西北軍書》。前者聲討了徐樹錚禍國塊民、賣國媚外、把持政柄、破壞統一、以下弒上和以奴欺主等六大罪狀；後者強調「全國本屬一家，焉有南北之界？北洋原係一體，何有皖直之分？」而追根禍亂之起，則緣於「安福系跳梁跋扈，殆甚於閹宦貂璫；而指揮安福禍國者，唯徐樹錚一人」。直系在電報戰中的突出的特點是把矛頭指向徐樹錚，而將段祺瑞置於受宵小包圍蒙蔽的地位，這對爭取北洋集團軍人有一定作用……

　　面對直系強大的政治攻勢，院系決定在軍事上還以顏色，因此積極進行備戰活動。5 月 1 日，段祺瑞在團河召開軍事會議，商討對付吳佩孚撤防[4]的辦法，決定迅將徐樹錚從庫倫調回北京，並將邊防軍調至北京附近待命，以應付時局。

　　……7 月 4 日，徐世昌在總統府舉行特別會議，商討解決時局的辦法，並作出三項決議：（1）特任徐樹錚為遠威將軍。（2）徐樹錚現經任為遠威將軍，應即開去西北籌邊使，留京供職。西北籌邊使著李垣暫行護理。（3）西北邊防總司令一缺，著即裁撤，其所轄軍隊由陸軍部接收辦理。

　　段祺瑞看到這三項命令，憤怒之極，安福議員也極為激憤。7 月 5 日，段祺瑞以邊防督辦名義命令邊防軍緊急動員。8 日，段祺瑞自團河回到北京，在將軍府召開閣員及軍政首腦聯席特別會議，發出聲討曹錕、吳佩孚等通電，

呈請總統褫奪曹錕、吳佩孚、曹銳三人官職，交段祺瑞親自拿辦。徐世昌對此頗有難色，不敢簽署。段祺瑞遂派重兵圍困總統府，迫徐依允，宣稱：「大總統任免黜陟，不能為一黨一派所挾持。關於徐樹錚、張敬堯免職，餘不過問。唯湖南問題，四省經略使曹錕（為對付西南的護法運動，曾任曹為川、粵、湘、贛四省之經略使——引者），任吳佩孚自由撤防之罪，不可不問。餘為維持國家綱紀計，必興問罪之師。」並由邊防軍放出風聲，宣稱「如免曹、吳令候至八日夜不下，則琉璃河方面當於九日上午首先開火」。徐世昌身處重圍，受此威嚇，不得不於９日將懲辦曹、吳令蓋印發出，將吳佩孚「開去第三師師長署職，並褫奪陸軍中將原官，及所得勛位、勛章，交陸軍部依法懲辦……曹錕督率無方，應褫職留任，以觀後效」。[5]

這一家伙當真不得了了，一個國家弄到這種程度，那可真是「國將不國」了。老段的這種做法是歷史上曹孟德「挾天子以令諸侯」的重光！文治總統徐世昌怎能受此驚嚇，他在驚嚇中所簽發的命令對方知道了能不引起戰爭？

史載：段祺瑞在作戰前，把「邊防軍」（參戰軍、國防軍都是這支軍隊，異名同謂）改稱為「定國軍」，在團河成立討伐曹、吳的「定國軍總司令部」，段任總司令、靳雲鵬任副總司令、徐樹錚任（兼任東路軍總指揮）總參謀長、段芝貴任第一路軍（西路軍總指揮）司令兼京城戒嚴總司令、曲同豐為第二路軍總司令兼前敵司令、魏宗瀚任第三路軍司令。７月９日，邊防軍第三師陳文運部開赴廊坊，第一師曲同豐部與陸軍第九師魏宗瀚部、第十三師李進才部、第十五師劉詢部開赴長辛店、盧溝橋、琉璃河一線。

再說直系的軍事部署。在皖系軍隊開赴前線的同一天，曹錕在天津召開誓師大會，成立「討逆軍」（很有意思，段稱自己的軍隊為「定國軍」，曹稱自己的軍隊為「討逆軍」，我們有些不明白，到底是定國還是討逆），自任總司令，吳佩孚任前敵總司令兼西路軍總指揮，率所部第三師及閻相文所部直隸第二混成旅、蕭耀南所部直隸第三混成旅，在易縣、淶水、涿州、固安一線擺開了陣勢；東路以曹瑛為總指揮，率所部直隸第四混成旅、董政國所部直隸第二補充旅及直隸守備大隊二十個營，駐守楊村。其作戰計劃：西路直軍主力沿京漢線北攻，與皖軍主力展開決戰，並命李奎元所部陸軍第

十一師監視並阻止吳光新部北上（吳部此時尚在湖北），再以駐鄭州的直軍和駐洛陽的奉軍包圍洛陽的西北軍，以擺脫三面受敵的不利局面；東路在京奉線上與皖軍對陣，並派商德全所部直隸第五混成旅防守德州，阻止馬良部邊防軍北進，以保天津城池不失。

根據直、皖雙方的部署可知，直皖之戰分為東、西兩個戰場，東路在京奉鐵路沿線，西路在京漢鐵路沿線。最先打響的是在西路京漢鐵路沿線：

7月14日晚，皖軍以邊防軍第一師和陸軍第十五師為先鋒，向吳佩孚的直軍發起了進攻，直軍不支，退出高碑店。同日，東路皖軍由梁莊、北極廟一帶向楊村直軍進攻，直軍在楊村站吊橋兩倉架設大炮還擊，雙方互有傷亡，勝負一時難決。16日，由天津開來一支日本「護路隊」，藉口維護鐵道交通，強迫直軍移走大炮，並退到鐵路二英哩之外。於是，直軍防線被打開一個缺口，皖軍乘虛而入。直軍放棄楊村，退守北倉，京津鐵路因此不能通車。從14日至16日，三天打了兩仗，都是直軍敗北。17日，直皖戰爭東西兩戰場形勢突變。在西路戰場，吳佩孚主動退出高碑店，親率一部直軍，繞出左翼，向涿州、高碑店之間的鬆林店突擊。這是院軍前敵司令部所在地。由於猝不及防，幾乎沒有進行抵抗，皖軍主將曲同豐和司令部全體高級將領都成了吳佩孚的俘虜。這一路皖軍邊防軍第一師、第三師及陸軍第九師、第十三師、第十五師各部，群龍無首，軍心動搖，鬥志全失，像山倒堤崩一樣從高碑店敗退下來。當天，直軍占領涿州，並乘勝向長辛店追擊前進。劉詢所部陸軍第十五師原屬直系，是馮國璋的衛隊。馮死後，被陸軍部收回。由於與直系有這一層淵源關係，因此這次直皖戰爭中該部雖奉命前來參戰，但並不願意真的與直軍交戰。戰鬥打響以前，就有「劉詢不穩之說」；及至皖軍在西路遭受重創，該部便不戰而退，大部分投降，小部分逃回北京。[6]

關於這場戰爭，另有描述說：

18日，吳佩孚派人傳書給被困涿州的曲同豐，因為曲在武備學堂做過吳的教習，吳在信中表示：「師素日講學，對外衛國為旨，吾與師兵戎相見，寧不知罪？顧為國家元氣，兩相罷兵，安敢與吾師相厄？請師至軍議和，且夕可定也。曲同豐自恃與吳佩孚有師生之誼，又同是山東人，認為吳不會對

他有害，加上被困的滋味確實不好受，吳佩孚若肯議和，自己顏面上也好看些。所以他隨使者一道前往吳軍所在地高碑店談判。豈料一到吳地，吳佩孚就把他扣留、軟禁起來了。曹錕和曲同豐是老熟人，對他優待有加。曲同豐也完全不抵抗，表示他自願投降並且樂意讓老友搞一個「受降儀式」。當時的情形是：曹錕在大廳站立，曲同豐以及被俘軍官，在直系將領陪同下，衣著光鮮齊整，步履經鏘地走入大廳。曲同豐把自己的軍刀從腰間解下，雙手奉獻曹錕，大聲道：「鄙人今天願意向貴經略使投降，特將軍刀獻上，誓約不與貴軍為敵。曹錕接過刀後，又將之發還，和顏悅色地對曲同豐一行人說：「本使今天願意接受貴司令投降，貴司令作戰勇敢，本使深為敬佩，特將軍刀發還，仍請佩帶。本使當操優待俘虜條例，予貴司令以最優待遇。受降禮畢後，兩人握手敘舊，歡若平生。第二天，曲同豐按曹錕的意思，給段祺瑞發了密電，批評段對徐樹錚是「縱惡養奸，數年有茲」。要他「即將徐樹錚等六人，速請大總統令交法庭，依法研訊」。同時，曲又致電邊防軍第二師師長馬良，第三師師長陳文運，進行策反。曲作為段祺瑞「最識拔之弟子」，他的倒戈相向，決定了段軍的敗勢⋯⋯

「定國軍」總司令段芝貴搞到一列火車，在車上狎妓、打牌，他指揮西路戰事，是無往而不敗，他也無所謂。他的車兩頭掛火車頭，勝就前進，敗就後退。當西路軍戰敗的消息傳來，他雀戰正酣，忙大叫開火車，逃到北京家中。家人問起，他也只是用手摸著頭，連連說：「好險，好險！就沒別的話了，爾後他急忙叫師爺給起草通電辭職的稿子，誰知這位師爺早就料到有這麼一天，在給段芝貴起草定國軍總司令就職宣言的同時，就寫好了辭職通電，現在正好派上用場，把段芝貴羞得恨不能找個地洞鑽進去，也只有用了。然而，他這篇駢四麗六的文章發表出去，就叫人看出是早有準備，加之他逃得實在快，被時論好好嘲笑了一通，引為一時笑談。西路皖軍自此非降即逃，全線潰敗。

東路皖軍總指揮徐樹錚獲知西路戰敗消息，知道大勢已去，於 17 日逃回北京。20 日午後，「直軍大隊抵長辛店，即將四圍潰敗段軍，一律掃清」。至此，京津線、京漢線皖軍全被清除。[7]

皖系軍隊還有長江上游的吳光新部，但被湖北的王占元部給解決了。只有浙江的盧永祥部沒有受到什麼損失。

段祺瑞見大勢已去，於 19 日致電曹錕、張作霖以及蘇、鄂、贛三督「引咎自劾」。次日，段祺瑞向徐世昌請辭：「此次戰事，實係祺瑞一人措置失當所致，請總統褫奪官勛，取消定國軍……」徐世昌得知，笑謂左右說：早知今日，悔不當初。即派人將老段的辭呈送回。段祺瑞遂又提出四條以為同直軍息戰的條件：其一，懲辦徐樹錚；其二，解散邊防軍；其三，解散安福系；其四，解散新國會。

據胡曉《段祺瑞年譜》，7 月 21 日，直奉軍憲兵進入北京維持秩序；段祺瑞自戕未成。7 月 22 日，徐世昌派王懷慶督辦近畿軍隊收束事宜，皖系敗軍分別為直奉軍收編。7 月 28 日，徐世昌準免督辦邊防事務兼管理將軍府事務段祺瑞職，令撤銷督辦邊防事務處和西北邊防軍，西北邊防軍由陸軍部收束遣散。7 月 29 日，徐世昌令通緝徐樹錚、曾毓雋、段芝貴、丁士源、朱深、王郅隆、梁鴻志、姚震、李思浩、姚國楨等皖系要人；令免湖南督軍、長江上游總司令吳光新職。8 月 3 日，徐世昌令解散安福俱樂部。

從此，皖系不再，段祺瑞受累退居天津，徐世昌為總統的北京政府將往何處去？

註釋

[1] 來新夏：《北洋軍閥史》（上冊），南開大學出版社，200 年 12 月第 1 版，第 600~601 頁

[2] 李勇、周波：《北洋虎將段祺瑞》，百花文藝出版社 2007 年 6 月第 1 版，第 144 頁。

[3] 李勇、周波：《北洋虎將段祺瑞》，百花文藝出版社 2007 年 6 月第 1 版，第 151-152 頁。

[4] 來新夏：《北洋軍閥史》（上冊），南開大學出版社 200 年 12 月第 1 版，第 610 頁。

[5] 吳佩孚奉命南下作戰，於 1918 年 8 月初在前線連續發電主和，並揭露安福國會的不法行為，繼而有張作霖和曹錕的密切接觸，謀劃反皖。1920 年 1 月初，吳佩孚正式向北京政府提出了撤防北歸的請求，2 月中旬，段祺瑞為了杜絕吳佩孚班師北歸之通路，決定奪取河南地盤，逼迫內閣總理靳雲鵬撤換河南督軍趙倜。這樣，逼得趙倜沒有了退路，只好發表通電站在直系一邊。由此，原「七省反皖同盟」變成了「八省反皖同盟」。

[6] 來新夏：《北洋軍閥史》（上冊），南開大學出版社 2000 年 I2 月第 1 版，第 616-618 頁

[7] 來新夏：《北洋軍閥史》（上冊），南開大學出版社 2000 年 1 月第 1 版，第 621~622 頁。

第二十五章 曹張主政矛盾重重孫段聯手結為同盟

所謂直皖戰爭，實際上是直系和奉系結為同盟軍共同對付皖系，把段祺瑞經營多年的皖軍打敗了。在這個時候，段祺瑞傷心到了極點，他曾一度想自殺，但沒有成功，在其部下的耐心勸說下，最終打消了自殺的念頭。

段祺瑞畢竟是段祺瑞，多年來，他打打殺殺，對於「死」已經是無所謂了。但「死」對於一名政治家來說，並不僅僅是一個「死」字了得！他們首先想到的是政治，而並不是個人的生死，這一點，對於段祺瑞而言似乎是至關重要的。最終，段祺瑞沒有選擇死，而是選擇了生，他的生是為了政治、為了中國的時局大勢。

直皖戰後，直系的吳佩孚認為，打敗皖系，直系出的力最大，而奉系張作霖只不過是「坐觀成敗者」。照吳佩孚的邏輯，成者為王，敗者為寇，這是不用說的了。就「成」者而論，還有一個論功行賞的問題。在徐世昌為總統的北京政府中，對於直系「賞」什麼呢？只有一點，就是直系可以主宰中央政府，徐世昌當然得聽直系的話，說白了，吳佩孚要徐總統成為「傀儡總統」。但在奉系的張作霖看來，並不像吳佩孚所認為的那樣，他奉系就沒多少功勞了，其實，奉系的功勞也蠻大的，至少有一個「拔刀相助」之功。你在同別人打架，你的力量不行，如果此時沒有人站在你一邊打幫手，你得敗。現在我奉軍幫了你直軍的忙，直軍的勝就是我奉軍的勝。你吳佩孚不要以為你是勝利者，其實，我也是勝利者。我們都是勝利者，這個勝利果實我們直、奉二系都有份。令直系軍人不服氣的是，奉系並不是直皖戰爭中勝利的一方，但是，在皖系敗後，奉系得到的好處甚至比我們直系的還要多，這主要是指他們得到了皖系邊防軍的全部武器裝備，而且這些東西都是相當精良的「日本家伙」（即過去徐樹錚所截下的那批軍火，奉軍所得還比皖軍所得要多）。對於此，吳佩孚更是有意見，他曾經說奉軍所得的這些東西的行為「是強盜行為，吾輩不可效尤」。

　　吳佩孚是直系的後起之秀，他當時只是直系軍中的一個師長，他說出這樣的話來，當然令奉系首領張作霖不滿。說實在話，張作霖壓根兒就沒有把吳佩孚放在眼裡！他認為，自己是東北一系的首領，我就是說話也只能對著你直系的一把手說，你們的一把手馮國璋不在了，此時的一把手應當是曹錕，我怎麼去給你一個小小的師長說話呢？我給你一個小小的師長去討價還價，那真的是有失我的身分。在這一點上，其實曹錕還是顯得有一定的雅量，在曹錕看來，我們剛剛同皖系打完了仗，天下還不穩呢，我們不要跟人家友軍爭功論賞，那樣真的是有失「紳士風度」！其實，我們並不知道曹錕是否認識到他們那樣做是有失紳士風度，但有一點是可以肯定的，就是曹錕和張作霖兩人是兒女親家關係。從這個意義上說，直奉不可能在短時間內把爭權奪利的矛盾推向白熱化的程度。吳佩孚有意見，就讓他先有意見，反正此時的直還曹錕了。

　　在軍閥中，他們還是很注重資歷的，吳佩孚因為年輕且資歷不夠，在政治上顯得不夠成熟。比如說，剛剛打罷直皖之戰，吳佩孚就通電主張召開國民大會以解決時局問題。這件事情當即遭到張作霖、徐世昌、靳雲鵬的反對。可以設想，這個國民大會在這種情況下豈可開得？直皖戰爭是在北方打的，南方軍閥和孫中山的軍政府都沒有參與，打得勝打不勝，是直系勝還是皖系勝，對於南方說都是另外一回事，也就是說根本不影響南方軍人對北京政府的不承認！吳佩孚說要召開國民大會，這個「國民大會」包括不包括南方？如果包括南方，那麼南方軍人的那個「非常國會」將置於何等位置？因此，徐世昌的反對是有道理的，因為徐這個總統是北方皖系所控制的「安福國會」所選舉產生的，孫中山和西南軍閥是不會承認的。也正是這樣的政治背景，在皖系敗後，儘管徐世昌政府下令解散安福俱樂部，但他並沒有下令解散「國會」（安福俱樂部儘管控制了國會，但解散安福俱樂部並不等於就解散了國會），他下令通緝徐樹錚等皖系一派的十個要人，但並沒有把段祺瑞包括其中。這個關係是非常微妙的。所以，徐世昌一方面下令解散安福俱樂部，一方面段祺瑞還照常參加一些公益性的活動（在下令解散安福俱樂部的當天，段祺瑞還「出席了中央公園公理戰勝碑落成典禮」儀式）。也就在段祺瑞出席了中央公園公理戰勝碑落成儀式後，吳佩孚不服氣，他提出，將段祺瑞監

禁湯山、聽候國民公決。他的這一主張，當即遭到徐世昌、靳去鵬、張作霖等人的反對。他們認為，段祺瑞對於民國是大有功的，雖然此次戰爭他難辭其咎，但與安福系中的其他要人是不同的。

退一步說，就是徐世昌下令通緝皖系以徐樹錚為首的那十個要人，這十個要人最終連一個也沒有被懲治。事情過去了，何必那樣認真呢！這裡邊有一個權力角逐和再分配的問題，到底誰對誰非，在那樣的年代裡是沒有一個定論的。

我們已經說到張作霖對於直系中的吳佩孚有些看不上眼，不是別的，因為他僅僅是一個小小的師長而已。用張作霖的話說，像吳佩孚這樣的小小的師長，全國少說也不下幾十個，光我張作霖的部下就有好幾個。我能在這個地方去聽你一個旁系的小師長的說教？但是，張作霖似乎是有些小瞧人了。吳佩孚在直皖大戰中是立了大功的，論其功當行其賞。那個師長並不是不能提升的。

關於吳佩孚的提升問題，我們且按下不論，先說一說直皖戰後（確切地說應當是直奉皖之戰）直奉在中央的權力分配情況。據胡曉《段祺瑞年譜》記載，1920 年 8 月 11 日，在曹錕、張作霖等支持下，靳雲鵬再次出任國務總理，兼署陸軍總長。這是一個直系、奉系和舊交通系的聯合內閣；8 月下旬，徐世昌、靳雲鵬與曹錕、張作霖就政務處理達成一項協議：國家大計須先徵求曹、張而後行；曹、張於自轄區內有用人自主權；總統地位由曹、張竭力維持；靳內閣有難處，曹、張予以援助；曹、張對各省有勸告之責；段祺瑞生命財產，曹、張予以保全。

這裡得再說一說靳雲鵬再度出任國務總理的問題。民國時期，國務總理一職是非常難當的，段祺瑞一人曾六任內閣，靳雲鵬也有幾次。由於馮國璋和段祺瑞因對南方統一的政策不同，引發了民國史上第二次「府院之爭」，後來，他們兄弟二人雙雙下臺，徐世昌這個「東海漁翁」坐收其利，當上了大總統。徐任大總統的當天就下令免去了段祺瑞的總理職，以內務總長錢能訓代之。錢內閣面對「五四」愛國運動的壓力而失去處置辦法和能力，遭到段祺瑞的責斥，他在無奈之中，於 1919 年 6 月 13 日辭職，由皖系人物龔心

湛代理總理，但時間不長，因其是皖系的人，在這場對「巴黎和約」簽字與不簽字的問題上引起全國上下的一致反對。三個月後，龔心湛下臺，9月24日，任命靳雲鵬代理總理，至11月5日，由代總理轉為正式總理。我們已經說過，靳雲鵬這個人物的政治背景比較複雜，他的複雜就表現在對於北洋各派之間都有關係，他與段祺瑞是師生關係，與馮國璋是同學同事，和曹錕是把兄弟兼兒女親家，與張作霖是兒女親家。這樣一個人物，在徐世昌任總統的時候，讓他出任國務總理，可以說對於直、皖、奉三系都有一個「平衡」度。因為徐世昌名為總統，實際上他手中並沒有兵權，在北洋軍閥中，兵權都在此三系的手中，要辦成一件什麼事情，徐總統得向他們徵求意見。徐世昌這個總統也真是當得有些難。我們說不光是徐世昌是這樣，縱觀中國歷史，你手中如果沒有兵權，你的江山是坐不穩的，這件事情並不能怨徐世昌無能，客觀局勢就是這樣。

儘管靳雲鵬在段祺瑞那裡很得寵，但在靳組織內閣中仍然同小徐（樹錚）產生了矛盾。小徐在靳組閣前，曾就閣員問題向靳提出過「要約」吳炳湘、李思浩、姚震、朱深、曾毓雋分別出任內務、財政、司法、交通等部總長，但是靳雲鵬自有自己的打算，因為他要擺平各方的關係，他當然不能任小徐的性子來，全部由安福系的人來組閣，這事兒一直鬧到徐世昌、曹錕、張作霖、段祺瑞處，最終各方打了一個「平局」，在這個問題上，要說靳雲鵬做得還是比較合乎情理的，各個方面的利益關係都照顧到了，但還是引起小徐對他的不滿。甚至可以說，自靳雲鵬組閣後，小徐就在瞅機會報復靳雲鵬。像這種情況，靳雲鵬總理總有一天會被小徐們給弄下去的。

儘管靳雲鵬在一些用人問題上也令段祺瑞感到不快（比如，段祺瑞想把吳光新安插到河南做督軍，把河南督軍趙倜換下來，靳認為不可，直系的吳佩孚也竭力反對，徐世昌認為，如果這樣做，會引起大亂，而沒有按照段祺瑞的意思去辦），但段祺瑞還是不埋怨靳的（我們認為，這是小徐不及老段的地方，當然他不及的地方多了）。而偏偏就在靳與小徐的矛盾上，小徐並不想吃一點虧，他把靳逼得無路可走時，靳不得不向徐總統提交辭呈。

就段祺瑞而言，靳雲鵬是他的部下，在總理的位置上能夠得到北洋各派系的擁戴也真是難得的，從內心論，段祺瑞對於靳這個部下出任總理是滿意的，他也是支持他的工作的。但是，段祺瑞支持靳雲鵬的工作並不等於皖派一系的人特別是小徐也支持靳的工作。事實正好相反，小徐總是處處給靳難堪，讓他「過不去」，小徐們老是在段祺瑞面前告靳的刁狀，企圖引起段對靳的反感。有時，小徐還當著眾人的面，在靳也在場的情況下，羞辱靳總理：像你這樣沒有本事，還能配當總理？我們可想，一個總理能遭此羞辱嗎？他如何不向總統提交辭呈？這種情況，令段祺瑞也沒有什麼好的辦法，因為小徐和靳雲鵬二人都是老段的愛將，他也想從中調停，但是沒有什麼好的效果，就把老段氣得不行，最後，段祺瑞因這個「氣」而跑到團河去了，不在北京，不想看到他們兩人胡鬧，不管他們的「閒事」，眼不見，耳不聞，圖得一個清靜！但是，對於小徐和靳總理的胡鬧，你想迴避是迴避不了的。最終，還是靳雲鵬堅決辭職。

其實，就是在靳總理的問題上引發了直、奉聯合倒皖的結果，開始時還不好說反對段祺瑞，因為老段畢竟是開國元老，大家只好說是「倒徐」，要「清君側」。

靳雲鵬辭職（未被批准，或以不批為批，直到直皖大戰前才令準靳辭職），由海軍總長薩鎮冰代理總理。一個多月以後，也就是在直皖大戰後的8月11日，靳又在直（曹錕）、奉（張作霖）的支持下再次出任國務總理。這情況就不一樣了。

北洋軍閥時期的民國總理是不好當的，但最不好當的就數靳雲鵬。在他一任總理時，中間夾著直皖大戰，終因皖系的擠壓而辭職。直皖戰後，時間又不長，直奉在直皖之戰中成為勝利者，他們想到只有讓靳雲鵬出任總理才是唯一合適的人選。在這種情況下，靳雲鵬又來當他的總理了，可謂「前度劉郎今又來」前度「劉郎」和此次「劉郎」，在「人」的問題上還是那個人，但在「勢」的問題上就未必還是那個勢了。

且看直奉幾經協商後的靳內閣組成：

外交總長顏惠慶內務總長張志潭財政總長周自齊陸軍總長靳雲鵬（兼）

海軍總長薩鎮冰司法總長董康教育總長范源濂農商總長王迺斌交通總長葉恭綽其中，只有張志潭屬於直系，王迺斌屬於奉系，而周自齊、葉恭綽以及內閣總理靳雲鵬傾向於奉系。這樣，北京政府在處理直奉間的利益的問題上基本上傾向於奉系，這就引起了直系方的不滿。應當說，此時沒有了皖系在其中「攪和」，只剩下直奉二系，他們在對付皖系時是「統一戰線」，要知這個統一戰線不可能是長久的，正因為這個統一戰線不會是長久的，所以他們兩派所公認的合適的國務總理的人選能長久下去嗎？這是一個問題。

且看這段文字：

內閣外而因直奉兩系的大小軍閥為權力地位的分配鬧得不可開交，內而因舊交通系首腦梁士詒企圖取代閣揆進行倒閣活動，更是一籌莫展。加之，1921 年 2 月 4 日外蒙古再次宣布獨立，當地駐軍被迫退出庫倫，邊防吃緊，北京政府雖然撥發了一批軍餉給奉系軍閥張作霖，令其派兵「援庫」，然而，張得款後卻按兵不動。總之，成堆的問題有待北京政府解決。為此，1921 年春，內閣總理靳雲鵬迫於形勢的發展，決定邀請曹錕（駐防保定）、張作霖（駐軍奉天）到京舉行會議，以便解決面臨的這些重大問題。當時，湖北督軍王占元繼李純逝後成為長江三督的領袖，並已取得「壯威上將軍」和「兩湖巡閱使」的頭銜，儼然也成為一個大軍閥，故亦在被邀請之列。

經過靳雲鵬的再三邀請，4 月 15 日張作霖來到天津，隨後曹錕於 16 日亦抵津，兩人建議會議改在天津舉行，對此，靳雲鵬只得遷就，於 18 日自京趕赴天津與會。王占元因河南發生戰事，火車不通而受阻，未能及時趕到，直到 25 日才抵津門。於是，會議便於是日在曹錕的住宅曹家花園舉行。這次天津會議又稱「巡閱使會議」或「北方四巨頭會議」，實際上這是一次張作霖、曹錕進行爭奪地盤和權力的政治分贓會議；而王占元因其實力遠在張、曹二人之下，所以只是忝參末議，無足輕重。

會議首先遇到的是南北統一問題，因為北京政府正企圖實現「統一」，以便向四國銀行團進行大借款，好渡過財政難關，如果西南「自治」各省歸附北方，剩下廣東一省，統一問題就易於解決。當時，直奉兩系都主張援助桂系反攻廣東，或者拉攏陳炯明來拆孫中山的臺。張作霖更直截了當地提出

幫助桂系「討伐」孫中山，並建議任命張勳為蘇皖贛巡閱使，負責討伐任務，因為張勳的舊部新安武軍尚有 40 餘營計 2 萬餘人在江蘇、安徽兩省，這樣可以為奉張「伸手長江流域」預做準備。曹錕沒有正面回答張的建議，而提出先解決「援庫問題」，曹、王並提議派張勳為「征庫總司令」，後遭張作霖否決，而靳雲鵬則憚於全國之反對，不敢遽以蘇皖贛許張勳。但起用張勳，為奉張全力所爭之事，故而又為其謀巡閱熱察綏一職，亦未透過。4 月 27 日，遂決定聯名發一電報，譴責廣州非常國會另組政府，選舉孫中山為非常大總統，破壞統一，但只字未提「討伐」之事。電報除曹、張、王列名外，又拉南北一些督軍、省長充數。可是，電報發出後，皖系軍閥盧永祥、李厚基、何豐林等都聲言事先未徵求他們的同意而代為列名，並對此深表不滿。至於「援庫」問題，曹、張二人未能取得一致意見，而王占元卻自告奮勇地表示願意由湖北出兵兩師，然而他的真實意圖是想把異己勢力第七、八師從湖北調走。在談到這個問題時，還演出了一場鬧劇：就是奉張為援庫征蒙已從北京政府領得軍餉 200 萬及開撥費 100 萬，直曹僅索得欠餉 50 萬，列席會議的曹錕之弟曹銳很不服氣，當場與內閣總理靳雲鵬發生衝突。以至靳慣而提出辭職。後經張作霖、王占元再三勸慰才平息下來，並由曹、張、王三人聯名於 4 月 28 日發出一個擁護內閣的通電……5 月 5 日後，三巡閱使應徐世昌邀請赴京，在公府舉行聯席會議，協商分配權力和地盤問題……大體結果是：直系取得了陝西的地盤，並使奉系撤走了駐河南、陝西的駐軍；而奉張達到了兼署蒙疆經略使的目的，並在關外三省及熱、察、綏三個特別區內掃清了奉系以外的勢力。儘管如此，奉張對垂涎已久的長江流域，因已多屬直系，一時難以伸張，仍感到不能滿足。5 月，靳內閣為排斥舊交通系分子而提出總辭職，但夾在直奉間的爛攤子又無人敢接。14 日，靳雲鵬又受命重新組閣……[1]

我們說了一段關於直奉得勢後的權力和地盤的再分配問題後，該把鏡頭切換到已經失勢的皖系（這只是在中央權力中的失勢，各省中還有一些督軍等並沒有因此而退出皖系）上來了。段祺瑞從中央的權力頂峰退出後，從北京搬回天津了，王楚卿在《段祺瑞公館見聞》中這樣寫道：

段祺瑞全家搬到天津以後，算是下了野了，不能像在北京的時候一樣，日常開支由陸軍部之類的政府機關負擔，如家裡吃的糧食由陸軍部領，棋手的費用（段一生在文藝方面的嗜好就是下棋、打牌、作詩——引者）由陸軍部開支，現在都做不到了。生活方面，不得不稍加緊縮。公館裡的男女傭人，都裁去了一些。棋手也減去了幾位，可是每天還有人來陪他下棋。

他的一天的生活，也沒有很大的變化。除了上午已經沒有衙門可上，早飯以後就看看書或會會客。午飯後休息起來仍舊是下棋、作詩，晚飯之後，還是打牌消遣。只是自從來到天津之後，老段開始吃齋念佛起來。他原來一向是單開伙食，不和家裡人一同進餐的，現在他開始吃素，家裡面仍舊吃葷。請客時也用葷席，他自己專備兩三樣素菜。他平時最愛吃南方的豆豉，吃素之後，更成了每餐不可缺少的肴饌了。他吃素，可是吃雞蛋。他專養了幾只母雞，沒有公雞，這樣下的蛋，據說是素的，可以吃。他在家裡辟了一間佛堂，清晨起來，焚香誦經，成為他照例的功課，後來一直堅持下去，至終沒有變。

段祺瑞雖然吃齋念佛，但並沒有做到四大皆空，看破紅塵。他的學生、舊部每來公館看他，常說現在國內遍地烽火，人民塗炭，長此以往，國將不國了。今後要收拾這盤殘棋，使老百姓能過個太平日子，還非老師東山再起不可！他每逢聽到這類恭維話，雖然嘴裡不說什麼，但他那冷若冰霜的面孔上，也不禁多少露出一些笑容，可見這些話是打進他的心坎裡去了。[2]

根據段祺瑞身邊的人員的回憶，我們可知生活中的段祺瑞實際上也是一個平常的人，他和普通老百姓一樣，居家過日子，也是非常節儉的。透過他生活節儉的表面現象，我們看到了一個做官者的個人人格、修養、品質、道德的問題。像段祺瑞這樣的高官，在中央政權中幾度出任總理，又是一方軍政要員，其在位的時候，隨便弄一點，哪怕是一點點，在他下野後也可以維持生活數年、數十年！但是段祺瑞並沒有把金錢看得很重，看來在他在位時並沒有弄到什麼物質方面的財富，他看重的是權力，是自己的政治地位，而不是金錢，不是自己的物質生活要多好。我們可以設想，在段祺瑞執政的年代裡，並沒有什麼「紀律檢查委員會」之類的機構，對各級官員進行「紀律檢查」，在這樣的背景下，段總理、段督辦、段老總、皖系軍閥的首領人物

並沒有什麼物質財富方面的積蓄，這說明什麼呢？我不能在這裡就段祺瑞的清廉多說什麼！我也用不著去多說什麼！只一句話，由此可知段祺瑞的個人修和品！

寫到這個地方，我想起 2008 年 12 月的一天，我在天津同段祺瑞的孫女段慧敏所談話的一些片斷，年逾七旬的段女士給本書作者說：我們家老爺子是一個軍閥，而且是一個很大的軍閥，在他所生活的年代裡，他的權勢應當是炙手可熱的，他要想發財，那個財他真是發不及，別的軍閥們都發了財了，我們老爺子什麼也沒有。他也從來不收人家的禮，不管是誰送來的東西，他一概退回，並且告誡手下人、門人，也不能收受人家的禮，一旦發現有人收受人家的禮，定要從嚴懲治。他是一個窮軍閥，他在北京的私人住宅還是他的學生們為他捐款蓋起來的……

此時的段祺瑞已經下野了，但我們說他並沒有遠離政壇，這一點同袁世凱頗有相似之處。當年的袁世凱權力達到了頂峰，從那個地方「退」了下來，看似在洹水之上垂釣，實則像歷史上的薑太公那樣，他也在那裡「釣政治」。段祺瑞並沒有去垂釣，大概他並不喜歡垂釣，他對下棋、打牌倒是情有獨鐘，也可能他在下棋、打牌中悟出一些政治方面的道理，也未可知也！總之，段祺瑞雖然是下野了，但他時時都在觀察和注視著中央的情況。他是一個政治家，他是吃政治飯的，他離不開這個玩意兒。

他並沒有從天津出行到南方去活動，他的手下人倒是沒有閒著，像徐樹錚等，此時又在為老段做重出江湖的上下聯絡工作。小徐是老段的使者，到南方去同孫中山先生接觸，要「共商國是」了。不是說在皖軍戰敗後，徐樹錚等十個皖系要人遭到北京政府的通緝嗎？此時的小徐怎麼可能又代表段祺瑞同南方軍政府進行聯絡？這還得把話題向前推移一下。

請讀這段文字：

（1920 年）7 月 23 日，直奉兩軍分別開進北京，裁撤了邊防軍、西北軍建制，官兵給資遣散。皖系勢力除江浙盧永祥外，幾乎殆盡。7 月 28 日，徐樹錚、曾毓雋、段芝貴、丁士源、朱深、王郅隆、梁鴻志、姚震、李思浩、姚國楨等作為安福禍首被通緝。當時的情形是這樣的：「當日軍警、便衣布

滿各城門、各要道以及東交民巷外各口。並在東交民巷口、各城門、東站懸掛 10 人單身照片。在相片之旁，規定 3 萬、2 萬、1 萬、3000 每人其價不等的拿獲賞格，形勢數嚴。這其實只是表面現象，早在十禍首通緝令下來之前，十個人都分別知道了消息。曾毓雋曾這樣回憶：

> 十禍首通緝令還沒下來之前，國務院祕書長郭則沄就暗中打電話通知我說：「你榜上有名，快做準備。」我立即就跑到正金銀行躲起來。這時徐樹錚等也得到消息，經過日本人阪西等奔走，向日本公使館要求政治避難。徐樹錚、段芝貴等，先後到了東交民巷日本使館護衛隊兵營。他們來後，就以電話通知我，把我由正金銀行也接到了日本兵營。而梁鴻志、王郅隆二人來得比較晚，原因是郭則沄暗中通知我時，並沒有梁鴻志的名，所以梁鴻志精神上始終沒有做準備。在通緝令未發表之前數小時，由黃秋嶽祕密通知梁鴻志，梁才匆匆地也逃往日本兵營。梁鴻志為了幾乎落網，對郭則沄非常不滿，怪他既是同鄉，又是好友，為什麼事先不同時通知。但事後據郭則沄對人表示說：我托人打電話通知曾雲沛（曾毓雋的號）時，通緝名單上並沒有梁眾異（梁鴻志的號）的名字，他的名字，據說是徐總統臨時親筆加上去的。王郅隆自以為安福系通緝令不至有他，所以沒有做逃亡的準備。臨時得到消息，此時東交民巷外各口已有軍警把守，不能隨便出入，不得已，先躲避在日本人開設的常盤旅館中。該旅館不是在使館區內，久居還是不安全，三數日內，在日本大昌洋行經理某日本人的掩護下，送到日本兵營，他住在另一座大樓裡。[3]

這些事情是政治事件，但更像是政治遊戲，更有點像小孩子們玩的捉迷藏遊戲。從外表上看，挺嚴肅的，如臨大敵，但內部早就串通好了。正像兩軍對壘時，其中一軍早就與對方商量好了，你看著他們也在向著對方陣地放槍，但那是向著空中放的，並不是對著對方的軍隊。這種情況，你就是有更大的軍事指揮才能，你照樣別想獲勝！在北洋軍閥的民國時期，你說誰跟誰有天大的仇恨，我們說那不對，你說他們是為自己所屬的那個「階級」而戰，我們說那更是大錯而特錯。

徐樹錚這個段祺瑞麾下的「小扇子軍師」不可能就這樣被直、奉給「抓」住的。也真是有些意思，段祺瑞早年和這個年輕人相識後，就一直欽佩他的才幹，小徐也真為老段的事業出過不少力，他運籌帷幄，不亞於當年漢劉邦手下的謀士張良（子房），以至於令劉邦感嘆地說：運籌於帷幄之中，決勝於千里之外，我不如子房！我看小徐在老段這個地方，他就是當年張子房的再現。不過，小徐和張良似有不同。所不同的最大點則在於，張良對於劉邦的帝業是全部的正面貢獻，而小徐則不，他在為老段的事業作出正面貢獻的同時，也帶來了相當多的負面影響。像此次直奉皖之戰，要不是小徐把他們雙方得罪得太苦，也不可能立即會打將起來。從這個意義上說，小徐對於老段而言，我們可以借前人的話說，叫做「成也蕭何，敗也蕭何」！

　　小徐在直皖戰中，惹下了大亂子，他和老段一樣，是不會就此而善罷甘休的。小徐後來從日本人那裡又去上海，還是在日本人的運作和幫助下，藏身於一個大柳編箱中，離開了北京。為此，小徐當時站在由天津開往上海的輪船甲板上，詩興大發，當即賦詩一首：

購我頭顱十萬金，真能忌我亦知音。

閉門大索喧嚴令，側帽清游放醉吟。

白日歌沉燕市築，滄溟夢引海角琴。

雲天不盡纏綿意，敢負生平報國心。

　　我看小徐此詩，字裡行間有一種大氣，雖然不能如孟子所講的「浩然之氣」處於同一境界，但那也是一種「大氣」，他也對於生死問題不在乎，把敵又對勢力看作是自己的「知音」。這是一種瀟灑，這是一種豪爽，這更是一種浪漫：「雲天不盡纏綿意，敢負生平報國心」。他大概在此時已經從軍閥混戰中看到了什麼，他決計要按照段祺瑞的意思，同南方的革命之先行者孫中山先生聯絡了。

　　孫中山先生也真是夠不容易的。他舉起了推翻帝制的義旗，因為自己的力量有限，不得不借助於當時手握兵權的黎元洪把事情做起來。由於袁世凱這個大權在握的人物參與其中，孫先生被迫把那個臨時大總統讓給袁氏做去，

他本想用一個《臨時約法》把袁世凱給「約」住，結果那是文人的「天真」，事實證明，孫先生們是玩不過袁世凱的。中間又走了一段曲折艱難的路，「二次革命」又失敗了。但孫先生們的革命意志並沒有因此而減弱，相反，他們不畏艱難險阻，再一次起來鬥爭了。他認為，北京政府在袁世凱死後仍然沒有按照他的「既定方針」辦，先是「護國」，繼而「護法」，還是因為自己的軍事力量不夠，無奈只好同西南軍閥陸榮廷、唐繼堯合作，在南方建立軍政府，自任大元帥，讓陸榮廷和唐繼堯任元帥。不想，唐、陸對於「元帥」職不屑一顧，他們認為，你孫先生並沒有我們這般軍事實力，我們怎能在你的手下任元帥呢？這樣搞來搞去，他們就開始排擠孫先生了，從孫中山手中分權。這樣，1918 年年初，由桂系陸榮廷發起，成立「護法各省聯合會議」，試圖成為與孫中山的軍政府抗衡的另一政權機關。2 月，又由國民黨穩健派人士出面，正式提出改組軍政府的主張，並擬定《中華民國軍政府組織大綱修正案》七條，其用意就在於改大元帥單獨首領為若干總裁合議制，這樣可以名正言順地把孫先生給排擠了。陸榮廷這樣一搞，滇系唐繼堯則率先表示擁護。至 5 月 4 日，他們不顧孫中山的強烈抗議，非常國會竟強行透過了《修正軍政府組織法案》。當日，孫中山即向非常國會提出辭呈，並發表大元帥辭職通電。在通電中，他回顧護法以來的艱難歷程，憤然指出：「顧吾國之大患，莫大於武人之爭雄，南與北如一丘之貉。雖號稱護法之省，亦莫肯俯首於法律及民意之下……」之後，非常國會選舉唐紹儀、唐繼堯、孫中山、伍廷芳、林德憲、陸榮廷、岑春煊七人為政務總裁，以岑春煊為主席總裁。改組後的軍政府完全由桂、滇兩系軍閥所控制，「護法」僅僅成了一個空名。

革命到了這步田地，政權還是被西南軍閥們篡奪而去。這是西南方的形勢，在這個過程中，北京政府幾經迭蕩，忽而皖直之爭，繼而直奉又引矛盾，分分合合，合合分分，國無寧日，生靈塗炭，外國列強頻頻插手於其中。奉系之張作霖同日本人過往親密，而直系的後臺則有英、美。各方之勢力因利益的分贓而矛盾重重，直奉間能會沒有矛盾？段祺瑞政權當然也有日本人為其後臺老闆，段祺瑞在臺上時，日本人並沒有少出資和借款給段政府。此時，段政府不再，日本人又把其在中國的軍閥選定在奉張上。如此下去，真的是國將不國矣！

段祺瑞下臺後，他寓居天津，對於這些年來中國政壇上的波譎雲詭進行了反思，他決定和孫中山聯手。當然，他和孫先生聯手並不僅僅是為了在中國建設一個真正的資產階級的共和國，而重要的則在於使自己東山再起，與直、奉再論高低。又由於直奉矛盾迭起，奉張也有和皖段聯手的意向。這樣，孫、段、張倒直的「三角同盟」即在醞釀之中。

　　據《孫中山年譜長編》載，關於聯合段祺瑞，孫中山稱：只要段祺瑞保證向日本提出取消「二十一條」要求及由此發生之各種協約，故「自願與段謀和而共同行動」。這個共同行動當然就是孫段聯合，準備「北伐」，以推翻直系對於北京政府的把持。另據《徐樹錚傳》說，1921 年 2 月初，徐樹錚祕密潛赴福州，勸說閩督李厚基與浙督盧永祥聯合倒直；12 月 22 日，徐樹錚南下廣州，欲會晤孫中山，而此時孫中山已至桂林，以非常大總統名義組織北伐大本營，準備討伐徐世昌、曹錕、吳佩孚。孫中山委托廖仲愷、汪精衛、蔣介石為代表，與徐樹錚接洽磋商。另據胡曉《段祺瑞年譜》記，1922 年 1 月 3 日，徐樹錚在蔣介石等陪同下，由廣州至桂林與孫中山商談合作事宜；1 月 22 日，孫中山在桂林召開軍事會議，討論北伐出師問題，西南各省均派代表參加，徐樹錚應邀與會；3 月 8 日，孫中山代表伍朝樞離奉天南下。行前伍告訴駐瀋陽美國副領事，已與張作霖商妥，將以孫中山為總統，段祺瑞為副總統，梁士詒為內閣總理，另組新國會，並說張作霖將以 200 萬元助孫；3 月 20 日，伍朝樞偕張作霖代表朱慶瀾、段祺瑞代表周善培，經香港到廣州，與孫中山商議合作討伐直系……

　　這些資料，集中說明一個問題：孫中山、段祺瑞、張作霖要結為同盟軍，以對付直系。而在這一策略方針未實施前，直奉戰爭將為這一策略方針舉行了一個「奠基禮」……

註釋

[1] 來新夏：《北洋軍閥史》（下冊），南開大學出版社 2000 年 1 月第 1 版，第 635-636 頁
[2] 轉引自李勇、周波著《北洋虎將段祺瑞》，第 175-176 頁。
[3] 李勇、周波：《北洋虎將段祺瑞》，百花文藝出版社 2007 年 6 月第 1 版，第 168-169 頁

第二十六章 直奉兩戰各有勝負府院三爭段氏執政

直皖戰爭之後，直曹（曹錕）和奉張（張作霖）二系控制了北京政府，徐世昌總統實際上成了直奉二系的「橡皮圖章」。此時，皖段已經從中央上層的統治中樞中退了出來；直、奉二系就權力和地盤的再分配等問題，矛盾日升，衝突日顯。但必須指出，直、奉除了矛盾衝突的一面，它們當然有聯合的一面，聯合對付南方孫中山的軍政府。

應當說，在北洋軍閥時期，各系各派既有聯合又有鬥爭，既有統一又有分裂。聯合與鬥爭，統一與分裂無不以權力和地盤的爭奪為軸心而開展。我們在此且不說直、奉聯合打敗皖系，單就直、奉勝皖後的矛盾與衝突，接續前章未竟的話題，以看孫中山是如何同皖段與奉張建立反直（曹錕、吳佩孚）的「三角同盟」的。

請讀這段文字：

早在直皖戰爭以前，孫中山就已經開始利用北洋軍閥各派系之間的矛盾而聯絡皖系軍閥首領段祺瑞和奉系軍閥張作霖，並且，同段祺瑞的聯繫很快就有了頭緒。

直皖戰爭以後，皖系一敗塗地，但是段祺瑞卻無時無刻不在網羅力量，企圖東山再起，而且憑藉皖系軍閥何豐林控制著帝國主義侵華勢力的中心城市上海、盧永祥占據著經濟發達物產豐富的浙江地區，既可以取得帝國主義的支持，又能獲得他們急需的部分財源。加之，當時浙盧處在直系勢力的重重包圍之中，也必須打破包圍，亟謀一條生路，才能生存。段祺瑞是北洋軍閥集團的元老之一，又曾數次組閣，他與軍、政、財、文各界都有著密切的聯繫，又多年得到日本帝國主義的支持，他的舊班底即皖系骨幹力量在日本帝國主義者的庇護下，依然在京津等地大肆活動。儘管如此，院段勢力今非昔比，要想積聚實力與直系曹吳對抗，已有力不從心之感，因此必須借助外

力，方能達到目的。而當時可借助的「外力」，北方只有奉系軍閥張作霖，南方則是高舉護法旗幟的孫中山。

1921 年 4 月，國會非常會議在廣州集會，孫中山被選為廣州政府的非常大總統，並再次揭起護法的旗幟。這時，孫中山的主要奮鬥目標是進行北伐，打倒軍閥，統一中國。當時，北京政權是直奉軍閥共同掌握，而兩系之間又矛盾重重，形成針鋒相對的爭霸局面，迫使奉系只有擴大盟友，才能共同對付直系。於是，孫中山認為這是他發展壯大的大好時機，當機立斷加緊聯絡皖段和奉張，以便利用北洋軍閥集團各派系的內部矛盾，分化瓦解，各個擊破，而首先應打倒的最兇惡的敵人就是直系曹錕、吳佩孚。隨著時間的推移，直奉矛盾與日俱增，勢同水火，奉張為了對付曹、吳，決計拉攏皖段，利用孫中山，以張其勢。而且，在此之前，奉張就已探知「段祺瑞和孫中山先生接洽好了」，在政治上達成諒解，有共同推翻曹、吳的打算；且早在 1920 年秋間，張作霖在京接見孫中山的代表寧武時，就已經談到孫、張合作一事。1921 年 2 月，寧武又到瀋陽先後與楊宇霆、張學良、張作霖進行會談，張作霖再次表示：「孫先生是開國元勳，謀國有辦法，我想派人去向他請教一切。」隨後，派李少白為代表並攜帶密電本南下桂林會見孫中山，孫中山亦致電上海伍朝樞代表他去東北報聘，同時交寧武帶去給張作霖的復信中直截了當地提出聯合討直的問題。後來，孫中山又多次派汪精衛、伍朝樞前往東北與張作霖等人商議討伐曹吳大計。

至於張作霖和段祺瑞商議聯合討直，早在直皖戰爭之後，段祺瑞退居天津，張、段之間即信使不絕於途，一直在計議如何反對曹、吳的問題。此次反直，張又派人聯絡原屬皖系的浙督盧永祥，與他議定在政治上互相呼應，在軍事上訂立攻守同盟，並約定「在打倒曹、吳之後，即擁段上臺」。另外，奉張還向皖段提供大量款項，以便用來收買、分化直系的軍隊……

在孫、段、張彼此互相聯繫的基礎上，後來孫科、張學良、盧小嘉（盧永祥之子）三公子在瀋陽舉行會議，反直陣線的三角同盟日漸形成。[1]

據此，足以說明，皖段敗後，直、奉的共同統治並不是鐵闆一塊、牢不可破的，事實正好相反，其中的分裂與鬥爭一觸即發。段祺瑞和孫中山為了

各自的政治目標分別同奉張加強聯絡，這本身就為直奉之戰直系當敗埋下了伏筆。一方面，孫、段、張加強反直的三角同盟的建立，另一方面，在對於直系內部的策反工作中也是很有成效的，這主要表現在張作霖不斷派人同直系將領馮玉祥加強聯絡，建立關係，因為奉軍手中有錢，張作霖就用 300 萬元援助馮玉祥。

1922 年 4 月 28 日，第一次直奉戰爭爆發。需要說的是，第一次直奉戰爭爆發的導火線當是第三次「府院之爭」（靳內閣的總辭職與舊交通系的梁士詒組閣）。

第一次「府院之爭」的主角是黎元洪和段祺瑞，論實力黎總統整不過段總理。第二次「府院之爭」的主角是馮國璋和段祺瑞，論實力可以說他們兄弟二人是不差上下的，不能說是「半斤八兩」的等重，應當說是袁世凱之後的兩大派軍事集團的爭雄。第三次「府院之爭」的主角是徐世昌和靳雲鵬，論實力，徐總統整不過靳總理，但，作為靳雲鵬，儘管其軍事實力雄厚，他還是受到多方面因素的掣肘，既有奉張、又有直曹、更有皖段，之所以如此，是由靳的政治地位和社會關係所決定的。從某種意義上說，這三次「府院之爭」的「院方」都是皖系，甚至可以說都是段祺瑞的個人因素在起主導作用，當然第三次「府院之爭」的情況又有別於前兩次，第三次「府院之爭」的意義則不同尋常。

在直皖問題轉變為直奉問題後，徐世昌非常清楚跟曹錕和張作霖共事很難，自己沒有實權，遇事則必須聽命於曹、張，因此他就把心思放在總理一職的合適人選上。當然，徐世昌時代的總理的最佳人選當是靳雲鵬。我們已經不厭其煩地說過，靳雲鵬的政治背景複雜，只有讓靳出任總理，才有可能在直、奉、皖三方起到一個「平衡」作用。此時，皖段對於中央政權已經失去了左右的力量，而直、奉的矛盾此時已經上升為主要矛盾了。為了平衡，靳內閣也不是一次組閣就可完事的。

請看如下文字：

主政的直奉兩系軍閥矛盾加深的直接後果，對政局產生了更為不利的影響，尤使在夾縫中的靳雲鵬內閣的日子更不好過。因為靳雲鵬是在皖系失敗

後，由直奉雙方共同抬舉上臺的，在這種背景下只能對雙方都極力保持不偏不倚、唯命是從的態度。而在直奉兩系之外，靳還要照顧到與大總統徐世昌的隸屬關係。這樣靳內閣慘淡經營了一年左右的時間，適逢援鄂戰爭[2]之後直奉雙方互持敵意的態勢加劇，且又面臨著比以前歷屆更為艱窘的財政困難，使靳內閣逐漸處於「兩姑之間難為婦」的局面。

……當時，北京政府讓經費問題鬧得焦頭爛額，常年政費、軍餉亦發生了困難，一時間出現了一陣被時人所恥的「鬧窮風潮」。截止到1921年11月1日，共欠各項軍政費用達14573萬元，而當時可能之收入，僅有400餘萬，相差甚遠。靳雲鵬內閣每天接到各省催發軍餉的電報不計其數，僅據報載，即有湖北直軍欠餉100萬，馮玉祥軍50萬，曹錕索餉80萬，甘肅請發遣散俄黨及軍餉30萬，綏遠欠餉15萬，江西請發之防粵軍費100萬，安徽新舊安武軍欠餉70萬，山東軍餉15萬，海軍催發100萬，步兵統領衙門及警察廳軍警索餉共計600餘萬；甚至新任海軍總司令蔣拯因軍餉已欠六個月未發，海軍部下級軍官生活無著、態度強硬而不敢接任……1921年月11月14日教育部因「薪金積欠未發」又催促無效的情況下，舉行罷工；11月17日，司法部全體廳員因「俸給不能依時支發」而呈遞總請假書；參謀部基於為借薪竟發生了鬥毆事件。這樣，鬧得主持部務的總長因部下索薪而無法到部工作。海軍總長李鼎新、陸軍總長蔡成勛、司法總長董康、教育次長馬鄰翼等無奈而要求辭職。與此同時，官費留日學生「因政府久不給款，難以支持」，只得中斷學業，返回國內。[3]

在靳雲鵬內閣處於日子非常不好過的情況下，又有閣員因種種問題要麼不到會，要麼辭職。實際上，自靳雲鵬任國務總理後，他已經奉命先後兩次重組內閣了，但由於閣員的背景以及他們所代表的派系不同而一直鬧得不可開交。正在這種矛盾一時不好調和的情況下，總統徐世昌又來給他們「添亂」了。

我們知道，徐世昌上臺來做這個總統，是「安福國會」也就是段祺瑞在政時把他推向政治的頂巔的，按理說，他應當對皖系「感恩戴德」，但此時皖段一系已經從政壇上退隱了，他所面對的現實是直奉二系的共同支撐。本

來，讓靳雲鵬出任國務總理，就是他「平衡」直、皖、奉三系的必然結果。儘管在直皖戰爭後因直、奉勝而皖敗，有徐世昌下令通緝皖系十要人的事情，但那也是一時政治上的需要，同時，徐世昌並沒有把皖系中的哪一個要人抓起來治罪，這只是一場政治遊戲而已。但遊戲也有一個玩的「技巧」問題，也即是說看你如何操作它。本來徐世昌把這盤遊戲棋玩得還是可以的，直、奉雙方在老徐的「總統名義」下雖有矛盾，但並沒有引發戰火。但這種「平衡」是暫時的，它終不可能長此下去。

為說明這一點，我們有必要把靳內閣的第二次組閣情況顯示如下：

外交總長顏惠慶司法總長董康內務總長張志潭教育總長范源濂財政總長周自齊農商總長王迺斌交通總長葉恭綽海軍總長薩鎮冰陸軍總長靳雲鵬（兼）。

這裡邊，張志潭站在總統府一邊；周自齊和葉恭綽是老交通系，他們自入閣後就一心想著把靳雲鵬怎麼給收拾下去，好讓老交通系的首領人物梁士詒取而代之。這樣，此二人一直給靳內閣掣肘，讓他不好工作，因為財政總長在這一方，讓靳在財政方面不好辦，借以製造許多矛盾。但是，靳雲鵬也不是輕易可以對付得了的，靳看準機會，利用軍閥間的矛盾和軍事實力給周自齊等老交通系一個「下馬威」，借助於這些實權人物逼周自齊去職，不然的話，靳總理將要辭職不幹。為了顧全大局，在軍閥和各省督軍的支持下，靳總算把老交通系的周、葉從內閣中給弄下去了。

但是，一波未平，一波又起，接替周自齊任財政總長的李士偉並沒有到任，財政一塊的大權則以財政次長潘復代之。靳的本意是把周弄走後，財政一塊可能比較順溜一些，不想，總統府和總統徐世昌對潘代總長沒有好感，再加上張志潭（由內務總長轉而接任葉恭綽的交通總長）與潘也不對勁兒，對潘也是橫挑鼻子豎挑眼，整得靳毫無辦法。由於這樣一個人事安排，使得徐總統和靳總理的「府院之爭」漸現端倪。這算是自黎元洪、馮國璋與段祺瑞的兩次府院之爭後的第三次了。如果單就徐與靳的一些「齟齬」也不至於釀就後來的直奉戰爭，關鍵是一些「小人」在其中撥弄是非。比如說，葉恭綽被靳等從內閣中擠出去後而憤憤不平，他想找個機會報復一下，他就要找

有實力的人物，他想到了張作霖。他跑到張那裡，鼓動起來：徐總統早有去靳之意，靳想召開新國會，這是曹錕的計劃，如果在這個時候，你張大帥入京把靳給倒下去，扶持梁士詒出來組閣，那麼，國會一開，徐世昌就得下臺，這樣，這個人總統的位置就是你張大帥的了。張作霖經不起這個總統之位的誘惑，於是進京和徐世昌一商量，把靳內閣給搗毀了。其時為 1921 年 12 月 18 日，之後，梁士詒組閣。

那麼，中央時局經此變動後，張作霖能否如願以償呢？

請看如下文字：

梁士詒組閣，曹錕、吳佩孚是堅決反對的，張作霖推薦梁時，生怕曹這一方通不過，就以兒女親家之情說服曹錕說：「三爺，是親戚親（指曹、張的親家關係），還是部下親（指曹、吳的部屬關係）？」吳佩孚擔心曹錕被說動了心，就勸曹趕快離京。梁士詒本人也知道不打通直系這一關就上不了臺，遂向吳佩孚表示，如他上臺，願意速籌直軍軍餉，吳佩孚信以為真，才改變了口氣說：「好，姑且讓他幹一下。」梁因此得以上臺。

梁士詒組閣，加入了代表奉系的鮑貴卿（任陸軍總長）、齊耀珊（任內務總長）。然而讓吳佩孚大跌眼鏡的是，梁閣一上臺就完全站在奉張這一邊（在此之前，吳已經在洛陽以直魯豫巡閱副使職編練軍隊，培植直系西部大本營。梁內閣並沒有兌現給吳的承諾，令吳很生氣，因此埋下了直奉之戰的引線 -- 引者）。而奉軍入關，由京榆線自灤州分布於天津、北京，處處與直方接觸。吳佩孚想驅其出關，一時苦於沒有藉口（因梁內閣的「食言」而有了驅張之臺階——引者）。在直奉矛盾中，曹錕的態度一直較吳為緩和，因為對他來說，一方是親家，一方是部下。然而，為了本系的利益，他也決心同親家決裂了。

梁士詒上臺伊始宣布了三件事：一是宣布撤銷對皖系軍閥政客的通緝，任命曹汝霖、陸宗輿等賣國賊擔任政府要職；二是同意日本要求，借日款贖回膠濟鐵路，並把該路改為中日合辦；三是遏制吳佩孚軍隊的軍餉。這令吳佩孚怒不可遏，誓將梁閣拉倒。時值華盛頓召開有美、英、日、法、意、荷、葡等以及中國參加的九國會議，會議討論了中國山東問題，梁為爭取日本的

支持，以應付財政枯竭的窘況，同意借日款贖回膠濟鐵路，並改為中日合辦，還電令出席華盛頓會議的中國代表王寵惠、顧維鈞、施肇基對日讓步，令全國輿論為之譁然，激起人民的憤怒。

吳佩孚抓住這個靶子，指斥梁「勾援結黨，賣國媚外」……張作霖惱恨之極，揚言他要派兵入關擁護梁閣。吳佩孚不吃這一套，直、奉雙方關係驟然緊張。[4]

我們認為，僅有一種「關係緊張」也不至於一下子就可以發展到動刀動槍的地步，儘管他們軍閥動不動就以武力相挾。此次直、奉之交惡，固然有一個權力分配不「公」的問題。但在張作霖看來，儘管自己在軍事實力方面一時還沒有超過直系，但他心中的底氣很足的是，他已經和皖段、孫中山建立起了反直的「三角同盟」，至少在張作霖看來，他此次出兵作戰並不孤單（借孔夫子的話說，叫做「德不孤，必有鄰」）。

張作霖並沒有因梁內閣上臺實現他想做總統的夢想，而吳佩孚聽了曹錕的勸說讓梁組閣也並沒有因此而得到直系一軍的軍餉，不但沒有得到軍餉，反而「遏制吳佩孚軍隊的軍餉」。惹得吳佩孚「操了火」，誓把梁內閣搗鼓下去！這一方，你直系欲將梁內閣整下去，那一方，他奉張欲將梁內閣維持下去。此兩個「下去」，其意相左，實是水火不能同爐。最終，吳佩孚靠其軍事實力，外加英、美的支持，於 1922 年年初把梁士詒趕下了臺閣。

1922 年 4 月 28 日，第一次直奉戰爭爆發。

奉軍以張作霖為總司令，率領四個師、九個旅，約 12 萬人，分東西兩路沿津浦、京漢鐵路向直軍發起進攻，直軍以吳佩孚為總司令指揮七個師、五個旅約 10 萬人迎戰。兩軍在長辛店、琉璃河、固安、馬廠等地展開激戰。5 月 3 日，吳佩孚出奇兵繞道攻擊奉軍後方，使盧溝橋奉軍腹背受敵；吳還分化奉軍內部，使奉軍第十六師臨陣倒戈，造成全線潰退。至 5 日，張作霖敗退出關。

關於第一次直奉戰爭，時任直隸省長曹銳（曹錕之弟）的祕書汪德壽有回憶性文章，當為第一手資料，現摘抄如下：

民國十一年二月十二日，為曹建亭（即曹錕之弟曹銳—引者）省長壽辰，同仁等正擬恭祝，忽聞省長赴奉矣。奉張生日亦在此月，自己生辰未作，而反赴奉為張祝壽，屈己從人，四爺（曹銳行四，曹錕行三——引者），四爺向來如此。（眉批：聞四爺到奉，幾被張作霖所扣。張敘五從中調停，方免於難。臨上車時，敘五攜四爺之手，眼看開車方回去，兵皆虎視。日後方知若無敘五，恐四爺一時不能回津。）而此行之本意，不過為聯絡起見，其實奉與洛方（即吳佩孚，因此時吳以直系的巡閱副使之名義，在洛陽編練直軍——引者），早生意見矣。即至戰事發生，洛方聲言，四爺將奉天勾進關來，冤哉枉也。所謂欲加之罪，何患無詞。巡閱使（指曹錕——引者）為四爺親兄，焉有勾外人打自己親兄弟之理。妄造黑白，離間人家親兄弟，豈有此理。

當戰事發生，四爺即到保自白（時曹錕在保定——引者），天津省署無人主持，容祕書長亦回北京，只壽一人主事。當與衛、護兩營長結為生死之交，一意死守省署。衛隊營長孫炳勛、護衛營長安榮華，是時兩營長皆聽餘指揮。奉軍到津駐中州會館，屢到衙前示威，囑令繳械，一日數次。餘不但不繳械，令兩營長將機槍陳列署東、西兩轅門，示以死守之意。當時警察廳長楊以德，恐餘一開火，則天津糜爛矣，一日三次來勸餘以地方為重，千萬別打等語。餘細思兩營不足千人，又無援軍，倘一開火，地方當然要亂，況兩營士兵，徒死無益。是晚與兩營長商議，此時電線未割，尚可通電（眉批：是時容祕書長在北京，每日晚間用長途電話將當日之經過，天天告知，至省長回津之日止），可以給保定去電，請示辦法，不可冒失，皆贊同，由餘出電，十萬火急。電曰：保定（大帥、省長）鈞鑒：正密。親譯。昨下午七時奉軍已抵津，駐中州會館，今日數次來催繳械，壽誓死不交，已令孫、安兩營長將機槍陳列署前，如果來攻，壽當死守。楊廳長亦來勸將械交出。壽亦知地方為重，而未經一戰，勝負不分，即行繳械，不但壽不甘心，亦不願為吾帥示弱於人。究應如何辦理，請速賜電示，以便遵行。德壽叩。亥。印。

次日約午後兩點，即接復電，曰：火急。天津省署汪祕書鑒：電悉。正密。親譯。該祕書熱心公務，深堪嘉尚，唯時勢所迫，不可過拘，仍以地方為重，徒持一人之勇，於事無補。即由該祕書主持辦理，可將槍械交由楊廳長代交，

並囑兩營長約束官兵，無事不準外出，以免滋事。俟戰事解決，再行定奪。省長。印。[5]

接下來再看汪德壽對奉張和直吳對陣是如何評說的：

奉軍進關，在兵法雲，所謂入人之地深，為兵法所忌。況千里運糧，於軍不利，若能因糧於敵，此乃破釜沉舟之戰也，勢在必勝。而該軍沿山海關一直到津南馬廠、大成縣、白陽橋等處一帶，其名曰一字長龍陣。看其布置，非按陣圖，不過取其聯絡而已。吳佩孚以三角陣破之。按兵法雲，三角陣破不了一字長蛇陣。何者？擊其首則尾至，擊其尾則首至，擊其中則首尾俱至，故不易破也。而吳居然以三角破矣。一來在乎運用，二來奉軍不知陣圖，非真長蛇也，故一擊即破。當吳擊其中心，而伊首尾不至，一擊即破，兩頭失其聯絡，不敗何待。此次奉軍之敗，皆在將領不明陣法耳。

……奉軍敗績，追奔逐北，當二十三師師長王承斌，告奮勇追至灤縣左近，停止不進，代奉求和。吳意追出關外，殲厥渠魁，掃穴犁庭，作一勞永逸辦法。王孝伯再再懇求，以曹、張本系姻親，因意見不合，始有此舉，又非世仇，於是允和。奉軍此役損失甚重，大約九年所得西北軍之械（也即1920年在與皖系作戰中所得的徐樹錚西北邊防軍的那批日本精良武器——引者），此次完全失之矣。曹家待人過厚，而吳亦無謀之輩，徒借曹家之福，而得成名。當王承滅告奮勇追奉軍時，並不知其為奉天人乎！

此次戰後，奉軍經此大創，回去日夜籌劃，練兵籌餉，預備復仇，而直軍戰勝而驕，以為從此無事矣。不但不知防犯，而吳亦不然其事。大將戰勝而驕，為兵法所忌，況不聞不問耶。所以吾說吳乃無用之徒。奉軍退後，曹省長方由保回津，到津並未進署，一直回河東公館，僅到署宴會吳一次，後即辭職。徐大總統一再挽留，仍堅辭始準，即委王承斌為直隸督軍兼省長，並加直魯豫巡閱副使，仍兼二十三師師長。因用人之錯，種下二次大戰（王承斌倒戈之期近矣）……餘對曹曰，四哥要注意奉天，伊日夜練兵，恐有復仇之舉，並請對於保定三哥方面，要多物色賢者輔助，僅止王蘭亭等，將來非誤事不可。四爺點首者再。果然不出餘之所料，二次大戰，僅隔一年，吳不能辭其咎。

本書引用了局中人的親歷記，一方面，我們可以看到一些戰時的實際情況，這是第一手資料，另一方面，也不難看出，這個親歷者的個人傾向，這個汪祕書他討厭兩個人，一個是吳佩孚，一個是王承斌，認為第二次直奉戰爭直敗的根本原因就是這兩個人行為之所致。我們不管他的思想傾向性，他也可能說到了點子上。

第一次直奉戰爭，以直勝奉敗為歷史的定格。原來奉張曾說不惜以武力保梁內閣，現在因其敗北而不能兌現了。吳佩孚勝了，他當然要報梁士詒不給他兌現承諾的那個「一箭之仇」，收拾梁內閣、收拾葉恭綽等人。而這一幫子也並不是就坐在那裡專等你吳帥來收拾的，他們分別以不同的方式逃之夭了。

張作霖的那個總統夢當然不能做了，但是，這正如魯迅筆下所說的「那個小尼姑的頭你和尚摸得，我阿Q為什麼就摸不得」，那個民國總統只可你們去做，我張大帥為什麼就不能做？為了繼續做這個總統夢，張大帥並不甘心這次敗，他逃回奉天，厲兵秣馬，準備與直系再決雌雄。此是後話，且按下不。

直系勝了，總不能讓那個「坐收漁人之利」的徐世昌先生老在那裡坐著總統的位子不丟吧！也該讓直系的首領曹錕坐一坐了。但透過什麼樣的方式從老徐那裡討來這個位子呢？這是一個問題。

依曹錕們的意思：我手中有的是兵權，皖段已經下野了，在那裡「怡養天年」呢！奉系這個政敵也被除掉了，北洋三大系，現在就剩下我曹直一系了，南方各軍閥和孫中山的廣州軍政府之間也是矛盾重重，孫先生們正在同滇、桂軍閥們打呢，他們也顧不上北方的時局，讓老徐下臺，我曹錕上臺，那不就是易如反掌的事情嗎？但這個時候，吳佩孚不依了，他不能由著他的老上級曹錕的性子來。要知道，在直奉聯手戰勝皖系之初，奉張還是看不上直吳的，他曾當著吳的面給直曹說，我們商量軍國大事，沒有你吳插嘴的地方，意思是說，我老張現在還到不了給你一個小小的師長說話的時候，你看哪個地方「涼快」，去找個地方乘涼去。這就是老張你小瞧人了。古語云：士別三日，當刮目相看。更不用說在那種風雲多變的年代裡，人家吳還是兵

權在握的一方大員呢。時間不久，吳由曹錕部下的一個小師長當上了直魯豫巡閱副使，在洛陽經營人家的天下，成為直系一派的一支重要力量！

此時，按吳大帥的意思，你老曹不能馬上去把老徐趕走，但並不是不讓你老曹坐這個總統的交椅，不過得有一個迂迴的措施。這樣看來，吳佩孚還是比曹錕更狡詐些，他想把已經休息五年之久的黎元洪弄出來，作為讓曹錕做總統的一個過渡，或者叫做「緩衝」吧。

依本書的看法，吳佩孚的決策自有其道理，黎元洪畢竟是按孫中山們那個《臨時約法》產生出來的總統，因為「張勳復辟」一檔子公案被段祺瑞給趕下臺了，南方本來不服，鬧起了護國、護法什麼的不安之事。我們現在把這個「錯」給「糾正」過來，你們可看，我們儘管把皖段、奉張給征服了，但我們並不「胡來」，咱們還是按這個遊戲規則出牌，我們是按照孫中山先生們的「既定方針」辦事的，這樣我們直系辦事，你孫先生們豈有不放心之理！你們就不要老在南方喊著「北伐，北伐」了，你還「伐」什麼？這叫「皮之不存，毛將焉附」，古人早就說過的。

可憐一個黎大總統，本來已經下臺幾年了，在家含飴弄孫哩，幹自己的實業哩，壓根也沒有想到這個總統的位子又找上門來。真是沒有「辦法」，人家讓幹就再幹吧，反正是讓當總統，是好事，又不是讓你上街擺攤賣菜，哪個活不是我黎總統幹的。這樣，黎先生就「再作馮婦」了，重又回到了他闊別幾年的中南海，坐在他的總統位子上了。當然在黎元洪再坐他的總統位子之前，得把老徐弄走才是。不過，弄走老徐一事並不是黎元洪所操的心，自有人去幹這個得罪人的活兒。至於說吳佩孚和曹錕們怎樣把老徐弄下去的，我們在此不說，這似乎對於我們的主題無太大關係。

按照吳大帥的做法，黎元洪重操舊業，又拿起了他的那個象徵總統的「橡皮圖章」給曹錕和吳佩孚們開始行使蓋印的大權。但這個活兒也沒有幹多久。問題是，一方面南方孫先生們急著要北伐，他們並不認這個帳，還是要北伐的；另一方面，曹錕的部下們也立等著曹錕坐上總統位子，大家不都可以名正言順地弄個「師長、旅長的幹幹」！這樣，在曹錕的授意下，又生法子把

黎先生再度趕下臺去。至於說，曹錕們是採用什麼辦法把黎總統弄走的，對於我們的主題關係不太大，故仍按下不提。

我們要說的是，曹錕是怎樣當上總統的。這事可有意思了，且聽本書慢慢道來：

1923 年 10 月 5 日，曹錕以重賄議員當選為大總統。曹錕此時有的是錢，你不要看國家窮，借外債非常多，但用於賄賂議員還是有這筆錢的。曹錕們用三五千不等的價格作為一選票的價碼，有那麼八百議員（時戲稱八百羅漢）分別從曹這裡領得了「賞金」，哪有不投票的道理？不過，需要特別注上一筆的是，奉張和皖段也在用錢買通這些議員們讓他們不投曹錕的票。有意思的是，奉張和皖段所出的一張選票的錢少，大概只有三五百吧。可想，那些議員們知道這個選票的價碼，他們知道是該投曹錕的票還是不該投曹錕的票。這個「價值、價格、價值規律」的道理，儘管那些議員們當時並不真的知道馬克思的這一經濟學理論，但他們已經在那裡實際地運用了。

結果是曹錕當選了。這就是史稱曹錕為「賄選總統」的由來。不過，本書得在這個地方說點題外話：「賄選」也並不是全為「負面效應」，當時有良知的議員們並沒有把曹錕給他們的這筆錢裝進個人的腰包，僅舉一例：當時河南省有一位教育家張嘉謀（1874—1941，南陽市人，清末舉人，時任民國政府眾議院議員），即用曹錕的那一張 5000 元選票的錢在當時的河南省省會開封創辦了一所中學——南倉中學，傳為一時美談！

可能會問，奉張和皖段為什麼就不多出錢讓議員們不投曹錕的票呢？這個問題還得多說幾句。並不是張、段不知道這個價值、價格的作用，而是他們出不起這個巨資，為什麼？此時，段祺瑞本來就沒有錢，他是一個比較清廉的軍閥，況且已經不在臺上了，奉張給段祺瑞幾筆巨款，但那主要是用來拉攏直系內部的軍官們準備在第二次直奉戰爭中「倒戈」用的，其中有很大的一筆就用在了直系將領馮玉祥的軍餉補貼上（要不，後來在二次直奉戰爭中，馮玉祥為什麼在北京發動政變呢？此是後話）。

寫至此，本書又有一點看法，提出來與大家共同探討。憑著直系當時的實力，曹錕用不著用賄選的辦法為後世留下一個中國歷史上為數不多的「賄

選總統」的惡名，他完全可以依仗武力坐上總統的位子，他何必去出資買那個選票呢？本書看法是：其一，他們對於選舉一事太當成回事了，這說明在當時的情況下，「民主、普選」等西方資產階級共和國的方案在中國已經有一定的市場了；其二，主要是國家當時並未一統，還存在著「兩個政府」，不僅南北兩個政府，同時，西南的那幾個軍閥對於孫中山的政府和北洋政府都不贊成，北洋三系（直、奉、皖），直、奉實力最大，且處於嚴重對立狀態，皖系並沒有完全消失，其大的力量主要在於東南方的盧永祥部；其三，當時也不是直系的一統天下，孫中山、段祺瑞、張作霖的反直「三角同盟」已經確立。直系此時可以說是睡在堆滿乾柴的上面，下邊只要有一點火星，它就會被焚毀，危險得很呢！當此三點，曹錕的賄選當然要比用武力當總統為上。

誠如我們在上文中所說的曹錕之弟天津省長曹銳的祕書汪德壽所說的那樣，「四哥要注意奉天，伊日夜練兵，恐有復仇之舉，並請對於保定三哥方面，要多物色賢者輔助」，儘管討直並不是奉系一派之所為，但還是由奉張首先和直曹打將起來了。

1924 年 9 月 15 日，張作霖以反對直系發動江浙戰爭為由，自任總司令，出動六個軍及海、空一部，計約 15 萬人，分兩路向山海關、赤峰、承德發起進攻。曹錕任吳佩孚為討逆軍總司令，王承斌為副總司令，調集四個軍及後援軍，海、空軍約 20 萬人應戰。至此，第二次直奉戰爭爆發。

得先簡說一下「江浙戰爭」。它的起因還是曹錕賄選。1923 年 10 月 10 日，曹錕當上總統，全國譁然。孫中山、段祺瑞、張作霖的反直三角同盟發生作用。此時的孫中山正在廣東討伐叛軍陳炯明，他在通電反直中稱：「國人蘄向統一匪伊朝夕矣！天下洶洶徒以直軍之故，若津段奉張浙盧及西南諸將皆知立國有本，非恃武功，舉無不可從容商榷者。然直軍亦非曹吳一人一家之有，燕趙素多奇士，北方健兒，安知不更有明達如樊鐘秀、高鳳桂諸賢仗義來歸者？」孫先生的通電最富有感召力，他這樣一鼓動，皖系在浙江的一軍盧永祥、奉天的張作霖以及西南各省駐滬代表，群起響應，南方各地，舉行了反曹大遊行。

我們要說一下皖系的盧永祥。在直皖戰爭中，皖系其他軍隊基本上蕩然無存，但在浙江的盧永祥並未受損，在直系勢力鼎盛時，盧這個窮苦人出身的皖系將領並不甘心降直，故在江南打出「自治」之招牌。段祺瑞當然沒有忘記自己的這支軍隊，在形勢好轉時，段及時同盧取得聯繫，盧成為孫、段、張三角同盟中皖系一派的中堅力量。吳佩孚也想把盧永祥納入自己的勢力範圍中，但盧堅持要保全自己的人格而不為所動。因為江浙一帶物產豐富，盧永祥獨占其利，引起了直系部將齊燮元的覬覦，為爭奪利益，齊盧之戰（即江浙戰爭）爆發。其時為 1924 年 9 月上旬。這應當算是直奉戰爭的第一戰場（儘管作戰雙方並無奉軍，但我們認為，這是孫、段、張同盟反直的先聲，為奉張出兵埋下了伏筆）。應當說明的是，齊盧之戰，因奉、皖軍遠水不救近火，直系之齊燮元和孫傳芳對盧軍形成鉗形攻勢而使其陷入被動局面⋯⋯（關於江浙戰爭，下一章詳說。）

張作霖以此為直奉戰爭的突破口開始用兵，而直系吳佩孚奉命迎戰。

奉軍的具體部署是：第一、第三軍擔任山海關、九門口一線；第二軍擔任熱河南路，向朝陽、凌源、冷口一線進軍；第四軍在錦州作為總預備隊；第五、第六軍以騎兵為主，擔任熱河北路。直軍在吳佩孚和王承斌正副總司令的指揮下，前敵分置三軍：第一軍彭壽莘；第二軍王懷慶；第三軍馮玉祥。後援分為十路：第一路曹琪；第二路胡景翼；第三路張席珍；第四路楊清臣；第五路靳雲鶚；第六路閻治堂；第七路張治公；第八路李治雲；第九路潘鴻鈞；第十路譚慶林。

奉軍在熱河戰場進展順利，到 9 月 30 日已連克朝陽、開魯、建平、凌源，10 月 9 日，又占赤峰，戰事重心移向山海關主戰場。兩軍在山海關爭奪激烈，傷亡慘重。10 月 7 日奉軍攻克九門口要塞，威脅直軍側翼。迫吳佩孚於 11 日親赴山海關督戰。14 日奉軍又克石門寨，山海關直軍正面陣地動搖，吳佩孚被迫放棄自海路運兵攻擊奉軍後路的計劃，臨時抽調精銳部隊增援山海關戰場。

此時，一個新的情況出現了，即第三軍總司令馮玉祥因不滿吳佩孚排斥異己，開戰後在古北口屯兵不前，並與直系將領胡景翼、孫嶽密謀倒戈。10

月 23 日，馮玉祥乘直系後方兵力空虛，星夜回師北京，發動北京政變，把總統曹錕囚禁於中南海延慶樓。此時，奉軍也突然接到段祺瑞由天津用無線電發給的「馮玉祥決定倒戈」的確信。奉軍士氣大振。

馮軍「北京政變」後，立馬通電主和，宣布成立國民軍。吳佩孚被迫率兵一部回救北京，並急調江、浙、豫、鄂等省直軍北上馳援。但奉軍由冷口突入長城，占領灤縣，直軍後路被斷，全線崩潰，山海關、秦皇島均告失守。吳佩孚指揮的直軍在楊村被國民軍擊敗。山東督軍鄭士琦和山西督軍閻錫山也出兵分別截斷了津浦、京漢鐵路，阻止直軍援軍北上。奉軍大舉入關，吳佩孚孤立無援，直軍在華北的主力全部覆滅。吳佩孚眼看著無路可走，率殘部兩千餘人南逃，此時，他的老師段祺瑞先生派人給吳送去了一封信，信中說：「速離去，否則被擒矣。」

有回憶文章這樣說：

吳在天津東站由電話向段祺瑞（段當時在其內弟吳光新宅）說：「擬把軍隊開進天津各國租界，好引起外國插手干涉。段回答說：「你是最優秀的軍人，為什麼要惹出國際問題呢？我看你先回來休息幾天吧！吳佩孚聽了之後連稱：「老師，我遵命。當即乘車回塘沽轉船逃走。

至此，稱雄一時的吳佩孚吳大帥便在直奉大戰中徹底失敗了。當時段祺瑞的部下們都幸災樂禍地說：「老頭兒眼看吳小鬼掉在井裡頭了，小辮提一提，指給他一條明路。

直系戰敗後，段祺瑞重新出山的局面又開始形成了。馮玉祥回憶說：「戰事既告結束，中樞不可無主，而政治上一時之適當辦法，以資過渡者，國民軍與奉方會商，當時多主張段祺瑞出面維持，因一致電促段氏入京，解決一切。唯段以各方態度尚未明瞭，故仍留滯天津，召集會議，請餘與張作霖赴津，共商國是。餘於 11 月 10 日往，張也如期至，遂在段宅會議。

這就是著名的「天津會議」。天津會議決定推舉段祺瑞為中華民國總執政，該職集總統、總理職務於一身。11 月 15 日，張作霖、馮玉祥等聯街通電，公告全國。[6]

註釋

[1] 來新夏：《北洋軍閥史》（下冊），南開大學出版社 200 年 12 月第 1 版，第 789-791 頁。

[2] 1921 年 7 月至 10 月間，兩湖地區又發生了戰爭，習稱「湘鄂戰爭」，亦稱「援鄂戰爭」。這次戰爭雖然表面上是因屬於直系的鄂督王占元引起的，但實質上是湖北地方勢力與王占元矛盾不可調和的結果。

[3] 來新夏：《北洋軍閥史》（下冊），南開大學出版社 2000 年 12 月第 1 版，第 654~657 頁

[4] 李勇、周波：《北洋虎將段祺瑞》，百花文藝出版社 2007 年 6 月第 1 版，第 178-179 頁。

[5] 汪德壽：《直皖奉大戰實記》，中華書局 2007 年 4 月北京第 1 次印刷，第 9-11 頁。

[6] 季宇：《段祺瑞傳》，安徽人民出版社 1992 年 7 月第 1 版，第 415 頁

第二十七章 善後會議定經國方略金佛郎案引時人垢病

在前一章結尾處，說到了直軍敗後，勝者奉張和國民軍馮玉祥力主由北洋元老段祺瑞主政一事。但此時的段祺瑞並不想立馬出山，經過一段時間的周旋，段祺瑞決定出山，即在他「隱居」近 5 年的天津召集張作霖和馮玉祥等親赴天津「共商國是」，這就是歷史上有名的「天津會議」。

據胡曉《段祺瑞年譜》，1924 年「11 月 10 日，張作霖偕盧永祥等抵達天津。馮玉祥於前一日晚至天津。下午，段祺瑞、張作霖、馮玉祥在段宅晤商時局，段謂非俟孫中山北上不商建國大政，對聯軍統帥及國民軍元帥均不便就職，非受全國推戴不受任何名義；張、馮主張對長江各省用兵」。僅此數語，則足夠本書說一陣子話了。

先說盧永祥怎麼和張作霖一起從奉天到天津來呢？盧永祥不是皖系一派在江浙一帶的軍事首領嗎？他此時怎麼到奉天去了呢？這還得從「江浙戰爭」說起。本書在前文中曾說到了江浙之戰，但語焉不詳，沒有說到盧永祥兵敗而逃。

第一次直奉戰後，直勝而奉敗。但直、奉各有後臺：直系的後臺老闆是英、美；奉系的後臺老闆是小日本，它們各對軍閥有所扶持，另外，儘管在直皖戰爭中皖系敗北，但雄居江浙的皖系一支盧永祥並沒有傷著元氣。一方面因爭奪江南財富引起軍閥之間的戰爭，另一方面，他們又各有其後臺老闆而使戰爭顯得複雜化、國際化。江浙之戰就是這一矛盾的集中表現。

江浙戰爭又稱「齊盧之戰」，因交戰雙方為駐江蘇的齊燮元部（直系）與駐浙江的盧永祥部（皖系），故名。

雙方交戰的原因是：

蘇齊和浙盧屬於北洋軍閥的不同派系，而且「江浙軍閥因地盤之衝突，雙方秣馬厲兵，已非一日」，最後這場戰爭終因互爭地盤而引發，「亦以煙

土售賣權啟釁」。時為盧永祥親信、任淞滬憲兵司令的馬鴻烈就說過，上海「每月光鴉片收入就能養活三師人」的兵力。對此，江浙雙方都很眼紅。江蘇原是屬於直系軍閥齊燮元的地盤，但上海卻為皖系出身的浙江軍閥盧永祥所控制，由其部屬何豐林任淞滬護軍使，蘇齊始終不能染指，這對美、英帝國主義的侵略和江蘇軍閥搜刮財富極為不利。因此，他們都竭力想拔掉這顆釘子。而上海人口集中，工商業發達，又為對外貿易的重要港口，在經濟上、政治上都佔有重要的地位，是昔日軍閥政客們眼中的一塊肥肉。盧永祥把上海當做他的政治生命線，堅絕不肯放手。齊燮元說：「上海是我們江蘇省的一部分，一定要奪回。」盧永祥則認為：「上海是浙江的門戶，一定要保持。」由此，蘇齊與浙盧一戰，勢所難免。

雙方交戰的基本過程是：

1924 年「段祺瑞收買曹錕的譯電員，抄出了吳佩孚致曹錕的密電。吳佩孚在密電裡，主張以鄂、贛、蘇、閩幾省的兵力，圍攻浙江、上海，由江蘇齊燮元和福建孫傳芳主持其事。段祺瑞派人把密電原文送交盧永祥，囑盧早作準備。」盧永祥即派鄧漢祥前往奉天聯絡。張作霖的態度卻顯得不是那麼堅決，鄧漢祥把真實的情況報告了段祺瑞，並對段說：「奉天的態度很不可靠，我回去應該怎樣（對盧永祥）說才好？」段說：「你就說奉方態度很激昂，在軍事上一定能同浙滬一致行動。馮玉祥調過來也不成問題。打的結果，曹吳必定垮台。」段教鄧漢祥這樣說，真是在冒險，萬一打起來，奉張和馮玉祥沒能相應起事，盧永祥就麻煩了，可能老段慮到，齊、盧之戰既不可避免，不如鼓舞盧的士氣，與之一拼。但最後段還是接受了鄧漢祥的意見，即對盧告知真相，令其心中有數。「對一般將領，則說張的態度如何堅決，他的將領也摩拳擦掌，躍躍欲試；馮玉祥已運動成熟，並能同倒曹吳，以鼓舞士氣。」

張作霖雖然猶豫，暗地裡的活動仍然頻繁。8月中旬，張作霖「派許蘭州以賑恤近畿水災名義，赴北京偵察直軍舉動，又命張九卿調查直系和戰動向，以便據而厘定應付方針。8月底，東南形勢緊急，盧永祥之子盧小嘉偕同奉張駐滬代表楊毓恂赴奉天，有所接洽。

……盧永祥通電討伐曹錕，要求西南各省出兵配合。張作霖即於 4 日通電助盧，擬分兵六路進關。5 日，孫中山發表宣言，克日移師北指。段祺瑞也通電聲討曹、吳，並積極聯絡馮玉祥。孫、段、張三角同盟開始發揮作用。

戰事發生後，齊盧雙方激戰甚烈。起初，浙盧頗占優勢，但到了 9 月中旬，江浙戰爭擴大化為五省戰爭。皖、閩、贛先後進攻浙江。9 月 17 日，福建孫傳芳軍隊進入浙江，占領了衢州，使浙盧後方受到威脅，雪上加霜的是，張國威等部將臨陣獻城，盧永祥倉促之間，退出杭州，移駐龍華。這一退就決定了盧永祥失敗的命運：孫傳芳、齊燮元以鉗形攻勢令盧腹背受敵，「盧永祥眼看形勢十分緊張，而皖奉兩系又遠水不救近火，就被迫於 1924 年 10 月 13 日通電下野」，與何豐林同赴日本。戰事結束……

盧永祥和何豐林因江浙之敗而走日本。但到後來，直奉之戰（第二次）最終以直敗奉勝而告終。奉系最終勝利，孫、段、張的反直三角同盟應當說發揮了重要的作用。這種情況的變化，對皖系一支的盧永祥很有利，這樣，盧、何就從日本回國了，他們先到奉天張作霖處，段祺瑞通知要張作霖到天津商定國事，這樣，盧永祥——段祺瑞的愛將當然也到天津來了。

再說「段謂非俟孫中山北上不商建國大政，對聯軍統帥及國民軍元帥均不便就職」等問題。這實際上是一個孫、段、張、馮四方與直系的關係如何處理和「擺平」的問題，其中存在著錯綜複雜的微妙「制衡」，一旦失去一方的制衡，則全盤皆亂。對於這一問題，尤其是段祺瑞有相當清晰的認識並為此而進行著周密的謀劃。

在第二次直奉戰爭尚未打起來之前，段祺瑞即透過他的得力謀士徐樹錚同南方孫中山先生多次接觸，並在某些方面達成了共識，其大前提就是聯合反直。奉天的張作霖在第一次直奉之戰中敗於直系吳佩孚之手，吳儘管勝了，但他卻犯了一個大錯誤，沒有「宜將剩勇追窮寇」，而是「窮寇勿追」。就為這個問題，汪德壽在其文章中把吳佩孚說得一錢不值，說他不會用人，用了一個王承斌，委以「討逆軍」的副總司令，結果王承斌倒向了奉系一邊。在汪德壽看來：「在十三年奪王承斌廿三師時，伊心中即不平。凡事最怕擠，王本心懷二意，若再因事一擠，不變何待。曹七爺若不提議奪王之師長，王

雖想變，亦無由矣。伊自失去廿三師，大不痛快，遂有人勾與段（祺瑞）合。五月時即有風聲，而曹、吳不注意，以為待其恩厚，絕不致有意外之虞。殊不知倒戈者就是他，外人皆曰馮玉祥倒戈，其實王承斌耳，馮玉祥係在被動。所謂物必先腐，而後蟲生，良非虛語。人面獸心，真乃衣冠禽獸。後被吳在北京罵瘋而死，此是後話。伊與段醞釀成熟，只候機會。二次戰事發生，伊之時機已到，於是勾結馮玉祥，許以厚利二百萬（眉批：奉張到津，馮到花園索酬，看神氣不好，未敢要）。吳佩孚頭腦不清，前次王承斌放走奉張，此次就當留神，不但不防犯，反而重用，委伊後方司令。馮玉祥對吳不滿，形於言表，而委為第五路。馮自奉令，兵不前進，只在古北口一帶修路，亦不過問，所以倒戈時，一夜即到北京。」照汪文所說，馮玉祥只是對吳佩孚不滿而倒戈，同時在此之前，他已經與段祺瑞有約在先，就是要看準時機反直。結果成功了。這說明，此時馮玉祥和段祺瑞、張作霖臨時走到一起來了。

馮玉祥在「北京政變」成功後，即和胡景翼、孫嶽等在北京北苑召開緊急會議，商討北京政變後的軍、政善後事宜。會議決定組建中華民國國民軍，同時決定電請孫中山北上，共商大計。這說明，馮玉祥對孫中山是有感情＝。

有書中說：馮玉祥還積極和孫中山聯絡，「孫先生曾經派過孔祥熙攜帶他手書的《建國大綱》訪晤馮玉祥，孔對馮曾這樣說過：關於這個《建國大綱》，總理要我徵求你的意見，可以增減，要加就加，要改就改，不加不改，就信仰這個。當時，儘管馮對孫中山的革命主張談不上有什麼足夠的認識和堅定的信仰……不過當時馮的確受了孫先生《建國大綱》的很大啟迪，認為這是一條光明之路，表示願為此目的而奮鬥。此外，孫先生還先後派徐謙、王正廷、馬伯援等為代表，經常與馮見面，往來聯絡，至為密切。孫先生又派過于右任、焦易堂、劉允丞等赴胡景翼處，派過張繼、李石曾、王法勤等赴孫嶽處，分別建立了密切的聯繫」。此外，「馮玉祥準備發動北京政變前，曾與張作霖的代表馬炳南在古北口祕密合作辦法，雙方約定兩件事：一是在推翻曹、吳之後，奉方軍隊不入關；二是迎請孫中山先生北來主持大計」。

這說明，在直系倒臺後，奉、皖、國民軍馮與孫中山都有相當的關係，而這個關係原在直系控制北京政權時就有了。現在奉張和國民軍馮既然讓段

祺瑞出來主政，那麼，段祺瑞就要等孫中山到北京來才能把這個大事定下來。在孫先生還沒有到北京之前，所談建國大政都是無用的。這就是段祺瑞所說的「非俟孫中山北上不商建國大政」的意思。

那麼，段祺瑞「對聯軍統帥及國民軍元帥均不便就職，非受全國推戴不受任何名義」又將意味著什麼呢？這裡邊就有一個「平衡」的問題了。

從掌握兵權這個角度說，段祺瑞真的是今非昔比了。此時的段祺瑞經過直皖戰後，手中已經沒有什麼兵權可言，那麼，奉張和國民軍馮玉祥為什麼都主張推段出山作為其共同的「盟主」呢？

先說馮玉祥為何這樣主張。

我們已經說過，馮玉祥發動北京政變時的考慮並不是那麼全面、周到，當時他主要考慮到吳佩孚與他不善，他總想找機會報復吳。機會有了，報復也成功了。但是，成功後的問題也接踵而至：政變後的北京政府將向何處去？中央政府的政治、軍事、組織建設等大政方針將如何制定？由誰來主政？馮玉祥自己本來也沒有篡位之心理，他自己也十分清楚，單憑自己的資歷和威望則不足以服眾，更何況此時的北京政府面臨著許多棘手的問題，也不是馮玉祥可以解決得了的。他雖然已經電請孫中山先生北上，但從當時的實際說，孫先生的政治主張儘管馮玉祥是贊同的，但他一時還沒有下決心同北洋一系徹底決裂，也就是說，此時的馮玉祥並不是一個資產階級的革命家。因此，他對於孫先生的革命主張還存在一個觀望的態度。

讓奉張主政行嗎？一是他同奉張的關係還沒有達到十分親密的程度，二是他已經和奉張在事先有約，敗直後，奉軍不入關。這樣，請奉張出山顯然也不合時宜。這樣就剩下一個北洋元老派人物段祺瑞了。馮玉祥和段祺瑞的關係應當說還是不錯的。在與奉張的聯絡過程中，就是段祺瑞從中幫了大忙，馮玉祥的一些軍費開支就是透過段祺瑞這個中間環節從奉張那裡弄來的。段祺瑞不僅可以同馮玉祥搞好關係，而且，透過段祺瑞也可以同奉張建立起一個相應的關係。這樣權衡後，馮玉祥則決定請段祺瑞出山先從軍事上穩住陣腳。於是，10 月 26 日，馮玉祥、胡景翼、孫嶽聯名致電段祺瑞，請其出山就職國民軍大元帥，「萬懇俯念國難方殷，國民屬望，即日就職，命駕來京，

表率一切」。但對於政治上的善後問題,「馮玉祥等一開始並無擁段主持之意,而是想請全國的賢達之士『會商補救之方,共開重新之局』在新的救時方案出臺之前,中央政府暫維現狀。其目的很明顯,就是透過由國民軍方面操縱、控制的曹錕現政府,去挾制吳佩孚及直系各省,並促成和平解決國是會議的召開,從而使國民軍在政局中處於主導和支配地位。

這是馮玉祥方面的一廂考慮,馮想讓段祺瑞出山作國民軍的大元帥,但是,段祺瑞同意不同意,那還是另外一回事兒。事實上,段祺瑞並不願意做國民軍一方的大元帥,為什麼?在當時的情況下,國內並不是馮玉祥一家的軍隊,除了馮的國民軍外,還有奉張之軍,南方的直系並沒有被征服,還有孫中山,還有西南諸軍閥。如果段祺瑞僅做了國民軍的大元帥,其他方面的勢力如何「擺平」。從這個意義上說,段祺瑞是不想單做國民軍一方的大元帥的。

再說「聯軍統帥」。10 月 30 日,張作霖、盧永祥等推舉段祺舉為聯軍統帥:「張作霖所以主張擁段,不是沒有原因的。他看到吳佩孚所部直軍在奉軍與國民軍的夾擊下,敗亡已是不可避免,日後在北方可與奉軍一爭雄長者,唯有馮玉祥等人的國民軍。國民軍透過發動政變控制了北京,可謂在未來的國奉爭鬥中占了先機。張作霖既然不便在打敗吳佩孚後立即驅兵進攻國民軍,以奪取對北京的控制權,則只有先請出一位資歷、聲望都在馮玉祥之上的北洋頭面人物來,以居中協調、控馭,從而使國奉之間的均勢得以維持。而此人則非段祺瑞莫屬。」至於說,段祺瑞也不接受這個「聯軍統帥」的職銜,其實道理也在那裡明擺著的。

那麼,是不是段祺瑞真的不想出山?答案當然是否定的。且讀這段文字:

其實,段祺瑞自 1920 年直皖戰爭中戰敗而移居天津後,並沒有真的雌伏隱居起來,而是利用其北洋前輩地位,不斷與各方面進行聯繫,等待時機,以圖東山再起。第二次直奉戰爭前,段祺瑞加緊活動,終與孫中山、張作霖結成反直三角同盟;戰爭期間,段曾派其親信陸軍部軍學司司長賈德耀攜其親筆函去見馮玉祥,稱「不贊成內戰,並希望馮對賄選有所自處」,這對馮玉祥祕密倒直「既有著探試的性質,也有著鼓動的意思」。之後,段祺瑞、

馮國璋之間信使往返不斷，最終在推倒曹、吳問題上達成協議。馮玉祥請賈德耀轉告段祺瑞：「大局糜爛，擬請段芝泉、張敬輿（張紹曾字敬輿）諸位重出，維持大局」宋子揚亦街段之命語馮：「檢閱使同段督辦三造共和，現在乃最須改造之時。若能辦到，即為一共和國民於願已足。」馮玉祥答以：「若團結力量，可以為之。」

馮玉祥等發動北京政變後，段祺瑞以為自己東山再起的時機已到，立即加緊了出山前的造勢與準備活動。10 月 25 日，段在天津寓所會晤某來訪的外國人時，談起自己對出山的態度道：「至餘個人縱令反直派全獲勝利，餘亦無違反生平素志，入京指揮一切之意。世人往往傳說曹錕一倒，餘必入京，是誠出於本人意外。唯是餘亦國民之一分子，如中國輿情非要餘出廬不可，餘亦不辭為最後的奉公，而與南北同志努力共圖時局之安定，蓋此實國民之義務。唯在今日遽而發表，似嫌尚早耳。」

那麼，段祺瑞什麼時候出山就職正適其時呢？其一，等全國多數督軍、省長通電擁護段祺瑞出山之時；其二，等包括段祺瑞在內的邀請孫中山北上而孫先生同意北上之時；其三，在段祺瑞在天津把有關大政方針擬定成功之時；其四，待舉國上下形成輿論共識，非段出山不可、水到渠成之時。段祺瑞就利用這個時間，打出出山前後這個時間差。

在段祺瑞尚未出山前，各個方面的工作都在亂而「有序」地開展中。

吳佩孚殘部的迅速潰敗，解除了馮玉祥等改組中央政府的後顧之憂。10 月 31 日，馮玉祥等脅迫曹錕令準顏惠慶（曹錕時代的內閣總理）辭職，改任在顏內閣中任教育總長的黃郛（黃在北京政變中參與策劃）代理國務總理，為馮玉祥組織攝政內閣，並任命了新內閣的各部部長，11 月 2 日，北京政變後一直被馮玉祥軟禁的曹錕總統通電宣布退位。但這個時候，段祺瑞還沒有到京擔任那個集總統、總理大權於一身的「臨時執政」，國不可一日無君，在這個空檔中，黃郛即與王正廷、李書城、張耀曾三閣員一起通電就職，攝行總統職權。

馮玉祥控制了北京政權後，決定把已經退位十幾年的清廷小廢帝溥儀趕出紫禁城，在趕出前，重新擬定（修正）「優待清室條件」。

說到趕清廢帝出故宮，段祺瑞對於馮玉祥的這個決定很有意見，說馮入京後做了很多工作，都很好，唯有將溥儀逐出宮不好，而馮的回答是，我入京做了不少工作，但最讓我感到有意義的就是這一件，我們是中華民國，還保留著那個清廢帝有何意義，弄不好還會鬧出什麼亂子出來。

　　在這個時間裡，各省軍政大員紛紛通電，請段祺瑞主政。有的還對段祺瑞的歷史功績大加肯定。如：11 月 6 日，山東督軍鄭士琦致電段祺瑞稱：「鈞座三造共和，一參歐戰，豐功碩德，曠古無倫。列國欽其威凜，邦人蒙其蔭賜。況各省袍澤、海內士夫，非繫密友，即隸部屬。引頸跂踵，幾無異詞。間有政見不同，未甘屈伏，而臨以中外屬望之元老，無不可犧牲意氣，同濟艱難。混戰既徒苦吾民，無主亦豈能立國？救焚拯溺，捨公誰歸。」截止 11 月 6 日，各省疆吏致電擁戴段祺瑞出山者，「已有直隸、廣東、廣西、江西、湖南、湖北、安徽、山東、山西、奉天、吉林、黑龍江、熱河、綏遠、察哈爾、陝西、四川、雲南、貴州、新疆、甘肅 21 省區之多，其後河南、江蘇、浙江、福建，亦次第敦促，異口同聲，全國一致」。

　　在「天津會議」上，張作霖主張繼續對直系用兵，徹底鏟除直系殘餘勢力。對此，段祺瑞則自有看法，主張以和平的方式解決全國的不統一問題。寫到這個地方，應當引起我們的注意：段祺瑞在對於中國統一的問題上，一直是主張「武力統一」的政策的，他同馮國璋所引發的「府院之爭」，也大多因為這個問題，馮主「和」而段主「戰」。但到了此時，段祺瑞放棄了自己過去的一貫主張，即武力統一全國的方針。我們說，段祺瑞的這一思想是值得肯定的，是他在經過多年來的打打殺殺後的切身體驗，是他的思想由其原來主張武力統一的「肯定」向著和平統一的「否定」，完成了一個認識上的周期。他說：「曹（錕）、張（作霖）、吳（佩孚）皆我提拔出來，我扶植彼等長大，後均打起我來。我因感於培養武力政策，結果本來如此，我今覺悟。」

　　再說孫中山北上。據《孫中山年譜長編》載：在第二次直奉戰爭開打後，「9 月 28 日，許世英作為段祺瑞代表抵達廣州，廖仲愷代表孫中山在省署為其洗塵。許世英對記者說：『我之來粵，持有三個問題與大元帥面商，一建

國大計，二北伐問題，三陳炯明問題。』」「10月1日，許世英在廖仲愷、伍朝樞、柏文蔚、譚延闓等陪同下，乘粵漢鐵路專車抵達韶關，謁見孫中山面陳一切。在以後的數日裡，孫中山與許世英多次商討北伐計劃、建國方略、三民主義等。」這說明，段祺瑞對於孫先生的北上共商建國大計是非常真誠的，並不是什麼所謂「做派」。11月8日，孫中山自韶關返廣州，日本《每日新聞》記者拜見，詢及北上打算，與段、張關係等問題，孫中山答謂：「現因滇、黔、桂各省均一致推予北上，故擬勉為一行」，「孫科赴奉之結果頗完滿，張作霖對餘之主張已經諒解」，「餘與張、段間之意見，現已大致相同，餘當與段、提解決」。

這些記載說明，在段祺瑞與張作霖、盧永祥、馮玉祥等商量全國問題時，段祺瑞力主等孫中山北上後以商建國大政方針是其真實的意思表示。在這個時間裡，段祺瑞不就任「臨時執政」也是有原因的。在不少關於段祺瑞的書中，基本上都說到了段祺瑞之所以不馬上出山，是由於各方面的關係沒有「平衡」的緣故，這是符合當時情況的客觀說法。但需要補充一點，就是段祺瑞對孫中山北上的態度是真誠的，確有願同孫先生一起共商國是的願望。這是段祺瑞在經過數次出任北洋政府要職後的一種政治認識和思想的成熟，這當然也是段祺瑞可貴的一面。過去，在我們的心目中，軍閥是什麼？就是為了搶占地盤而嗜殺成性，其面目是淨獰可怕的，現在看來這是一種臉譜化的圖解。

在講段祺瑞出山擔任臨時執政和主持善後會議之前，本書用了相當的篇幅講述此事的過程，在讀者明瞭這個過程後，現在到了講這個主題的時候了。

據胡曉《段祺瑞年譜》記載：1924年11月21日，段祺瑞擬就臨時執政並發表國是主張通電，打算召開善後會議和國民代表會議。據曾毓雋說：「蓋在中山未歿以前，原議先開善後會議，聚全國同志於一堂，以觀向背，訂定政綱，果大眾一心，此後即可如議應付。下走初建互議，合肥頗以為然，無如同事諸公，斥下走為無膽略。合肥素以剛強自用稱，而主張遂變。其公子駿良，得同鄉龔仙洲、許雋人、王揖唐、吳炳湘、姚震及短視之諸同僚所慫恿，力主急進，遂有先就職後開善後會議之舉。此舉民黨頗不以為然。適中山先

生逝世，彼輩轉為無所拘束，故善後會議並無一國民黨參加，而政府亦不注重國民黨參加，此大失計也。」

這是知其事實真相的當事人的回憶，其可信程度比較高。就是說，按照段祺瑞本人的意思，是先召開善後會議，然後就任臨時執政，但段祺瑞經不起身邊的工作人員的慫恿，還是把這個程序來一個調換，先任執政，再說召開善後會議。對於此，孫中山並不同意，他抱病輾轉北上，沿途不斷發表演說，可以說是憂國憂民、積勞成疾，即使這樣，孫先生到京後，即發表了《入京宣言》，宣布他此次入京的目的：「文此次來京，曾有宣言，非爭地位特權，乃為救國。十三年前，餘負推倒滿洲政府使國民得享自由平等之責任。唯滿洲雖倒，而國民之自由平等早被其售與各國。故吾人今日仍處帝國主義各國殖民地之地位，因而吾人救國之責尤不容緩。至救國之道多端，當向諸君縷述。唯今以抱恙，不得不稍候異日。」

孫先生偕宋慶齡及隨行人員李烈鈞、邵元衝、黃昌谷、朱和中等二十餘人，於1924年11月13日乘「永豐」艦離粵北上，途經香港、上海，取道日本，行程一個多月，於12月31日才由天津抵達北京。而段祺瑞於11月24日在京就職臨時執政。這就是說，段祺瑞是先就職而後再召開善後會議。同日（11月24日），公布《中華民國臨時政府制》。

據《段祺瑞年譜》所記他人的回憶：11月，段祺瑞就任臨時執政後，為集思廣益，對外交及政治、經濟各要政，組織外交委員會、專門委員會協助進行。凡關於外交事項，必先由外交委員會研討，提出具體意見，然後交國務會議透過，由外交部負責執行；凡關於政治、經濟等重大事項，亦必先交專門委員會討論，擬定辦法，交國務會議透過由主管部門負責執行。

在段祺瑞就任臨時執政時，孫中山尚在北上的途中。按照段祺瑞就職臨時執政的計劃，在他上任後有兩個重要會議需要組織召開，第一個會議就是「以解決時局糾紛，籌議建設方針之主旨」的「善後會議」，擬於一月內召集；另一個會議是「解決一切根本問題，期以三個月內齊集」的所謂「民國代表會議」。段祺瑞就職臨時執政後，就開始著手「善後會議」的籌備工作，命臨時執政府法制院長姚震草擬《善後會議條例》。要說，段執政對於這個

東西還是相當重視的，經姚院長緊張工作了近一個月的時間，中間幾經討論、修改，於 12 月 20 日提交國務會議透過，24 日正式公布。

《善後會議條例》共十三條。其中第二條規定參加會議的人員分為四類：（1）有大勳勞於國家者；（2）此次討伐賄選、制止內亂之各軍最高首領；（3）各省區及蒙、藏、青海軍民長官；（4）有特殊之資望、學術、經驗，由臨時執政聘請或派充者，但不得逾三十人；根據《善後會議條例》的有關規定，段祺瑞等共選定了 128 名出席「善後會議」的會員，其中符合第一項有勳勞於國家之資格的，為孫中山、黎元洪兩人；符合第二項討伐賄選各軍最高首領資格的，共 57 人；第三項現任各省區及蒙藏青海軍民長官被邀的，共 39 人；第四項有特殊之資望學術經驗人員被特聘的，有唐紹儀等 30 人。從這一會員名單中不難看出，占絕大多數的第二、第三兩款會員即從中央到地方的一些大牌軍閥、官僚、政客是此次「善後會議」的主角，而總數僅 32 人的第一、第四兩款會員則不過是裝飾門面的陪襯而已⋯⋯

會議還沒有開，僅有此一個《條例》而已，就引起了社會各方面的不同反響。其他的我們且不說，單就孫中山對此即有不同看法。這個時候，孫先生已經到天津了，但身體有病需要休息一段時間，不能馬上到京。在他在天津養病的時候，見到了這個《善後會議條例》，即在病榻上口述電稿，給段祺瑞一封電文，談了自己的看法。

依孫中山所說，本善後會議應當是臨時執政府的預備會議，但既然用了「善後會議」一名，只要社會各界代表都有的話，也不是不可以的。現在的問題是，這個善後會議的人員組成並不全面，只有軍界、各省大員、少數有特別資望的知名人士，這樣做，並不能真正代表民意。

段祺瑞接到孫先生的電文後，並不是不重視，而是就有關情況向孫中山作了解釋：「善後會議條例，祺瑞亦無絲毫成見，幾經討論，未敢遽定，特以未公布之草案，先就正於先生，適尊體違和，未有於草案中增加團體之表示。」同時又說了自己的苦衷。毋庸諱言，因段祺瑞和孫中山所站的立場不同，對於善後會議的看法當然也不同。以至於後來善後會議的召開（1925 年 2 月 1 日開幕，4 月 21 日閉幕），國民黨人並沒有參加。

應當說明的是，這個時候，中國共產黨已經同國民黨合作了，段執政所開的善後會議，不僅國民黨人反對，共產黨人也堅決反對。3月1日，在孫中山、李大釗等國、共兩黨領導人的號召與具體主持下，國民會議促成會全國代表大會在北京開幕。到會代表 200 餘人，代表 20 多個省區、120 多個地方的國民會議促成會，代表成分包括工農群眾、教職員、學生、新聞記者、律師、民族資本家等。會議反對段祺瑞的善後會議，對於中國人民反帝反封的鬥爭發揮了積極的推動作用。

段祺瑞對善後會議是非常重視的，執政府先後為會議提交了 25 個議案，涉及到政治、經濟、軍事許多方面。其主旨是：要把軍事、財政兩大權力收歸中央，以削弱地方實力派的勢力，實現和平統一。

我們所要說的是，北洋政府的臨時執政，尤其是作為集總統、總理大權於一身的段祺瑞，透過「善後會議」以制定經國方略，他的主觀願望是好的，這一點必須給予充分肯定。此時，他已經放棄了他多年來一直主張的「武力統一」政策，企圖用和平的手段統一中國，至少可以說，這種願望如果能夠實現，中國人民則免予戰爭的煎熬，免予生靈塗炭。遺憾的是，段祺瑞當時並沒有真正意義上的軍事實權，那些大大小小的軍閥們占山為王，為爭奪地盤而你爭我鬥，戰爭並沒有停息。

還有一個問題，就是段執政儘管集總統、總理之大權於一身，他不但沒有軍事上的制衡權，更是在財政上大失控，各軍閥在自己的「勢力範圍」內，為所欲為，控制一方的財政稅收大權，所收之財稅多不給中央上交，而是留作自用，擴大自己的軍隊，為的是好同別的軍閥開戰，再奪他人的地盤。段祺瑞執政時的財政應當說是相當困難的，這種困難程度甚至超過了以往任何一個民國總統時代。為了擺脫財政之困窘，「金佛郎案」便由此而闖入了我們的視線。

金佛郎，又譯為「法郎」。「金佛郎案」是由支付《辛丑條約》賠款而由發。當年由於「八國聯軍」鬧中華，迫清政府於 1901 年簽訂《辛丑條約》，中國向八國賠款 4.5 億兩白銀，以海關銀兩市價折換成各國貨幣。其標準是：1 兩海關銀為 3.75 法郎，英鎊為 3 先令，日元則為 1.41 元，本息均用金付給，

或按應還日期之市價易金付給。1901 年以後，清政府均按條例規定，分別撥付各國所指定的銀行。但從 1905 年開始，海關銀兩匯總率下跌，海關銀 1 兩已不能兌換 3.75 法郎。中國於是在 1905 年 7 月 2 日，付給各國總計 800 萬兩白銀，作為對各國的彌補，並重新與各國簽訂了匯總辦法換文。因列強皆為「金本位」制國家，故依照新辦法按當時市價以銀兩折合成各國金幣，或按倫敦市面銀價用銀支付，或以金幣期票支付，或以電匯票支付，均由各國自願擇其中一種支付辦法；按照換文，擇定辦法後，就按新法執行，直到賠款付清時為止。法國當時選擇以電匯辦法支付，因此清政府按電匯行市逐期支付賠款及利息。

第一次世界大戰後，法郎貶值，白銀升值，因而銀兩與法郎的比價幅度上升，按電匯價 1 法郎只值銀元 1 角 3 分 4 厘，這樣中國尚欠法國賠款只用原來的一半即可付清。當時中國尚欠法國賠款 4 億法郎，中國只需付銀元 5300 多萬元即可。但是，法國卻於 1922 年 6 月向北京政府（此時的北京政府，徐世昌總統已被吳佩孚武力逼下臺，又把黎元洪拉出來裝飾門面，實際大權操在曹錕和吳佩孚之手）強行提出改用金計算。如果照此辦理，1 法郎值銀元 3 角 4 分（比 1 角 3 分 4 厘高出 1 倍多），這樣中國需支付 1.36 億元（比 5300 多萬高出 1 倍多）。如果與法國同屬拉丁幣制的比利時、義大利、西班牙等國均按此例要求中國，中國的損失將更大。

同年 7 月，北京政府與法國簽訂《中法協定》，議定以法國庚子賠款維持將破產的中法實業銀行，賠款改為金法郎換算。1922 年 11 月 21 日和 1923 年 1 月 9 日，法國國會上、下兩院均透過此案。但在 1922 年 12 月 28 日的北京政府國務會議上，對《中法協定》卻予以駁斥並加以否定。法國政府隨即向北京政府發出最後通牒式的咨文，要求中國政府於 1923 年 2 月 10 日中午 12 時以前做出批准《協定》的決定。北京政府屈從於法國政府的壓力，最終承認了以金計算付款。

此案一經公布，全國譁然。10 月，國會對政府議案做出否決，並咨行總統請仍按照 1905 年的換文辦理付款。法國為了進一步向中國政府施加壓力，便串通《辛丑條約》有關各國，決定自 1922 年 12 月 1 日起強行將中國「關

餘」、「鹽餘」（即關稅、鹽稅扣除當年應償還的外債後所餘下的稅款，應交北京政府支配）按金佛郎折算的賠款，由中國總稅務司英國人安格聯盡數扣留。即便如此，以後的歷屆政府仍未敢接受法國的無理要求。

這個歷史上很棘手的問題，推移到了段祺瑞執政府的頭上。此時，段政府的財政困難達到了極點。截至 1925 年春，總稅務司所扣留的關餘、鹽餘款已達 2360 多萬元。段祺瑞政府為獲得這筆扣留款，並能盡快召開有關國家參加的討論中國海關加稅的關稅會議，以圖擺脫財政困境，便派出財政總長李思浩和外交總長沈瑞麟與法國公使進行祕密談判。最後，中國政府在法國的壓力之下，接受了法方的要求。

北京政府公布了「金佛郎案」，引起了各界的強烈抗議：

中國共產黨的《向導》周刊發表署名和森的文章，指出了協定的危害，並號召人民：「嗚呼！賣國備戰的金佛郎案已威脅著全國人民的生命與安寧，還不立刻起來反抗，尚待幾時何！？」中國國民黨中央執行委員會及浙江、湖南等省的省議會也都發表了反對「金佛郎案」的通電，北京學生則舉行大規模的集會遊行，強烈要求查辦「金佛郎案」，嚴懲賣國賊，並搗毀了參與審查此案的司法總長兼教育總長章士釗的住宅。在全國人民的一片反對聲中，北京高等檢察廳檢察官對「金佛郎案」提出檢舉案……

此案的社會影響巨大，這本是在情理、法理之中的。段祺瑞執政後，實際上他已經把中國自清後期以來的所有困難集於一身，段祺瑞政府承擔了當時苦難中國的一切苦難。而此時，他已經是年過花甲的老人了，在精力上肯定不及當年；其次，這個時候，從名義上說，他的政治權力超過了以往任何一個執政時期，但恰恰就在他權力達到了頂峰時，他最沒有權力！

中法金佛郎新協定的簽訂，中國以多付外債數千萬元的沉痛代價以緩解當時極困的財政危機，實乃「飲鴆止渴」

本章即將結束，本寫書人意猶未盡，願就段執政所面臨的現實再續一筆：社會潮流，浩浩蕩蕩，順之者昌，逆之者亡。退一步論，即使段祺瑞此時手中還有兵權，他所代表的那個時代即將成為過去，孫中山的中國國民黨已經

實現了同中國共產黨的合作，合作的政治基礎就是「反帝反封」，段祺瑞政府所代表的政治勢力正在被反之列。再退一步論，就是段祺瑞的「善後會議」縱然有社會各界的代表，有手中沒有實力的工農代表參會，也不可能不成為被反的對象。

第二十八章 三一八慘案長跪不起 四二十下野寡欲清心

集總統、總理之職權於一身的「臨時執政」，是段祺瑞軍政生涯中最後一次軍政活動，也是他戎馬倥傯一生所達到的最高權力頂峰。他從 1924 年 11 月 24 日開始就職，到 1926 年「三一八慘案」發生，在全國各界的一片譴責聲中下野，前後不到兩年的「臨時執政」生涯給後人留下了不盡的話題。在他執政中的 1926 年 3 月 18 日被魯迅稱為是「民國以來最黑暗的一天」！

寫段祺瑞，寫段祺瑞主政下的北京政府，寫段祺瑞「臨時執政」，不管以前的歷史怎麼寫，寫得詳還是寫得略，那都不是十分重要的。但是有一點我們必須指出，寫段祺瑞不能不寫「三一八慘案」，不能不寫這一慘案對於中華民族的影響，不能不寫透過這一歷史事件對於段祺瑞的決定性的評價。

從「三一八」始，魯迅先後寫了數篇相關文章，連續發表在《語絲》、《國民新報》、《京報》等刊物上。尤其是邵飄萍主辦的《京報》對於此案先後載發 113 篇文章，予以痛斥、揭露。此外，《晨報》、《世界日報》、《現代評論》、《清華周刊》等報刊雜誌也多發此類消息和文章。劉半農作詞、趙元任譜曲的《哀歌》一時唱遍京畿，傳向全國（需要說明的是，邵飄萍一個月後遇害，與段祺瑞無關，係張作霖所為）。魯迅所寫的《紀念劉和珍君》只說到了被槍擊的三個學生：劉和珍、楊德群和張靜淑。其中，劉、楊兩位當場而死，張靜淑受傷，後來張靜淑經治療未死。「三一八慘案」造成死亡 47 人，傷 132 人，失蹤 40 人（據《京報》1926 年 4 月 10 日報導）的流血慘案。

歷史已經過去，但它留給我們的慘案事實將永遠不會因時間的推移而在我們的記憶中淡去。

首先，本書要在這裡說明的是，劉和珍是偉大的，她的同學楊德群、張靜淑是偉大的，她們那個時代的愛國青年們是偉大的，在此之前的「五四」愛國運動中的青年學生們是偉大的！屹立在北師大校園內的劉和珍等的雕像將永遠昭示於中華民族後來人的一個偉大的靈魂和精神，中華民族是偉大的，

中華民族是有希望的，中華民族永不屈服一切邪惡而以她的偉大國格、人格自立於世界民族之林！

在這種偉大精神的背後，歷史將留給我們怎樣的反思呢？

「三一八慘案」絕不是偶然的。它是中華民族進入近代以來中外矛盾的集中爆發，是一部中國近代史的「聚焦點」。現在就讓我們把那段歷史予以還原——

中華民族進入近代以來，日月黯然，風雨如晦。外國列強用它們的「船堅炮利」撞開了大清統治下的「閉關鎖國」的大門。政治壓迫、經濟掠奪、鴉片危害、精神奴役、文化侵略，等等，似洪水猛獸，一股腦湧入中國。中華民族面臨著亡國亡種的嚴峻考驗！

「中華民族向何處去」的問題從此成為一代仁人志士思考的核心問題。中國要強盛，中國要復興，必須向西方學習，因為人類和其他物種一樣：優勝劣汰！於是，便有一代知名學者嚴復所翻譯的《天演論》的問世；太平天國革命運動的領袖洪秀全從西方人那裡學來了「宗教救國」的理論，並用這樣的「文化垃圾」試圖救中國；「洋務派」的倡導者們企圖以「中體西用」拯救中國；一代正直的學者文人試用「教育救國」的理念以振興中華；中國文化保守主義者則矢志不渝地堅信「中華文化本位論」；一些深受西方文化影響的學者堅持「全盤西化」；偉大的資產階級革命的先行者孫中山以「進化論」學說為指導以改造中國；康有為等「戊戌六君子」堅持在中國實行「君主立憲」；以袁世凱為首的北洋軍閥（包括段祺瑞、馮國璋等）用手中的軍事實力企圖以武力解決中國的問題⋯⋯這些人物都想透過自己的主張改造中國、建設中國，不管他們成敗利鈍，本書認為他們不失為時代的精英。

歷史是前進的，其中有一種「勢」起著推動作用。這種「勢」並不是哪一個歷史人物自己的主觀願望而使之然。「勢」之到來，不可逆轉。所謂「大勢所趨」、「勢不可擋」！歷史的大勢並不因某一人物的主觀願望而隨之轉移，歷史人物只有在這種「勢」的面前因勢利導，順應潮流，方可把握、掌握其生存和發展的主動權，否則，他將被歷史所淘汰。這就是歷史的辯證法。

從另一方面說，那些所謂「精英人物」、「英雄人物」的產生，必有某種「勢」的形成為條件。如果沒有這種「勢」，那些「精英人物」、「英雄人物」是不可能產生的，從這個意義上說，「時勢造英雄」。這些歷史上的所謂「精英人物」、「英雄人物」一旦被造就，他們可以透過他們的行為影響歷史，或從不同的方面推動歷史（這個「推動」並不是僅僅理解為「前進」，也可包括「倒退」，而「倒退」也是歷史前進的一種特殊表現），從這個意義上說，「英雄造時勢」。

中華民國這段歷史，是中國歷史發展的一個階段。它是一個特殊的階段，這個階段是建立在大清後期那種特殊的基礎之上的。清政府由其前期的「盛」轉而為後期的「衰」，自有其歷史的原因。我們不是歷史循環論者，但歷史的發展卻在某些時候有著驚人的相似之處，前人的足跡又為後人所踏，這也是不可迴避的歷史事實。

「三一八慘案」並不是偶然的，它是歷史留給段祺瑞臨時執政府的一個「結」。既然可以稱之為「結」，它必定有其形成原因、發展過程。它是一個發展變化之「流」，既然可以稱為「流」，它必定有一個源頭。從源頭開始，中間有它的流變過程。這個過程可以是平緩的，也可以是驚濤駭浪的，它遇到什麼不平，或暗礁，或明障，或旋渦，或險灘，它將激起萬丈浪花，演繹出一段永遠供後人評說的話題。這個「結」，如果不是段祺瑞，而是其他的什麼軍閥執政，我敢肯定，他照樣也逃脫不了國人的譴責和謾罵。段祺瑞遇到了這個歷史事實，這個歷史性的詬病在段執政這裡形成了永遠的定格。

且不說 1840 年開始時的中國近代史的源頭，也不說大清帝國給列強們所簽訂的諸多不平等條約，單就孫中山、袁世凱、段祺瑞等迫清帝退位，就足有可圈可點的地方。這個可圈可點，既有正面的可肯定之處，更有許多當指責的地方。

孫中山們發動的「辛亥革命」，那是一面旗幟，那是一面偉大而又光輝的旗幟。這面旗幟最終交給了袁世凱。為什麼交給袁世凱，而不是交給其他人？因為在那個特定的時代，只有袁世凱堪當勝任，其他人都沒有袁世凱那樣得天獨厚的條件。段祺瑞是緊跟在袁世凱後面的另一個可圈可點的人物，

甚至可以毫無疑問地說，他是一個核心人物。在袁世凱之後，也只有段祺瑞堪勝其任，只有段祺瑞才能擔負起這樣的歷史重任。

毋庸諱言，孫中山所領導的革命是不成功的，「革命尚未成功，同志仍須努力」。孫中山領導的革命不成功，並不僅僅說他把革命的旗幟傳給了袁世凱而不能成功，而是說，在當時，僅憑孫中山們的力量並不能「將革命進行到底」。為什麼？因為孫中山們並沒有那麼多的「槍桿子」，你沒有那麼多的「槍桿子」，你的政權就不能「出」。袁世凱之所以能夠優於孫中山而獲得中華民國的政權，在於袁項城有他的槍桿子。他的槍桿子就是「北洋新軍」，就是在以王士珍、段祺瑞、馮國璋「北洋三傑」為中堅的「北洋新軍」。

袁世凱從孫中山的手中接過了這面革命旗幟，但袁項城並沒有將這面旗幟繼續打下去，時間不長，他把這面旗幟丟棄了，才有孫中山的「二次革命」。「二次革命」仍然沒有成功！為什麼？我們仍然可以說，他手中沒有「槍桿子」，而「二次革命」不能沒有「槍桿子」，他有這個東西，但那是借用他人的，這個「他人」不是別人，而是軍閥。後來的「護國戰爭」、「護法戰爭」一概都是這樣。靠他人的槍桿子是不能開出自己的「新天地」的。

袁世凱貪心不足，做了總統還想做皇帝，想把天下世世代代成為「袁氏天下」，孰不知，這是開歷史的倒車。凡是開歷史倒車的人最終都將被歷史的車輪所碾軋，甚至碾軋得粉身碎骨。歷史就是這樣，可惜袁大總統對這一點不知是健忘，也不知是無知，還不知是「忽略」，更不知是忘乎所以。

段祺瑞是堅決反對帝制的，他起兵討伐張勳所打的旗號是「討逆」，其中並不乏一些謀取高位的嫌疑，但他的口號畢竟是反覆辟。這是段祺瑞優於袁世凱的地方。段祺瑞「一造共和」，用「兵諫」迫清帝退位，把一個小皇帝的媽媽——隆裕太后——害得兩眼垂淚，可憐她「孤兒寡母」，在段祺瑞的「兵諫書」上灑滿了淚花，以至於弄得字跡模糊。段祺瑞「二造共和」，不與袁世凱合作，弄得老袁沒有辦法，最終還是死在這個對於稱帝的憂慮上。在段祺瑞的主持下，請出了黎元洪，結果又鬧出一個「府院之爭」的把戲出來，可嘆那個看似聰明的辮帥張勳，竟然鑽入人家為他設計好的圈套中，讓「三造共和」的美名記在了段祺瑞的名下。一個好好的張辮帥，為別人做了

「嫁衣裳」。一向剛愎自用的段祺瑞在袁世凱之後、在黎元洪之後、在馮國璋之後、在徐世昌之後、在曹錕之後，儘管也有「困走麥城」之時，但更有的是「過五關，斬六將」的輝煌，正因為如此，在他人生最後一次登上權力之巔時，仍不改自己一貫的執政風格。

但是，從嚴格意義上說，段祺瑞被奉張、國民軍的馮玉祥公推至「臨時執政」的高位時，他並不是沒有改變自己的一貫執政主張，最為明顯的就是，他實在是放棄了自己以前的「武力統一」的政策方針，把徐世昌、馮國璋等人的執政理念融會貫通，主張以和平的辦法實現中國的統一。要說，這個願望是好的，甚至也可說是唯一的正確選擇。但此時，已經晚了！自己因沒有皖系的軍事後盾，根本無法制約直吳、奉張、國馮等的混戰。

總而言之，段祺瑞執政府所面臨的：其一是連綿不斷的軍閥混戰；其二是財政極度困難；其三是如火如荼的反帝反封的愛國運動；其四是執政府內部的重重矛盾；其五是國共合作後的北伐；其六是中國共產黨對舊中國的全方的革命。

由於歷史遺留下來的問題，帝國主義同中華民族之間的矛盾已經上升為主要矛盾：

1925 年 5 月 29 日，日本鎮壓青島工人罷工，製造「五二九慘案」1925 年 4 月 19 日，青島日商大康紗廠工人，因日本資本家無故開除工人代表而舉行罷工。25 日，日商內外紗廠、隆興紗廠萬餘工人也罷工響應。接著青島許多工廠工人也加入罷工行列。青島工人的罷工鬥爭，還得到上海工人和膠（青島）濟（濟南）鐵路工人及青島大學生的聲援。日本資本家在強大的罷工浪潮面前，被迫答應罷工工人的部分條件。5 月 10 日，青島罷工工人手執寫著「罷工勝利」、「打倒日本帝國主義」等字的小旗，集會慶祝罷工勝利，到會者達萬餘人。工人們紛紛登臺演說，高呼「工人團結萬歲！」的口號。會後，工人們舉行遊行，工會宣布當晚復工。不料，日本資本家隨即撕毀與罷工工人達成的協議，並暗中用金錢收買了中國官方，準備用武力強迫青島日商內外、大康、隆興三廠罷工工人復工。憤怒的青島工人，於當天再度宣布罷工。日本公使則狂叫這是中國的排外行為，還公然於 27 日向北京政府

提出抗議，同時調動日本軍艦開赴青島。28 日，日本驅逐艦抵達青島，日本水兵上岸示威。29 日凌晨 3 時許，張宗昌（奉系）派陸軍三千餘人也到達青島配合日本行動。隨即宣布戒嚴，包圍工廠所在地，勒令工人出廠。當工人退出工廠之際，張宗昌的軍隊和日本人一齊向工人猛烈射擊，隨後又到各廠瘋狂屠殺，工人死傷無數（由於許多屍體當即被拋入海中，所以死亡的確切數字無法統計）。工人罷工的鬥爭在軍閥和帝國主義的聯合鎮壓下慘遭失敗。史稱青島「」。

1925 年 5 月 30 日，上海發生了列強血腥屠殺工人的「五冊慘案」：1925 年 2 月，上海內外棉 11 家紡紗廠 17000 多名中國工人，為抗議日本廠方對他們的毆打和虐待舉行罷工，罷工浪潮波及上海整個日資企業。罷工發生後，日本資本家百般破壞，企圖使工人復工。租界當局也派出巡捕搜捕工人領袖和罷工工人。淞滬警察廳也順從帝國主義，出警干涉工人集會，逮捕集會工人。工人毫不屈服。15 日，該廠夜班工人數百名進廠與資本家交涉，要求發放工資，雙方發生衝突，日本人竟開槍殺死工人代表顧正紅（中共黨員）……30 日，上海大、中學校 2000 餘名學生在公共租界散發傳單，發表演講，揭露日本資本家槍殺顧正紅、租界當局拘捕中國工人和學生的罪行，又有數十人被捕。下午，約萬名學生和市民聚集在公共租界南京路的老閘捕房要求釋放被捕學生。租界當局命令巡捕開槍驅趕，造成學生死 5 人，市民死 11 人，重傷 8 人，輕傷 10 餘人的慘案……

1925 年 6 月 23 日，廣州發生了列強槍殺各界群眾的「沙基慘案」1925 年 6 月 23 日，廣州 7 萬餘群眾和黃埔軍校學生，為聲援上海「五冊」反帝愛國運動，在東校場舉行「五冊慘案」追悼大會，會後進行示威遊行。當遊行隊伍行至廣州沙面租界對岸沙基西橋口時，租界內英、法巡警竟向遊行隊伍開槍，停泊在白鵝潭的英、法、葡等國軍艦同時開炮轟擊，83 人當場被打死，還有 500 餘人受傷，造成了著名的「沙基慘案」……

段祺瑞政府如何面對這種反帝愛國運動？你是中國政府的首腦，你就得站在中國人的立場上對帝國主義的野蠻行徑提出強烈抗議。但當時的中華民國臨時執政是軟弱無力的：一方面，執政府對於帝國主義者的野蠻行徑提出

了嚴重交涉，以維護中國人民的生命財產；另一方面，面對列強的軍事、經濟的實力，這種交涉又是敷衍塞責的。越是這樣，這樣的政府越遭到人民的反對；人民越是反對，也就越增加了政府和人民之間的矛盾。這是一個惡性循環。大抵一個政權走到了盡頭的時候，都是這樣的。

最要命的莫過於段祺瑞執政時的軍閥混戰。要說軍閥混戰，並不止這個時候，而這個時候的軍閥混戰對於引發段祺瑞政府倒臺則有著特殊的意義。

本來，段祺瑞臨時執政府是由奉張和國民軍的馮玉祥聯合擁戴而成的。段祺瑞執政伊始，本是主張用和平的手段解決中國的問題，解決軍閥的問題，但這種良好的願望在當時的情況下無疑於「空中樓閣」、「紙上談兵」。為什麼是這種局面，簡單地說，軍隊並不在國家掌控之中。甚至可以說，軍隊此時並不在段祺瑞中。

在第二次直奉之戰時，馮玉祥臨陣倒戈，原講好的奉系軍隊不入關。但在軍閥們看來，那些和約、協議不過是一個好看的花瓶。奉軍調整好自己的軍事部署後，立馬率軍南下，這當然引起國民軍馮玉祥的強烈不滿。本來在直奉戰中是伙伴，而此時為了地盤問題又劍拔弩張，害得段執政從中調停，方得暫時的安寧。段祺瑞看到自己手中無兵權的難處，於是，在「平衡」奉張和國馮的周旋中，也有意把已經失去的皖系再培植起來：令安福系政客王揖唐為安徽省省長兼督辦軍務；令盧永祥督辦直隸軍務，以楊以德代直隸省長；鄭士倚仍居山東。這樣，皖系勢力就取得了津浦線上三個省的地盤。奉系張作霖急於把他的勢力由北向南擴張，把目光盯在長江流域本為直系把持的各省督軍的那些位置上。這樣反反覆復，分分合合，好好壞壞，直、皖、奉外加馮玉祥的國民軍就展開了自段執政上臺以來直至垮台的說不清、道不明的戰爭，引古人的那句「春秋無義戰」，以說明此時的戰爭是再貼切不過的了。

本書在此將奉張與國馮之爭、齊（燮元）盧（永祥）二次戰爭、奉系內訌中的郭鬆齡倒戈兵敗、孫傳芳組建五省（浙、閩、蘇、皖、贛）聯軍以討奉一概略而不論，單說與「三一八慘案」相關的「大沽口事件」對抗的雙方：馮玉祥的國民軍和「直魯聯軍」[1] 在天津以南的激戰。

　　1926 年 3 月上旬，馮玉祥的國民軍與奉系的「直魯聯軍」戰於天津以南。為了對國民軍造成前後夾擊之勢，聯軍除在天津以南地區頻頻發動猛攻外，又派畢庶澄率渤海艦隊襲擾國民軍第一軍守衛的大沽口。國民軍為了防范奉軍的海上攻勢，向大沽口派出了增援部隊，並在中央炮臺配置了 10 門野炮。同時還在南炮臺附近的水路設置了 10 個機械水雷，完全封鎖了大沽口。帝國主義見直魯聯軍受阻，即以違反《辛丑條約》的規定為藉口，強行要求國民軍拆除對大沽口的封鎖，並向段祺瑞政府提出嚴重抗議。國民軍被迫做出讓步，宣布開放大沽口岸，但要求外交團擔保外輪不得代為奉軍運送兵員和軍械，外船入口不得有奉軍軍艦混入。1 日下午，日本在事先未與國民軍約定信號和時間的情況下，將其兩艘驅逐艦駛入大沽口。國民軍鳴槍示警，而日本方竟開炮轟擊大沽口，國民軍因猝不及防而造成 4 人死亡數人受傷。國民軍被迫還擊，致使日軍 3 人受傷，日艦被迫退往塘沽。事件發生後，臨時執政府外交部派員向日本駐華公使提出抗議。但是：

　　3 月 13 日，日本駐華公使照會臨時政府，將大沽口事件的發生片面地歸咎於國民軍，宣稱：「日本總領事接到該驅逐艦開赴塘沽之報，為期事前不致有誤會起見，當對中國總指揮鹿鐘麟氏有所要求，請其訓令前方軍官知照。既而現在塘沽公幹中之日本總領事館員，亦與該炮臺當局之間，為關於該艦透過所必要之商議。當經中國軍官乘小輪船前導，艦上則揭帝國軍艦旗及預先約定之 C 號旗，詎知如此細心周到，溯航至中國炮臺，小輪船中之中國軍官下船後，突受炮臺附近之中國軍隊射擊。日本驅逐艦為防衛計，不得已亦還擊之，卒至為避難計而不得不再退至海面。」在對事件真相作了令人髮指的掩飾、歪曲後，日方進而提出要求道：「日本公使關於此事之善後處置，容當更行提出辦法。茲特先向中國政府要求，嚴命前方官憲，為嚴防此種不祥事件之再發，即時講求的確最有效之手段為荷。」同日，英、美、法、意、日五國駐華公使召開緊急會議，決定採取共同行動，對付中國。16 日，荷蘭公使歐登科代表《辛丑條約》關係國各公使，向中國政府提出最後通牒：

　　蓋為擁護國際通航上一般協約內之權利，以及辛丑和約所定首都與海濱間關於自由交通之特殊權利起見，關係各國特行要求左列之各項也。（甲）由大沽砂洲至天津之航道，須全行停止戰鬥行為。（乙）應除卻水雷、地雷

及其他一切障礙物。（丙）恢復所有航行標識，且須保證將來不再發生任何妨礙行為。（丁）一切兵船須停泊於大沽砂洲之外，且須對外國船舶不加以任何干涉。（戊）除海關官吏外，應停止對於外國船舶之一切檢查。對上述各項，若於三月十八日（星期日）正午止不得滿足的保障時，則關係各國海軍當局，決採取認為必要之手段，以除去其阻礙天津及海濱間之航海自由及安全上一切障礙，或其他的禁止與壓迫焉。

同一天，日本駐華公使還單獨提出最後通牒，要求中國政府向日本謝罪，嚴懲守軍軍官，並付給五萬元的損害賠償⋯⋯

臨時政府對於「八國通牒」是什麼反應？當即召開會議研究對策：有的提出應將此案提交國際聯盟仲裁；有主張接受；有主張和平解決。從總體上說，臨時執政府對於八國通牒基本上採取的是接受的態度。這就激起了全國各界人民的抗議。由此也就引出了「三一八慘案」所形成的事件背景。

「三一八慘案」發生了。慘案的發生，絕不是偶然的，它是中國進入近代以來的歷史積澱的集中爆發。在這樣一種歷史背景下發生的慘案，如果不是「三一八」，也可能會是「四一八」、「五一八」，總之，只要中國的主權淪喪，只要列強在中國的版圖上沒有被趕走，只要中國沒有統一，只要中國仍然是一盤散沙，仍然是軍閥混戰，那麼，這樣的慘案就不能從根本上得以杜絕！

現在的問題是，「三一八慘案」的確發生了，用魯迅的話說，「然而即日證明是事實了」。對於這樣的事實，我們應當怎樣去看它？我們將怎樣對臨時執政府進行評判？我們應當怎樣對作為執政的段祺瑞進行評價？這是一個話題，這是一個沉重的話題，這是一個在中國歷史上不容迴避的沉重的話題，而且，這個話題，將伴隨著歷史真相的逐步顯現與還原而繼續下去。

據有關史料所記載，自執政府成立後，學生運動可以說是此起彼伏。段祺瑞對此沒有任何辦法，他曾下令「整頓學風，嚴肅紀綱」，他所發布的整頓學風令說：「倘有故釀風潮，蔑視政令，則火烈水懦之喻，孰殺孰嗣之謠，前例具存，所宜取則。本執政敢先父兄之教，不博寬大之名，依法從事，絕不姑貸。」據此可知，學生運動是在中國共產黨的領導下開展的。對於學潮，

應當說，段政府是非常「頭痛」的。那一邊，是軍閥混戰，搞得段政府朝不保夕；這一邊，是學潮，是學生運動。

軍閥混戰，對於段祺瑞政府說，那是地盤的爭奪，那是利益的分割；學生運動，是愛國主義精神的激發，是民族復興的動力。作為知識分子的「士」，自古以來就有這樣的傳統，當國家、民族到了危亡之秋，首先是「士」的覺醒。軍閥混戰和學生運動，這是一對矛盾，這對矛盾水火不容，不可調和。這對矛盾的進一步發展，必將導致北洋軍閥政權——段執政的垮台。

此處單說學潮。到了 1926 年 3 月中旬，學潮進一步高漲。一方面是高漲的學潮，一方面是段執政府對於政權的維護。北京街頭，到處即可見到武裝的軍警、著便衣的密探。3 月 18 日這一天上午，北京有十幾所大學、中專校的學生二千多人在天安門前集會以反對「八國通牒」。之後，組織遊行，遊行隊伍沿東長安街、東單、米市大街、東四，然後進入執政府所在地的鐵獅子胡同。

請讀這段文字：

遊行隊伍由王一飛率領，李大釗、陳毅、趙世炎、王荷波、陳喬年等人參加了示威遊行。遊行隊伍在行進中，沿途馬路兩旁，人山人海，紛紛脫帽鼓掌表示支持。12 時許，隊伍到達執政府門前。這時，北新橋以南，交通口以東，鐵獅子胡同東西兩口，執政府東西轅門及大門口，早已密集全副武裝、殺氣騰騰的軍隊。遊行隊伍在執政府門前站定之後，派代表向帶崗守門的軍官說明要求會見段祺瑞。等了半小時，一個軍官出來兇狠狠地說：「執政有病休息，不在這裡。」接著又用威脅的口吻說：「你們趕快走開吧。」代表們仍然心平氣和，一再說明請願只是反對帝國主義干涉內政。這個軍官拒不答覆。代表們又繼續要見賈德耀（時任總理——引者），得到的答覆仍是「不在」。群眾高呼口號，高唱《國際歌》和一首當時流行的歌曲《打倒列強》，就在這時，執政府衛隊不加任何警告，對準群眾平射，槍聲密如連珠。執政府門前不到兩百平方米的空場，剎那間變成了屍山血海…

時在執政府衛隊旅擔任上校參謀長的楚溪春回憶說：

官兵正在集合回營時，北京警衛司令部代警衛司令李鳴鐘和當時在警衛司令部擔任對文化教育界聯繫工作的李泰棻也坐汽車同時趕到。李鳴鐘見到我時，神態很驚慌，說：「晴波（我的號），打死這些學生，叫我怎麼辦？叫我怎麼辦？」我說：「已經到了這個地步，我們只好報告段執政吧！於是，我隨李鳴鐘馬上坐汽車趕回吉兆胡同段宅看段祺瑞。當時段祺瑞正在同吳清源下圍棋，見我們兩個人進屋後，馬上聲色俱厲，大聲對李鳴鐘說：「李鳴鐘，你能維持北京的治安不能？你如不能，我能撤你，我能換你，我能槍斃你！李鳴鐘在門口立正鞠躬向後退，連聲說：「不要生氣，不要生氣，我能維持治安，我能維持治安！段祺瑞接著對我說：「楚參謀長，你去告訴衛隊旅的官兵，我不但不處罰他們，我還要賞他們呢！這一群土匪學生……

據此可知，慘案發生時，段祺瑞並不在執政府內，他也沒有下令讓衛隊向徒手請願的青年學生們開槍。那麼，究竟是誰下的開槍命令？這個問題一直到現在仍然是一個謎。這個「謎底」何時才能真正揭開，我們不知道。我在準備寫作這部書時，聽到這樣一些議論，說「三一八慘案」不是段祺瑞下令開槍的，也不是衛隊的頭目下令開槍的，而是別有他人。這個「他人」到底是誰，我們不得而知！但根據楚溪春的回憶，有一點語焉不詳，就是說，李鳴鐘和楚溪春剛到段宅，是不是向段說明了執政府門前的血案？如果說了，段祺瑞所說的「你去告訴衛隊旅的官兵，我不但不處罰他們，我還要賞他們呢」話，足可說明，段祺瑞是同意開槍的；如果沒有給段說明血案的情況，那只可理解為段知道這個遊行示威，但並不清楚衛隊向請願的學生們開槍射擊了。這兩種情況的區別，對於段祺瑞的評價是有至關重要的關係的。

事實是，執政府的衛隊向請願的學生們開槍了，而且是真槍實彈，是向著赤手空拳的學生們直射，不是向空中鳴槍警告。不但開槍，而且還用木棒向著中彈而未死的學生頭部猛擊，最終導致中彈未死的學生死亡！

我們還可以從《「三一八慘案」資料匯編》中檢閱到段祺瑞在慘案發生後到現場給死難者下跪的記載，段祺瑞面對四十多位死者，長跪不起，稱「一世清名，毀於一旦」。並對死難者家屬頒布了撫恤令，對於屠殺學生的首惡

分子透過了「聽候國民處分」的決議，國務院內閣總辭職。新聞輿論自由譴責段執政府鎮壓學生愛國運動的暴虐行為，執政府對此等報導並無阻攔……

　　一方面，段祺瑞要賞鎮壓學生運動的衛隊官兵，口稱請願學生是「土匪」，另一方面，段祺瑞趕到現場給死難者下跪。這兩種現象出現在同一個人——段執政的身上。我們要問，段祺瑞到底是鎮壓學生運動的劊子手還是對於死難學生寄以同情的哀痛？此兩種截然不同的思想與行為，到底哪一個是真的，哪一個是假的？慘案已經過去了，且過去了將近一個世紀，這種爭論並沒有因時間的流逝、歲月的更替而得以平息。

　　有人認為，段祺瑞確有「一世之清名」，其清名就在於他的「三造共和」，順應了歷史潮流；也有人認為，段祺瑞完全是一個「反面人物」，是軍閥，是獨裁者，對於歷史的前進沒有任何正面的意義；還有人認為，段祺瑞面對四十多名死難者，有一種良心的自譴；更有人認為，段祺瑞到慘案現場長跪是一個「政治秀」，企圖減緩國人對他的譴責以維繫他的獨裁統治……對於這些觀點，本書不一一評論。本書認為，作為一個政府的首腦，在你的任上出現了這樣的慘案，段執政是難辭其咎的。不管是段之外的其他什麼人下的開槍令，作為執政，段祺瑞終是難辭其咎的！慘案一經發生，身為政府首腦，能親到現場給死難者下跪，不管出於何種心態，不能不說是段祺瑞的良心發現。段祺瑞能做到這一點，是值得肯定的，更是難能可貴的。一個國家首腦，段祺瑞給死難者下跪的行為，前無古人，後無來者！

　　在「三一八慘案」發生後的四月二十日，段祺瑞淡出政壇，隱遁天津，從此寡欲清心，不問政事，但求佛心。

　　袁世凱之後的「段祺瑞時代」也在這個地方畫上了一個慘淡的句號。北京政壇並沒有因段祺瑞的歸隱而稍作安寧……

[1] 第二次直奉戰後，奉軍的兩支：李景林占據直隸，張宗昌占據山東，他們一路殺來，將直系敗軍收編，形成奉系中的兩支強軍。為了對付馮玉祥

的國民軍，李、張於 1925 年 12 月將此兩軍改稱「直魯聯軍」，李景林任聯軍總司令，張宗昌任副總司令。

第二十九章 晚節高風影息津門遺訓八勿壽終滬上

「三一八慘案」留給了國人永遠的痛，同時也為段祺瑞一生軍政生涯的結束與其臨時執政府的倒臺畫上了一個悲劇性的句號。

其實，在段祺瑞受奉張（作霖）和國馮（玉祥）的擁戴登上臨時執政高位的那一天起，同時也為其倒臺埋下了「伏筆」。

在中國反帝反封革命運動處於蓬勃發展的時刻，北方的直奉戰爭也打得不可開交，馮玉祥因受孫中山革命思想的影響而在前線倒戈，使得直系軍閥吳佩孚措手不及，緊接著吳軍便慘敗得一塌糊塗。就是在這樣的政治背景下，馮玉祥的國民軍控制了以曹錕為總統的北洋政府，把曹大總統軟禁了起來。一方面，馮玉祥的國民軍和奉系張作霖的軍隊聯起了手來，請具有北洋元老資歷的段祺瑞出山；另一方面，馮玉祥電邀孫中山先生北上以「共商國是」。

孫中山欣然應邀，決定北上。孫中山先生北上的政治目的是明確的，就是反帝反封，初步設想就是爭取國家的和平統一（前文已說，段祺瑞出任臨時執政，也放棄了他一貫主張的武力統一政策，也主張和平統一），發起召開國民會議和廢除不平等條約。

段祺瑞主張聯合孫中山以商建國大政，但是，可能是孫先生行程時間過長（從 1924 年 11 月 13 日自廣東出發，到 12 月底才抵達北京，中間因病在天津滯留），段祺瑞等他不及而於 11 月 24 日即任中華民國臨時執政，也可能是孫、段的政治主張有原則之別而無法統一認識，段祺瑞就籌備召開「善後會議」、「外崇國信」，並在孫中山未到京之前公布了《善後會議條例》。這個《條例》，孫中山是不同意的。段祺瑞堅持自己的主張，於是，孫、段同盟就此分裂了。後來段祺瑞政府召開善後會議時，國民黨方面沒有人參加這個議。

我們說，段祺瑞政府的倒臺，從其一開始就埋下了「伏筆」，這是問題的一個方面。另一方面，實際上還是北洋軍閥混戰的老問題，這個問題伴隨

著北洋軍閥政府之始終，袁世凱沒能解決這一問題，段祺瑞也沒有辦法解決這一問題。他本想用武力解決全國統一的問題，結果弄得自己的皖系也大傷其元氣。此時，段祺瑞在張作霖和馮玉祥的共同擁戴下，在失去了原來軍事實力的情況下再次出山，他本想放棄原來的武力統一政策，但此時也真算是「胳膊扭不過大腿」，奉張要向長江流域擴展地盤，段祺瑞也擋他不住，既然擋不住，就由他去吧。但馮玉祥當然不同意讓張作霖任意擴展他的勢力。於是，為了各自的利益，他們由原來的合作伙伴又變成了戰場上的對手，再加上直系的吳佩孚在南方積極備戰，決心要報奉張和國馮的「一箭之仇」而對北京政府虎視眈眈。段祺瑞能推行得了他的和平統一政策嗎？他既然不能推行其和平統一政策，倒不如趁勢再把自己已經失去的皖系實力來一個再造，說不定還會在軍事爭鬥中占其一席之地呢！同時，他也竭力平衡奉張和馮玉祥之地盤之爭。這就使問題更加複雜化了。

在段祺瑞執政府正處於四面楚歌之中時，段祺瑞早年的「小扇子軍師」徐樹錚又回來了。諸位讀者要問：直皖戰後，徐樹錚不是被「通緝」了嗎？是啊，在直皖戰爭中，皖系大敗後，老段退而「隱居」天津，直系控制了北京政權，小徐等 10 名皖系骨幹被通緝。但小徐在日本人的幫助下，成功地逃出了北京這塊是非之地，來到了上海，在那裡進行了多方「遊說」。徐樹錚不僅在南方直、皖派系中左衝右突，同時，還作為段祺瑞的代言人或者「專使」奔走於孫中山的南方政府，以圖孫、段聯合。

徐樹錚的出現，一方面，加劇了段祺瑞與馮玉祥的矛盾，另一方面，由於小徐過去曾槍殺了馮玉祥的舅舅陸建章，馮玉祥非報此仇不可，這一次小徐真的是在劫難逃了。[1] 本來，「三一八慘案」的直接導火線就是馮玉祥軍為阻止奉軍在天津南部海域有所方便而設置了障礙，引起了「八國通牒」的，也有書中說，對於「三一八慘案」，馮玉祥也是推卸不了責任的。這一次，由於小徐的出現，使老段和老馮之間矛盾激化了。

「三一八慘案」後，馮玉祥改變了原來支持段祺瑞的態度，和著全國上下一片搞段的聲音，站在了段祺瑞執政府的對立面。奉軍在同馮玉祥的作戰中已經把他們的軍隊南移，南邊的吳佩孚早對北京政府虎視眈眈，時時沒有

放棄再將曹錕推出來主政的主張。他時而聯奉討馮（吳對於馮的前線倒戈，自始至終耿耿於懷），時而對馮有所妥協，以便聯馮以抗奉，但對於段執政則一如既往的反對。而段祺瑞也時時注意同他們幾方之間的政治平衡，但隨著形勢的變化，段執政的日子非常不好過。

請讀這段文字：

當直、奉軍閥的勢力逐漸逼近北京時，段祺瑞及其手下的安福政客、幕僚智囊密謀進行一次政治投機，即外而勾結張作霖，內而拉攏原為吳光新舊部的國民黨唐之道師，裡應外合，將國民軍逐出北京。國民軍及時識破了段祺瑞的這一隱謀，於 4 月 9 日夜派兵包圍了執政府和吉兆胡同段祺瑞寓所，準備先發制人，逮捕段祺瑞。不料事機不密，段祺瑞已先期聞風逃走。4 月 10 日，京畿警備總司令鹿鍾麟發出布告：「段祺瑞自就任執政以來，禍國殃民，無所不至。其最巨者，如擅訂金佛郎案，槍殺多數學生，尤為國人所痛恨。其左右親信，皆係安福餘孽，逢奸長惡，違法營私，挑撥戰爭，塗炭生靈。種種罪狀，擢發難數。本軍為國家計，為人民計，迫不得已，劍及屨及，派兵監視，聽候公決。一面保護總統曹公，恢復自由，並電請吳玉帥（吳佩孚）即日移節入都，主持一切。京師地方秩序，仍由軍警負責維持。」當日，沉浮神州--段祺瑞軍政生涯鹿鍾麟還通電宣布段祺瑞的罪狀，表示擁護吳佩孚，「此後定動進止，唯吳玉帥馬首是瞻」……

但是，吳佩孚對國民軍的親善表示不予理睬……與此同時，李景林、張宗昌、張學良等奉方將領，也於 4 月 13 日通電痛詆國民軍之非，以示將繼續與吳佩孚合作討伐國民軍。

4 月 15 日，奉軍占領通州，直魯聯軍占領南苑，吳軍進抵西苑。當日，國民軍退出北京，往南口方向撤退。臨行前，國民軍邀集北京各界人士王士珍、趙爾巽、熊希齡、王寵惠、吳炳湘等人組成京師臨時治安會，維持北京治安。16 日，段祺瑞由東交民巷桂樂第大樓回到吉兆胡同。1 日，段宣布復職，下令罷免鹿鍾麟，並電請張作霖、吳佩孚、孫傳芳、閻錫山公推一人組織內閣，聲稱「一俟時局有妥善辦法，即當解職下野」。但此時，吳佩孚已不容段祺瑞再任執政了，18 日，他電令唐之道派兵監視段祺瑞，並逮捕安福

系分子，以便依法治罪。19 日，段祺瑞令準剛於 3 月 4 日任命的國務總理賈德耀辭職，以胡惟德兼署國務總理，令國務院攝行臨時執政職權；同時電告吳佩孚、張作霖、孫傳芳、閻錫山四人，謂已於本日「將政權交付內閣暫維現狀」。20 日下午，段祺瑞及安福諸人在直魯聯軍保護下離京赴津。段祺瑞到達天津後，通電全國，「決定引退」。

關於馮玉祥部下鹿鐘麟派兵包圍段宅的經過，段祺瑞的侄兒段宏綱有一段回憶，現摘錄於後：

1926 年震驚中外的「三一八慘案」發生後，國內輿論大嘩。張（作霖）、吳（佩孚）、馮（玉祥）還是混戰局面，各軍閥內部派系鬥爭加劇，北京形勢緊張。伯父憂慮不安，常擔心會發生意外事變。4 月 9 日下午 2 時許，楚溪春（北洋軍閥執政府衛隊旅參謀長）來吉兆胡同段宅，他對我說：「我剛才聽到一個奇怪的議論。」我即問他是什麼議論，何處聽來？楚溪春回答說：「中午我和唐之道（鹿鐘麟部師長）在一起吃午飯，唐對我說：『晴波（楚溪春號），老段的政府就要垮台，你頭腦要清醒些。』我覺察國民軍方面已在做楚溪春的工作，於是我告訴楚溪春正好將計就計，假裝靠攏鹿鐘麟，而向唐之道進一步探聽虛實。楚說「好」，就出宅去找唐之道了。晚上 7 點多鐘我到東四十二條胡同家兄宏業家去吃晚飯，正吃飯時來了電話，謂伯父要我即刻回吉兆胡同宅中。我到家時伯父已臥床休息，他隨即給了我一張紙條，並告訴我說：「這是雲沛（曾毓雋的號）剛送來的。他接著惱怒地說：「鹿鐘麟，他敢這樣胡鬧嗎？」我接過字條一看，上面僅寫了簡單的幾個字：「今夜鹿鐘麟恐有舉動，要發生事變！聯繫到下午楚溪春所說的情況，我思想上有些緊張。根據伯父的意見，我即分別以電話通知衛興武、魏宗瀚及衛隊旅旅長宋玉珍和宏業等人，他們隨即來到段宅商議應付之策。10 時許，我想到有必要與賈德耀（當時的國務總理）通電話，但發覺由段宅往外掛電話已被監視而不能通話了，因此我判斷事變就要發生，趕快向伯父及宋玉珍等報告。這時，楚溪春參謀長尚未歸來，我就會同宋旅長召集步兵營長張虎臣、少校參謀王壽圖等籌謀對策，決定安置 12 挺機槍於東四的二條、三條、四條胡同口，以南小街為界布防。當時在附近的步兵僅有一連還聽命。待我和宋旅長布置完畢，再到後廳報告時，伯父已感到形勢於己不利，接受了衛興武、

魏宗瀚的勸告，出宅到東四八條胡同的崔子良家去了。到晚上 11 時半得報告：警備司令部大隊人馬的先頭部隊已到達東四三條胡同東口南小街，他們見有機槍布防，遂停止了前進。雙方對峙達三個小時之久。10 日凌晨 3 時許，楚溪春參謀長回宅，我要他去警備司令部見鹿鐘麟，請鹿撤軍。鹿鐘麟不久就來電話說：「運凱（我的號）先生，今天的事是因為我們聽說衛隊有不穩的消息，故派隊伍來保護執政和你們的。我知道儘管鹿鐘麟的話說得很婉轉，但情況很嚴重，於是我對鹿說：「鹿司令，你對政治有什麼主張、辦法，我想老先生都可以接受的，但先要請撤兵再協商。一刻鐘後，王參謀來報警備司令部隊伍已撤，我們的布防士兵連同機槍也隨即撤了。我鬆了一口氣。這一夜雙方對峙形勢雖然十分緊張，但幸而未發生流血衝突。伯父於 4 月 9 日晚上出走後，在八條胡同崔宅住一日夜，11 日晨轉移去東交民巷桂樂第，隨即下令國務由外長胡維德代理。後又回吉兆胡同宅中休息幾日，感到大勢已去，遂通電下野。4 月 20 日由吳光新陪同逃往天津寓居。

段祺瑞和吳光新等一行從北京走了，離開了中華民國執政府這塊是非之地。段祺瑞又回到了天津，這是他第三次回天津居住了。他在仕途上第一次出現大的挫折時是在袁世凱稱帝時他「稱病不出」，但並沒有回到天津，北京有當年袁世凱被攝政王載灃「擠兌」走時袁公留給他的住宅，他可以在那裡「養痾」的。他第一次回天津，那是因為他與黎元洪鬧「府院之爭」而去天津的，但時間不長，由於張勳這個「楞頭」將軍要「復辟」，引得老段又出山。第二次回天津，是因為直皖戰爭之敗，從 1920 年 7 月始，到 1924 年 11 月，兩頭算來是 5 年時間了。嚴格地說，段祺瑞「寡欲清心」並不是從「三一八」之後開始的，他早在直皖戰爭中敗後歸津門就開始吃齋念佛了。

這一次回天津居住是第三次了。這一次回天津與以往的兩次是不同的，前兩次雖說也是「下野」，但段祺瑞並沒有對政治、對再出山有絲毫的放棄，很有點像袁世凱當年在彰德府「歸隱」的味道，可這一次真的不同於以前的兩次了。一是段老先生年歲大了，他對於政治這個玩意兒真的有些厭倦了，打打殺殺真的沒有太大意思，也可能是因為早在直皖戰後信仰有所改變，對佛事看得重了的緣故。

本書的推測是這樣的：段老先生在最後一次出山時為什麼一改以前的政治主張，放棄了武力統一中國的執政理念，主張和平統一呢？我們不能不認為其中有「放下屠刀，立地成佛」的因素在其中，此其一；二是此時的政治形勢已經不同於以往了，他的學生蔣介石（段老師在保定陸軍學堂任「督辦」時，蔣介石是他的學生）在孫中山先生逝世後，「北伐」在積極籌備中，也可以說是在進行中。可能蔣介石的老師段先生想，過去吳佩孚是自己的學生，但這個學生不聽老師的話，帶兵打起自己的老師了，現在年歲大了，英雄不提當年，「後生可畏」，自己已經不是學生的對手了，因此要遠離政治；三是在段祺瑞下野後，北京政權、北方的軍閥們仍然處於一派混亂之中，自己已經沒有再次出山的機會了。

　　不過，當寫到這個地方的時候，見到胡曉《段祺瑞年譜》中竟有這樣一條記載：（1926年）9月，安福系分子四處活動，圖謀恢復段祺瑞政府，並與張作霖、吳佩孚、孫傳芳、閻錫山等連成一氣，以對付國民革命軍的北伐。具體方案為：（1）臨時政府照去冬辦法，加內閣總理，尊重奉方意見，擇梁士詒或靳雲鵬充任；（2）段復位後即召集南北和平會議，中止全國軍事行動；（3）於和平會議中，決定國民會議召集辦法；（4）召開以上兩會至少要六個月，故段的任期暫為六個月；（5）六個月後以形勢所趨，請張作霖為正式總統；（6）段政府恢復後，負責完成關稅會議。（《中華民國大事記》）這裡需要說明的是，此記載並沒有說是段祺瑞授權讓安福系的餘孽們這樣去搗鼓再次出山的，因為在此之前的許多事情，似乎並不是老段力主如何如何，而是他手下的忠實走卒們一定要那樣搞的，所以我寧肯推測這並不一定是段老先生的授意所為。因為從形勢上看，這種辦法是不太可能的。不過，這也甚是難說，因為當一個政治家長期醉心於政治時，一旦從政壇上走下來，對於自己昨日的施政行為還真的有些戀戀不捨。從這個意義上說，段祺瑞對於政治還是在心的，請看：

　　段祺瑞引退後，自稱「正道居士」，每日研究佛法、作作詩、打打牌，但內心不甘寂寞，總想尋機出山。他一度透過日本駐華北的特務土肥原的牽線，跟廢帝溥儀見面，意圖雙方合作。但溥儀擺皇帝架子，以皇帝接見湖廣

總督的傲慢態度對段祺瑞，深深激怒了以「國家元首」自居的老段，再也不提跟溥儀合作的事。

溥儀這個小廢帝可以說在登基時還是一個有可能還在「尿床」的毛孩子，他懂什麼政治？在大臣們朝拜的時候，還一個勁兒地哭鬧，害得他的父親載灃在一旁哄他說：別哭了，快完了，快完了。結果令大臣們非常不悅，非常不爽。這不，大清就是快完了嘛！就這樣一個人，後來在老日在東北施展他們的狼子野心時，把這個人「請」去做了他們的傀儡。應當說，段祺瑞絕對不是這樣的人！

寫到這裡，需要澄清一個認識上的誤差，在我們的教科書上一向都是這樣說的：段祺瑞是「親日」的，是一個大賣國賊。這個說法並不準確。我們首先要問，他把我們的國家「賣」給誰了？有人可能會說，他把國家賣給日本人了。我們說，你只看到了問題的一面，並不全面。這種認識的證據可能就是段祺瑞向日本借款，用於打內戰。這種行為就是賣國行為。他向日本借款是事實，他用這筆款子打內戰也是事實，但說他賣國並不是事實！什麼事情都不可超越它存在的那個歷史階段，一旦超越了那個歷史階段，所得出的結論未必就是正確的。

我們現在來看這個歷史事件。有學者統計，在段祺瑞當政的那些日子裡，向日本人共借款達三個多億，其中的一半款子是經過一個叫做西原的日本人的手借的。這個日本人也的確是老段家的常客，他和老段所喜愛的小徐這兩個人老在老段家裡，出入是很方便的。但要說的是，老段和日本人西原要好，並不等於就是老段親日，用現在的眼光去看，他的確是想利用這個日本人弄到款子。這裡邊有兩個問題需要注意：其一，在那個時代，國家窮困到了極點，軍閥們各把持一方，把地方的財政、稅收都當成了自己擴軍備戰的資本，誰也沒有想到國家。在這些軍閥們看來，「國家」這個概念是比較淡薄的，他們看重的是打內戰，搶地盤。而段祺瑞從「國家統一」這個高度去認識和解決問題，他不能不採用武力統一的方式以解決這一大棘手的國家問題，而要解決這一大問題，不打仗是絕對不行的，要打仗，沒有經費也是不行的。經費從何而來？他又不是「趙公元帥」，他不是財神爺，他當然不會「屙金

尿銀」，唯一的辦法就是向外國人借。在當時他能借得來款就算真的不錯了，如果連這個款子都借不來，還當什麼國務總理，還當什麼臨時執政？其二，段祺瑞向日本人借了款，但他到底把我們的國家的哪一塊割給了日本人？有人可能會問，他段祺瑞當了臨時執政後，不是在就職中說到了還要「外崇國信」嗎？這就是賣國。我們說，他的「外崇國信」，的確是承認過去所簽訂的那些不平等條約，但反過來說，在段祺瑞執政的時代，他的那個政府「胳膊」能扭得過外國列強們的「大腿」嗎？既然扭不過它，倒不如承認它，肯定它，待到適當的時候再去解決它、收拾它。

應當說，歷史根本等不到讓段祺瑞去解決它、收拾它的那個時候，他的「天下」就完蛋了！由孫中山們的後來人，確切地說，就是孫中山的接班人——段祺瑞的學生蔣介石在那裡等著呢！

我記不得在哪個地方看到這樣一個記載，說的是有一天，馮（國璋）代總統打電話讓段總理到他的府上去，老段想，是不是馮四哥又想給我「搓上兩把」，想贏我幾個呢？於是，就打開了自己的錢櫃子，帶上「銀子錢」這個「硬頭貨」去了。誰知這一次是老段算錯了，馮總統並不是邀他去打牌的，而是商量國事的。馮總統問段總理，聽說你一個勁兒地向日本人借款，這個不太好嘛！老段反問說你是聽誰說的。老馮說，你且不要問我聽誰說的，你說有這檔子事沒有？老段這人從來說話不會轉彎抹角，不會藏頭露尾，他直來直去說：有這事。馮總統擔心，你如此借款，將來我們指望啥去還人家的呢？老段說了，你不讓我借款行嗎？國家財政枯竭，你叫我怎麼辦？國家還要統一，不用武力去打那些軍閥們將如何是好？至於說到還他們的款，我根本就沒有打算還他們的意思。過去那些不平等條約，那些外國人從我們中國弄走的還少嗎？我們不可能知道老段向日本人借了款就不還這個事實，因為歷史的發展等不到讓老段去還的這一天！老段就下臺了。老段的學生蔣介石緊接著就開始北伐了！且不說第一次國共合作的分裂，只說中正先生後來在南京定都，就宣布了以前的借款並不是他幹的，他不承認！這一家伙日本人不就算「瞎子伸了個指頭——沒指（望）了」！

這個問題說到此為止。不是說老段是「親日分子」嘛，他賣國嘛，但接下來的事實就不能支持這樣的觀點了。經過一個時間的過渡，北洋軍閥政府最終還是徹底完蛋了。曹錕也好，張作霖也罷，吳佩孚也好，孫傳芳也罷，閻錫山也好，馮玉祥也罷，隨著奉張（作霖）於 1928 年 6 月 4 日殞命於日本人的炸彈，北洋政府在中國歷史上畫上了一個句號，張學良東北易幟，段先生的學生蔣介石實現了中華民國的統一。我們且不管老蔣是如何統一的（當然少不了武力），後來日本人真的在中國「釀成了氣候」，日本膽大妄為，妄想建它的什麼「大東亞共榮圈」，把個小廢帝溥儀抬了出來。它們也曾想到了北洋軍閥政府時的二號大人物段祺瑞，想把老段也弄去當它們的傀儡，但老段能去賣國嗎？

老段自有他的民族氣節，他就是生活再困難，他也絕不會去給日本人做事的。一句話，段祺瑞絕不做漢奸！如果說，段祺瑞是親日的，是把偌大一個中國賣給日本人了，按理說，這個時候他應該很爽快地和日本人合作，那該多好！但老段沒有這樣做！他寧肯過著相對清貧的生活！他是一個堂堂正正的中國人！

這正是段祺瑞晚節之高風處！

我們該說一說這個在中華民國時期六次出任總理和一次做集總統、總理之職為一身的「臨時總執政」的段祺瑞的清廉了。

他三次下野而寓居天津，有人可能要問，段祺瑞在天津肯定會有大批的房產，不然的話，他下野為什麼老去天津寓居呢？錯了！要說段祺瑞有房產，那可真有，不過，這個房產不在天津，而在北京，位於北京學府胡同的這處房產嚴格說也不是他的，是早年袁世凱「下野」時，把自己的房產讓給他的。他本來可以在北京這處房產裡安度晚年，但他不想在北京這塊是非之地，他想到天津安生一些。他到天津住在誰的房子裡呢？據說是魏宗瀚的豪宅（也有回憶說，在天津寓居其內弟吳光新的宅院）。

民國時期，在天津的外國人的租界裡，可以說達官顯要、名人大俠的豪宅鱗次櫛比。有人統計，在袁世凱之後，黎（元洪）總統、徐（世昌）總統、馮（國璋）總統、曹（錕）總統；六位內閣總理；一位眾議院議長；十九位

內閣總長；十六位督軍；還有數不清的前清遺老、政客，在津門都有他們的豪宅。

但非常遺憾，在天津，我們找不到段祺瑞的豪宅。他下野了，只好去寓居在吳光新的房子裡！

段祺瑞的侄子段宏綱回憶說：

伯父被迫辭去中華民國臨時執政，宣布下野以後，一直寓居天津魏宗瀚宅。因人口眾多，經濟窘迫，由田中玉（曾任山東督軍）、陳調元（曾任安徽省長）等舊部屬接濟維持。1928 年北伐勝利。這年秋季蔣介石第一次到北京。由蔣介石授意，吳忠信的介紹、陪同，我和蔣曾於北京飯店會見。蔣對我說：「我亦保定陸軍學堂學生，段先生是我的老師。我因公務繁忙，不能前往天津看望先生。會見後，蔣介石派吳忠信去天津見伯父，並送去 2 萬元生活費。以後三四年也陸續送過巨款去。其目的無非是以此籠絡伯父及皖系軍政界人士，為鞏固其獨裁統治效勞。但蔣又是一個多疑的人，他認為伯父過去有其權威，現雖在野，恐仍有其潛伏的力量，讓其長期居住北方，恐成後患，於己不利，所以蔣曾多次示意要伯父南下。1933 年 1 月 19 日由錢永銘（交通銀行董事長、政學系）持蔣介石親筆簽名信到天津，要伯父「南下頤養」，還假惺惺地說待其南下以後，「俾得隨時就商國事」。伯父見信後答覆錢永銘說：「餘老矣，無能為矣。介石如認為我南下於國事有益，我隨時可以就道。」遂於第二日晨，即 1 月 21 日乘津浦特快加掛車，由我、吳光新、魏宗瀚三人陪同南下。1 月 22 日中午抵達南京，蔣介石通令南京少將以上軍人，著軍服過江至浦口車站迎接。蔣在下關碼頭迎接，並設晚宴招待。1 月 23 日由蔣介石、孫科、何應欽陪同往謁中山陵。是日夜搭快車加掛車，於 24 日晨到達上海。伯父是年已 69 歲，由當時的上海市政府安排在舊福開森路世界學院暫住，兩月後移往舊霞飛路陳調元的房屋（今淮海路上海新村即其舊址）居住。抵上海後，國學大師章太炎曾來訪，伯父也曾回訪，但苦於雙方語言隔閡，多有聽不懂對方話之處，雖由我轉述，但仍有不能暢談之憾……

我們從這段回憶性文字中的言詞用語上看，還帶有相當的「階級鬥爭」成分。按說，人家蔣介石給你老段家送錢、關心老師一家人的生活，應當說一些感激之類的話，但段宏綱沒有這樣的話，反而還說了一些令老蔣「寒心」（如果老蔣知道，肯會「寒心」的）的什麼「籠絡」之類的話（不過，我敢肯定地說，段宏綱說這樣的話的背景，他所處的那個時代，我們是可以理解的）。

我還在另外一個資料中看到，說段祺瑞在上海霞飛路那所前法國人所建造的豪宅中居住時，蔣介石還曾專程去看望過他。其大意是：有一天，一輛高級小轎車停在霞飛路段宅旁，一位身著筆挺「中山裝」的軍人摁響了門鈴，但裡邊的守門人態度很冷淡，「中山裝」正想對著這個門人發脾氣，這時坐在轎車後座上一位光頭軍人說：不必介意。請門人到裡邊給主人通報一聲，就說他早年的一位保定陸軍學堂的學生來看望先生了。不一會兒，段老先生在家人的攙扶下，親自迎接到大門口。來訪者乃蔣委員長也！你也可能會說，這是蔣介石的「虛偽」和「籠絡」嘛！據說，段祺瑞一家住在上海時，蔣介石每月供給他們生活費一萬元，就是在段老先生去世後，老蔣也每月供給其家人五千元生活費。這個數字，對於當時的國人來說，可謂是一個天文數字，但我們應當清楚，這是老蔣給的，並不是段祺瑞在從政時所斂之財。他在諸軍閥政客中，應當算是一個「清貧者」。

段祺瑞當政時，不但自己清廉，對於家中上下各方人等，管理得相當嚴，段祺瑞家中的傭人王楚卿回憶說：

由於老段的脾氣大，治家嚴，我們一個個膽戰心驚，唯恐出錯。前清時代遺留下來一個陋規，一般宰相大官的門房都有「門包」，真和戲臺上一樣，沒有「大禮三百二，小禮二百四」，休想見到宰相的金面。但是段公館裡卻從來不許來客對號房送門包、拉交情。有人來會，號房的傳達長拿著名片上去回，見不見，完全由老段自己決定，誰也當不了他的家。我聽他們說，老段在前清時代，最恨這些「門包」。大概他自己曾經吃過這種苦頭吧，所以後來官做大了，曾經給清家上過奏摺。我聽說，老段不許號房向來客索門包，

說誰要有這個事，他真能把你槍斃了。因此，客人來了，連忙向他回稟，他說見就見，他說不見，還得用好話向來客道乏。

老段不許門房收門包，他自己也表示絕不受禮。每逢年節，北京的習慣，照例是要送禮的。外省的大員給京官送禮，也是前清時代留下來的規矩。可是段公館裡每逢有人將禮物送來，就由門房送到他內客廳的門口的條案上，等他親自過目。他總是仔細地看了又看，然後揀一兩樣不值錢的東西收下，其餘一概壁回。當年外省的督軍、巡閱使常常送禮。我記得有一次齊燮元送來的禮物，在禮單上面足有 20 樣。有幾扇圍屏上面都是用各種寶石鑲嵌的，五光十色，十分可愛。我們心想這份禮物送得不輕，老頭兒不能不喜歡，不料他也照例壁謝。還有一次張作霖從東三省派人送來江魚、黃羊等禮物一大堆。張作霖的副官再三請他賞收，他才勉強收了兩條江魚，這彷彿已經是很大的交情了。當時北京軍政界中都知道他有這個脾氣，所以大伙都不敢不送，又不敢多送。只有一次，馮玉祥派人給他送來一個大南瓜，他倒非常中意，一禮全收，沒有壁回。

還有回憶說，老段最後一次寓居天津，生活可是沒有在北京時那樣「無憂無慮」，因為在京時，所吃用的東西由陸軍部送來，這個時候還會有誰去送呢？所以只好緊縮支出，甚至每月的開支老段都親自過問。他愛好下棋，在京時有不少棋手來同他對弈，還由他給人家開支，這時因為沒這個條件了，所以棋手也減去了不少，家中的傭人也裁減了不少，自己養了幾隻母雞（不養公雞，因為老段信佛不吃葷，說吃這樣的雞蛋是素的）。我們要在這裡澄清一個事實，有的書中說，自「三一八」後，老段信佛吃素食，以示懺悔。事實上，老段吃素是從幾年前的直皖戰爭皖敗退而居天津時就開始了，就開始信佛了，他後來出山時，在執政府中專設一間房以供從事佛事活動。

本書還要接續著前面的話題說下去，就是蔣介石請他去南方的事兒。段祺瑞一行到了南京，我們已經說到了蔣介石以弟子的身分迎接老師，並且上前親自攙扶著他。段老先生此時對於老日的入侵大有感慨，當場發表講話：「當此共赴國難之際，政府既有整個禦侮方針和辦法，無論朝野，皆應一致起為後援。瑞雖衰年，亦當勉從國人之後。」在蔣介石等人的陪同下，謁拜

中山陵，他謝絕了蔣介石對他的挽留，決意去上海定居（因老段有一女兒在上海，他要在上海安度晚年）。

本書作者決定寫這部書時，在天津，段祺瑞的孫子段昌建的居室裡，見到了他爺爺的一張照片，段祺瑞身著戎裝，在照片上方，有幾行文字，經昌建先生解釋，我方才知道，那是他爺爺的「遺囑八勿」；又見昌建先生的居室中，用篆書書寫的段老先生的遺囑全文。其辭曰：

餘年已七十有餘，一朝恒化，揆諸生寄死歸之理，一切無所縈懷。唯我瞻四方，蹙國萬里，民窮財盡，實所痛心。生平不喜多言，往日曲突徒薪之謀，國人或不盡省記。今則本識途之驗，為將死之鳴，願人靜聽而力行焉！則餘生雖死猶生，九原瞑目矣。國雖弱，必有復興之望。復興之道，亦至簡單：勿因我見而輕起政爭；勿尚空談而不顧實踐；勿興不務之急而浪用民財；勿信過激之說而自搖邦本；講外交者，勿忘鞏固國防；習教育者，勿忘保存國粹；治家者，勿棄國有之禮教；求學者，勿騖時尚之紛華。本此八勿，以應萬有。所謂自力更生者在此，轉弱為強者亦在此矣！餘平生不事生產，後人宜體我樂道安貧之意，喪葬力崇節簡，殮以居士服，毋以葷腥饋祭。此囑。

段祺瑞應蔣介石之邀南下時，已經是 69 歲的垂垂老者，且患有腿疾，行走不便，在上海灘上，度過了他人生的最後三年。從 1920 年開始吃素，至 1936 年，前後計 16 個年頭，這是要有毅力和信念的。他晚年的信念是信仰佛教，對釋迦牟尼崇拜有加。大概就是這個信仰的主義是使他不吃葷腥的原因，還有沒有其他方面的原因呢？一個軍人，一個政治家，一旦形成了某一種信仰，並不是輕易能夠改變的。有書中說他「在上海定居，日以下圍棋、研究佛學為娛，頤養天年，不聞政事」，此話大體是可信的。

1936 年秋，段祺瑞患腹瀉，久治不愈。家人和醫生都勸他可以吃點肉類以增強體力，他堅定地說，人可死，葷不可開！

11 月 2 日，「北洋虎將」段祺瑞溘然辭世，終年 72 歲。

南京國民政府主席林森於 11 月 5 日下令褒揚段祺瑞一生功勛，予以國葬，並下半旗致哀；上海市市長吳鐵城代表林森、蔣介石，褚民誼代表汪精

衛，前往靈堂弔唁；在上海的或臨時趕去的朝野人士於右任、張群、陳調元、張治中、楊虎、李烈鈞、楊庶堪、薛篤弼、李思浩、吳光新、曾毓雋、梁鴻志、屈映光等人，以及各國駐滬領事，紛紛前往致奠。

蔣介石的唁電稱：「老夫子令德考終，薄海永悼。」

林森送挽額：「元老徽猷。」

馮玉祥的挽聯寫道：「白髮鄉人，空餘涕淚；黃花晚節，尚想功勳。」

吳佩孚也發來唁電：「追念師門恩義，感涕難忘，遙望海天，悲痛何已。」在外地的唁電、吊函、挽聯，如雪片一樣飛來……

國民政府給了一筆安葬費，蔣介石的意思是想把他的老師安葬在黃山（另一說是想把他安葬於南京），但段老先生的長子段宏業執意要把其父安葬於北京（其說是：老父生前有囑，一生事業皆在北方，死後還葬於北方）。

12 月 7 日，段祺瑞靈柩在段宏業、吳光新、龔心湛等人護送下，裝上北上的火車起程。抵達天津後，天津市長張自忠主持公祭，在津的北洋寓公齊燮元、曹汝霖、陸宗輿、王揖唐等數百人參加祭奠。車到北平時，冀察政務委員會負責人宋哲元、秦德純等軍政界要人親臨車站接靈。段祺瑞的親戚、門生、舊部齊聚火車站迎接靈柩。靈柩被安置在廣通寺。隨後，被運往西山臥佛寺暫厝，以待卜地營壙……

由於日本帝國主義的大舉入侵，沒有辦法，段的家人把段老先生草草下葬於北平西郊。直到 1963 年，段老先生的侄子段宏綱和北洋時段祺瑞內閣閣員章士釗等將一代名將段祺瑞遷葬於北京萬安公墓。

註釋

[1] 段祺瑞意識到馮玉祥要對小徐下手，亦有所提防，但小徐有所大意。1 月 29 日，馮之部下鹿鐘麟得知徐將乘火車返津，即電話告知馮玉祥，馮指示在途中解決他。結果待車行至廊坊，馮部第五師師長張之江執行了這一任務，將小徐槍斃了。為了掩人耳目，特將過去由小徐殺害的陸建章之子陸承武接到現場，製造了一個小陸為父報仇的現場。段祺瑞明知是馮玉祥幹的，但此時他已經是「吾身顧不了吾身」了，他得知小徐之死而放聲大哭……

後記

我的「馮友蘭研究論叢」四部書[1]正在整理結集出版時，接到了記者唐斌先生的一個電話，他問我有沒有時間寫一部關於段祺瑞的書。我跟他說，段祺瑞是歷史名人，我對他並無研究，怕不能勝任。但還是經不住他和段祺瑞之孫段昌建先生的誠意相邀，最終把這一任務接下了。

「馮友蘭研究論叢」的第三部《哲學大師馮友蘭》就是一部傳記。我還給我的朋友——電動汽車發明家——曹青山先生寫過一部傳記。我想，此書若成，三部人物傳記，一文、一武、一科技，有點意思。

早在 2001 年，我的研究馮友蘭先生「中國哲學史」的專著——《傳統文化時述》脫稿後，我到當代著名哲學家張岱年先生位於北京大學藍旗營的寓所，請他為拙著作序。張先生得知我與馮先生是同鄉，很高興，談話中，說到了袁世凱，張先生說：「你們河南出了個袁世凱，後來因為要當皇帝而搞得身敗名裂，其實，就他本人說，他不一定真想當皇帝，怕是他的兒子想當太子而一定推他出來當皇帝的。」對於張先生的話，我感到有些新穎，也當然激起了我對北洋軍閥史的一些興趣。但興趣歸興趣，從來沒有想到要寫一部關於北洋軍閥方面的書。

還有一件有趣的事，奠定了我寫段祺瑞的決心：我打開白壽彝任總主編的《中國通史》第十二卷（下），一看目錄：第二十章段祺瑞，第四十五章馮友蘭。巧合的是，這兩個人物，一文一武，在目錄中處於同一條水平線的兩頁；還有，段祺瑞葬於北京西郊的萬安公墓，而馮友蘭也長眠於此！

為了寫作的需要，我同在北京、天津等地生活的段祺瑞的後代段昌建、段慧敏、段士元等有所接觸，請他們談了他們老爺子的一些逸事。我來到了歷史上「天津小站」遺址上剛建成的「小站練兵園」，企圖體驗一下袁世凱與「北洋三傑」的練兵生活。

時勢造英雄，英雄影響時勢。歷史人物是歷史時代的產物，寫歷史人物不能脫離他所生活的那個時代。把歷史人物放在他所生活的那個時代裡去寫，

既不拔高，也不貶低，做到客觀、真實、公正地對待歷史，對待歷史人物。我試圖這樣做。至於說，做得好不好，請廣大讀者朋友予以批評。

　　本書不能算是「文學」傳記，毋寧說它是「文學」體的「史書」，以史料作統率，以史統論，論出有據，這是我寫這部書的指導思想。至於說，做得好不好，請廣大讀者朋友予以批評。

　　在本書的寫作中，主要參考了來新夏的《北洋軍閥史》、吳廷燮的《段祺瑞年譜》、程舒偉與侯建明的《北洋之虎段祺瑞》《段祺瑞全傳》、胡曉的《段祺瑞年譜》、李勇與周波的《北洋虎將段祺瑞》、周俊旗的《百年家族段祺瑞》等教授、學者、同仁的著作，借本書出版之機，我向他們表示真誠的謝忱。

註釋

[1] 「馮友蘭研究論叢」四部書：《傳統文化時述》以「大學文科國學選修課教材」的形式於2007年1月由大眾文藝出版社初版；《解讀馮友蘭——中國哲學的發展》以「中青年學者文庫」、「馮友蘭哲學選修課教材」的形式於2008年5月由北京大學出版社初版；《哲學大師馮友蘭》係名人傳記「南陽文化六巨子」之一部於2010年12月由太白文藝出版社出版（一稿兩用）；《山人齋文集》是一部論文集。這四部書是本人20多年來研究中國文化、哲學和哲學家馮友蘭先生的專著，所謂談史、論學、作傳、為文，於2010年6月由九州出版社結集出版。

國家圖書館出版品預行編目（CIP）資料

三造共和段祺瑞：清末民初影響政局的天平 / 劉長城 編著 . -- 第一版 .
-- 臺北市：崧燁文化，2019.10
　　面；　公分
POD 版

ISBN 978-986-516-075-3(平裝)

1.段祺瑞 2.傳記

782.884　　　　　　　　　　　　　　　108017314

書　　　名：三造共和段祺瑞：清末民初影響政局的天平
作　　　者：劉長城 編著
發 行 人：黃振庭
出 版 者：崧燁文化事業有限公司
發 行 者：崧燁文化事業有限公司
E－m a i l：sonbookservice@gmail.com
粉 絲 頁：　　　　　　　網 址：
地　　　址：台北市中正區重慶南路一段六十一號八樓 815 室
8F.-815, No.61, Sec. 1, Chongqing S. Rd., Zhongzheng

Dist., Taipei City 100, Taiwan (R.O.C.)

電　　　話：(02)2370-3310 傳　真：(02) 2388-1990
總 經 銷：紅螞蟻圖書有限公司
地　　　址: 台北市內湖區舊宗路二段 121 巷 19 號
電　　　話:02-2795-3656 傳真 :02-2795-4100　　網址：
印　　　刷：京峯彩色印刷有限公司（京峰數位）

定　　　價：650 元
發行日期：2019 年 10 月第一版
◎ 本書以 POD 印製發行